これからの民事実務と理論

実務に活きる理論と理論を創る実務

伊藤　眞
加藤　新太郎　編
永石　一郎

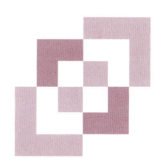

発行　民事法研究会

はしがき

はしがき——*Bridge over Troubled Water* 明日 に かける 橋 1

1 はじめに

　理論は、実務の脊梁であり、ときに実務を変革する梃子であるといわれることがあります。実務の側からは、生起する問題を解決するために理論の側からの指針提示が求められるともいわれます。しかし、現実に両者がこのような関係にあるか、期待される役割を理論が果たしているか、確立された実務運用について理論が立ち入る余地があるかなどについては、疑問の声を聞くことも少なくありません。

　そもそも理論とは、実務とは、両者の関係とは、とあらためて問い直してみると、必ずしも一義的な説明が存在するわけではありません。むしろ通例は、主体に着目して、民事法の領域に限っていえば、学者すなわち大学教員の活動が理論、実務家すなわち裁判官、弁護士、企業法務担当者などの活動が実務と意識されてきたように思います。

　それを前提とすれば、理論とは、個別事件や案件とは距離をおいて、一般的な法理を探求し、形成する活動、実務とは、理論を踏まえつつ、中立公正な判断者としての裁判所、また当事者の権利・利益を護る者としての弁護士、企業組織の一員としての法務担当者が、それぞれの立場から事実を探り、法理の適用を試みる活動という位置づけができるのでしょう。

2 変わりつつある理論と実務の関係

　伝統的な法曹（法律専門職）の活動を前提とすれば、このような区別も一応の合理性を認められたのでしょうが、近年の傾向をみると、そこには変化がみられるようです。主体面でみれば、大学教員の実務活動こそ限られたものにすぎませんが、実務家の理論活動は、毎月の法律雑誌に掲載される論攷、論文集、注釈書、さらに体系書に至るまで多彩な内容にわたり、ときには、学者の活動を凌駕する印象さえ受けるほどです。

1　Paul Simon& Art Garfunkel（1970 年）。

はしがき

　学者の側では、法科大学院制度の発足前後からでしょうか、教育に割く時間が増え、理論研究が制約を受けているとの呟きも耳にすることがありますが、実務家に比して研究時間に恵まれていることに疑いはなく、むしろ実務家の側から学者の論文の価値を疑う声さえ聴かれるところです。

　また、民法（債権関係）改正に代表される立法準備作業はもちろん、コーポレートガバナンス・コードやスチュワードシップ・コードに代表されるソフトロー[2]の制定には、学者と実務家の双方がかかわっています。これは伝統的な意味での実務には含まれないと思いますが、かといって理論活動そのものとは区別されるでしょう。

　このような時代の変化を反映してか、主体による区別は、その重要性を失い、むしろ、活動内容そのものに即して、両者の関係を問い直し、「実務は理論に何を期待するか」、「理論は実務にしていかなる貢献をなしうるか」などを考えるべき時期に来ていると思われます。理論研究の最右翼に位置する比較法研究・歴史研究であっても、それが実学としての法律学の基礎である以上、「栄光ある孤立 Splendid Isolation」を誇ったり、「無用の用 useless use」と突き放したりするべきではなく、実務との関係を意識するべきであるということができます。[3]

3　判例形成と理論の役割

　わが国の基本法制は、大陸法の伝統を受け継いだ制定法であり、英米の判例法ではありません。しかし、激しく変化する社会経済の中で生起するさまざまな課題や問題の合理的解決を実現するためには、個別事件を基礎とした裁判所、特に最上級審たる最高裁判所判例が法源として果たす役割を軽視することはで

2　両コードの内容と制定法との関係については、神作裕之ほか「コーポレートガバナンスと2つのコード」法の支配186号（2018年）16頁参照。

3　一例として、水野浩二「葛藤する法廷（2）：『法律新聞』の描いた裁判官・民事訴訟・そして近代日本」北大法学論集67巻5号（2017年）1408頁があり、また、千葉勝美「書評・内田貴著『法学の誕生──近代日本にとって「法」とは何であったか』（筑摩書房・2018年）」判時2373号（2018年）146頁では、フランス相続法の研究論文と最大決平成25・9・4民集67巻6号1367頁との関係を解き明かしている。

　さらに、渉外的要素を含む立法準備作業における外国法研究の役割については、本書161、164頁参照。

2

きません。その一端は、現行民事訴訟法が新設した上告受理申立ての制度（民事訴訟法318条1項）にも現れています。

民事法、それと密接に関連する租税法などの領域において、平成時代に限っても、枚挙にいとまがないほどの判例が現れ、それらの多くは、当該事件の枠を超えた一般法理を確立したものとして受け止められています。本書では、それらの判例が現れる基礎には、どのような学説の影響があったかなどを具体的に解き明かしています。これは、執筆者の多方面の職務経験を背景とするものですが、編者としても、画期的な書物ではないかと自負するところです。

なお、そのことを具体的に理解していただくための工夫として、巻末に判例索引を付し、最高裁判例および下級審裁判例の出典と、そこで取り扱われている法律問題を略記致しました。

とはいえ、判例はあくまで個別事件を基礎とするものですし、時代の変化や学説の批判を踏まえた判例変更もありうるところです。その意味で、いったん判例が公表されたとしても、その判例法理として意義を明らかにし、ときにはそれを批判する理論活動が不可欠のものでしょう。所収の論攷にお目通し賜れば、その点もご理解いただけるものと存じます。

このように考えれば、実務家が「学説の子」から「判例の友」に変わった時代においても、理論研究が果たすべき役割は、いささかも減少していないことをご理解いただけるかと思います[4]。そのことは、実務の脊梁とされる要件事実論においてでさえ、未開拓の領域があり、理論研究が求められることにも示されています。また、学説自体についてみても、いわゆる通説への凭りかかりではなく、それに挑戦する少数説の存在があってはじめて、理論の進化と、フロンティアすなわち新たな実務上の問題に対する検討が可能になるといえるでしょう。

4　おわりに

本書は、第1編第1章の講演録（伊藤眞）に目を通していただいた株式会社

---

[4]　判例時報社が判例時報賞を設け（判時2333号、2381号参照）、中堅・若手実務家の理論研究を促す役割を果たしていることは、それを象徴するものである。

はしがき

民事法研究会編集部・安倍雄一氏の企画書に始まります。それを契機として、日頃よりさまざまな場面で意見交換の機会をもっている永石一郎、加藤新太郎と伊藤が集い、学界と実務界を跨ぎ、多彩な職務経験と知見をおもちの方々に執筆をお願いすることができました。ご多忙の中、協力いただいた各位に対し、心より感謝するとともに、昨今の出版事業環境の中で、やや異色ともいうべき本書の公刊をお引き受けいただいた田口信義社長のご厚意に対し篤く御礼申し上げます。

　次世代の学界と実務界を担う方々にとって、本書が「*Bridge over Troubled Water*」となることを希ってやみません。

平成30年霜月　伊 藤　　眞

加藤新太郎

永 石 一 郎

『これからの民事実務と理論』

目　次

第1編　法律学研究のあり方
──実務から求められる研究とは

第1章　研究者ノススメ──理論と実務の狭間（tiraillé）に半世紀（反省記）⋯⋯⋯⋯ 伊藤　眞・2

1　はじめに──研究者の三歓五衰 ⋯⋯⋯⋯⋯⋯⋯⋯⋯⋯⋯⋯⋯⋯⋯⋯ 2

2　研究者の三歓 ⋯⋯⋯⋯⋯⋯⋯⋯⋯⋯⋯⋯⋯⋯⋯⋯⋯⋯⋯⋯⋯⋯⋯⋯ 3

　⑴　研究対象選択の自由 ⋯⋯⋯⋯⋯⋯⋯⋯⋯⋯⋯⋯⋯⋯⋯⋯⋯⋯⋯ 3

　⑵　職務上の制約や利害関係からの独立 ⋯⋯⋯⋯⋯⋯⋯⋯⋯⋯⋯⋯ 4

　⑶　持続的かつ自律的活動の保障 ⋯⋯⋯⋯⋯⋯⋯⋯⋯⋯⋯⋯⋯⋯⋯ 7

3　研究者の五衰 ⋯⋯⋯⋯⋯⋯⋯⋯⋯⋯⋯⋯⋯⋯⋯⋯⋯⋯⋯⋯⋯⋯⋯ 11

　⑴　加齢による変化 ⋯⋯⋯⋯⋯⋯⋯⋯⋯⋯⋯⋯⋯⋯⋯⋯⋯⋯⋯⋯⋯ 11

　⑵　判例・通説との距離 ⋯⋯⋯⋯⋯⋯⋯⋯⋯⋯⋯⋯⋯⋯⋯⋯⋯⋯ 15

　⑶　大学において研究者としての地位を保障されていることの意味 ⋯⋯ 16

　⑷　閉鎖空間に浸ることによる衰え ⋯⋯⋯⋯⋯⋯⋯⋯⋯⋯⋯⋯⋯⋯ 16

　⑸　実務との緊張関係 ⋯⋯⋯⋯⋯⋯⋯⋯⋯⋯⋯⋯⋯⋯⋯⋯⋯⋯⋯ 19

4　おわりに──HOMO・LUDENS（ホモ・ルーデンス）のすすめ

　⋯⋯⋯⋯⋯⋯⋯⋯⋯⋯⋯⋯⋯⋯⋯⋯⋯⋯⋯⋯⋯⋯⋯⋯⋯⋯⋯⋯⋯ 21

第2章　実務家にとっての理論研究の価値 ⋯⋯⋯⋯⋯⋯ 25

Ⅰ　弁護士役割論研究の歩み
　──実務家は実用法学研究に寄与できるか ⋯⋯⋯⋯⋯ 加藤新太郎・26

1　はじめに──実用法学の現状 ⋯⋯⋯⋯⋯⋯⋯⋯⋯⋯⋯⋯⋯⋯⋯⋯ 26

5

目 次

 2 なぜ弁護士役割論に関心をもったか ………………………… 28

 3 アメリカ合衆国における状況 ……………………………………… 31

 4 弁護過誤から弁護士役割論へ ……………………………………… 32

  (1) 弁護士役割論研究の大枠 …………………………………… 32

  (2) 『弁護士役割論〔新版〕』刊行後の状況 ……………… 36

 5 弁護士責任論・弁護士倫理論・弁護士役割論 ……………… 38

  (1) 弁護士責任論から弁護士倫理論へ ……………………… 38

  (2) その後の歩み ……………………………………………………… 40

 6 弁護士役割論の諸相 ……………………………………………………… 43

  (1) 民事訴訟における弁護士の役割 ………………………… 43

  (2) 弁護士の執務における裁量 ………………………………… 44

  (3) 破産者代理人の破産財産散逸防止義務 ……………… 47

 7 結 び …………………………………………………………………………… 49

Ⅱ **判例の形成と学説** ………………………………… 福田剛久・51

 1 実務と学説の関係 ……………………………………………………… 51

  (1) 裁判官からみた実務と学説 ………………………………… 51

  (2) 実務家の所説 …………………………………………………… 52

 2 困難な法律問題との遭遇 …………………………………………… 55

  (1) 法律学 ………………………………………………………………… 55

  (2) 困難な憲法・法律判断 ……………………………………… 56

 3 まとめ …………………………………………………………………………… 70

Ⅲ **学説による判例形成とは何か** ……………………… 森 宏司・71

 1 はじめに ……………………………………………………………………… 71

 2 判例の形成にどのように学説が寄与しているか ……………… 73

  (1) 判例と学説の関係 …………………………………………… 73

  (2) 判例、実務の形成に影響を与えない研究分野はあるか …… 73

 3 どのような学説を実務家は必要としているのか ……………… 78

  (1) 学際的な理論 …………………………………………………… 78

	（2）	時代の要請に対応する理論	79
	（3）	副作用や合併症を抑制する理論	81
	（4）	補助線を引く理論	83
	（5）	手続法の行為規範性に配慮している理論	85

4　おわりに——反省を込めて　86

Ⅳ　要件事実論の変遷——IBM事件からみた租税訴訟における要件事実論および証明責任分配論 …………… 永石一郎・88

1　要件事実論の変遷　88
　（1）　現在の要件事実論における問題点　88
　（2）　要件事実とは　91
　（3）　規範的要件・評価的要件　92
　（4）　民事訴訟における証明責任の分配論　93

2　IBM事件　95
　（1）　事件の概要　95
　（2）　訴訟物および請求の趣旨　100
　（3）　IBM事件を理解するための概念説明　101
　（4）　IBM事件における争点　106
　（5）　IBM事件における要件事実論、証明責任分配論の問題点　112

3　抗告訴訟における要件事実論および証明責任分配論　113
　（1）　抗告訴訟とは　113
　（2）　抗告訴訟（取消訴訟）における証明責任（立証責任）分配論　114

4　課税処分取消訴訟における要件事実論および証明責任分配論 ‥ 118
　（1）　課税処分取消訴訟の訴訟物　118
　（2）　課税処分取消訴訟における要件事実　118
　（3）　課税処分取消訴訟における証明責任分配論　122

5　最後に　126

Ⅴ　立法（民法改正）と学説——「契約の解釈に関する基本原則」についての学説と実務の対話に向けて ………… 岡　正晶・130

7

目 次

1 平成29年改正民法（債権関係）における「契約の解釈に関する
基本原則」の不採用 ……………………………………………………… 130

2 「契約の解釈に関する基本原則」に係る法制審議会部会
における議論 ……………………………………………………………… 134

(1) 学説サイドからの提案 ………………………………………………… 134

(2) 実務家からの違和感 …………………………………………………… 136

(3) そのやりとりに対する森田修教授のコメント …………………… 137

3 実務家（弁護士）からみた試案 …………………………………… 138

(1) 事実認定、契約の解釈、法の適用による内容規制 …………… 138

(2) 事実認定 ………………………………………………………………… 139

(3) 契約の解釈 ……………………………………………………………… 146

(4) 法の適用による内容規制 …………………………………………… 153

第2編　法学研究の法律実務への活用

第1章　理論と実務の架橋 …………………………………………… 155

Ⅰ 比較法研究の意義 ……………………………………… 早川眞一郎・156

1 はじめに ………………………………………………………………… 156

2 比較法学者の誇りと憂鬱 …………………………………………… 158

(1) 比較法（学）に対する愛着と不安 ………………………………… 158

(2) 外国法の研究と比較法プロパーの研究 ………………………… 160

3 外国法研究の意義 …………………………………………………… 161

(1) 立法への寄与 ………………………………………………………… 161

(2) 法の解釈への寄与——歴史的経緯 ……………………………… 162

(3) 法の解釈への寄与——現在および将来 ………………………… 163

(4) 外国法研究の活用 …………………………………………………… 164

4 比較法プロパーの研究の意義 …………………………………… 165

⑴　法実務にとっての価値 ……………………………………… 165

　　⑵　外国法研究の土台づくりと人材の質の向上 ……………… 165

　5　おわりに ……………………………………………………… 166

Ⅱ　実体法研究と実務展開 ……………………………… 山野目章夫・168

　1　課題の整理 …………………………………………………… 168

　2　2017 年民法改正の前から──実体法研究への普遍的要請 …… 169

　　⑴　趣旨よりも要件、あるいは趣旨と要件との精密な結びつけの要請

　　　 …………………………………………………………………… 169

　　⑵　事実の丁寧な扱いという要請 ……………………………… 171

　3　2017 年民法改正を踏まえて──新しい問題状況 ………… 172

　　⑴　契約の解釈ということの重要性 …………………………… 172

　　⑵　事実の総合考慮という要請 ………………………………… 174

　4　法律家の誕生へ向けて ……………………………………… 174

　　⑴　実体法研究への要請 ………………………………………… 175

　　⑵　実務と理論 …………………………………………………… 176

Ⅲ　会社法研究と実務展開 ……………………………… 大杉謙一・180

　1　はじめに──会社法の特異性 ……………………………… 180

　2　いくつかの仮説 ……………………………………………… 181

　3　実務家からみた学説 ………………………………………… 183

　4　法学者の考える法学（学説）……………………………… 186

　　⑴　内田貴教授の『法学の誕生』……………………………… 186

　　⑵　「法学者のように考える」ことについて ………………… 188

　5　判例の蓄積と、学説の凋落？ ……………………………… 189

　　⑴　判例の蓄積 …………………………………………………… 189

　　⑵　学説・法情報の蓄積 ………………………………………… 192

　　⑶　判例と学説の対峙、法改正 ………………………………… 193

　　⑷　その後 ………………………………………………………… 196

　6　結びに代えて：現状と展望 ………………………………… 197

目　次

 （1）　現　状 ……………………………………………………………… 197

 （2）　法律家共同体・再論その1 …………………………………… 199

 （3）　法律家共同体・再論その2 …………………………………… 200

 （4）　展　望 ……………………………………………………………… 201

Ⅳ　民事手続法研究と実務展開 …………………………… 山本和彦・203

1　はじめに——本稿の問題関心 …………………………………… 203

2　研究者の役割 ……………………………………………………… 205

 （1）　研究者の役割理論：総論 ……………………………………… 205

 （2）　研究者の役割理論：各論 ……………………………………… 207

 （3）　研究者の役割実践：総論 ……………………………………… 210

 （4）　研究者の役割実践：各論——筆者個人の実践例 ………… 211

3　手続法研究と立法 ………………………………………………… 215

 （1）　立法に対する一般的影響 ……………………………………… 215

 （2）　立法に対する直接的影響 ……………………………………… 216

4　手続法研究と判例 ………………………………………………… 216

 （1）　判例に対する一般的影響 ……………………………………… 216

 （2）　判例に対する個別的影響 ……………………………………… 217

5　手続法研究と実務運用 …………………………………………… 218

6　おわりに——これからの研究者に期待して ……………… 220

Ⅴ　学説（少数説を含む）の存在意義 ………………… 滝澤孝臣・222

1　はじめに ……………………………………………………………… 222

2　現状としての理論と実務 ………………………………………… 223

3　判例の機能と判例解釈の責務 …………………………………… 223

4　判例解釈の根拠と学説の機能 …………………………………… 225

 （1）　最高裁判所の新判断にみる学説の機能 …………………… 225

 （2）　新判断の根拠となるべき学説の視点 ……………………… 238

 （3）　学説の展開する立法論の効用 ……………………………… 240

5　課題としての理論と実務 ………………………………………… 243

Ⅵ　理論が実務を変える場面 ————————————上田裕康・244

1　理論と実務の架け橋 ———————————————— 244

2　弁護士として駆け出しの頃 ———————————— 246

3　弁護士の役割 ————————————————————— 248

4　実務家における理論の検討 ———————————— 250

5　私の本格的事業再生の始まり ——————————— 251

6　更生担保権の処理としての処分連動方式——新理論への挑戦 ‥ 253

7　マイカル案件、そして、時代はクロスボーダーの時代へ ———— 254

8　リーマン・ブラザーズの倒産処理 ———————— 255

9　海外関係会社債権の劣後化 ———————————— 257

10　最高裁判所での逆転勝訴判決 ——————————— 258

11　最後に ———————————————————————— 260

Ⅶ　実務家と理論研究 ————————————————岡　伸浩・261

1　はじめに —————————————————————— 261

2　「理論と実務の架橋」とは何か —————————— 261

　(1)　理論と実務 ——————————————————— 261

　(2)　理論と実務の架橋の意味するところ ————— 262

3　「理論と実務の架橋」のあり方とその目的 ———— 265

　(1)　「理論と実務の架橋」のあり方 ———————— 265

　(2)　融合としての「架橋」 ————————————— 265

　(3)　適度な距離感と緊張関係としての「架橋」———— 266

4　実務家からみた理論研究へのモチベーション —— 266

　(1)　はじめに ———————————————————— 266

　(2)　モノグラフィー（monographie）という課題 ——— 266

　(3)　判例・通説——今の通説は、明日の通説か ——— 267

　(4)　弁護士の自由と独立 ————————————— 268

　(5)　実務と理論研究の同質性と異質性 —————— 269

5　実務家と理論研究 ———————————————— 269

目 次

　(1)　実務と理論研究は両立できるか ……………………………………… 269

　(2)　実務家（特に弁護士）が理論研究に取り組むということ ………… 269

　6　理論と実務が相互に影響を及ぼす場面 ……………………………… 274

　(1)　はじめに …………………………………………………………………… 274

　(2)　理論が実務を変える場面——民事訴訟法における紛争管理権説 … 275

　(3)　実務が理論を変える場面——倒産法における濫用的会社分割 ……… 277

　7　3つの問題提起 ……………………………………………………………… 279

　(1)　はじめに …………………………………………………………………… 279

　(2)　ソフトロー時代の実務と理論研究 ……………………………………… 279

　(3)　プロフェッションとしての法曹 ………………………………………… 280

　(4)　法科大学院教育と理論研究 ……………………………………………… 282

　8　おわりに ……………………………………………………………………… 283

第2章　実務変革の手段としての理論の活用場面 ………………………… 285

Ⅰ　実務家にとっての理論の位置づけと研究者への期待

　　　　　　　　　　　　　　　　　　　　　　　……………… 伊藤　尚・286

　1　はじめに ……………………………………………………………………… 286

　2　研究者と実務家のスタンスの違い ……………………………………… 287

　(1)　体系全般にわたる理解を念頭におこうとするか …………………… 287

　(2)　実務家が理論を述べるのは ……………………………………………… 287

　3　実務家にとっての理論の位置づけ ……………………………………… 288

　(1)　具体的事案の解決に際しての理論の位置づけ ……………………… 288

　(2)　弁護士が事案解決に際して研究者の理論を提示するときの
　　　 理論の位置づけ …………………………………………………………… 289

　4　実務家からみた研究者への期待 ………………………………………… 289

　5　全国倒産処理弁護士ネットワークでの研究 ………………………… 292

　(1)　はじめに …………………………………………………………………… 292

12

⑵　全国倒産処理弁護士ネットワークの活動 ························· 292

　⑶　全倒ネットの活動に対する研究者の支援 ······················· 294

　6　各地の弁護士会における研究会への研究者の参加 ················ 298

　7　結びに代えて──破産管財人の善管注意義務の研究 ··············· 299

Ⅱ　「法理論」から「法的真理」へ ································ 東畠敏明・301

　1　はじめに ··· 301

　2　法理論の活用から挑戦へ ······································· 302

　3　法理論への挑戦 ··· 304

　⑴　法体系の理解（「倒産法的再構成」）への挑戦 ·················· 304

　⑵　学説（「破産債権」）への挑戦 ······························· 309

　⑶　基礎法理・通説（「相殺」）への挑戦 ························· 312

　⑷　判例法理（代表者保証の無償否認）への挑戦 ················· 314

　4　法的真理へ ··· 316

　⑴　法学の科学性と法的真理 ····································· 317

　⑵　法理論の優劣の指標としての法的真理 ························· 320

　5　総括に代えて ··· 321

Ⅲ　金融取引の組成における理論の活用場面
　　──その一例としての仮想通貨の私法上の位置づけに
　　ついての検討 ·· 後藤　出・323

　1　はじめに ··· 323

　2　金融取引の組成における「理論」の活用場面 ···················· 324

　⑴　「理論」の意義 ··· 324

　⑵　金融取引の組成の場における「理論」の機能 ················· 325

　⑶　資産流動化取引における「真正譲渡」の議論の経緯 ··············· 327

　⑷　「真正譲渡」の議論が示唆する金融取引における「理論」の役割

　　　··· 329

　3　「理論」の活用の試み──「仮想通貨の帰属と移転の私法上の
　　位置づけ」を素材として ···································· 332

13

目　次

- (1)　仮想通貨をめぐる法規制と仮想通貨の意義 ································ 333
- (2)　資金決済法における仮想通貨の定義と仮想通貨の帰属・移転 ······· 334
- (3)　ビットコインの財産的価値の帰属・移転の私法上の意義 ············· 336
- (4)　仮想通貨に財産権は必要か ·· 349
- (5)　結　語 ··· 357

Ⅳ　私的整理の普及のための研究の必要性 ··············四宮章夫・358

1　はじめに ·· 358
- (1)　倒産と倒産処理手続 ··· 358
- (2)　法的整理と私的整理 ··· 360
- (3)　法的倒産手続の補完的機能 ·· 362

2　私的整理の方法 ·· 363
- (1)　準則型私的整理 ·· 363
- (2)　私的整理元年 ··· 364
- (3)　準則型私的整理に準じる私的整理 ····································· 365
- (4)　私的整理に関する出版物 ··· 366

3　私的整理普及のための研究課題 ·· 367
- (1)　はじめに ·· 367
- (2)　私的整理の原則 ·· 367
- (3)　私的整理の適法性 ··· 369
- (4)　債務者の地位 ··· 371
- (5)　倒産実体法 ·· 372

4　私的整理の手続 ·· 377
- (1)　はじめに ·· 377
- (2)　私的整理の手続と詐害行為および否認対象行為 ···················· 377
- (3)　事業承継人のリスク ··· 379

5　結　語 ··· 381

Ⅴ　別除権協定をめぐる理論と実務──倒産手続における
担保権の不可分性について ································中井康之・382

1	はじめに	382
(1)	理論と実務の関係	382
(2)	別除権協定をめぐる「理論」と「実務」	383
(3)	検討の手順	384
2	平時における担保権の不可分性	384
3	法的倒産手続における担保権の不可分性	386
(1)	更生手続の場合	386
(2)	再生手続の場合	386
(3)	破産手続の場合	388
4	私的再生手続における担保権の不可分性	389
(1)	はじめに	389
(2)	金融支援の決定基準	389
5	倒産手続における担保権の取扱いに関する基本ルール	391
6	倒産手続の移行と担保権の帰すう	392
(1)	私的再生手続から法的倒産手続へ移行した場合	392
(2)	更生手続から破産手続に移行した場合	392
(3)	再生手続から破産手続に移行した場合	393
7	別除権協定における「理論」と「実務」	394
(1)	別除権協定の内容	394
(2)	別除権協定による実体法上の効果	395
(3)	固定説に対する実務からの批判	396
(4)	批判に対する疑問	397
(5)	平成26年最判を受けた実務のあり方	399
8	まとめに代えて	403

・判例索引	406
・編者略歴	411
・執筆者一覧	412

凡 例

1 判例集の略語

民録	大審院民事判決録
民集	最高裁判所（大審院）民事判例集
刑集	最高裁判所（大審院）刑事判例集
裁判集民	最高裁判所裁判集　民事
下民集	下級裁判所民事裁判例集
行集	行政事件裁判例集
訟月	訟務月報
税資	税務訴訟資料
労判	労働判例
リマークス	私法判例リマークス

2 定期刊行物の略語

金判	金融・商事判例
金法	金融法務事情
銀法	銀行法務21
最判解民	最高裁判所判例解説　民事篇
ジュリ	ジュリスト
曹時	法曹時報
判時	判例時報
判タ	判例タイムズ
法教	法学教室
法協	法学協会雑誌
法時	法律時報
民商	民商法雑誌
民訴雑誌	民事訴訟雑誌

法律学研究のあり方

——実務から求められる研究とは——

第1編

研究者ノススメ

——理論と実務の狭間（tiraillé）に 半世紀（反省記）——

第1章

第1章

研究者ノススメ
──理論と実務の狭間（tiraillé）に半世紀（反省記）

伊藤　眞
東京大学名誉教授

本稿は、2017年11月2日、東京大学法学部・法学政治学研究科主催の「研究案内講演会」において行った講演原稿に加筆修正したものである。公刊を許諾いただいた関係者の方々に謝意を表したい。

1 はじめに──研究者の三歓五衰

　本日は、将来の選択肢の一つとして、研究者としての生活をお考えの皆様に対し、私自身の半世紀を振り返って、反省記を申し上げる機会を頂戴いたしましたこと、誠に光栄に存じます。[1]

　研究は、大学教員の独占ではなく、実務家（裁判官・検察官・弁護士）であっても、研究活動を展開される例は数多ございます。また、一定期間実務に従事[2]

1　伊藤眞「ジュリストとともに50年」ジュリ1500号（2016年）19頁。

2　民事手続法の領域に限っても、古くは、鈴木忠一博士（元司法研修所長・東京高裁判事）による『非訟事件の裁判の既判力：非訟事件の基礎的諸問題』（弘文堂・1961年）、吉川大二郎博士（元日本弁護士連合会会長・立命館大学教授）による『保全訴訟の基本問題〔増補版〕』（有斐閣・1985年）が、近時は、園尾隆司弁護士（元東京高裁判事）による『民事訴訟・執行・破産の近現代史』（弘文堂・2009年）、加藤新太郎弁護士（元東京高裁判事）による『民事事実認定論』（弘文堂・2014年）、岡伸浩弁護士（慶應義塾大学教授）による『倒産法実務の理論研究（民事法実務の理論研究Ⅰ）』（慶応義塾大学出版会・2015年）、福田剛久弁護士（元高松高裁長官）による『民事訴訟の現在位置』（日本評論社・2017年）などが知られている。

なさった後に、学界に転じられる方も稀ではありません。したがって、皆様方のうち、将来、実務につかれる方々にも、ぜひ研究活動への関心をおもちいただきたいと存じます。

　もっとも、私自身の研究歴は、そのすべてが大学教員としての地位を与えられた期間のものでございますので、以下では、大学教員たる研究者を前提にお話申し上げることと致します。

　さて、お手許の資料にある「研究者の三歓五衰」との表題をご覧になると、皆様、いささかクビを捻られるのではないかと存じます。字義に即して申せば、三歓とは、研究者の地位を与えられることに伴う３つの歓びであり、五衰とは、研究生活を衰えさせる５つの原因という意味で用いております。本日は、反省記ですので私自身の例に即して、法律学の研究の意義について信じるところに基づいて、三歓五衰の内容についてお話したいと存じます。

2 ｜ 研究者の三歓

　法律学研究者の三歓とは、私自身の経験を基にすれば、(1)研究対象選択の自由、(2)職務上の制約や利害関係からの独立、(3)持続的活動の保障ということになりましょうか。以下、それぞれについて申し述べたいと存じます。

(1) 研究対象選択の自由

　研究の自由は、研究対象選択の自由および記述内容の自由から成り立っていますが、研究対象選択の自由について、民事手続法の場合には、裁判法（司法制度論）、民事訴訟法（判決手続）、民事執行法、民事保全法、倒産法、仲裁などの裁判外紛争解決手続などはもちろんですが、隣接領域である担保法、債権法、会社法などについても、発表媒体にさえ恵まれれば、研究の成果を公表し、学界および実務界からの批判と評価を受け、さらに自己の研究を推し進めることができると信じております。民法や商法の研究者であれば、さらに広い範囲の法規を守備範囲とすることになりましょう。その中で、何者にも制約されることなく、自らの研究対象を選択することができます。

　私自身を例にとれば、「テレビ広告[3]」は跳びすぎかもしれませんが、「賃料債

3　伊藤眞「テレビ広告に対する法規制（上）（下）──子供向 CM を材料として」ジュリ784号82

権に対する抵当権者の物上代位[4]」や「損失補償[5]」くらいであれば、常識の範囲内でしょう。商法学者であれば、法規の内容や性質として、海上物品運送法と金融商品取引法との間にそれほど密接な関係があるとは思えませんが、いずれもその守備範囲として意識されています。また、英米法の研究者として知られる樋口範雄名誉教授（武蔵野大学）が医事法や高齢者法の分野で令名高いのも[6]、さらに、皆さんの先輩である小塚荘一郎教授（学習院大学）が最近取り組まれていらっしゃる宇宙法[7]などは、研究対象選択の自由をよく理解いただける例でしょう。

(2) 職務上の制約や利害関係からの独立

冒頭に、実務家であっても、論文執筆活動などをするときには研究者であると申し上げました。しかし、時間の制約は別としても、実務家の地位をあわせもつことから、研究活動の展開について多少の制約を受けることはやむを得ないと存じます。裁判官であれば、特定の法律問題について最高裁判例が存在すれば、たとえ研究論文の形でも、それを批判し、変更を促すことについては、相当の決断を要するでしょうし、弁護士であれば、自らが受任し、または受任する可能性のある事件においてどのような主張を展開するかを意識せざるを得ないと思います。これについて存在被拘束性からの飛翔もあり得るところですが、相当な決断を要すると想像致します。弁護士であっても、事業組織の一員となっている場合はなおさらでしょう。

これと比較すると、研究者の場合には、特別の制約はありません。審議会の議事録や雑誌の座談会を読むと、時折、研究者の方が「個人の見解であるが」と、断り書きを入れていることに出会います。しかし、研究者として発言する

頁、785 号 123 頁（いずれも 1983 年）。

4 伊藤眞「賃料債権に対する抵当権者の物上代位（上）（下）」金法 1251 号 6 頁、1252 号 12 頁（いずれも 1990 年）。

5 伊藤眞「第三セクターの破綻と損失補償契約の取扱──最一小判平 23・10・27 はゴルディウスの結び目を断ち切ったか」金法 1947 号（2012 年）31 頁。

6 樋口範雄『医療と法を考える』（有斐閣・2007 年）、同『続・医療と法を考える』（有斐閣・2008 年）、同『超高齢社会の法律、何が問題なのか』（朝日新聞出版・2015 年）、同「退職教員からのメッセージ」東京大学大学院法学政治学研究科・法学部 NEWSLETTER20 号（2017 年）4 頁。

7 小塚荘一郎編著『宇宙ビジネスのための宇宙法入門』（有斐閣・2015 年）、小塚荘一郎＝青木節子「宇宙 2 法の背景と実務上の留意点」NBL1090 号（2017 年）29 頁。

以上、個人の見解以外にはあり得ませんので、不自然な印象を受けざるを得ません。裁判官や検察官と違って、国家権力行使の主体になるわけではなく、弁護士と異なって、依頼者の利益実現の義務を負うものでもなく、研究者の意見は、もっぱら内容の説得力によって支えられているわけですから、社会に対する責任感さえ失わなければ、自らの知見と思索に基づくもの以外にあり得ないと信じております。

また、制約と申すのは不適切かもしれませんが、ある問題について恩師の学説が先行しているときに、どのように対応すべきかという問題もあります。私の恩師は三ケ月章先生ですが、先生は、いわゆる新訴訟物理論の提唱者として知られているにもかかわらず[8]、私は、それと対立する旧訴訟物理論に拠っています[9]。しかし、三ケ月先生ご自身が、恩師の学説からの自由を説いていらっしゃるとおり[10]、恩師に対する尊敬の念と、自らの学説としてどのような立場をとるかは別の問題です[11]。もちろん、恩師の説に与することもありうると思いますが、避けるべきは、疑問を感じるにもかかわらず恩師の説に追随するとか、「いずれの考え方でも大きな差異は生じない」として、対峙の圧力から逃れることでしょう。

また、研究者は、特定の案件に関与することなく、その帰すうに責任や利害関係をもつわけではありません。実務家が学説に対して敬意を払うのも、そうした普遍性や中立性が背景にあると信じています。ところが、ここにも1つの

8　三ケ月章『民事訴訟法』80頁（有斐閣・1959年）。

9　伊藤眞『民事訴訟法〔第6版〕』（有斐閣・2018年）214頁。同じく恩師である新堂幸司先生が、口頭弁論終結後の承継人に対する既判力の拡張（民事訴訟法115条1項3号）の基準として、実質説と形式説という判断枠組みを提示されるのに対し（新堂幸司『民事訴訟法〔第5版〕』（弘文堂・2011年）704頁）、拙著576頁では、その判断枠組みに疑問を呈している。反射効や争点効の概念についても、同様である。

10　三ケ月・前掲書（注8）に付された「執筆を終えて」には、隠栖の地に碩学レント教授を訪れた折、「法律学者は常に自由であることに努めなければならない。第一は恩師の学説から自由であることであり、第二は支配的な学説から自由であることであり、第三は昨日の自己の学説から自由であることである」と論された旨を誌している。

11　山本和彦「倒産手続における法律行為の効果の変容——『倒産法的再構成』の再構成を目指して」伊藤眞先生古稀記念祝賀論文集『民事手続の現代的使命』（有斐閣・2014年）1202頁には、「筆者は、記念論文集においては、献呈する先生の中心的学説に対して批判を加え、学界の議論のレベルを何がしか進展させることが学恩に報いる礼儀であるとの教えを受けてきた」と誌されている。

第1編　第1章　研究者ノススメ——理論と実務の狭間（tiraillé）に半世紀（反省記）

陥穽があります。それが法律意見書であることは、私の最近の論文で触れました[12]ので、ここではくり返しません。皆さんが将来、そうした依頼を受けたり、依頼をしたりすることとなったときに、思い出していただければ幸いです。

　少し違った視点になりますが、研究者がその考え方を改めること、すなわち改説にも触れてみたいと存じます。ある問題について結論を出す際には、考えに考え抜いて、いったん公表した以上、いかなる批判を受けようとも、それを変えることはしないとの態度も、1つの見識かと思います。また、ときに孤独になっても自らの主張を貫く姿勢が求められることもあるでしょう[13]。しかし、これは人の資質・能力に左右されることですから一般化はできませんが、数十年にわたって論文や体系書の執筆を続けておりますと、若いときに公表した見解の難点を見過ごすことができず、それを改めるべきであると覚ることがあります。我妻榮先生や新堂幸司先生のような高名な方々でも改説を明言されることがあるくらいですから、私が改説せざるを得なくなっても、それを異とする[14]には足りません。

　もっとも、いかに愚見であっても、人様の論文や著書に引用されていますと、説を改めるのは無責任のような心持ちが致し、ためらいを覚えるところもあります。また、実際の案件になりますと、少数説や単独説であっても、主張の手がかりとなり、合意点を見出すための材料としての役割も認められますので、それなりの存在意義はあろうかと存じます。

　このようにあれこれ逡巡しながらも、説を改めたことも少なからず、やや細かい問題になりますが、最近の例としては、賃貸借契約の当事者である賃借人について破産手続が開始し、契約中に違約金条項、たとえば賃貸借期間中に賃借人が契約を解除すると、一定額の違約金を支払わなければならず、賃貸人は、

12　伊藤眞「法律意見書雑考——公正中立性の ombre et lumière（光と影）」判時 2331 号（2017 年）141 頁。同論文 144 頁では、「研究活動とは、特定の団体や集団の利害に囚われることなく、法の解釈や実務の運用について、あるべき姿を探ろうとする知的営為」であると述べ、たとえ当事者からの依頼に基づく意見書であっても、内容としては、公正中立な立場を貫くものでなければならないとしている。

13　伊藤眞「須藤正彦さん（弁護士・元最高裁判所判事）を偲ぶ」NBL1088 号（2016 年）91 頁参照。

14　我妻榮『新訂債権総論』（岩波書店・1964 年）438 頁、新堂幸司『新民事訴訟法〔第 4 版〕』（弘文堂・2008 年）787 頁。

敷金返還債務と精算することができる旨の条項が設けられている場合に、その条項に基づく違約金請求権を賃借人の破産管財人に対しても主張することができるか、敷金返還債務との精算が許されるかという問題が議論され、私は、違約金条項の破産管財人に対する効力を認め、かつ、それは破産管財人の解除権行使に起因するがゆえに、財団債権になるという立場をとり、敷金返還債務との精算は当然に許されるとの立場をとって参りました[15]。

しかし、違約金請求権の法的性質などを再検討し、違約金が損害賠償額の予定と推定されること（民法420条3項）、破産管財人による解除に伴う相手方の損害賠償請求権が破産債権とされること（破産法54条1項）を根拠として、破産債権とし、加えて、違約金請求権のうち実際に発生した損害を超える部分は、経済的実質に裏付けられていないことから、他の破産債権者との公平を重視し、劣後的破産債権とし、敷金などとの精算による優先的回収を認めないとの考え方に改めました。拙著『破産法・民事再生法』の第4版においては、そのように記述を改めております[16][17]。

もっとも、関連法規の改正がある場合などを除けば、同一の問題について再改説、すなわち元の考えに戻ったり、第3の考えをとったりすることは、研究者の姿勢として無責任との批判を受けることになるでしょうから、改説は1回が限度かもしれません。また、それだけの緊張感をもって見解を公にすべきであるともいえるでしょう。

(3) 持続的かつ自律的活動の保障

もう1つ、研究の歓びに付け加えるとすれば、その活動可能期間の長さでしょう。裁判官や検察官の場合には、最長をみても40年程度でしょう。職務の内容も、必ずしもすべてを自らが決するというわけにはいかないのではないでしょうか。弁護士の場合には、先輩や友人をみれば、50年、60年もめずらしくはありませんが、やはり顧客本位であるために、自分の歩調だけでは続け

---

15 伊藤眞『破産法・民事再生法〔第3版〕』（有斐閣・2014年）363頁注83。

16 伊藤眞「双方未履行双務契約において破産管財人が破産法53条に基づいて解除した場合の中途解約違約金条項の有効性と中途解約違約金請求権の破産債権該当性」岡伸浩ほか編『破産管財人の債権調査・配当』（商事法務・2017年）571頁。

17 同書394頁。

第1編　第1章　研究者ノススメ——理論と実務の狭間（tiraillé）に半世紀（反省記）

られないように思います。これと比較すると研究者は、心身の健康さえ保てれ
ば、50年を超えて続けることが可能であり、しかも大学教員としての地位を
与えられている期間は、華美な生活さえ望まなければ、家族を養う程度の収入
は保障されています。

　それにもかかわらず、研究者志望者の数が減少傾向にあるのは、どのような
理由によるのでしょうか。収入の格差を別としても、私は、2つのことを感じ
ます。

　1つは、孤独感です。大学院生や助手（助教）の時代には、指導教員はもち
ろんですが、専攻を同じくし、または隣接する領域の研究者がいるはずですか
ら、互いに意見交換をし、相互研鑽の機会に恵まれているはずです。ところが、
准教授などの地位を与えられて、いわば研究者として自立する時期になり、し
かも首都圏や京阪神以外の地域の大学に赴任なさると、程度の差こそあれ、こ
うした孤独感をおもちになるのではないでしょうか。教育者としてはともかく、
研究者としては、組織に属しないことの影の部分かもしれませんね。

　もっとも、たとえ大学が1つしかない地域であっても、裁判官や弁護士など、
実務家の方は相当数いらっしゃるでしょうから、自分の殻に閉じこもらず、積
極的に意見交換の機会をつくるように努力されれば、必ず路は開けるはずです。
また、私の若いときと比べれば、各種の情報交換手段も発達していますから、
要は、自分で枠をつくらないで、臆せず、異なる世界の方々と意見交換の機会
をもつ、また、外にも通用する言語表現を心がけるということでしょう。

　もう1つは、気の長さを求められることでしょう。もちろん、普段目にする
弁護士の仕事でも、1つの大型案件が終結するまでに3年、4年、長ければ10
年を超えることもあります。[18] 裁判官としての大型事件の審理判決についても、
異動を別にすれば、同様にいえることでしょう。何が違うのでしょうか。これ
は、研究者人生の目標をどこにおくかと関係致します。私の世代としては、自
らの本来の守備範囲に属する分野については、研究者としての壮年期までに体

18　上田裕康「民事再生法92条1項と第三者債権による相殺——最二小判平28.7.8を契機として——」
　金法2074号（2017年）42頁に、リーマン・ブラザーズ証券を中心とするリーマン関連会社事件の
　民事再生手続を担当し、10年にわたっているとの記述がある。なお、本書第2編第1章Ⅵ（256頁）
　参照。

系書を公刊し、その改訂を続けることが目標であると信じています。同世代の手になる書物であって、皆さんが日常に接する機会が多いものとしては、菅野和夫さんの『労働法』、江頭憲治郎さんの『株式会社法』、中山信弘さんの『特許法』などがそれにあたるでしょう。[19]

別に、教科書という概念もありますね。体系書と教科書とは、どういう関係にあるのでしょうか。結論を先に申し上げれば、体系書は教科書たりうるが、教科書は、体系書たり得ないというのが私の信念です。これは、もちろん頁数の多寡による区別ではありません。

故田宮裕博士（刑事訴訟法・元立教大学法学部教授）による、「教科書というものは八割がたはどの本でも同じことが書いてあるべき、残りの二割が勝負」との名言がありますが、[20]ここでいう教科書は、体系書と置き換えてよいかと思います。私自身は、唯我独尊の質なものですから、民事訴訟法をはじめとする自著の3〜4割は自説とうぬぼれておりましたが、田宮先生のご指摘に接し、冷静に振り返りますと、せいぜい1〜2割程度というのが正確なところと覚った次第です。それでは、その2割程度を支えるものは何なのでしょうか。

それは論文です。「論文に支えられない体系書は、虚しく、体系の中に位置付けられていない論文は、殆い」と述べたことがありましたが、[21]体系書が高層建築物であるとすれば、論文は、その基礎を形造る杭といってもよいでしょう。基礎杭の不足した建物が耐震性に欠けるのと同様、法分野のいずれを問わず、執筆者自身の手になる数十本の論文がなければ、体系書の内容として2割程度の自説を展開することは無理と信じています。田宮先生をはじめ、先ほどお名前をあげた方々の体系書のいずれについても、このことがあてはまるというのは、皆さんと私の共通の認識と思います。

19　菅野和夫『労働法〔第11版補正版〕』（弘文堂・2017年）、江頭憲治郎『株式会社法〔第7版〕』（有斐閣・2017年）、中山信弘『特許法〔第3版〕』（弘文堂・2016年）。

20　辻本典央「田宮裕理論と公訴・公判法」近畿大学法学65巻1号（2017年）19頁に引用されており、「田宮理論は、常にそのような巨人ら（団藤重光博士、平野龍一博士―伊藤注）によって築かれた通説との戦いによって生み出されたものである。それゆえ、田宮理論は、正にモーツァルトのごとく、新鮮な魅力に加えて、通説に立ち向かうための重厚な理論武装に特徴を持つのである」と評されている。

21　伊藤眞『千曲川の岸辺』（有斐閣・2014年）94頁。

第1編　第1章　研究者ノススメ——理論と実務の狭間（tiraillé）に半世紀（反省記）

もっとも、体系書が最善の教科書かといえば、そのようには断定できません。それぞれに期待される役割が完全には重なり合わないからです。「体系書とは、ある分野における法規定群を基本原理や基礎理念に照らして体系として整理し、新たに生起する問題への解決のあり方を裁判所などに提示する役割を担うべき書物」と誌したことがあります[22]。実際に、そのような役割を果たしうるかどうかは別としても、少なくとも著者の姿勢としては、実務運用やその変革の指針を提示し、理論の動向を主導し、ときに立法のあるべき方向を示唆するものでなければと考えています。

しかし、このような姿勢で記述した体系書が、学習者の教科書として適切かといえば、必ずしもそうは断言できません。私自身も、授業に先行して民事訴訟手続の全体像を把握したいのであれば、頁数の少ない教科書を数日間で読むようにとすすめています。教科書としても利用しやすく、かつ、体系書としての役割も果たしうるような、汎用性のある書物が理想かと思いますが、私は、不器用なためでしょうか、そうしたことができません。

ただし、持続的活動の保障は、時として負の効果を生み出すおそれがあります。弁護士が、アソシエイトの時期には、パートナーから、パートナーの時期には、共同パートナーから、そしていずれの時期であっても、依頼者からの評価にさらされていることは、容易に理解されるでしょう。検察官の場合には、上司による人事評価があることはいうまでもありません。憲法上の身分保障（憲法78条）がある裁判官であっても、下級裁判所の裁判官の任期は10年であり（同法80条1項）、再任の際には、10年間の職務遂行が評価の対象になります。再任は、最高裁判所の指名に基づいて内閣が行うこととされていますが（同項）、司法制度改革の一環として、最高裁判所に「下級裁判所裁判官指名諮問委員会」という組織が設けられ、民事であれば、訴訟代理人である弁護士、刑事であれば、検察官や弁護人である弁護士などから寄せられる情報をも含めて、幅広い視点から再任に適するかどうかの意見を具申し、それを考慮して最高裁判所の裁判官会議において、再任の是非を決するしくみとなっています。

22　伊藤・前掲書（注21）88頁、同『続・千曲川の岸辺』（有斐閣・2016年）51頁。

これと比較すると研究者につきましては、いったん大学の常勤教員として採用されれば、助教や講師から准教授、准教授から教授への昇任審査、あるいは他大学への異動の際の審査を除いて、制度的な意味で研究活動についての評価を受ける機会は存在しないといってもよろしいでしょう。もちろん、学界において高い評価を受け、賞を授与されるとか、逆に、風評として貶められるなどのことはあるでしょうが、それが大学教員としての地位保障に直接に影響するわけではありません。言い換えれば、研究活動は、もっぱら自律に委ねられているといってもよろしいでしょう。[23]

3 | 研究者の五衰

天人五衰という言葉があります。もともと、佛教用語であり、すぐれた資質、才能に恵まれた人でも衰えを免れることができないという意味の成句ですが、三島由紀夫氏（平岡公威氏。昭和 22 年（1947 年）東京大学法学部卒業であり、皆さんの先輩にあたります）の「豊穣の海（四）天人五衰」（新潮文庫・1977 年）によってよく知られています。これになぞらえて、研究者の五衰を考えてみたいと存じます。研究者としての出発をおすすめするにあたって、五衰などを説くことは、皆さんの気持を萎えさせてしまうかもしれませんね。私の意図としては、長い研究生活を送るにあたって、自分が注意を払ってきたことを、多少なりとも皆様のご参考に供するという程度のつもりです。

(1) 加齢による変化

第 1 は、加齢による変化です。これは抗えない事象ですが、それを前提とすれば、年齢に応じて、研究の姿勢を工夫することで対処できるといえるかもしれません。

自分自身について申しますと、20 歳代の頃は、当時の法解釈論争の影響も[24]

---

[23] 東京大学法学部は、『東京大学法学部白書』を刊行し、各教員の教育・研究活動の内容を紹介しているが、これも自律を促すための制度と理解している。

[24] 来栖三郎『来栖三郎著作集 I』（信山社出版・2004 年）78 頁（原典は、私法 11 号（1954 年）に発表されている）では、「法の解釈の複数の可能性があり、そのうちの一の選択は解釈するものの主観的価値判断によって左右される。……法の解釈が解釈する個人によって異るという紛う方ない事実に面しながら、何故客観的に正しい唯一の法の解釈があると前提し、自分の解釈はそれであろうとし、そしてそれが法規の客観的認識の結果であると観念しようとするのか」との問題提起がある。

第1編　第1章　研究者ノススメ——理論と実務の狭間（tiraillé）に半世紀（反省記）

あったと思いますが、法解釈の研究にどのような意味があるのかについての悩みがありました。裁判官であれば、もち込まれる争いに対する判断を示さなければならない、弁護士であれば、依頼者の利益実現に向けて力を尽くさなければならないのと対比して、個別の事件や依頼者と離れて、客観的な法解釈などがありうるのか[25]、それを探求する学問が成立しうるのか、これは、価値観が先鋭に対立していた時代背景の反映かと存じますが、当時の私にとっては、難題^{aporia}でした。プロイセン法の研究などに沈潜したのは、逃避であったかもしれません。しかし、日本法の解釈論や立法論の部分は未完に終わり、この難題について自分なりの解を見出すことはできませんでした[26]。

　消費者利益や環境利益について、その帰属主体に代わって、消費者団体や環境保護団体に差止請求訴訟や損害賠償請求訴訟の追行権を認めるべきであるとの提案、すなわち紛争管理権の概念は、この彷徨時期のものですが、基礎理論としてはともかく、民事訴訟法の学説としては、冷ややかに受け止められたように感じました。自然科学などの世界では、外国（欧米）にないことをいうと高く評価されるのに対し、法律学の世界では、外国、特に母法国ドイツにないというだけで貶められる雰囲気がありましたから、約40年後に「消費者裁判手続特例法」[27]の制定という形で受け止めていただいたのは、望外の喜びとして[28]受け止めております。ただし、法および規則が平成26年10月1日に施行された後、いまだ特定適格消費者団体による提訴事例に接しておりませんので、この制度が機能するかどうかは、未知数といわざるを得ません[29]。

　その後も、民法学において利益考量論を軸とする法解釈方法論をめぐる論争があり、法解釈の実質的側面（価値判断）の根拠をどこに求めるかという形で展開されている。加藤新太郎「リーガル・リテラシーの諸相第4回」書斎の窓648号（2016年）2頁、前田達明『続・民法学の展開』（成文堂・2017年）99頁、山本敬三「日本における民法解釈方法論の変遷とその特質」民商154巻1号（2018年）10頁参照。

25　加藤・前掲論文（注24）2頁は、実務家の行う法解釈と研究者のそれとの差異を指摘している。

26　伊藤眞「不動産競売における消除主義・引受主義の問題（一）～（三）」法協88巻4号（1971年）375頁、89巻5号（1972年）1091頁、90巻3号（1973年）509頁。

27　住吉博ほか「〈座談会〉これからの民事訴訟法学」ジュリ655号（1978年）174頁における伊藤眞発言、伊藤眞「続・老書生交友鈔」書斎の窓648号（2016年）57頁。

28　消費者庁ウェブサイト「平成29年度　消費者支援功労者表彰　内閣府特命担当大臣表彰」欄〈http://www.caa.go.jp/policies/policy/consumer_education/public_awareness/gekkan/2017/pdf/2017gekkan_170427_0001.pdf〉参照。なお、本書第2編第1章Ⅷ（276頁）参照。

その後、アメリカ合衆国およびドイツ連邦共和国において2年間の研究休暇を過ごすことができ、外国法の視点から日本法の研究のあり方を考える貴重な機会を与えられました。その当時は、自覚しておりませんでしたが、この時期に、正義、公平、公正など、現代社会において実現されるべき共通の価値があること、法解釈にせよ、立法にせよ、それをめざすべきことの割切りができたように感じております。

そして、研究成果の発表方法としては、まず論文を公表し、それに対する批判や評価を受け止め、ある法分野において相当の蓄積ができたと確信した段階で、体系書をまとめ、さらに論文を世に問うことを通じて、体系書の改訂を行うという循環作業の過程が確立できたのが40歳代、1988年の『破産法』から始まり、『民事訴訟法』、『破産法・民事再生法』、『会社更生法』を経て、2016年の『消費者裁判手続特例法』に至るまで、その後30年間の私の研究生活の軌跡になります。

もっとも、論文の執筆、それを踏まえた体系書の改訂作業には、終着駅はな
[30]く、加えて民法改正における新たな規律を反映した記述に改めなければならな

---

[29] 独立行政法人国民生活センター法等の一部を改正する法律（平成29年法律第43号）によって、独立行政法人国民生活センター法3条の改正、10条7号および43条の2の追加、消費者裁判手続特例法75条4項の追加などがなされ、特定適格消費者団体が行う仮差押えについて、国民生活センターが代わって担保を立てることが可能となった（補訂情報196頁参照）。これは、十分な資金を調達できないために、特定適格消費者団体が仮差押えによって相手方事業者の財産を保全する機会を逸し、届出債権者の権利の実現が困難になる事態の発生を防ごうとするものであるが、いまだ特定適格消費者団体による訴え提起の情報に接していない。

[30] たとえば、拙著『破産法・民事再生法〔第3版〕』（有斐閣）は、平成26年（2014年）9月末刊行であり、最高裁判例は、平成26年6月5日が最新のもの、文献は、平成25年（2013年）末までのものを参照しているが、その後、最判平成26・10・28民集68巻8号1325頁（破産管財人による不当利得返還請求と不法原因給付の法理）、最判平成28・4・28判時2313号25頁（死亡保険金の破産財団帰属性）、最判平成28・7・8民集70巻6号1611頁（第三者債権による相殺の許容性）、最決平成29・9・12民集71巻7号1073頁（手続開始時現存額主義の適用）や相当数の下級審裁判例が現れ、注釈書や論文集としては、20冊を超えるもの、また数多の雑誌論文が公刊されている。

加えて、私自身の論文としても、「片務契約および一方履行済みの双務契約と倒産手続」NBL1057号（2015年）30頁、「破産管財人の法的地位と第三者性——管理機構人格説の揺らぎ？」岡伸浩ほか編『破産管財人の財産換価』（商事法務・2015年）547頁、「『相殺の合理的期待』は Amuletum（護符）たりうるか——最二小判平成28年7月8日の意義」NBL1084号（2016年）4頁、「株主代表訴訟の外延と倒産手続の交錯——会社の責任財産の保全と株主の地位」伊藤眞ほか編集代表『倒産法の実践』（有斐閣・2016年）1頁、「無償否認における善意の受益者の償還義務の範囲——詐害

第1編　第1章　研究者ノススメ——理論と実務の狭間（tiraillé）に半世紀（反省記）

いことを考えますと、後期高齢者への扉の前に佇む者としては、いささか肩の荷が重いというのが偽らざるところです。しかし、逆に考えれば、心身の健康と研究者としての緊張感さえ保持できれば、天命まで、張りをもって生きられる幸せといえるかもしれません。

　本邦初の近代的国語辞典を完成した大槻文彦博士が、幼子や伴侶を病で失う不幸に見舞われたにもかかわらず、明治8年（1874年）から同24年（1890年）まで、17年の歳月をかけて「言海」を完成し、喜寿に達しても、払暁より深更に至るまで改訂作業に励んだ労苦を想えば[31]、環境に恵まれている自らを甘やかすことを恥じるべきでしょう。

　なお、関連法規の改正や新たな最高裁判所判例、下級審裁判例が公表される頻度が増加し、数年に一度の改訂では対応しきれないので、その一部は、出版社のウェブサイトに補訂情報として公開するようにしています[32]。

　そして、改訂を重ね、体系書の生命を維持するためには、協力者の存在が不可欠です。『民事訴訟法（初版）』や『破産法・民事再生法（初版）』につきましては、それぞれ、東京大学法学部や法科大学院の学生諸君の協力を得たことを「はしがき」中に誌しておりますし、現在公刊中の『民事訴訟法〔第6版〕』および『消費者裁判手続特例法（初版）』について、行川雄一郎判事補（東京地裁・早稲田大学大学院法務研究科修了生）、『会社更生法（初版）』、『破産法・民事再生法〔第4版〕』について、木村真也弁護士（大阪弁護士会・木村総合法律事務所）、行川さん、大川剛平弁護士（東京弁護士会・長島・大野・常松法律事務所）のお三人が多忙な日々の中で尽力いただき、出版社の編集者の方々が校正など

　行為の回復と善意の受益者保護の調和を求めて——」判時2307号（2016年）39頁、「破産者代理人（破産手続開始申立代理人）の地位と責任——『破産管財人に対する不法行為』とは何か。補論としてのDIP型破産手続」事業再生と債権管理155号（2016年）4頁、「最二小判平22・6・4のNachleuchten（残照）——留保所有権を取得した信販会社の倒産手続上の地位」金法2063号（2016年）36頁、「法的倒産手続の利用を促すために——nahtlos（継ぎ目のない）手続の実現を目指して」金法2069号（2017年）36頁、前掲論文（注16）559頁など、10数編ほどを発表している。

31　髙田宏『言葉の海へ』（新潮社・1978年）。

32　『民事訴訟法〔第5版〕』、『破産法・民事再生法〔第3版〕』、『会社更生法』については、有斐閣ウェブサイト、『消費者裁判手続特例法』については、商事法務ウェブサイト参照。『民事訴訟法〔第5版〕』についていえば、2017年2月から9月までの8カ月間で、23件の最高裁判例や下級審裁判例の内容と意義を取り上げている。

について細心の注意を払ってくださり、これがあって初めて、体系書の改訂を続けることができると感じております。

また、拙著や論文を公刊するたびに励ましのお言葉を頂戴する、今中利昭弁護士（大阪弁護士会・関西法律特許事務所）、前田達明名誉教授（京都大学）や瀬戸英雄弁護士（第一東京弁護士会・LM法律事務所）をはじめとする先輩や友人からの声が歩みを続ける糧であり、砂漠の泉（オアシス）となっており、他の研究者の方々と比較して、唯一、私に恵まれているものがあるとすれば、こうした方々とのお付き合いとご厚意であると感じるところです。

(2) 判例・通説との距離

第2は、判例・通説に滞（なず）むことによる衰えです。これは、大学教員の職務の2本の柱である教育と研究との関係にかかわるものです。一昔前の教科書読み上げ調授業は論外ですが、一方向的であれ、双方向的であれ、教育は、卒業後の実務の基礎となるべき諸法の基本原理や基礎概念を修得させ、応用力や表現力を養成することが目標であると信じています。そのために費やしうる授業時間が限られておりますところから、解釈に対立があり、また、ありうる問題についても、判例の意義を正確に理解させ、一般に受け入れられている学説、すなわち通説の内容を把握させることが中心とならざるを得ません。

私自身の授業でも、時折、考え方の対立があることを説明し、愚見を開陳することはありますが、比重としては大きなものではありません。いわゆる入門書や受験参考書の記述も、同様のものではないかと想像しております。とりわけ、司法試験などを受験する学生の多くに「判例通説依存症候群」[33]がみられる現在、このような傾向は加速しているものと感じます。

大学教員として教育の職務を果たさなければならない以上、上記のような配慮をすべきなのは当然であり、私自身の教育実践の姿です。これは、ゴルフでいえば、レッスンプロにあたる職務といえるでしょう。しかし、ここに1つの陥穽があります。研究とは、実務の中で認識されていない問題を発見し、また、通説・通念に対する疑問を提起し、新たな解決を提示するところにあると信じ

33　伊藤・前掲書（注21）189頁。山本敬三「法学教育の変化と法学研究の危機」ロースクール研究5号（2007年）31頁では、このような傾向を「易しさ」志向や「ドグマ」志向とよんでいる。

第1編　第1章　研究者ノススメ——理論と実務の狭間（tiraillé）に半世紀（反省記）

ております。レッスンプロに対比すれば、トーナメントプロということができるでしょう。大学教員としては、レッスンプロとトーナメントプロの2つの職務を行うことになります。

　ここで陥穽とは、レッスンプロに狃れ、トーナメントプロとしての自覚を忘れがちになることです。大学における職務の状況などによる波があることは理解できますが、持続して論文を公表し、他の研究者や実務家からの批判を受けなければ、研究者としての衰えは不可避と考えております。[34]

(3)　大学において研究者としての地位を保障されていることの意味

　第3は、本務、すなわち教育および大学運営に関する職務以外の負担が過大になることによる研究活動の衰えです。教育および大学運営に関する職務は、それを遂行することが研究者としての地位を保障される基礎となっているのですから、ときに、重いと感じることがあっても、拒否することはできず、また、拒否すべきでもないと存じます。しかし、それ以外の用務をお引き受けするかどうかは、もう1本の柱である研究活動の妨げとならないか、自らにその余力があるかどうかを見極めたうえで判断すべきものと思います。ただ、余力があるかどうかは、人の資質能力によるものですから、判断は自律以外にないでしょう。

(4)　閉鎖空間に浸ることによる衰え

　第4は、閉鎖空間に浸ることによる衰えです。と申し上げても、皆様方には、何のことか想像がつきにくいかと思います。特定の分野の、しかも研究者のみで構成される集団に閉じこもるとでも申しましょうか。

　実務法曹は、基本的には、資格上でも、実際にも、ジェネラル・サービス、すなわち民事、家事、刑事、また行政事件でも、扱うことが求められます。もちろん、現実には、ファイナンスが専門で、刑事や家事事件はいうまでもなく、一般民事事件で法廷に赴く機会はほとんどないという弁護士もいるでしょうし、裁判官も、ある程度の年次を経れば、民事系、刑事系と分かれることが普通か

34　伊藤・前掲論文（注27）55頁。山本敬三・前掲論文（注33）32頁では、近時の研究論文の姿勢について、「解説・批評型」と「調査・報告型」が増えていること、法の基礎部分や前提となる理論的分析枠組みに問題意識をもち、解決方向を提示しようとする「探求型」が減少していることを指摘する。

もしれません。しかし、弁護士の場合には、依頼を受ければ、裁判官の場合には、人事異動によって、違った種類の職務を担当し、そのために必要な知識を修得し、職業技術を身に付けることになります。

　私の知人である金築誠志氏（元最高裁判事）は、任官以来しばらく刑事裁判官として過ごされました。ところが、ご本人の弁によると、「21 年間ずっと刑事事件専門にやっておりました。民事の経験がゼロなのに、突然民事部に行けと言われて……有斐閣の概説シリーズ……通勤の電車の中で、線を引っ張って一生懸命読んだんですよ。45 歳でしたか、全然頭に入らなくてね」と述懐していらっしゃいます。[35] それにもかかわらず、東京地裁民事第 8 部（商事部）の部総括として令名が高かったのは、もちろん、金築さんの資質と努力によるところが大きかったこととは存じますが、多様な内容の職務を遂行しなければならないのは、裁判官全員に共通するところでしょう。

　これと比較すると、研究者の場合には、その出発のときに選択した専門分野が生涯変わらないのが通例です。その代わり、自らの専門分野についてはより深く掘り下げ、問題を発掘し、その解決のあり方を提示し、実務運用の基礎となる法規範の解釈を形成するのが、研究者の使命と責務というべきであり、その意味では、研究者は、その専門分野におけるスペシャリストでなければならず、実務の運用や改革を指導する役割を担っています。

　ところが、実際をみると、研究者は、その専門分野や出身大学等を拠り所として、研究者のみによって構成される小さな集団にまとまるような傾向もみられます。もちろん、公刊物はいうまでもなく、学内外の研究会などにおいて実務家と意見を交換することを通じて、実務の問題状況に触れる機会は多いと思いますが、むしろ、研究者の側の感受性と申しますか、姿勢の問題であると考えています。

　すなわち、下級審裁判例などを含めて実務上の考え方が対立している問題、最高裁判例は存在するが、その判例法理としての意義が明確になっているとはいえない問題、さらに実務の中では問題として認識されていないが、取扱いや運用を改めるべき理論的根拠などについて、積極的に研究論文を公表し、批判

---

[35] 金築誠志「職業としての裁判」東大法曹会会報 31 号（2017 年）12 頁。

第1編　第1章　研究者ノススメ——理論と実務の狭間（tiraillé）に半世紀（反省記）

を受け、それを踏まえて、さらに熟考する姿勢が望まれます。新たな分析や提[36]言を内容とする以上、研究論文に完璧はあり得ず、公表すれば、必ずと言ってよいほど、批判を受けるでしょう。しかし、それを受け止めて、自らの思考を深めればよいのではないでしょうか。

　弁護士会照会（弁護士法23条の2）に関する2015年の論文[37]も、実務運用に携わっている第一東京弁護士会や日本弁護士連合会の方々との議論を通じて、利益衡量の結果として照会に対する回答義務の存否を決するという判例法理のどこに問題があるのかを考えたものです。

　骨子のみを申し上げると、現在の判例法理の下では、一方で、照会に対する回答によって実現が期待される利益、たとえば訴訟追行のための証拠をうるとか、強制執行の対象とする財産を発見するなどの利益と、他方で、照会の対象とされる情報を秘匿する利益とを比較衡量して、前者が後者を上回ると認められるときに、回答義務を肯定するとされています。問題は、この利益衡量に基づく判断主体が誰かということですが、照会を行う弁護士会と照会を受ける相手方がそれぞれ判断を行うことになります。

　しかし、両者の判断がくい違ったときに、裁判所が中立公正な立場から判断を下す機会が存在しなければ、争いが続くことになりますね。弁護士会照会に対する回答義務が依頼者本人や、照会を申し出た弁護士に対するものではなく、照会を行った弁護士会に対するものであるとすれば、1つの有力な考え方は、回答を拒絶した相手方に対する損害賠償請求訴訟を弁護士会が提起し、その中でいずれの判断が正しいかを裁判所が決するというものです。

　これに対し、最判平成28・10・18民集70巻7号1725頁は、この方法による解決を認めた原判決を破棄し、回答拒絶によって弁護士会の私法上の利益が侵害されるわけではないなどの理由を説示しています[38]。そうなると、回答義務

36　早川眞一郎「『眼高手低』から『手低眼高』へ」ケース研究309号（2011年）巻頭言には、「法学研究者たちが、歴史や外国法をもしっかり勉強したうえで実務に対する建設的な批評をすることは、日本法の健全な発展のための必須のプロセスであるように思う」と誌されている。

37　伊藤眞「弁護士会照会の法理と運用——二重の利益衡量からの脱却を目指して」金法2028号（2015年）6頁。

38　「弁護士会が23条照会の権限を付与されているのは飽くまで制度の適正な運用を図るためにすぎないのであって、23条照会に対する報告を受けることについて弁護士会が法律上保護される利益を

18

の存否をめぐる紛争についての司法判断の途が閉ざされてしまいかねないことになりますが、最高裁判決は、回答義務の存否自体については、事件を原審に差し戻し、2017年6月末にそれを肯定する高裁判決が言い渡され（名古屋高判平成29・6・30金判1523号20頁）、現在は、上告審に係属中で、近々、判決の言渡しがあるようです。私は、この高裁判決が維持されることを願っておりますが、それはともかくとして、従来、弁護士会照会制度について研究実績がなかった私が、古稀を超えて初めて問題の所在と内容に気づかされ、愚見をまとめる機会を与えられたのは、実務家の方々との交流の賜物と感じております。

(5) 実務との緊張関係

第5は、実務に埋没することによる衰えです。言い換えれば、理論と実務の距離のとり方、理論の存在意義ということもできます。一例を申し上げましょう。私が最近公表した論文として、「執行債務者の金融資産にかかる情報を第三者から取得する制度設計のあり方——権道と正道（ius track）」があります[40]。これは、解釈論ではなく、現在、法制審議会民事執行法部会において審議中の民事執行法改正に関する論文です。

改正検討事項の一つとして、確定給付判決などの債務名義、すなわち強制執行の申立て資格を取得した債権者が、預金、生命保険解約返戻金、株式、信託受益権などの形で債務者の財産を預かっている銀行等（預貯金取扱機関）、保険会社、証券会社などに対し、預り金融資産の有無や内容について照会をすることを裁判所に申し立てる権限を認めるか、裁判所の決定に基づいて相手方に情報提供義務を課すかどうかが議論の対象となっています。第三者について情報提供義務を課すこと自体に対する反対論は少ないようですが、相手方たるべき

有するものとは解されない。

　したがって、23条照会に対する報告を拒絶する行為が、23条照会をした弁護士会の法律上保護される利益を侵害するものとして当該弁護士会に対する不法行為を構成することはないというべきである」との判示部分が中心である。

39 「23条照会制度の趣旨及び弁護士会に課せられた責務に照らせば、弁護士会が23条照会制度を適正かつ円滑に運営し、その実効性を確保することは、法的に保護された弁護士会固有の利益であるということができるとともに、報告義務の存否（拒絶する正当な理由の有無）に関し、弁護士会と照会先の判断が食い違った場合には、司法判断により紛争解決を図るのが相当であると解される」との判示部分に注目すべきである。

40 金法2074号（2017年）18頁。

第1編　第1章　研究者ノススメ──理論と実務の狭間（tiraillé）に半世紀（反省記）

者の範囲については、いまだ議論が集束しない模様です。

　執行債権者は、差押えの対象とする執行対象財産を特定しなければならないという原則がある一方、他方で、預貯金債権その他の金融資産については、特定のための情報をうることが容易でないという事情がある中で、現在の実務は、順位付け特定という方式を認めています。しかし、預貯金を取り扱う銀行等については、その方式の下でも、最低限、支店名は特定しなければならないというのが現在の判例法理であり、法制審議会における立案審議においては、この判例法理を背景として、順位付けの要件が厳格な銀行等に限って預貯金情報の提供義務を課すという議論が有力になっている模様です。確かに、現在の判例法理とその下の執行実務を前提とすれば、そのような考え方もうなずけますが、一歩距離をおいて、考えてみたいというのが本論文における私の立場です。

　預貯金等を取り扱う銀行等はもちろん、保険商品を扱う保険会社、株式や社債を扱う証券会社（金融商品取引業者）など、いずれも、債務者の金融資産を預かって、それを運用し、時期に応じて返還すべき立場にあり、そのような地位と、銀行法、保険業法、金融商品取引法などによって課せられている使命と責務を考慮すれば、これらの事業者に対して等しく債務者の金融資産に関する情報提供義務を課すことに合理性が認められる、預貯金債権の差押命令申立てに関する現在の判例法理を発想の原点とし、情報提供義務の相手方を銀行等のみに限定することは合理性を欠くということを論じております。

　情報提供義務の相手方を銀行等に限定するか、それとも広く金融資産取扱機関を含めるかは、さまざまな法律上の視点や政策的判断を踏まえて決せられるべき問題であり、私の考え方のみがすぐれていると主張するつもりはありません[41]。ただ、研究者の議論としては、判例やその下の実務のみを検討の原点とするのではなく、強制執行の実効性を確保し、債務の履行についての民事司法の機能を充実させ、国民の信頼をうるためにはどのような制度設計が望ましいかという視点をもつべきことを訴えたつもりです。

---

[41]　日本弁護士連合会・民事執行法の改正に関する中間試案に対する意見書12頁（2017年）においては、愚見について、「当連合会の意見と方向性を同じくする」と誌されている。

4 おわりに——HOMO・LUDENS（ホモ・ルーデンス）のすすめ

　明治以来、法学政治学の分野における研究者養成機関として大きな役割を果たしてきた東京大学法学部・法学政治学研究科の運営を担っておられる方々が、現状について危機感を抱いていらっしゃり、他大学の運営責任者の方々も同様とうかがい、いささか危惧の念を禁じ得ません。[42]

　司法はもちろんですが、立法、行政、企業の運営、市民の権利擁護などに直接関与するのは、実務法曹ですが、実務家が具体的問題の合理的解決を模索するときの基礎資料となるのは、研究論文であり、体系書にほかなりません。[43] 研究者はなぜ信頼されるかといえば、特定の集団や勢力の利害にとらわれることなく、また、時々の実務の動向を超えた長期的視点で問題の本質を分析し、解決を提示しようとする姿勢を評価されているからでしょう。

　次の世代を担う皆様には、近代日本の先覚者、福澤諭吉先生の『学問のすゝめ』15編にある、「疑ノ世界ニ真理多シ」との一節[44]の意味を確認していただきたいと思います。これは、自らを顧みたときの反省ですが、通説から離れることの危惧、周囲から集中砲火を浴びせられることに対する不安などから、十分な検討時間がもてないことを奇貨として、心の片隅に疑いを抱きながらも、通

---

42 法科大学院制度が発足して間もない10年ほど前であるが、山本・前掲論文（注33）36、38頁は、同様の危機意識を示している。

43 この点に関連するものとして、藤田宙靖「法解釈学説と最高裁の判断形成」東北ローレビュー1号（2014年）6頁が、「法解釈学説は、もはや裁判、取り分け最高裁における判断形成について、基本的に、その導きの糸ともなり得なければマニュアルとしての機能をも果たし得ない。しかしそれは、裁判官の『良識』を如何に適切な『法の言葉』で表現するかについて、重要な支えを与えるものとして機能しうる」と説くのに対し、小田中聰樹「裁判にとって法解釈学は無力か——『究極の良識』か『良心』か——」東北ローレビュー2号（2014年）94頁は、これを批判し、「法学は、法の理念を提示し、このことを通じて裁判（又は裁判官）に、上述の理念に基づく裁判を行うよう慫慂・指導する本質的任務を持っている」とする。

　裁判官が、個別事案の特質を踏まえ、その適正な解決の大前提としていかなる法解釈をとるべきかを自らの責任において決断すべきものである以上、学説が「マニュアル」たり得ないのは当然であり、また「慫慂・指導」という措辞が適切かどうかは別として、基本的考え方としては、小田中名誉教授の所説に左袒する。

44 慶應義塾大学メディアセンターデジタルコレクションとして公開されている。

第1編　第1章　研究者ノススメ——理論と実務の狭間（tiraillé）に半世紀（反省記）

念・通説に与してしまったことも稀ではありません。また、従来から見解が対立していた問題について、最高裁判例が現れた時点で思索を打ち切ってしまうこともあります。

　ごく最近のことですが、私が以前から破産管財人よりご相談を受けていた、手続開始時現存額主義の適用に関する事件について最高裁判例が現れ（前掲（注30）最決平成29・9・12）、その結論は、破産管財人側の主張を斥けるものでした。最高裁判所で結論が出た以上、やむを得ないと自分を納得させかけたのですが、決定に付された補足意見を手がかりに第三の途を探ってみたいという破産管財人のご意見に接したとき、自らが安易に流れていることにあらためて気づかされました。福澤先生のお言葉に思いを致せば、権威や通念に疑いを抱くことこそが研究者の責務であり、先に述べましたように、それを公表することに何らの制約もないことが、研究者の地位を保障された者の特権であろうかと存じます。

　最後に、もう1つ、皆様方への助言をお伝えしたいと存じます。それは、HOMO・LUDENS（ホモ・ルーデンス）のすすめです。一体何のことやらと怪訝な表情をされていらっしゃる方が多いように思います。私が所属する第一東京弁護士会会報534号（2017年）の巻頭に佐藤庄市郎先生の筆になる「ホモ・ルーデンスへの勧め」に接しました。佐藤先生は、1924年のお生まれ、海軍航空隊服務を経て、司法修習2期、最高裁判所判事をお務めになり、私より21歳年長の大先輩ですが、ある事件の仲裁人としてご一緒したことがあり、それ以降、折に触れて謦咳に接しております。ホモ・ルーデンスとは、「遊び好きの人」という意味のようですが、先生は、室内遊戯では、囲碁、将棋、麻雀、花札、骨牌（トランプ）、野外競技では、野球、蹴球（サッカー）、籠球（バスケットボール）、排球（バレーボール）、ゴルフなど、「一応仲間に入れて頂ける程度にはできたつもりではあった」とのこと、たゆまず仕事に集中するため

45　大阪高決平成29・1・6金法2071号99頁。

46　前田・前掲書（注24）150頁には、権威への挑戦として、「古来、日本の法学界は権威に弱い。……このような傾向は現在も変わっていない。……思うに、それでは、到底、法学の発展は望めない」と誌されている。

47　佐藤庄市郎「ひと筆——海軍主計少尉の戦争体験」自由と正義2017年8月号5頁。

には、遊びの時間をもつことが大切であるとのご趣旨と理解致しました。

　先ほど、私の研究活動を励ましてくださる方として申し上げた今中利昭先生も、美術、音楽、伝統芸能、ゴルフと、各方面にまたがる達人でいらっしゃいます。[48]

　私は、勝負事は囲碁しか嗜みませんが、社交ダンス、マジック、ゴルフ、ピアノなど、遊び事は大好きです。ただ、いずれも水準に達せず、古稀（70歳）になって始めたピアノなどは、牧山奈津子先生の忍耐強いご指導にもかかわらず、低空飛行を続けており、レッスンの前夜になると、不安のあまり睡眠に変調を来す始末で、それが、佐藤先生との決定的な違いです。しかし、それを別と致しますと、生涯にわたって仕事を続けるためには、それ一筋よりは、多少なりとも遊びの時間があったほうがよいように感じております。1日の時間配分を自らが調整できる研究者は、この点でも、おすすめできる選択肢かと存じますが、いかがでしょうか。

　名誉教授の身分証明書をいただいたところ、有効期限が2099年3月31日となっており、150歳くらいまでは大丈夫のようです。しかし、合理的経験則から考える限り、私自身の研究活動可能年齢は、最上限をみるとしても、余すところ10年程度でしょう。いずれの法分野であるかを問わず、皆様のうち、1人でも多くの方々が研究者の途に進んでいただくようお願い申し上げます。

　また、本年（2017年）3月末に退任された中田裕康教授や、現在、法科大学院の授業をご担当の早川眞一郎教授のように、弁護士活動の後に研究者に転じられた方もいらっしゃいます。[49]実務の経験を踏まえ、個別事件の帰すうとは一歩距離をおいて、公正中立の視点から法規のあるべき解釈を探る、法律学の研究者としての活動に興味をお感じになるときは、ぜひ、そのような途もご検討いただきたく、これをもって、本日の結びと致します。長時間のご清聴、誠にありがとうございました。

48　今中利昭「趣味と人生」庶民金融512号（1995年）1015頁に、「趣味の道を求めながら継続すれば、同好の士と近づくことができ、職業も環境も著しく異なった『趣味の友』を得ることとなり、豊かな人脈に連らなることとなる」と誌されている。

49　中田教授については、中田裕康『契約法』（有斐閣・2017年）〔奥付〕、早川教授については、東京大学法科大学院ウェブサイト参照。

法律学研究のあり方

——実務から求められる研究とは——

第**1**編

実務家にとっての
理論研究の価値

第**2**章

I

弁護士役割論研究の歩み
——実務家は実用法学研究に寄与できるか

加藤新太郎

中央大学大学院法務研究科教授・弁護士

1 | はじめに——**実用法学の現状**

ある研究会で、実用法学の現状について、次のように述べたことがある。[1]

実用法学研究のプロトタイプは、対象となる事象を認識し、問題点を把握したうえで、先行研究を参照し、一定の方法論のもとに、問題点を解決（解明）する改善策（理論）を提唱するという形態のものだ。その改善案は、解釈論や運用論であることもあるし、立法論として論じられることもある。しかし、率直に言って、世に良質の研究はそれほど多くはない。その逆に、事実認識に歪みがあり、したがって問題点の把握を誤り、そのうえ改善策を導く理路において混乱がみられ、致命的なことに結論が使いものにならない研究は少なからずみられる。しかし、論者は、決してそのような「研究」をしようと考えたわけではない。

それにもかかわらず、上記のような現実が存在するのは、何故か。

一つには、例外はあるにしても、研究者が現状を知らないということがある。現状（実態）を過不足なく認識するには実証的な調査が必要であるが、法学系では、法社会学の学者は別として、実態調査をすることはなく文献調査

---

1 加藤新太郎「不動産登記の未来——総括」法時 89 巻 9 号（2017 年）80 頁。

1 はじめに——実用法学の現状

が中心である。統計関係も官庁が継続的にデータ収集しているものは一応信頼できるが、目的が限定されているし、特定の政策に誘導するための数値情報を選択的に強調することもないとはいえない。そうすると研究者は、目についた特異かつ例外的な事象にとらわれるか、官庁情報に流されることになりやすい。もっとも、研究者は、「井の中の蛙大海を知らず」と揶揄されるが、それに続く「ただ空の高さを知る」というアドバンテージを持つ。つまり、基礎法、比較法、法制史など豊かな知見を有するから、そこを生かすことは可能かつ有用である。

これに対して、実務家は忙しいし、研究は本分ではない（その環境にも恵まれない）。専門家である以上仕事に差し支えがあってはならないから必要不可欠な知識修得には労を厭わないが、それを超えて、自分の持てる時間を費やすことは避けたい。余暇は十分に休息して、良質の役務提供に備えるのだ。そのことを「勉強が足りない。研究をしなさい」と責めるのは酷であろう。しかし、大多数はそうであっても、職層全部がそうだというわけではない。どの業界にも、フロント・ランナーはいる。自らの職務領域で執務を通じて問題点を捕捉し、克服するためにはどのような方策があるかを考えて、休日をそのために捧げる人も間違いなく存在する。

これに続いて、実用法学研究における、研究者と実務家との協働の意義と必要を述べたが、そのこと自体に格別の新味があるわけではない。

もっとも、「実務家は現状で困った事柄をレポートしてください、研究者はそれを理論的に整理・方向付けしてあげます」という役割分担説もある。しかし、これはいささか平板な役割観であり、実際にも、実務家の研究が学術的にも貢献している例は枚挙にいとまがない[2]。さらに、上記役割分担説の底流に研究者の優越感が透けて見えることから、実務家には評判がよくないように思う。そうした事柄が多いとしても、研究者としては「手を携えて実用法学の水準を

2　民事分野に限っても、岩松三郎、松田二郎、村松俊夫、吉川大二郎、近藤莞爾、鈴木忠一、中村治朗、田辺公二、田尾桃二、倉田卓次、賀集唱、三井哲夫、藤原弘道などの業績は、不滅のものであると思う。

27

高めていきましょう」という謙虚なスタンスを示すのが大人の対応というものであろう。

　以上のように述べることは、あたかも研究者に喧嘩を売るようで大人げないと受け止める向きもあるかもしれない。それは受け手の自由である（かつ、筆者の不徳の致すところである）が、本書の読者の大方は、研究者・実務家それぞれの得意なところを活かして実用法学を機能的かつ実効的なものにしていくことの必要性に共感していただけるものと思う。

　本稿では、弁護士論（役割論）の研究を細々と続けてきた経験をレポートする。これを通じて、実務家の実用法学研究への寄与のあり方を考えてみることにしたい。

2 │ なぜ弁護士役割論に関心をもったか

　さて、筆者は裁判官になって以来民事紛争処理プロセスにおける弁護士の役割に関心をもってきた。司法研修所の民事裁判教官時代には、そう言うと、司法修習生から、必ずといってよいほど、「裁判官なのに、どうして弁護士の仕事に興味があるのですか」と尋ねられたものだ。「それは、いずれ弁護士になって、一旗揚げたいと思っているからですよ」と答えると、その反応は、一瞬怪訝な顔をする修習生と、冗談だと気づき笑顔になる修習生とに二分されるのが常であった。もちろん後者が正解で、この問答は、ユーモアを解する人物かどうかを判断するリトマス試験紙の機能があった。

　弁護士の役割を勉強したいと考えたのは、裁判官になりたての初任判事補の時期に、弁護士が被告人の刑事事件を2件担当したことがきっかけである。

【エピソード1】業務上横領等被告事件

　最初の1件は、弁護士登録して20年余の経験のあるA弁護士（5期）が、依頼者からの預かり金600万円を保管中に着服して横領し（業務上横領被告事件）、さらに知人から手形割引の斡旋を頼まれ預かり保管中の約束手形（額面500万円）を自己の債務の支払いにあてるため第三者に交付して横領したというもの（横領被告事件）であった。A弁護士は、過去に、背任等により懲役1年執行猶予3年、罰金20万円の有罪判決（以下、「前件

刑事判決」という）を受けていて、上告中であった。

　Ａ弁護士の外見は格別悪辣にはみえず、法廷ではむしろ淡々としている印象を受けた。構成要件事実には難しい論点もなく、証拠により認定することができた。ただ、いくら金銭に窮していたとはいえ、前件刑事判決の上告中の犯罪行為であるから、前件の執行猶予も取り消されることがわかりきっているのに、どうしてＡ弁護士が非違行為をくり返したのかは今一つ腑に落ちないものが残った。審理の結果からは、筋のよくない借金があり強硬な取立てを迫られた末、「貧すれば鈍する」を地でいったもののように感じられた。結局、被害弁償をすることもできず、懲役１年８月の有罪実刑判決を下すことにした（東京地判昭和51・2・3判例集未登載）。

　金銭で済むことであるから、誰か救いの手を差し延べる友人・縁者はいなかったのか、あるいは周囲にも迷惑をかけた挙句のことであったのか、新人裁判官としては大いに考えさせられた。

【エピソード2】恐喝・同未遂被告事件（ユーザーユニオン事件）
　もう１件は、元検事で著名なＢ弁護士（3期）が、消費者団体（ユーザーユニオン）の代表者とともに、欠陥車が自動車事故を惹き起こしたとして、自動車メーカー・販売会社との示談交渉にあたり、損害賠償金の交付を要求し、これを受領したことが、企業に対する恐喝・同未遂に問われた事件である。これは、「ユーザーユニオン事件」として知られている。[3]

　昭和40年代後半、現在の消費者運動のはしりの事象として、欠陥車問題がクローズアップされたことがあった。自動車ユーザーの消費者団体であるユーザーユニオンは、消費者運動の先駆者といえる。ホンダ N360 という軽自動車に欠陥ありというクレームで名を上げた。Ｂ弁護士は、マスコミから、一時は日本のラルフ・ネーダーといわれ、強者である大手自動

3　ユーザーユニオン事件と弁護士業務についての合意に関しては、加藤新太郎『弁護士役割論〔新版〕』（弘文堂・2000年）333頁、小島武司「弁護士業務における新回路の開発と主体性の確立」判タ478号（1983年）25頁、板倉宏「消費者運動・住民運動などをめぐる刑事法的諸問題──ユーザーユニオン判決を機縁として」同『現代社会と刑法理論』（勁草書房・1980年）165頁など参照。

車メーカーに果敢にアタックし、被害者を救済するヒーローとしてもてはやされていた。ところが、B弁護士が起訴されると、今度は一転して、法律知識を悪用して企業をゆすっていた悪徳弁護士という論調の報道に変わった。

　B弁護士は、自動車メーカー各社を相手にして自動車の欠陥が事故の原因であると主張して示談交渉をした。しかし、民事紛争の示談交渉において、ある請求権を行使する場合には、請求の内容が正当であっても、その方法が不相当であれば違法になるというのが判例である。まさしく、B弁護士のした示談交渉が製造物責任を追及し、権利を行使するものとして適法であったか否かが争点となったケースであった。

　こうした紛争解決交渉は、自分の側に権利（損害賠償請求権）があることを、相手方にきちんと認識できるような形で裏付け資料を積み上げ、反論も聴き、両者の言い分を出し合ったうえで、「それでは賠償額はどのくらいにしましょうか」というプロセスが必要である。

　ところが、B弁護士は、手堅くオーソドックスな示談交渉をするのでなく、企業に一諾で要求を呑めと迫った。「要は経営者の器量の問題である。要求を呑まなければ○○社のときと同じようにマスコミから火の手が上がりますよ」という身も蓋もない言い方もした。実際に、ユーザーユニオンが記者会見をすれば、翌日の朝刊トップで報道されることが続いた時期があったので、相手をする自動車メーカーには、そうした言い方は迫力あるものとして受け止められた。

　企業側も反論したが、B弁護士は、具体的な事実関係に基づく再反論ではなく、「あなた方は欠陥車をつくり、利益を得る一方、欠陥車事故で被害者を悲しませ、苦しめていることは恥ずかしくないのか」との抽象的な企業性悪説を展開し、聴く耳をもたないという対応に終始した。また、審

4　権利行使と恐喝罪の成否に関する判例として、①権利を実行する目的で恐喝手段に出た場合であっても、その実行方法が社会通念上被害者が忍容すべきと認められる程度を超えているときは、その行為は権利の濫用であって権利の行使とはいえず、恐喝罪が成立する（大判昭和9・8・2刑集13巻1011頁）、②脅迫的言辞による権利の実行が、権利行使の手段として、社会通念上、一般に忍容すべきものと認められる程度を逸脱したときは、債権額のいかんにかかわらず、相手方の交付した金銭の全額について恐喝罪が成立する（最判昭和30・10・14刑集9巻11号2173頁）がある。

30

理の中で、団体発足当時、ホンダの競争相手である別の自動車会社の販売店グループから資金提供を得ていたことなど、それまでマスコミ報道されていなかった背景事情も明らかにされた。

このような事実認定を前提にすると、B弁護士の示談交渉は違法性があると評価せざるを得ない。そうしたことから、1審では、B弁護士には懲役3年の実刑有罪判決が下され（東京地判昭和52・8・12判タ355号123頁・判時872号21頁）、控訴審は一部無罪（懲役2年執行猶予4年）とした（東京高判昭和57・6・28判タ470号73頁・判時1047号35頁）が、最高裁判所で上告が棄却され、有罪判決が確定した。

私は、【エピソード2】のケースを審理していく中で、根本的な疑問に当惑した。B弁護士は、法律実務家としては極めて有能であった。たとえば、被告人名義で、弁護人を凌駕する論旨明晰で説得力のある書面を作成し、証人尋問でも、自分で反対尋問に立ち、証人に対して、自分の聞きたいことだけ聞いて、言わせたくないことはひとことも言わせないという水際立ったスキルを発揮した。法律家として一級の能力とスキルをもつB弁護士がどうして刑事訴追されるような無理な示談交渉に及んだのであろうか。ユーザーユニオンの華々しい成果が報道されたことに舞い上がり自制心を失ったのか、活動資金は決して潤沢とはいえない状況に焦りがあったのか、その両方か。

弁護士は、依頼者の利益を最大限に擁護するため活動すべきであるが、正当な目的実現のためにも手段を選ばなければならない。B弁護士は、そのことに思いを致し、依頼者の要求実現のみに急な、強引で合理的対話の精神を欠いた示談交渉は避けるべきであったと考えられる。B弁護士には、残念ながら、弁護士としてどのような役割を果たすべきかという認識に不十分なところがあった。筆者の疑問に対する一応の答えは、「弁護士の役割認識の欠如」であった。

ただ、弁護士の果たすべき役割とはどのようなものなのか、限界領域では明確ではない。そこで、この事件を契機に弁護士の役割について勉強を始めた。

3 アメリカ合衆国における状況

ユーザーユニオン事件を経験した後に、アメリカ合衆国に1年間ワシントン

州立大学ロースクール（シアトル）の客員研究員として留学する機会に恵まれた。

そこで、アメリカ合衆国における状況を調べてみた。一説によると、最初の弁護過誤訴訟は 1796 年のものといわれるが、近年の件数は右肩上がりである。[5]

弁護過誤訴訟の最初のピークは、1850 年前後であり、「人民による統治」をスローガンとするジャクソニアン・デモクラシーの思想（1830 年代以降）の席捲が背景にあった。この時期には、法律実務家の専門的色彩を薄める政策（トレーニーの廃止、司法試験の簡易化）がとられており、4 州では、司法試験も廃止し、「徳性」の証明があれば、弁護士になれるというところまでいった。この時期に弁護過誤訴訟が増加したのは、弁護士の知識不足・技能不足による過誤が主因であったと評されている。

留学した時期はどうかといえば、折しも弁護過誤訴訟が激増している状況であり、1960 年代以降弁護過誤訴訟は増加を続けていて、まだピークがみえないといわれていた。

弁護過誤の原因は、①弁護士の数の増加、②質の低下、③制定法・判例法の著増であると分析され、継続研修（継続的法学教育）の義務付けが対応策として提唱されていた。[6]当時のアメリカ合衆国連邦裁判所長官ウォレン・E・バーガー氏による事実審弁護士の技量不足に対する批判はよく知られている。[7]

また、弁護過誤訴訟の原因は、①専門職神話の崩壊（消費者意識の覚醒）、②「沈黙の共謀」意識の変化、③成功報酬のシステムといわれていた。弁護士間の礼譲が「沈黙の共謀」意識を形成していたが、いまや弁護過誤専門の弁護士も出現しており、弁護過誤保険の一般化も急速に進行していた。

4 弁護過誤から弁護士役割論へ

(1) 弁護士役割論研究の大枠

留学後は、わが国の弁護過誤の裁判例について収集・検討を続けた。最初に

5　加藤・前掲書（注3）24 頁以下。

6　加藤新太郎「継続教育における義務化と理論化」ジュリ 984 号（1991 年）120 頁。

7　加藤新太郎「バーガー合衆国最高裁長官における司法運営の課題と方法（二・完）」民商 80 巻 4 号（1979 年）143 頁。

活字にできたのは、【1】「弁護過誤訴訟に関する諸問題」判タ536号（1984年）であった。これは、大阪地裁民事実務研究会で報告したものである。上記3で述べたアメリカ合衆国における弁護過誤訴訟の状況とわが国のそれとの状況を比較し、判例総合研究として依頼者に対する責任、第三者に対する責任に分けて裁判例を分析し、弁護士の執務における各局面、①事情聴取・資料収集・事実調査、②法的検討、③具体的措置の選択、④説明と承諾、⑤職務遂行と依頼者との連絡、⑥委任事務の終了場面での具体的事務処理義務として位置づけた。そして、依頼者に対する過誤の類型として、不誠実型、単純ミス型、技能不足型に分類した。この時期までに参照することのできる裁判例は網羅したが、弁護過誤ケースを考察することは、規範的意味合いにおける弁護士に対する役割期待を逆照射することになったと実感した。

　研究会ではかなり詳細なレジュメを作成して報告したが、論文の体裁に仕立て上げるのにはさらに相当の時間を要した。夏期休廷期間の直前に大型事件の和解がうまくまとまり、判決起案に予定していた時間をまるまる論考の仕上げと推敲にあてることができたのであった。脱稿した時には、【2】以下の論点についても勉強していこうという大まかなイメージが形成されていた。

　次に、弁護士に対する依頼者の不満が集中する報酬問題を検討した。それが、【2】「弁護士報酬をめぐる紛争」『司法研修所論集創立40周年記念特集号』（法曹会・1987年）である。弁護士報酬に対しては、プロフェッションに対する謝礼に由来する古典的報酬観（報酬お布施論）と業績に対する対価と考える現代的報酬観とがあるが、現在では、後者を採用することになる。もっとも、「紺屋の白袴」で弁護士報酬をめぐる紛争はしばしばみられる。裁判例を概観すると、弁護士の側に問題のあるケースも少なくないが、質のよろしくない依頼者も存在するのが現実であることがわかった。【2】を執筆したのは、釧路地方・家庭裁判所勤務の頃であり、司法研修所が創立40周年を迎えるにあたり、司法研修所論集の『記念特集号』の論文を募集していたので、これに応募し採用されたものである。

　釧路から司法研修所第2部民事裁判教官に異動した。この頃は、司法修習生に対する教育の傍ら、時間の許す限り、弁護士役割論研究を進めようと考えていた。

第1編　第2章　Ⅰ　弁護士役割論研究の歩み——実務家は実用法学研究に寄与できるか

　まず、【3】「真実義務と弁護士の役割」判時 1348 号（1990 年）を執筆した。民事訴訟の審理は所与の条件の下において実体的真実発見を目標とするが、これを担保するものとして当事者の真実義務を観念すると、訴訟代理人である弁護士の役割はどのようなものであるべきか。この問題を考察した論考が【3】である。判例時報の編集者が、何かの事情で誌面が空いたが、掲載したいものはないかと聞いてくれた機会があり、渡りに船で出したものである。

　また、【4】「仮処分疎明資料提出による名誉毀損と弁護士の責任」判タ 734 号（1990 年）は、訴訟活動と名誉毀損の問題を、京都地判平成 2・1・18 判時 1349 号 121 頁を素材にして検討した。【5】「不当訴訟と弁護士の責任」ジュリ 973 号（1991 年）は、不当訴訟についての弁護士の責任と当事者の責任を、最判昭和 63・1・26 民集 42 巻 1 号 1 頁を素材にして考察したものである。

　【3】論文以降は、民事実体法だけでなく、民事訴訟手続法の観点からも弁護士の役割を照射することを意識するようにしていた。初めての古稀献呈論文として力を入れたのは、【6】「和解における弁護士の権限と役割」三ヶ月章先生古稀祝賀論文集『民事手続法学の革新（上）』（有斐閣・1990 年）である。法学者の世界では、学恩を受けた弟子筋の研究者らが先生の還暦や古稀をお祝いする趣旨で、論文集を献呈する慣わしがある。献呈する論文は、先生の中心的学説に対して批判を加え、学界の議論のレベルをいくらかでも進展させるものがよいとされる。必ずそうである必要はないが、これまでの学説の問題状況に一石を投じ、オリジナリティがあり、かつ状況に即応する説得力ある議論を展開し、自説を述べる体裁の論文が常である。したがって、力作揃いであることが多く、各執筆者は他に見劣りがしないよう、時間をかけ精魂を傾けることになる。私は、三ヶ月章先生の直系の弟子ではないが、司法試験受験では先生の『民事訴訟法（法律学全集）』（有斐閣・1959 年）を基本書にして勉強してきており、東大民事訴訟法研究会で先生の謦咳に接している。高橋宏志先生のご厚意で、献呈者に加えていただいたものである。

　三ヶ月先生は、民事訴訟法の権威であられるが、裁判法の講座責任者でもあり、弁護士の社会的責務を中核に据える弁護士論に関するご論考も少なくない。そこで、【6】では、民事訴訟における和解的解決の重要性を起点として、弁護士の和解権限に関する判例と学説の諸相を概観し、紛争解決目的の観点から

和解権限の範囲をとらえ、手続の安定を図るロジックを考察した（紛争解決目的説）。【6】の執筆途上で準備した素材のうち、起訴前の和解と交渉過程の合意型解決におけるものを整理した論考が、【7】「和解的解決と弁護士の役割」民事研修405号（1991年）である。ここでは、ユーザーユニオン事件の交渉過程における弁護士のあり方についても詳しく論じている。

【3】から【7】は、いずれも司法研修所第2部民事裁判教官時代に執筆している。当時は、民事弁護教官に議論の相手になっていただいたり、モノの本には書かれていない弁護士の執務の実際について教えていただいた。

上記の【1】から【7】までの各論文をアップデイトし、体裁を整え、体系的な目次に構成し、『弁護士役割論』というタイトルで、弘文堂から1992年（平成4年）に刊行し、恩師の名古屋大学松浦馨教授に捧げることができた。『弁護士役割論』と名づけたのは、民事紛争処理過程における弁護士の役割を解明したいという思いからであった（同書は、博士（法学）の学位論文となった）。

『弁護士役割論』の表紙カバーは、編集者の北川陽子さんがみつけてくれた、18世紀のイギリスの画家、ウイリアム・ホガースの銅版画「ヒューディプラスと弁護士」にするという洒落たものになった。それほど厚くはない318頁のモノグラフィーであるが、最初の単行著書の出版は嬉しかった。ここまで書いてきて気づいたのであるが、今にして思えば、ユーザーユニオン事件の経験がなければ、米国留学がなければ、司法研修所勤務がなければ、おそらく『弁護士役割論』は誕生しなかったのだ。

そして、幸いなことに、『弁護士役割論』は学術書でありながら増刷を果たし、2000年（平成12年）には、改訂のうえ『弁護士役割論〔新版〕』（弘文堂）として刊行された。

これは、各章に追補を付してアップデイトし、新しい裁判例も加えたほか、【8】「弁護士の誠実義務」『司法研修所論集創立50周年記念特集号』（法曹会・1997年）を入れて、10章構成とした。【8】は、『弁護士役割論』刊行後に、遅まきながら、弁護士法1条の誠実義務についての規範的意義の解明を深めることが必要だと気づき、その考察を試みたものである。

その結果、『弁護士役割論〔新版〕』の構成と目次は、次のとおりとなった。

第1章　弁護士役割論の基本問題　　　　　　　書き下ろし

第1編　第2章　Ⅰ．弁護士役割論研究の歩み──実務家は実用法学研究に寄与できるか

第2章　弁護過誤訴訟の日米比較　　　　　【1】

第3章　弁護過誤訴訟の課題　　　　　　　【1】

第4章　不当訴訟と弁護士の責任　　　　　【5】

第5章　弁論活動と弁護士の責任　　　　　【4】

第6章　弁護士報酬をめぐる紛争　　　　　【2】

第7章　真実義務と弁護士の役割　　　　　【3】

第8章　和解における弁護士の権限と役割　【6】

第9章　和解的解決と弁護士の役割　　　　【7】

第10章　弁護士の誠実義務　　　　　　　【8】

　『弁護士役割論〔新版〕』の頁数は、368頁となり（50頁増）、新たに文献一覧も付け「Ⅰ　弁護士の役割一般、Ⅱ　弁護過誤──弁護士の民事責任研究、Ⅲ　弁護過誤──弁護士の民事責任比較法研究」に分類・整理した。

⑵　『弁護士役割論〔新版〕』刊行後の状況

　『弁護士役割論〔新版〕』刊行後も、この分野には多数の研究・論考がみられる。[8]

　その中では、髙中正彦弁護士の『判例弁護過誤』が秀逸である。弁護過誤

8　たとえば、弁護士責任論に関する論考に限っても次のものがみられる。

①　加々美光子「弁護士の責任」平沼髙明先生古稀記念論集『損害賠償法と責任保険の理論と実務』（信山社・2005年）239頁。

②　坂口公一「弁護過誤をめぐる裁判例と問題点」判タ1235号（2007年）66頁。

③　升田純「弁護士の訴訟活動に伴う名誉毀損・プライバシーの侵害」中央ロー・ジャーナル3巻4号（2007年）38頁。

④　升田純『なぜ弁護士は訴えられるのか──判例からみた現代社会と弁護士の法的責任』（民事法研究会・2016年）。

⑤　河野玄逸＝北川恵子「最近の弁護士実務から見た善管注意義務規範の諸相」伊藤滋夫先生喜寿記念論文集『要件事実・事実認定論と基礎法学の新たな展開』（青林書院・2009年）373頁。

⑥　平沼直人「弁護過誤訴訟における理論的・実務的問題」小島武司先生古稀祝賀論文集『民事司法の法理と政策（上）』（商事法務・2009）717頁。

⑦　一木孝之「弁護士の責任」『論点体系判例民法8』（初版）177頁、（第2版）231頁（第一法規・初版2009年、第2版2013年）。

⑧　山梨県弁護士会『ケーススタディ弁護過誤～133の事例から～』（山梨県弁護士会・2009年）。

⑨　平沼髙明法律事務所編『事例にみる弁護過誤』（第一法規・2010年）。

⑩　髙中正彦『判例弁護過誤』（弘文堂・2011年）。

⑪　渡部佳寿子「弁護士の依頼者に対する損害賠償責任」判タ1431号（2017年）39頁。

に関する裁判例96件について、ベテラン弁護士である著者が検討し、良質で明快なコメントを付している。『判例弁護過誤』は、諸論（第1章弁護過誤総論、第2章本書の構成）、第1編「依頼者に対する過誤事例」、第2編「第三者に対する過誤」で構成される（第2編は、序章（序論）、第1章（名誉毀損）、第2章（不当訴訟）、第3章（不当弁護活動等））。

依頼者に対する義務に関する裁判例の類型化として、『弁護士役割論〔新版〕』第3章では、①審判を受ける機会・期待を保護すべき義務、②依頼者の損害を防止すべき義務、③適切な助言・主張立証をすべき義務、④説明・報告義務、⑤依頼者の上訴の機会を保護すべき義務に分け、義務違反の原因として、不誠実型、単純ミス型、技能不足型に分類した。これに対して、『判例弁護過誤』では、弁護士の義務違反について、①事実・法令等調査義務違反、②説明義務違反、③損害発生回避義務違反、④報告義務違反、⑤受任事件誠実処理義務違反、⑥依頼者の権利確保義務違反、⑦本人意思確認義務違反、⑧裁判を受ける権利確保義務違反、⑨預り金品返還義務違反という具合にカテゴライズされている。どのような問題状況においてどのレベルで弁護過誤を把握するかという問題であり、高中説による裁判例の分類も工夫されていてわかりやすい。裁判例のコメントについても、たとえば、裁判を受ける権利確保義務違反では、書面提出期間徒過の過誤事例について、その原因を、実父急逝で葬儀のため15日間帰省しており事務員に指示を欠いていたため（東京地判昭和46・6・29判時645号89頁）、所属弁護士会を送達書類の受領場所としていたことに起因する事務員の送達日の誤解（東京地判昭和49・12・19判時779号89頁）、事務員の受送達日の間違い（横浜地判昭和60・1・23判タ552号187頁）、上告理由書提出期間についての基本知識の不足（東京地判平成6・11・21判タ881号191頁）、強硬な当事者との軋轢とモチベーション喪失（千葉地判平成9・2・24判タ960号192頁）など、自らの豊富な経験と知見をもって見事に分析している。近時の事例で注意すべきものに、イソ弁の独立に伴う共同受任の訴訟代理案件からの離脱の問題があるが（大阪地判平成18・12・8判時1972号103頁）、これにも同様に、深い分析と解説が加えられており、議論を豊かにした功績は大きい。[9]

9　加藤新太郎「ブックレビュー」自由と正義63巻3号（2012年）105頁。

高中弁護士とは、2009年（平成21年）8月の関東十県会夏期研修会の講師としてご一緒した。担当の山梨県弁護士会は、事前準備の成果を『ケーススタディ弁護過誤〜133の事例から〜』（2009年）としてまとめられたが、3000人の弁護士に対する弁護過誤アンケートの実施結果は大変興味深い。この結果によれば、相手方弁護士の活動が弁護過誤に相当すると感じたことのある弁護士は62％で、そのベスト3は、知識不足、主張漏れ、利益相反であり、自分が失敗したと思ったことのある弁護士は76％で、そのベスト3は、知識不足、期限徒過、和解条項不十分であった。このアンケート結果は、弁護士層の真摯に内省する姿勢がうかがわれるものと評することができる。

5 │ 弁護士責任論・弁護士倫理論・弁護士役割論

(1) 弁護士責任論から弁護士倫理論へ

その後は、弁護士責任論から弁護士倫理論へ、さらに、弁護士の執務の基礎としてのコミュニケーション・交渉論などにも手を伸ばした。民事裁判を担当するようになってからは、訴訟代理人として活動する弁護士のパフォーマンスのレベルが、ダイレクトに裁判官のする訴訟運営の的確さや判決の質に関係すると感じた。まさしく、「期待される役割を過不足なく果たす弁護士なくして質の高い民事紛争処理なし」ということである。

【9】「弁護士の責任」山田卓生編集代表『新・現代損害賠償法講座（3）製造物責任・専門家責任』（日本評論社・1997年）。

【10】「ノーと言える弁護士」法の支配123号（2001年）28頁。

【11】「民事執行過程における弁護士の役割」竹下守夫先生古稀祝賀論文集『権利実現過程の基本構造』（有斐閣・2002年）。

【12】加藤新太郎編『リーガル・コミュニケーション』（弘文堂・2002年）。

【13】加藤新太郎編『リーガル・ネゴシエーション』（弘文堂・2004年）。

【14】「職業としての弁護士倫理」法教284号（2004年）。

【15】「受任の自由とコンピテンシィ」法教285号（2004年）。

【16】「受任に関する倫理」法教286号（2004年）。

【17】「弁護士の訴訟引き延ばしと倫理」法教287号（2004年）。

【18】「弁護士の執務と利害相反」法教288号（2004年）。

【19】「弁護士事務所の共同化と倫理」法教 289 号（2004 年）。

【20】「弁護士としての守秘義務」法教 290 号（2004 年）。

【21】「守秘義務に関する諸問題」法教 291 号（2004 年）。

【22】「弁護士倫理と真実発見」法教 292 号（2005 年）。

【23】「相手方に対する配慮と弁護士倫理」法教 293 号（2005 年）。

【24】「弁護士報酬をめぐる倫理」法教 294 号（2005 年）。

【25】「組織内弁護士の倫理」法教 295 号（2005 年）。

【26】「視点　弁護士職務基本規程の制定」ジュリ 1284 号（2005 年）2 頁。

以上の論考のいくつかをまとめて、『コモン・ベーシック弁護士倫理』（有斐閣・2006 年）を刊行した。[10]

その構成と目次は、次のようになった。

第 1 部　弁護士倫理のコア

第 1 章	職業倫理であること	【14】
第 2 章	コンピテンシィ	【15】
第 3 章	受任	【16】
第 4 章	訴訟の引き延ばし	【17】
第 5 章	利益相反	【18】
第 6 章	法律事務所の共同化	【19】
第 7 章	守秘義務（その 1）	【20】
第 8 章	守秘義務（その 2）	【21】
第 9 章	真実発見	【22】
第 10 章	相手方に対する配慮	【23】
第 11 章	弁護士報酬	【24】
第 12 章	組織内弁護士	【25】
第 13 章	弁護士職務基本規程	【26】

10　この期間における関連論考としては、次のものがある。

　【27】「弁護士の弁論活動と名誉毀損（判例評釈）」リマークス 21 号（2000 年）62 頁。

　【28】「弁護士の疎明資料提供とプライバシー侵害（判例評釈）」判タ 1054 号（2001 年）75 頁。

　【29】「弁護士法 73 条による規律と正当業務行為（判例評釈）」NBL760 号（2003 年）76 頁。

　【30】「弁護士の責任」川井健＝塩崎勤編『新・裁判実務大系（8）専門家責任訴訟』（青林書院・2004 年）54 頁。

第2部　弁護士倫理の周辺
　　第14章　弁護士の民事責任　　　　　　　　　【9】
　　第15章　民事執行過程における弁護士の役割　【11】
　『コモン・ベーシック弁護士倫理』は、281頁の小著である。法学教室に
【14】から【25】まで連載の最中に、日本弁護士連合会は「弁護士倫理」（平成
2年3月2日総会決議）を廃止し、「弁護士職務基本規程」（平成16年11月10日
総会決議）を定めた。まさに揺れ動く中で思索し、職業規範として弁護士倫理
を位置づけようとしたものである。

(2)　その後の歩み

　『コモン・ベーシック弁護士倫理』刊行後も、いくつかの論考を執筆してい
る。その主要なものをあげると、次のとおりである。

【31】「弁護士懲戒請求の規律」名古屋大学法政論集227号（2008年）1頁。
【32】「不当な弁護士懲戒請求と不法行為（判例評釈）」判タ1256号（2008年）
　　　30頁。
【33】「講演　弁護過誤を避けるために」判タ1321号（2010年）5頁。
【34】「民事訴訟における弁護士の役割」新堂幸司監修／高橋宏志＝加藤新
　　　太郎編『実務民事訴訟法講座［第3期］①民事司法の現在』（日本評論
　　　社・2014年）325頁。
【35】「債務整理を受任した弁護士の説明義務（判例評釈）」金判1427号（2013
　　　年）8頁。
【36】「弁護士の説明義務の諸相（判例評釈）」民事判例Ⅷ（2014年）102頁。
【37】「弁護士の執務における裁量」円谷峻先生古稀祝賀『民事責任の法理』
　　　（成文堂・2015年）571頁。
【38】「民事裁判実務と弁護士倫理」曹時67巻12号（2015年）1頁。
【39】「講演　裁判官と弁護士の視点からみた弁護過誤」『日弁連研修叢書・
　　　現代法律実務の諸問題（平成27年度研修版）』（第一法規・2016年）821
　　　頁〔高中正彦と共著〕。
【40】「破産者代理人の破産財産散逸防止義務」高橋宏志先生古稀祝賀『民事
　　　訴訟法の理論』（有斐閣・2018年）1153頁。
【41】「弁護士賠償責任保険の免責条項における『他人に損害を与えるべきこ

とを予見しながら行った行為』の意義（判例評釈）」NBL1117（2018年）70頁。

【42】「日本における弁護士の独立性について」森勇編著『弁護士の基本的義務　弁護士職業像のコアバリュー』（中央大学出版部・2018年）43頁。

【43】「弁護士法25条1号に違反する訴訟行為に対する措置（判例評釈）」NBL1121号（2018年）88頁。

【44】「外国船舶衝突事故賠償案件を受任した弁護士の善管注意義務（判例評釈）」NBL1120号（2018年）96頁。

このうち、【33】は、弁護士がその業務を遂行するのにあたり、依頼者からの苦情や損害賠償請求がされることを可及的に避けるための執務のあり方を考えるヒントになればという趣旨で行った講演である。32の裁判例と7つのエピソードを素材にしたが、ここでは、弁護過誤類型の再整理と弁護過誤を避けるための5カ条について触れておくことにする。

弁護過誤類型は、次のように整理をすることができる。

第1に、故意か過失かによる類型では、①規範逸脱（故意）型と②規範逸脱（過失）型とに分けることができる。故意型は、たとえば、預かり金着服などが典型である。過失型は、すべきことをしないタイプ、すべきでないことをするタイプのものがある。過失型には、過失の程度の濃淡があり、損害発生型と品位損傷型に細分することもできる。

故意型の弁護過誤を避けることは、弁護士自身の意思一つにかかっているから、ある意味では、容易である。たとえば、弁護士による預かり金着服などは、【エピソード1】のように、悪いことは百も承知であるが、自らの借金の返済に回さざるを得ない状況でやむなく違法に手を染めるというものであろう。自らをそのような状況に追い込まないような生活態度を維持するということに尽きる。故意型には、下記【エピソード3】のように、弁護士が証拠を作出したり、汚染して相手方を害するものもみられる（東京地判平成3・2・19判時1392号89頁）。

第1編　第2章　Ⅰ　弁護士役割論研究の歩み——実務家は実用法学研究に寄与できるか

【エピソード3】海難事故に関して弁護士が証拠を細工したケース[11]

　漁船同士が衝突する海難事故について、死亡した乗組員の遺族らと相手方漁船の船主との間で示談契約が成立した。ところが、その後、この示談契約無効確認請求訴訟が提起され、船主責任制限の法的判断に関する錯誤の有無が問題となった。

　その審理の中で、漁船の船主側のＣ弁護士が、海難審判や示談交渉を有利にするため、関係者に供述の仕方を指導したり、事故時には存在しなかった職務分掌規定などを作成するなどの偽装工作をしたことが明らかになった。その結果、当該示談契約は、弁護士の偽装工作によりつくり出された状況に基づき、遺族らが錯誤に陥ったとして無効と判断された。

　第2に、分野からみた類型としては、①法律相談過誤、②訴訟活動過誤、③民事執行執務過誤、④倒産関係執務過誤、⑤その他などに分類される。その中でも、訴訟活動過誤は、手抜き、見落とし、知識不足・技能不足、連絡不十分などから、勝つべき事件に敗訴するタイプのもの、コミュニケーション不足・説明不足などから、依頼者の意思に反するタイプのもの、第三者に対する関係では、不当訴訟、主張立証による名誉・プライバシー侵害などのタイプのものに分けられる。

　第3に、態様（執務態度）からみた類型としては、①不誠実型、②単純ミス（ケアレスミス）型、③技能不足型、④その他に分かれる。不誠実型には、利益相反的執務、執務の着手の遅れ・放置、コミュニケーション不足・説明不足、委任終了後の措置不適切などのタイプのものがみられる。単純ミス型の典型例は、期日のチェックミスにより、期限徒過をするタイプのものである。知識不足・技能不足型は、専門職として必要な知識を欠いているため、事象に適切に対応できないタイプ、知識がないわけではないものの、その適用の場面でそれと気づかないタイプがある。また、知識不足・技能不足の弁護士は利益相反的執務に陥りやすいという指摘もできる。なぜなら、力量不足の弁護士は、特定

11　加藤・前掲書（注3）340頁。

の紛争場面において、複数の依頼者の思惑がどのようになっていくと、解決の選択肢がどのようになるかという見通しがつきにくいからである。

弁護過誤を避けるための5カ条としては、次のものを提示した。

第1条　受任事件を吟味する。

第2条　依頼者とのコミュニケーションに万全を期する。

第3条　ケアフルな執務体制を構築し、ケアフルな執務を実践する。

第4条　知識を備え、技能をアップすることはすべてを解決する。

第5条　いつでも、どこでも、誰に対しても誠実に執務する姿勢を堅持する。

6 ｜ 弁護士役割論の諸相

(1)　民事訴訟における弁護士の役割

弁護士役割論において論じられる事項の中核は、実体法としての弁護士責任、職業規範としての弁護士倫理である。実践的には、「弁護士が執務においてどのような活動をしていくべきか」という行為規範を論じることになる。【34】の問題関心は、次のようなものであった。

民事訴訟における弁護士の訴訟活動は、①依頼者の事情聴取から始まり、②データの収集と取捨選択の後、③生の事実を法的にどのように主張として組み立てていくかを考え、④相手方の言い分・反論を突き合わせ、争点を認識し、⑤争点について、どのような証拠方法によってどのように立証していくか適切な立証計画を立て、さらに、⑥証拠調べを効果的に実施し、⑦実施された証拠調べの結果を評価（裁判官の心証を推測）し、⑧事案の見通し・当事者との意向との関連において、判決に赴くか、和解的解決に赴くかを選択するという一連のものによって構成される。これらを首尾よく実践していくことが、すなわち、適切な弁護活動を展開していくということにほかならない。そして、その適切な弁護活動の目的は、①民事紛争の解決、②依頼者の最大・最善の利益の擁護（依頼者の致命的ダメージの回避）、③公共的視点の保持（公益配慮）に要約される。

12　本節では、弁護士役割論の諸相として、【34】【37】【40】の論考の要旨を述べるが、注は付していない。原論考を参照されたい。

よい民事弁護は、以上のような目的に適合するものであり、よい主張、よい立証とで組み立てられる。そこで、【34】では、弁護士の主張および証明活動に対する規律に焦点をあて、規範的観点から、弁護士に要請される役割を論じることにした。その構成として、若干の総論的考察をした後、弁護士の事件受任におけるスクリーニングの役割、訴訟進行に協力する役割、関係者に相応の配慮をすべき役割、とりわけ、相手方・第三者の名誉・プライバシーに対する配慮すべき役割の順に考察した。

弁護士の主張および証明活動に焦点をあて、規範的観点から、民事訴訟の提起・追行の場面において、弁護士に要請される役割は、次のように整理される。

第1に、弁護士の代理人としての性格、社会正義実現のための公共的性格をベースに、弁護士の役割論が展開されるべきである。

第2に、弁護士の提訴・訴訟追行におけるスクリーニングの役割、訴訟進行に協力する役割、関係者に相応の配慮をすべき役割、とりわけ、相手方・第三者の名誉・プライバシーに対する配慮すべき役割については、いずれの場面においても、当事者に訴訟法上の義務ないし責務が存在し、訴訟代理人である弁護士が、当事者の義務ないし責務を担保する構造を有するものであり、それが弁護士の役割として要請される。その例外は、明文で定められる費用償還義務であり、これは弁護士を含めた訴訟代理人の固有の役割と位置づけられるものである。

第3に、弁護士が適切に役割を果たすことは、民事訴訟の審理を充実させ、ひいては訴訟それ自体を活性化させ、民事訴訟の機能を向上させる契機になる。また、その案件を適切な解決に導き、しかも、それが依頼者の利益を擁護（致命的ダメージを回避）することにもなる。そのためには、逆説的な言い方になるが、弁護士が訴訟活動をするにあたり、近視眼的な依頼者利益の擁護にのみ意を用いるのではなく、公共的視点（公益配慮のスタンス）を保持し、その役割を自覚的に実践していくことが重要になる。その前提として、公共的視点（公益配慮のスタンス）の内実を問題状況に応じて具体化していくこと、それを保持することができる制度的基盤を形成することが必要不可欠である。

(2) 弁護士の執務における裁量

弁護士の委任事務処理義務の内容を考えると、その執務の性質上、専門的知

識・技能を基礎とする高度で専門的なものとなる。委任契約の債務である委任
事務処理の内容は、委任者（依頼者）と受任者（弁護士）との間の委任の本旨
についての合意で定まるが、委任事務処理義務の具体的内容を確定するための
基準である「善良な管理者の注意」についても、専門的知識・技能水準を有す
る弁護士のそれである。すなわち、弁護士の有する高度な専門的知識・技能を
織り込んだ委任事務処理義務が、当該委任契約の債務になる。

　ところで、依頼者は当面する法的問題を解決することを希望しているが、そ
のために、どのような活動をしたらよいかという適切な措置を知らない。もと
より、依頼者類型も多様であり、たとえば、専門的知識を有する企業法務担
当者は一定の措置を指示することはでき、こうした場合には、弁護士は指図
に従って委任事務を処理することが債務の内容になる。これに対して、依頼者
が「お任せします」という意向である場合には、弁護士としては、依頼者の当
面する法的問題を解決し、権利実現・利益擁護を図るために、自らの専門的知
識・技能に基づき、どのような活動をしていくかの具体的措置を考え、「問題
解決にふさわしい措置を選択すべき義務」があると解される。ここに、弁護士
の裁量が要請される実質的根拠がある。【37】は、こうした理解を基礎として、
裁量の内実と範囲を考察した。

　弁護士の裁量は、委任契約の債務の履行（委任事務処理）の場面における問
題である。

　この場面においては、第1に、弁護士としては、債務の本旨、すなわち委任
事務を処理する目的に照らして整合的な法的措置を選択すべきである。当然の
ことながら、債務の本旨を規定する要素として依頼者の意思を重視することが
相当である。その意味で、依頼者が指図する場合には、それが違法なとき、違
法とまではいえないが公益の観点から問題視され得るときを別として、弁護士
は指図に従うことになる。目的整合性という観点からは、委任事項が裁量の範
囲を画する面があることに留意すべきである。

　第2に、弁護士としては、相手方がある場合には、相手側の意向、属性、動
き方などについて適切に見通したうえで、法的措置を選択すべきである。相手
方の動向いかんにより、状況の変動が予測されるのが常であるから、弁護士の
対応は、状況適合的であることが必要となり、委任事務処理の目的を達成する

ため臨機応変に対応することが求められる。状況適合性という観点からは、弁護士の事実調査のほか、依頼者からの情報提供が認識形成の基礎となるから、協働的な関係形成が重要になる。

第3に、弁護士は、法的専門職として標準的・平均的なレベルをもって、目的整合性、状況適合性を考慮して法的措置を選択すべきである。法的専門職として拙劣と評価される選択は、裁量の範囲を超えるものと解されよう。

第4に、弁護士としては、委任事務処理を終了する段階では、依頼者の意思を確認することが必要である。これが裁量の限界である。たとえば、訴訟上の和解については、弁護士は訴訟代理を受任するときに授権しておくのが通例であり、対外的には依頼者の意思確認をしていない和解でも効力は問題にされることはないが、弁護士・依頼者関係の規律という観点からは、裁量があるからという理由で、依頼者の意思を確認することなく和解することは債務の履行として問題である。ただし、依頼者の意向の範囲であれば、推定的承諾ありと評価され、債務不履行とはいえないと判断されることはあり得よう。

以上第1から第4に述べた命題は、弁護士の行為規範でもある。これを、裁量の範囲の判断準則として定式化すると、「①目的整合的であるか、②状況適合的であるか、③法的専門職として標準的・平均的なレベルといえるか」と整理される。また、最終局面で依頼者の意思確認をしないことは、裁量であるという理由で債務不履行とならないとすることは困難である。

委任事項の類型でみると、訴訟案件では、一般的にその進め方についての弁護士の裁量の範囲は広いが、上訴提起を受任した場合の期間遵守には裁量の働く余地はない。これに対して、交渉案件・債権回収案件では状況適合性の要素から裁量の範囲の広狭が生じることになろう。費用を要する法的措置の選択については、依頼者の負担能力により裁量の範囲の広狭が生じる。

弁護士の執務における裁量と委任事務処理義務違反（善管注意義務違反）、説明義務違反との関係を、評価規範の形で整理すると、次のように定式化することができる。

第1に、弁護士が委任事務について裁量を逸脱した方針を決定したと評価判断されるケースについては、端的に、それをもって、委任事務処理義務違反（善管注意義務違反）と評価される。したがって、弁護士としては、委任事務の

目的を考え、目的整合的・状況適合的に手段を構想し、裁量の範囲を逸脱することのないよう配慮することが実践的な課題となる。

第2に、弁護士の裁量を逸脱した方針決定か否かが明確でないグレーゾーンのケースについては、説明義務違反で規律される。したがって、弁護士としては、対応方針のメリット・デメリット、代替選択肢などにつき依頼者が理解できるように説明することが要請される。

第3に、弁護士の方針決定が裁量の範囲内であるが、説明が十分でないケースについては、自己決定権の侵害として損害賠償の対象となることがある。弁護士としては、受任時のみならず、状況即応的に報告・説明を重ねることが必要となる。

⑶　破産者代理人の破産財産散逸防止義務

【40】では、「破産者代理人が、破産手続開始決定前に財産を散逸させ、又は破産者による財産の散逸を防止しなかった場合において、破産管財人はいかなる法的根拠に基づき破産者代理人に対して損害賠償を請求することができるか」という問題について、弁護士の執務規律構造論の一分肢の問題として論じた。

この論点に関しては、下級審裁判例では、破産管財人から破産者代理人に対する損害賠償請求訴訟において、責任肯定事例が続いているが、責任否定事例も現れている。また、責任を肯定する裁判例に対して、反対する有力説も唱えられている。確かに、理論的な鍬入れが不十分なままに破産者代理人の責任が問われ、拡大するのでは、萎縮効果が懸念されることも理解できる。現に、反対の論調は、倒産実務に精通された実務家によるものが少なくない。また、破産者代理人の破産手続において期待される役割という観点からの検討も不可欠である。こうした議論状況の下において、次のような私見（誠実義務説）を提唱した。

誠実義務論は、弁護士の執務規律構造論のコアの問題であるが、次のような問題群から構成される。すなわち、「①誠実義務は倫理か法的義務か（性質論）、②誠実義務が法的義務であるとしたら、誰に対する義務か、③その誠実義務の内実はどのようなものか」という問題群である。

学説の現在状況から整理すると、第1に、弁護士法1条2項にいう「誠実義

第1編　第2章　I　弁護士役割論研究の歩み──実務家は実用法学研究に寄与できるか

務」の性質論については、倫理的規範説もみられたが、現在では、法的義務説が多数説になっている。

　第2に、誠実義務＝法的義務説には、①善管注意義務加重説、②善管注意義務拡大説（善管注意義務・公共的責任統合説）、③誠実義務別物説（善管注意義務とは独立した独自の法的義務）のほか、④誠実義務二元論がみられる。私見は、誠実義務は、忠実義務と加重された善管注意義務とで構成されるという誠実義務二元論の立場が相当であると考える。

　第3に、誠実義務は依頼者に対する関係でも、第三者に対する関係でも法的義務と解され、弁護士の法的責任を論じる際の実定法の根拠規定となる。すなわち、弁護士が、①依頼者に対する関係で負う、ⓐ関係規範としての誠実義務は、弁護士・依頼者関係（信認関係）に基づく忠実義務と構成され、具体的には、特約がなくても利益相反をしないこと、弁護士法24条の業務受任義務、弁護士職務基本規程32条（不利益事項の説明）などが義務付けられ、ⓑ合意規範としての誠実義務は、善管注意義務を加重するものとして観念される（有能な弁護士は、特約がなくとも「平均的弁護士の注意義務」履行では不完全履行になる場合がある）。また、弁護士が、②第三者に対する関係で負う規範としての誠実義務は、公共的役割に由来する法律業務独占を許容された職層としての一般的責務に基づく公益配慮義務、一般的損害発生回避義務として構成される。

　弁護士法1条2項にいう「誠実義務」について、以上のように理解すると、破産者代理人の財産散逸防止義務は、公益配慮義務・一般的損害発生回避義務と位置づけることができる。そして、この場合に配慮すべきものは、破産手続の制度趣旨・目的である適正な清算、衡平・平等な配当ということになる。

　以上によれば、破産者代理人の財産散逸防止義務は、弁護士法1条2項にいう「誠実義務」により根拠づけることができる。つまり、第三者（債権者）に対する義務として正当化することができるのである。私見を誠実義務説とよぶことができる。

　誠実義務説は、破産者代理人の財産散逸防止義務違反を破産者に対する善管注意義務違反として構成することを否定するものではない。また、誠実衡平対応義務のいう先行行為に基づく条理上の注意義務違反と構成することにも反対しない。わが国の民事訴訟実務は、請求権競合の立場を前提としているが、そ

うである以上、一定の事実関係から実体法適合的な法的構成をしている請求は、主張自体失当とされることはない。つまり、破産者代理人の財産散逸防止義務の根拠論争は、「解釈論として、破産者代理人の財産散逸防止義務違反を法的にいかに構成すれば、破産管財人が破産者代理人に対する請求権を導くことができるか」を論じるものであるから、所説が解釈論として成り立つものである以上、「あれか、これか」を論じる意味はない。

したがって、誠実義務説は、善管注意義務や誠実衡平対応義務説（先行行為に基づく条理上の注意義務構成）と相補的関係に立つ。たとえば、善管注意義務構成では、依頼者が財産隠匿・費消の意図を代理人に隠して実行した場合には、破産者代理人の義務違反を問うことは困難であるが、誠実義務構成では、総債権者に対する配慮義務・一般的損害発生回避義務違反を追求する余地がある。さらに、誠実義務説は、公平誠実義務説、信認義務説、破産法の趣旨説を解釈論として補強するものである。具体的な事実関係に対応した法的構成をすることができ、選択肢を多様にすることは、破産者代理人の財産散逸防止義務を木目細かく規律し、その執務のあり方を規範化していく基盤を形成することになるであろう。

7 結 び

以上、弁護士役割論の研究（研究といえるほどのものかという反論はしばらく措く）を細々と続けてきた経験をレポートした。メタレベルにおいて、実務家の実用法学研究への寄与のあり方を考えてみようという意図であった。

実用法学研究に寄与したいといかに切望したとしても、結果がついてくるとは限らない。論考が活字にされた後は、どのようなものと評価するかは読者の専権である。最初の『弁護士役割論』については、ある実務家出身の研究者に、直接「資料として意味がある」と言われたことがある（学術的意義は認められないという趣旨であろう）。別の法社会学者からは、「これを読んでも、ではどのような弁護士像が求められているのかわからない」と言われた。当時の私は、読解力の問題ではないでしょうかという反論をするだけの意気地はなかった。また、ある弁護士からは、「裁判官が弁護士がこうあるべきだということ自体、余計なお世話だ。裁判官が、弁護士がいかに依頼者を説得したり、証拠を収集

したり、依頼者からお金をもらったりしているかを知らないで役割とは何かを論じるのはおかしい」というお便りをいただいた。[13]まったくもってもっともな指摘ではあるが、傍目八目ということもあるから、研究対象にすること自体に目くじらを立てるのではなく、その中身を批判してほしいものである。もっとも、これ以降自分の仕事を観察していく必要も感じ、裁判官役割論（の一分枝）ともいうべき「手続裁量論」を構想するに至ったのであるから、批判には素直に耳を傾けるべきだとは思う。

個人的には、こうした活動をしてきたことは、自分の視野を拡げ、思索を深めることになった。本来の仕事にもプラスに作用したという功利的な意味ばかりでなく、知的生活として有意義であったと思う。裁判所には、裁判官が実務の傍ら研究活動をするという伝統があり（注2参照）、その背景には、裁判官社会の好学的雰囲気があった。その系譜に連なることは、裁判官カルチャーを伝承していくことにほかならないと思う。

13　安部光壱『移りゆく法と裁判』（法律文化社・2012年）77頁。

Ⅱ

判例の形成と学説

福田 剛久

弁護士

1 | 実務と学説の関係

(1) 裁判官からみた実務と学説

　実務と学説の関係については、かつて、法律時報に「裁判官から見た実務と学説」という文章を寄せたことがある。その文章の要旨は、①大学で学ぶ学説は、一定の設例を前提として法解釈論が展開されるが、実務は法解釈論の対象となる設例を確定すること、すなわち、事実を認定することが中心であり、多くの事件では、事実が認定されれば、それに法令を適用し、特段の解釈論を展開する必要もなく結論に至る、②裁判官には、その事件の内容からして、勝つべき当事者が勝つような法解釈が他の事件の処理との関係で整合性を失うことなく採用できるならばそれを採用したいという心理が働く、③裁判官は、どちらの当事者の言っていることが無理筋なのかというような事件の実体が把握できたら、ギリギリと法解釈を突き詰めなくてもバランス感覚や条理に従った解決の処方箋（和解案）を示せることもある、④日常的な事件処理には実務家の所説が役立つことが多いが、本当に困難なあるいは新しい法律問題に遭遇したときは、学者の所説を頼りにすることになる、⑤すぐれた学者の所説は、基礎理論を基に体系的な考察がされており、その考察を敷衍することによって新しい法律問題を解決する糸口がみつかることが多い、⑥体系的な考察という趣旨は、単なる思いつきではなく、過去の学説の積み重ねや比較法的な研究、さら

1　法時79巻1号（2007年）69頁以下。以下、「実務と学説」という。

には社会の実態についての調査研究等が所説の基礎にあることを意味する、⑦具体的な事件における当事者間の公平、他の類似事件の処理との整合性、今後の実務に与える影響などを総合考慮して妥当な結論を導こうとする考察は、実務家でも可能であり、むしろ学者よりも実務経験の豊かな実務家のほうが得意とするというものである。「実務と学説」を書いたときは、最高裁判所で民事事件担当の上席調査官を務めているときで、その後、高等裁判所の裁判長として控訴事件を経験したが、基本的な考え方は変わっていない。

(2) 実務家の所説

㋐ 村松判事

「実務と学説」は、裁判官に任官して以来、長年にわたり、主として民事裁判に関与してきた者としての実感に基づくもので、特に誰か先輩裁判官の論文を読んで書いたわけではなく、また、先輩裁判官の話から影響を受けて書いたわけでもない。しかし、近年刊行された渋川満『裁判官の理想像』（日本評論社・2016年）によると、昭和41年秋、司法研修所での特例判事補直前（任官後5年）研究の際、村松俊夫東京高裁部総括判事の講話（約半年後の退官を控えた講話）があり、その内容は、事件処理における原点は事件記録にあり、審理中に、心証が固まらないときは、そのつど事件記録に戻り、記録を精読し、考えながら主張、証拠を丹念に検討すると、大概解決の糸口がみつかり、事案の真相について見当のつくことが多い、約40年間事件処理を担当してきたが、原審の判断、または合議における主任裁判官の意見では、事件処理の「すわり」がどうもよくないと感じることがないではなく、そのようなときは、主任裁判官にあらためて事件記録の精査、学説・判例の再調査、検討を求め、自分もそれに努めることにしているが、そうすると、大概すわりのよい学説、判例が存在していることが多く、仮に存在しなくとも熟慮のすえ十分合議すれば、すわりのよい事実認定や判断ができるようになるなどというものだったということである。これを読んで、村松判事も基本的な部分において、「実務と学説」と同様な実感をもっておられたように思われ、とても感慨深いものがあった。

㋑ 手続法と実務家の所説

村松判事は、その深い学識・識見、裁判実務におけるすぐれた実績によって、広く知られた著名な裁判官であり、菊井維大＝村松俊夫著『民事訴訟法』（コ

ンメンタール）は、長い間、民事訴訟実務を担当する者にとってバイブルのようなものであった（「菊井・村松」といえば、このコンメンタールを指すものであることを知らない民事裁判官はいなかったと思う）。私は、昭和52年に裁判官に任官し、準備手続に付されていた数十件の合議事件を、受命裁判官として担当することになった[2]が、大学で学んだ民事訴訟法の知識ではとても日々生起する実務上の問題に対処することはできず、毎日のように「菊井・村松[3]」を読んで対応していた。このように必要に迫られたこともあって、3年間の新任判事補時代に、「菊井・村松」の1審に関係する条文（簡易裁判所の特則を除く）の注釈の大半に目を通すことになった。

㈦ 訴訟指揮と法律問題

「実務と学説」70頁に、「実務家の仕事の最も重要な部分は、事実認定であることは先に述べたが、裁判官には、事実認定ができるところまで、訴訟手続を進行させるという役割がある。これが訴訟指揮であり、適正迅速な裁判には、的確な訴訟指揮が不可欠である。当事者が十分に攻撃防御を尽くせるように、また、誠実な当事者が不利益を被ることがないように訴訟を進行させなければならない。そのためには、訴額の算定、付郵便送達や公示送達の可否、移送の要件の有無、弁論の分離・併合の是非、訴えの変更・反訴の可否、文書送付嘱託・調査嘱託の是非、写真やビデオテープの証拠としての取扱い、時機に後れた攻撃防御方法を却下するタイミング、擬制自白の成否、自白の撤回の可否等、訴訟手続の進行過程で生じる様々な法律問題について、適切に判断しなければならないが、その判断には、それぞれの手続の理論的な理解だけでなく、豊富な実務経験に基づく合目的的な考慮が不可欠であり、大学の講義や教科書の記述ではまかなえない」と記述したのは、上記のような裁判官としての原体験があったからである。

㈣ 「菊井・村松」の全面改訂

余談であるが、後年、現行民事訴訟法（以下、「現行民訴法」という）の立法

---

2 福田剛久『民事訴訟の現在位置』（日本評論社・2017年）239頁参照。以下、同書を「現在位置」という。

3 昭和53（1978）年に刊行された田尾桃二＝奈良次郎＝上谷清＝渋川満補訂による『全訂民事訴訟法Ⅰ』を読むことが多かった。

第1編　第2章　Ⅱ　判例の形成と学説

作業に関与したこともあって、同法に基づく「菊井・村松」の全面改訂に参加することになり、「菊井維大＝村松俊夫原著・秋山幹男＝伊藤眞＝加藤新太郎＝高田裕成＝福田剛久＝山本和彦著『コンメンタール民事訴訟法Ⅰ～Ⅶ』（第3巻〔第2版〕からは垣内秀介教授も参加）を執筆することになったのには、とても不思議な縁を感じる。縁といえば、『裁判官の理想像』の著者である渋川満元判事（退官後、白鷗大学法科大学院長も経験されている）は、私の新任判事補時代の右陪席裁判官で、親しく教えを受けていた。渋川元判事は、「菊井・村松」の旧版（旧民事訴訟法に基づくもの）の補訂をされており、私は、渋川元判事と、同じく「菊井・村松」の旧版の補訂を担当されていた上谷清元大阪高裁長官（現行民訴法の立法作業でご一緒した）からお誘いを受け、「菊井・村松」の全面改訂に参加することになったので、これも不思議な縁である。

　(オ)　実体法と実務家の所説

　本題に戻ると、日常的な事件処理に実務家の所説が役立つことは、手続法に限らず、実体法の適用についてもいえることで、戦後の司法研修所での要件事実教育以来、実務家が盛んに議論してきた要件事実論も、日常的な事件処理に役立つことは間違いないし、各種損害賠償請求事件における損害の算定なども大規模庁の専門部などに所属した経験のある裁判官の所説が役立つことも異論はないであろう。「実務～」「～の実務」などの書名のつけられた実務家が中心となって記述した書籍は、当該分野の判例や学説を要領よくまとめたうえで、それを前提として実務はどのように運用されているかを記載したものが多く、とりあえずそれを読めば、日常的な事件処理において見当違いの判断をするということを避けられる。それしか読まず、判例や学説の原典にあたらないということもありがちなことである。

4　「現在位置」253頁。

5　「現在位置」132頁。

2 | 困難な法律問題との遭遇

⑴ 法律学

㋐ 学者の所説

「実務と学説」に、「本当に困難なあるいは新しい法律問題に遭遇したときは、学者の所説を頼りにすることになる。優れた学者の所説は、基礎理論をもとに体系的な考察がされており、その考察を敷衍することによって新しい法律問題を解決する糸口が見つかることが多い。体系的な考察という趣旨は、単なる思いつきではなく、過去の学説の積み重ねや比較法的な研究、さらには社会の実態についての調査研究等が所説の基礎にあることを意味する」と書いたが、「優れた学者の所説」に関する思いは、学生時代以来のものである。

㋑ 違憲立法審査の歴史

大学の法学部に入って、法律の講義を受けるようになったが、正直、あまり面白くなかった。しかし、外書講読の講義（佐藤幸治助教授。後に1年だけ憲法の司法試験委員をご一緒することになった）で、アメリカの最高裁判所の判例を追いながら、ジュディシャル・レビュー（judicial review 司法審査・違憲立法審査）の歴史を学んだときはとても面白かった。古い記憶なので、記憶が変容しているかもしれないが、リンカーンの奴隷解放が憲法の保障する財産権の侵害になるとして違憲と判断されたが、リンカーンの政府はこれを無視し、国民は政府を支持したということがあったということが頭に残っている。これは、裁判所が違憲と判断しても政府がこれを無視し、国民が政府を支持すれば、裁判所の判断に実効性はなく、裁判所の権威の失墜につながるということを示した一例で、アメリカの最高裁判所の歴史の中では、このようなことを重視して違憲立法審査権の行使を謙抑的に行おうとする司法穏健派と、違憲の判断に至る限り、違憲立法審査権の行使を控えるべきではないとする司法積極派がせめぎ合ってきた、その中で、政治的問題（ポリティカル・プロブレム）という憲法判断回避の手法も生み出されてきたというものだったと思う。

㋒ 歴史のダイナミズムの中の法律学

このように歴史のダイナミズムの中で法律（憲法）や判例をとらえることは、法律学にとってとても重要な気がした。その後、我妻榮『近代法における債

権の優越的地位』（有斐閣・1953 年）、川島武宜『所有権法の理論』（岩波書店・1949 年。なお、1987 年に新版が刊行されている）、於保不二雄『財産管理権論序説』（有信堂・1954 年。なお、1995 年に復刻版が刊行されている）などを読んで、ますますその感を強くした。特に、『財産管理権論序説』を読んで、民法における権利の帰属と処分権限の関係がすっきり理解できたと思えたときの感動は今でも忘れることができない。

(2) 困難な憲法・法律判断

前置きはそこまでにして、「実務と学説」に書いた「本当に困難なあるいは新しい法律問題に遭遇したとき」の具体例をあげて、判決（判例）の形成過程と学説との関係をみてみることにする。

(ア) 法廷メモ訴訟

(A) 事件の内容

裁判官になって、最初に真剣に憲法判断に向き合わなければならない事件にめぐりあったのは、東京地方裁判所で右陪席裁判官をしているときだった。その事件は、一般に「法廷メモ訴訟」とよばれているもの（東京地判昭和 62・2・12 判タ 627 号 224 頁。裁判長裁判官奥山興悦、裁判官福田剛久（私）、裁判官菅野雅之（主任））で、アメリカのワシントン州弁護士資格を有する原告が、刑事法廷における傍聴人に対してメモをとることを許さなかった裁判長の措置につき、違憲、違法であるとして、国に対して国家賠償請求をした事件である。この事件では、①憲法 21 条（表現の自由）違反、②同法 82 条（裁判の公開）違反、③同法 14 条（法の下の平等）違反の主張があり、その憲法判断をすることが求められた。

(B) 1 審判決

これに対する裁判所の判断（以下、「1 審判決」という）は、①情報を受ける自由、情報を収集する自由も、憲法 21 条の派生原理として一定限度の保障を受ける場合があり、裁判の公開も裁判の内容につき認識の機会を与え、表現の自由を実質的に保障するものである、②そして、憲法 21 条の趣旨に基づく裁判の内容を認識するための機会は、裁判を傍聴する権利を付与することによって充足されており、法廷におけるメモ行為まで憲法 21 条によって保障されていると認めることはできない、③憲法 82 条は、裁判の対審および判決につい

ては、不特定かつ相当数の者が自由に裁判を傍聴し得る状態において行わなければならない旨をその内容とする制度的保障にすぎず、裁判の傍聴を希望する者が法廷の物理的設備の許す限度において、自由に法廷に出入りして自ら直接法廷で行われている手続を見聞することが許されるのは、少なくとも憲法82条との関係では制度的保障の効果に基づく反射的な利益を享受しているにすぎない、④司法記者クラブ所属の報道機関には報道の自由および報道の公共性を優先させてメモをとることを許し、原告にはこれを禁止する取扱いは、合理的な理由に基づくもので、憲法14条には違反しないというものだった（請求は棄却）。

(C)　合　議

1審判決の判決文はさほど長いものではないが、判決の結論を導くにあたっては、多数の文献、論文（主として主任裁判官が収集したもの）を参考にし、実務的な問題も含めて、何度も長時間にわたる合議を重ねたことを今でも思い出す。この際学んだ裁判の公開（憲法82条）およびそれと表現の自由（同法21条）との関係についてのさまざまな考え方は、後々まで頭に残り、弁論兼和解や弁論準備手続における裁判の公開の問題を考えるときに役立った。

(D)　最高裁大法廷判決

1審判決は、その後、控訴（控訴棄却）、上告され、最高裁判所で大法廷判決がされた（最大判平成元・3・8民集43巻2号89頁）が、最高裁では、憲法82条違反、14条違反については、1審判決と同様な判断をしたが、21条違反については、「……筆記行為の自由は、憲法21条1項の規定の精神に照らして尊重されるべきであるといわなければならない。裁判の公開が制度として保障されていることに伴い、傍聴人は法廷における裁判を見聞することができるのであるから、傍聴人が法廷においてメモを取ることは、その見聞する裁判を認識、記憶するためになされるものである限り、尊重に値し、故なく妨げられてはならないものというべきである」「……右の筆記行為の自由は、憲法21条1項の規定によって直接保障されている表現の自由そのものとは異なるものであるから、その制限又は禁止には、表現の自由に制約を加える場合に一般に必要とされる厳格な基準が要求されるものではないというべきである」という判断を示し、1審判決の①の判断以上に憲法21条の趣旨による筆記行為の自由の保護

を厚くし、原則として傍聴メモは自由とする結論を導いた（上告は棄却）。

(E)　最高裁判決の形成

　上記最高裁判決についての担当調査官の判例解説を読むと、多数の参考文献・論文があげられており[6]、少なくとも、調査官の報告書作成にあたっては、それらの文献・論文が参考とされ、多くは、裁判官による検討にあたっても、同様に参考にされたのではないかと考えられる（1審判決にあたって参考としたものも多いように思われる）。また、上記解説には、アメリカ、イギリス、西ドイツ（当時）、フランスにおけるこの問題に関係する法制、判例等が記載されており、上記最高裁判決にあたっては、比較法的な検討もなされたことがうかがわれる。つまり、この最高裁判決は、その内容からしても（この判決後、裁判所内ではこの判決に基づいた運用が行われるように周知が図られた）、学説や諸外国の状況を踏まえたうえで、実務的な問題も考慮し、それぞれの最高裁判事の良識に従った判断がなされたものであることがうかがわれるのである[7]。

(イ)　ALS 選挙権訴訟

(A)　事件の内容

　その後、東京地方裁判所で裁判長をしていた平成 12 年に、再び真剣に憲法判断に向き合わなければならない事件にめぐりあうことになった。その事件は、一般に「ALS 患者選挙権訴訟」「ALS 選挙権国家賠償請求訴訟」などとよばれているもの（東京地判平成 14・11・28 判タ 1114 号 93 頁。裁判長裁判官福田剛久（私）、裁判官新谷晋司、裁判官馬場俊宏（主任））で、その内容は、筋萎縮性側索硬化症（ALS）のため自書不可能な原告ら 3 名が、当時の投票制度では投票を行うことが不可能であり、選挙権行使の機会を奪われているとして、①ⓐ内閣が、公職選挙法施行令において、郵便投票制度について、自書を要件としたこ[8]

6　門口正人「判解」最判解民〔平成元年度〕43 頁。

7　藤田宙靖「法解釈学説と最高裁の判断形成」東北ローレビュー 1 号（2014 年）1 頁以下、同『裁判と法律学「最高裁回想録」補遺』（有斐閣・2016 年）80 頁以下。以下この 2 つの論文をあわせて「藤田両論文」という。藤田元最高裁判事は、「理想の最高裁判事」の一人だったと思っている。

8　昭和 27 年の改正以前の公職選挙法では、歩行が著しく困難な選挙人について、選挙人の自書ではなく、代理人が投票用紙に投票の記載をすることを認めた在宅投票制度が認められていたが、それが悪用されたため、昭和 27 年に廃止され、昭和 49 年に郵便投票制度ができた。しかし、その制度では、投票用紙に候補者の氏名等を自書することを要求していた。

と、ⓑ内閣が、郵便投票制度でも代理投票を可能とするために公職選挙法施行令を改正しなかったこと、ⓒ国会が、昭和27年に在宅投票制度を廃止した後、日本が国際人権規約（Ｂ規約）を締約するなどしたにもかかわらず、現在まで原告らが投票を行うことが可能な立法をしないことがそれぞれ国家賠償法上の違法行為にあたる、②原告らが選挙権行使の機会を奪われたことについて、内閣や国会の行為に国家賠償法上の違法がないとしても、憲法29条3項に基づいて損失補償を求めることができる、として、被告国に対して慰謝料の支払いを求めるとともに、被告国が、昭和27年に公職選挙法を改正して在宅投票制度を廃止した後、現在まで原告らが投票を行うことが可能な立法をしないことが憲法に反することの確認を求めたものである。

(B) 本件地裁判決

これに対する裁判所の判断（以下、「本件地裁判決」という）は、①原告らは、仮に、投票を行うために外出すれば、生命に危険が生じる可能性があった、②投票を行うことに生命の危険が伴うことが明らかなような場合は、社会通念上不可能と評価せざるを得ず、平成10年、11年の各選挙当時、原告らは投票の機会を与えられていなかったといわざるを得ない、③憲法の選挙権の保障は選挙権の行使に及び、当該投票制度の下では一定の者が憲法で保障された選挙権行使の機会を奪われるような場合は、投票行為の性質に伴う必然的な制約や、投票の秘密や選挙の公正の要請からそのような投票制度を採用し、あるいは維持するやむを得ない事由のない限り、その投票制度は憲法15条1項、同条3項、14条1項および44条但書に違反するものといわざるを得ない、④郵便投票制度において、不正投票を防止するために自書を要求することには一定の合理性があるが、自書以外には、選挙人本人の意思に基づかない不正投票を防止する方法が存在しないことの立証はなく、巡回投票制度も導入することが不可能とはいえないし、オーストラリア、デンマーク、カナダ、英国およびスウェーデンのような国においては、原告らのような状態の者も投票が可能な制度がとられている、⑤以上によれば、原告らが身体的条件により選挙権行使の機会を奪われていることについて、投票行為の性質に伴う必然的な制約や、投票の秘密や選挙の公正の要請からやむを得ないものであると認めることはできない、⑥そうすると、公職選挙法によって原告らが選挙権行使の機会を奪われ

59

たことについては、上記③記載の憲法の条文に違反する状態であったといわざるを得ないと判断した。もっとも、国家賠償法上の違法性については、それまでの国会審議の過程を認定したうえで、原告らのような状態の者にも選挙権行使の機会を与えるような立法をしなかったことについて、職務上の法的義務違反があったとは認められないとして（損失補償請求権も認められないとした）、これを棄却した。また、立法をしないことが憲法に反することの確認請求については、法律上の争訟にあたらないとして却下した。

(C) 判決後の法改正

　原告らは、請求が棄却されたので控訴したが、控訴審係属中に速やかに公職選挙法が改正され、郵便投票制度に代理記載制度が設けられ、平成 16 年 3 月 1 日から施行されることになったので、原告らは控訴を取り下げた。最近、この訴訟の原告側の代理人であった弁護士の活動が公にされたが、それによると、①平成 8 年に ALS 協会が自治大臣（当時）に対して ALS 患者が投票できるように陳情書を提出した、②平成 10 年 3 月に ALS 協会が第一東京弁護士会に人権救済を申し立てた、③同年 7 月に第一東京弁護士会人権擁護委員会が自治大臣に公職選挙法を改正して ALS 患者が投票できるようにしてほしいとの要望書を提出した、④法改正の動きがないので、人権擁護委員会で議論をしたうえで、訴訟を提起することになった、⑤判決が出た後、判決文を冊子にして全国会議員に配り、国会議員に対する働きかけをした、⑥弁護士報酬は一切なしで全部手弁当だったというような事情があったようである。公職選挙法の改正の陰に、そのような弁護士の尽力があったことには心を打たれるものがある。もっとも、本件地裁判決言渡しの日の夕方、テレビで本件地裁判決を重く受け止めるという趣旨の福田康夫官房長官（当時）の談話が報じられたという記憶なので、政府、国会にも、判決の内容は国民の意識に沿うものという認識があったのではないかとも思われる。私はこのとき、30 年近く前に大学で学んだアメリカにおける司法審査の歴史のことを思い出した。つまり、裁判所の判断の実効性の基盤はやはり国民であるということである。

9　公職選挙法 49 条を改正し、従前の 3 項を 4 項とし、新たに 3 項として代理記載制度を設けた。

10　「〈座談会〉人権擁護委員会報告」第一東京弁護士会会報 ICHIBEN Bulletin538 号（2018 年）4 頁。

(D) 本件判決の形成

このように本件地裁判決後に生じた結果をみると、本件地裁判決は、当然の判決であったようにもみえるが、前記（注10）人権擁護委員会報告によると、訴えを提起するときには、訴訟代理人である弁護士も、違憲判決が出るというのはおそらく無理だろうと考えていたということであり、この事件は、まさに困難な憲法判断を迫るものであった。もっとも、そうはいっても、基本的に、どのような訴訟であろうと、双方当事者の主張に沿って、どのような手持ち証拠があるのか、さらにどのような証拠が必要なのか、それを入手するにはどうすればよいのかを議論しながら、適宜証拠を追加して（当事者の手持ち証拠で必要なものは当然出してもらい、必要に応じて送付嘱託、調査嘱託等を行う）争点を整理し、集中証拠調べをして事実を認定するということは同じであり、この事件では、「原告らは、仮に、投票を行うために外出すれば、生命に危険が生じる可能性があった」「オーストラリア、デンマーク、カナダ、英国及びスウェーデンのような国においては、原告らのような状態の者も投票が可能な制度がとられている」などの事実が認定されている。

上記のような認定事実について、適用すべき憲法の条文は次のようなものである（憲法44条については特に但書が適用される）。

憲法15条1項　公務員を選定し、及びこれを罷免することは、国民固有の権利である。

憲法15条3項　すべて選挙における投票の秘密は、これを侵してはならない。選挙人は、その選択に関し公的にも私的にも責任を問われない。

憲法14条1項　すべて国民は、法の下に平等であつて、人種、信条、性別、社会的身分又は門地により、政治的、経済的又は社会的関係において、差別されない。

第1編　第2章　Ⅱ　判例の形成と学説

> **憲法 44 条**　両議員の議員及びその選挙人の資格は、法律でこれを定める。但し、人種、信条、性別、社会的身分、門地、教育、財産又は収入によつて差別してはならない。

　多くの事件では、事実が認定されれば、それに法を適用しておのずと結論が出てくるが、本件はそのような事件ではないことがこれらの適用条文をみても明らかである。つまり、憲法の文言だけでなく、その趣旨、内容を敷衍して憲法適合性の判断をしなければ、合憲か違憲かの判断に至らないのである。このようなときは、まず、過去の類似事件についての最高裁判例を緻密に検討することになるが、本件については、訴訟代理人である弁護士も違憲判決は無理だろうと考えていたように、過去の判例から直ちに違憲判断が導かれるようなものではなかった。そうすると、本件の判断に参考となる学説があるか、外国ではどのような制度になっているのかなどを広範に調べたうえで、裁判体としての結論を導く必要がある。本件地裁判決が掲載された判例タイムズ（1114号（2003年）93頁）のコメントには、選挙権に関する合憲性審査基準としては、いわゆる LRA（より制限的でない他の選びうる手段）の基準や合理性の基準が存在し、これを適用した下級審裁判例があることや、学説にも「合理性の基準」や「より制限的でない他の選びうる手段の基準」について論じたものがあることがあげられているが、より厳格な基準を求める学説もあったように記憶している。外国の投票制度についても知る必要があったが、証拠として提出されている日本の文献に記載されているものでは足りないので、原告らの申立てによる在外公館に対する調査嘱託を行い、その後、被告国からも追加情報が提出されて、本件地裁判決に「諸外国の投票制度」として表が付されているとおり、12 カ国の投票制度を参考にすることができた。

　このように可能な限りの資料を検討し、後は、それを前提にどのような判断をするかを裁判体で合議することになる。先に法廷メモ訴訟で何度も長時間にわたって合議したと述べたが、この事件でも同様に何度も合議をくり返した。そして、最終的には、合理性の基準や LRA の基準ではなく、それまで裁判例で採用されたことのない「やむを得ない事由」という判断基準を採用し、違憲

という判断にたどり着いた。このように、この判決は、過去の最高裁判例、学説、諸外国の制度などを踏まえたうえで、投票を行うために外出すれば、生命に危険が生じる可能性があった原告らが選挙権行使の機会を奪われていることに対して、違憲の判断をしたものである。このような総合判断を裁判官の良識による判断だといえるならば、藤田両論文で述べられている最高裁判事の良識による判断は、最高裁判事だけに限られるものではないということもできよう。

(E)　在外日本人選挙権訴訟の最高裁大法廷判決

本件地裁判決で採用した「やむを得ない事由」という判断基準は、その後、在外日本人選挙権訴訟の最高裁大法廷判決（最判平成17・9・14民集59巻7号2087頁）でも採用された。この事件は、国外に移住していて国内の市町村の区域内に住所を有していない日本国民の国政選挙における選挙権の行使を認めない（全部または一部）ことの適否等が争われた事件であり、この判決は、①平成8年10月20日に施行された衆議院議員の総選挙当時、公職選挙法が、国外に居住していて国内の市町村の区域内に住所を有していない日本国民が国政選挙において投票をするのを全く認めていなかったことは、憲法15条1項、3項、43条1項、44条但書に違反する、②公職選挙法附則8項の規定のうち、国外に居住していて国内の市町村の区域内に住所を有していない日本国民に国政選挙における選挙権の行使を認める制度の対象となる選挙を当分の間両議院の比例代表選出議員の選挙に限定する部分は、遅くとも、この判決言渡し後に初めて行われる衆議院議員の総選挙または参議院議員の通常選挙の時点においては、憲法15条1項、3項、43条1項、44条但書に違反するなどの判断をした。そして、その判断の中で、「憲法の以上の趣旨にかんがみれば、自ら選挙の公正を害する行為をした者等の選挙権について一定の制限をすることは別として、国民の選挙権又はその行使を制限することは原則として許されず、国民の選挙権又はその行使を制限するためには、そのような制限をすることがやむを得ないと認められる事由がなければならないというべきである」と判示している。

この最高裁判決についての担当調査官の判例解説[11]を読むと、いくつかの参考文献・論文があげられており、少なくとも、調査官の報告書作成にあたっては、

11　杉原則彦「判解」最判解民〔平成17年度〕603頁。

第1編　第2章　Ⅱ　判例の形成と学説

それらの文献・論文が参考とされ、裁判官による検討にあたっても、同様に参考にされたのではないかと考えられる。上記解説には、欧米諸国の在外投票制度が記載されており、上記最高裁判決にあたっては、比較法的な検討もなされたことがうかがわれる。この最高裁判決は、学説や諸外国の状況を踏まえたうえで、藤田両論文で述べられている最高裁判事の良識による判断がされたものと考えられる。なお、上記解説 631 ～ 632 頁には、本件地裁判決で「やむを得ない事由」という判断基準が採用されたことおよび本件地裁判決の内容について触れられている。

(ウ)　入会権確認請求事件

(A)　事件の内容

最高裁判所調査官室にいた 4 年半の間に多数の民事判例の形成を間近にみることになった。その中には、過払金判決（最判平成 18・1・13 民集 60 巻 1 号 1 頁）や B 型肝炎判決（最判平成 18・6・16 民集 60 巻 5 号 1997 頁）など、今なお社会に大きな影響を与え続けているものもあるが、入会権確認請求事件の最高裁判決（最判平成 20・7・17 民集 62 巻 7 号 1994 頁）は個人的にとても印象深いものであった。この事件の内容は、入会集団のうちの一部の構成員（原告ら）が、入会地であると主張する土地について、同土地を買い受けた会社と原告らに同調しない他の構成員を被告として、同土地について共有の性質を有する入会権を有することの確認を求めるというもので、1 審も、2 審も、共有の性質を有する入会権の確認を求める訴訟は、入会権者全員によってのみ訴求することのできる固有必要的共同訴訟であるから原告らは原告適格を欠くとして、訴えを却下すべきものとしていた。

(B)　最高裁判決

これに対して、前掲最判平成 20・7・17（以下、「入会権確認最高裁判決」という）は、「特定の土地が入会地であるのか第三者の所有地であるのかについて争いがあり、入会集団の一部の構成員が、当該第三者を被告として、訴訟によって当該土地が入会地であることの確認を求めたいと考えた場合において、訴えの提起に同調しない構成員がいるために構成員全員で訴えを提起することができないときは、上記一部の構成員は、訴えの提起に同調しない構成員も被告に加え、構成員全員が訴訟当事者となる形式で当該土地が入会地であること、

64

すなわち、入会集団の構成員全員が当該土地について入会権を有することの確認を求める訴えを提起することが許され、構成員全員による訴えの提起ではないことを理由に当事者適格を否定されることはないというべきである」と判示して、原告らの原告適格を肯定した。なお、この判決の前に、最判平成11・11・9民集53巻8号1421頁（以下、「境界確定最高裁判決」という）が、土地の共有者のうちに境界確定の訴えを提起することに同調しない者がいる場合には、その余の共有者は、隣接する土地の所有者と訴えを提起することに同調しない者とを被告にしてその訴えを提起することができると判示しているが、これは、非訟事件の実質を有する境界確定訴訟についての判断であり、本件に妥当するものではなかったから、1審、2審の判断は、当時の一般的な法解釈に従ったものだったと考えられる。

(C) 現行民訴法の立法作業と固有必要的共同訴訟

私にとって、この入会権確認最高裁判決が印象深いのは、現行民訴法の立法作業において、固有必要的共同訴訟で、一部の者が訴え提起に同調しない場合の対策について、熱心な議論がされたが、結局立法化がされなかったという経緯があるからである。その経緯は次のようなものである。[12]

(a) 民事訴訟手続に関する検討事項

現行民訴法の法制審議会民事訴訟法部会における立法作業は、平成2年7月から始まったが、翌平成3年12月には「民事訴訟手続に関する検討事項」が公表された。その中には、必要的共同訴訟についての検討事項として、次のような考え方があげられていた。

　複数の者が共同所有者関係にあるために原告側が固有必要的共同訴訟となる場合において、共同原告となるべき者のうち一部の者（例えば、全体の4分の1未満の者）が提訴を拒んだときは、その余の共同原告となるべき者は、訴えを提起するとともに、提訴を拒んだ者につき、共同原告として訴訟に参加すべきことを命ずる申立てをするものとし、この命令が発せられた場合には、当該訴訟の判決の効力は、参加すべきことを命じられたにもかかわらず参加しなかった者に対しても及ぶものとするとの考え方

12　立法作業の経過については、「現在位置」213頁以下参照。

（b）　民事訴訟手続に関する改正要綱試案

平成5年12月に「民事訴訟手続に関する改正要綱試案」が公表されたが、その中では、（後注）として、次のような記載がされていた。

> 　複数の者が共同所有者関係にあるために原告側が固有必要的共同訴訟となる場合において、共同原告となるべき者のうち一部の者が訴えの提起を拒んだときは、その者に対し参加命令を発することにより、その余の者が訴えを提起することができるものとするかどうかについて、なお検討する。

（c）　立法化されなかった経緯

竹下守夫＝青山善充＝伊藤眞編集代表『研究会新民事訴訟法（ジュリスト増刊）』（有斐閣・1999年）は、立法作業の参加者が法制審議会での審議・検討過程、残された問題点などについて議論したものであるが、そこでは、この問題についても議論されている（46頁以下）ので、入会権確認最高裁判決との関係で重要と思える発言を抜き出して掲げておく。

> ○竹下守夫（駿河台大学学長）
> 「ご承知のように、旧民事訴訟法の下で固有必要的共同訴訟に関する難問の一つとして、原告側の固有必要的共同訴訟の場合に、一部の者が提訴を拒絶したときに、残りの者だけで訴訟追行できることにするためには解釈上いかなる方法があるかとの問題があります。そこで、私としましては、今回の立法の際に、この問題についても何らかの立法的解決を見出すことが望ましいと考えましたが、ただ立法当局者の皆さんに良い案を考えてくれというだけでは、法制審議会のメンバーとして、立法に関与している責任を全うしたことにならないと思ったものですから、一つの考え方として、こういう参加命令の制度というものもあり得るのではないか、ということで具体案を出してお諮りしたわけです。」「（この問題について、最高裁の判例は、それなりに問題解決の努力をしてきたと言えるが）なお解決できない問題があることも確かでありまして、共有者から第三者に対して、共有権の確認の訴えを起こす場合、あるいは権利能力なき社団に当たらないような入会団体が原告となる場合、さらに民法上の共有に属する土地の所有者側から隣地の所有者に対して境界確定の訴えを提起する場合などには、一部の者の提訴拒否が、他の者の権利行使を妨げる結果になっ

てしまうので、参加命令のような制度を設ける必要があると思われます。それにも拘らず、最終的にこの提案が採られなかった理由は、参加命令を出して、それに従わなかった者を原告に加えないまま、訴え提起の意思のある者だけで訴訟ができると言っても、それらの者だけでは、実体法上の処分権を有することにはならないのではないか、との疑問にあったようです。これは、私なりに理解すると、要するに参加命令を出して、それに従わなかったというだけでは、共同所有者の実体的な利益を無視することはできないという趣旨だと思います。しかし、解釈だけでは、解決の難しい問題ですから、多数の者によって訴訟が起こされ、現実に参加命令を受けても、なお提訴を拒絶するというのであれば、それは共同所有物についての処分権を現実に訴訟追行をしている多数者に任せたものとみなして、何とか立法的解決を図る方がよかったのではないかと思います。」

○柳田幸三（東京地裁判事・元法務大臣官房審議官）
　「この問題につきましては、審議の過程でも、かなり時間をかけて議論をいたしましたし、また実体法に関連するということで、法制審議会民法部会の財産法小委員会等のご意見も伺ったという経緯があるわけです。最終的には、いま竹下さんのほうからご紹介がありましたような経緯で、要綱には取り入れられなかったということでございます。」「この問題の難しい点としては、当事者適格の定まり方と申しますか、当事者適格は何で決まるかという、非常に根本的な問題がありまして、どうも、その辺についての考え方が、必ずしも一致していなかったということが一つあろうかと思います。固有必要的共同訴訟に該当するかは、基本的には実体法上の管理処分権が基準になる、あるいは、これだけが唯一の基準ではないとしても、これが重要な考慮要素になるという立場からいたしますと、訴訟法の世界で実体法上の管理処分権とは無関係に、提訴を拒んだ者の割合だけから、一部の者による提訴を認めるということは、かなり難しいのではないかということとか、もともと、固有必要的共同訴訟は、全員が共同することによって初めて当事者適格が与えられるという訴訟形態でありますので、どのような形であれ、一部の者だけで提訴ができるということになりますと、結局は固有必要的共同訴訟の概念に矛盾する結果になってしまうのではないか。そのようなこともあったかと思います。ただ、実務上のニーズは高いというご指摘もありまして、先ほどご紹介がありましたような、かなり具体的な提案に即して検討したわけですが、最終的には成案を得るには至らなかっ

第1編　第2章　Ⅱ　判例の形成と学説

たということです。」

○鈴木正裕（甲南大学法学部教授）
　「民法で言う総有とか合有とかという概念には、団体のメンバーの権利行使も、またその権利行使の結果も、常に一緒でなければならない、という固い前提があるような気がします。しかし大事なことは、権利行使の結果、訴訟で言えば判決がすべてのメンバーに対して同じであるということであって、そこへ至る権利行使まで全員が揃ってやらなければならない、そんなものでないのではなかろうか。この点は、民法の先生方とも、もっと突っ込んだ議論をしなければならない。ともかく、柳田さんも言われたように、訴訟の実際では困る場面が多いわけですから、この点を民法の先生方にも理解していただかなければならないと思っています。」

○私・福田剛久（東京地裁判事・元最高裁民事局第一課長）
　「今後のこともありますので、ニーズが高いということについて補足させていただきます。私たちは、審議を通して方向としてはずっと竹下さんの意見に賛成してきました。実務上、非常に問題があって、例えば、境界確定訴訟を起こそうと思っていても、死亡した共有者の相続人がブラジルに定住していたり、アメリカに定住していたりして、とてもではないが、皆が一緒に訴訟を起こすということはできない、こういうものがあるわけです。そうすると、いつまで経っても境界が確定しないということになってしまう。そういうことを、何らかの形で解決しなければいけないと思っていました。参加命令というのは、非常に良いアイディアだろうと思います。ただ、直ちに実体的な効果に結びつく命令というところに、いまの段階では問題があるのかなという気持も持っていました。そこで、手続的な面だけでも参加命令みたいなものが出せて、命令を受けた者が明確に参加を拒否しなければ、手続としては共有者全員が訴訟を追行しているものとして訴訟を進行させることができるというような制度でも、ないよりは良いのではないかとも思っておりましたが、最終的に根こそぎ見送りということになったので、残念でした。」

(D)　入会権確認最高裁判決の形成

上記(C)(c)で議論されていた問題のうち、境界確定訴訟に関する問題について

は、最高裁判所が平成 11 年に言い渡した境界確定最高裁判決で、訴えを提起することに同調しない者を被告にすることで当事者適格の問題をクリアーすることを認めたことによって、一応の解決が図られたが、これは境界確定訴訟が非訟事件の実質を有することに着目した判断で、担当調査官の判例解説でもその点が強調されている。[13]

これに対して、入会権確認最高裁判決は、入会権の確認を求める訴訟、つまり、実体法上の管理処分権を対象とする訴訟における判断であり、上記(C)(c)で議論されていた実体権の問題にかかわるものであった。入会権確認最高裁判決の担当調査官の判例解説[14]を読むと、境界確定最高裁判決を含む過去の判例の検討がされているとともに、入会権確認最高裁判決のように非同調者を被告として訴えを提起することを肯定する学説[15]や、これを否定する学説[16]が参考としてあげられているので、少なくとも、調査官の報告書作成にあたっては、それらの論文・文献が参考とされ、裁判官による検討にあたっても、同様に参考にされたのではないかと考えられる。

もっとも、上記判例解説が指摘しているように[17]、入会権確認最高裁判決の事案において、非同調者がいれば入会権確認の訴えを提起することができないということになれば、管理処分権の行使方法の厳格性を貫こうとするあまり、入会地が不正に移転されても、これを是正できないという不都合な結果を招くおそれがあるのであり、入会権確認最高裁判決が、「入会集団の構成員のうちに入会権の確認を求める訴えを提起することに同調しない者がいる場合であっても、入会権の存否について争いのあるときは、民事訴訟を通じてこれを確定する必要があることは否定することができず、入会権の存在を主張する構成員の訴権は保護されなければならない」と訴権の保護を重視するのもそのような点を考慮したものと考えられ、ここでも、藤田両論文で述べられている最高裁判

---

13 佐久間邦夫「判解」最判解民〔平成 11 年度〕696 頁。

14 髙橋譲「判解」最判解民〔平成 20 年度〕404 頁。

15 小島武司「共同所有をめぐる紛争とその集団処理」ジュリ 500 号(1972 年)331 頁、高橋宏志「必要的共同訴訟について」民訴雑誌 23 号(1977 年)46 頁、新堂幸司『新民事訴訟法〔第 3 版〕』(弘文堂・2004 年)711 頁など。

16 福永有利「共同所有関係と固有必要的共同訴訟」民訴雑誌 21 号(1975 年)39 頁など。

17 髙橋・前掲判解(注 14)415 頁。

事の良識が発揮されたということもできよう。

3 | まとめ

とりとめのないことを書き連ねる結果になってしまったが、これらの私の経験だけから考えても、判例の形成に学説がかかわっていることは事実であるが、判例は学説だけではなく、さまざまな要因によって形成されるものであり、判例の形成と学説との関係を一義的に説明することはできないということができよう。本稿を著述する中で、「実務と学説」に記載した「裁判官には、その事件の内容からして、勝つべき当事者が勝つような法解釈が他の事件の処理との関係で整合性を失うことなく採用できるならばそれを採用したいという心理が働く」ということを再確認したような気もする。藤田両論文に記載されている「最高裁判事の良識」も、このような心理から大きくはずれるものではないのではないかと思っている。

III

学説による判例形成とは何か

森　宏司

関西大学大学院法務研究科教授

1 | はじめに

　思い出話を1つさせていただきたい。

　法曹となることを夢みて法学部に進学したものの、無味乾燥にしかみえない法律学に全くなじめなかった。特に、民法の膨大な質量に圧倒され、半端ではない分量の知識をひたすら記憶しなければならないことには、心底、辟易していた。たとえば、連帯債務者の1人について生じた事由が他の債務者にどのように影響するかといった問題（絶対効と相対効の規律）に至っては、条文をただ覚えるしかないと諦めていた。そのようなところ、4年生になって浜上則雄教授の民法ゼミに参加させていただけることになった。どのような機会であったかもう記憶にないが、浜上教授と当時助手の加賀山茂先生が、われわれ学生相手に対して、連帯債務の相互保証理論を熱く語られたことがあった。連帯債務者が、相互に負担部分の限度で保証人の地位に立つという学説であるが、当時の教科書や体系書にはまだ触れられておらず、私たち学生には全く未知の理論であった。ところが、先生方から相互保証理論の解説を受け、質問と議論を重ねていくうちに、それまで、まとまりを欠き、乱雑にさえみえていた連帯債務の規律が、1つの理論の下で統一され、くっきりと現れてきたのである。その姿は美しく、霧の晴れた稜線を初めて見たような快感を覚えた。理論の「凄

1　わかりやすい解説として、加賀山茂「共同不法行為」山田卓生＝國井和郎編『新・現代損害賠償法講座4』（日本評論社・1997年）390頁。

み」を感じ、「法律学は面白い」と思ったのはこのときである。

　石井一正判事が述べられるように[2]、実務家は、その学生や司法修習生時代を「学説の子」とよぶならば、成長するにつれて徐々に「学説離れ」を起こし、やがては「判例の友」となる。また、判例があると、実務家はそこで思考停止するという傾向も否定できない[3]。

　だが、学生時代に、すぐれた教育者の薫陶を受け、霧が晴れるような理論にめぐり逢うことは、その実務家の礎石に固い地盤を与える。私の幸運な体験は、その後の学生時代の姿勢に影響を与えただけではない。実務に就いてからも、理論と学説に、ずっと畏敬の念をもち続けていたのは、ゼミ室でみた鮮やかな稜線の記憶のゆえであるように思われてならない[4]。

　本書において、私に与えられたテーマは、「判例の形成と学説」である。そのテーマからいささか離れるにもかかわらず、冒頭に私的な思い出話をもち出したのは、法科大学院制度が設けられ、実務家養成に重点をおいた教育がなされているがために、理論の「凄み」をわかってもらうことが難しくなっているからである。しかし、すぐれた理論は、実務を変えるのみならず、法曹として将来の実務を担う学生を変える。

　今日、実務に就けば、あふれるほどのマニュアルがあり、当面の問題を処理するのには困らない。しかし、先行する判例や実務運用に身を任せるのではなく、学説や理論、そして紛争の実相とのコンフリクトを受容して、常に相対的に、場合によれば批判的に、先例を眺められる柔軟で幅広いマインドをもつ実務家が、この多様で変化の大きい時代には、一層必要になっている。その基盤は若い頃に培われると信じている。

2　石井一正「学説と実務——裁判官からみて」ジュリ 756 号（1982 年）120 頁。

3　笠井正俊ほか「〈座談会〉実定法諸分野における実務と学説」法時 79 巻 1 号（2007 年）16 頁〔川上拓一発言〕。

4　もっとも、その副作用として、実務を誤解し、学識深い裁判官としてすでに令名高かった武藤春光民裁教官に対して、「ローゼンベルグどおりの実務はおかしい」などと、稚拙な議論をふっかける司法修習生になってしまった。今思い返すと誠に恥ずかしいが、その当時の司法修習生は、それほどに「学説の子」であった。

2 │ 判例の形成にどのように学説が寄与しているか

(1) 判例と学説の関係

判例と学説との関係はこれまでもしばしば議論されてきた。学説が果たしている役割については、むしろ最高裁判所判例解説を参照してもらえばよいだろう。従来の判例や先例だけでなく、その論点に関する学説についても、ほとんど網羅的に検討されていることがわかるからである。確かに、判例が、盲目的に学説に従うという時代はすでに終わってしまったし、学説が常に指導的役割を果たしているともいえないだろうが、判例の形成に学説が影響していること自体は疑いようがない。特に、先行する判例があるときに、その判例の採用した理論と導かれた結論から、どのような派生論点が生じるのか、また射程範囲はどこまで認められるかなどという点については、学説が最もよくするところであろう。実務家は、それらを参照しなければならず、また参照しているといってよい。

(2) 判例、実務の形成に影響を与えない研究分野はあるか

しかし、研究者の研究領域のうち、判例や実務の形成にあまり関係のないものとして、時に批判の矢面に立たされている分野もみられる。それらのうち、グランドセオリー、外国法研究、そして基礎研究を取り上げてみよう。

(ア) グランドセオリー

高名な学者にお話を承った際、学界において、グランドセオリーが大きなテーマになって、激しい議論が交わされたが、結局のところ、そのグランドセオリーは実務に取り入れられることはなかったとの嘆きを漏らされたことがある。しかし、そうではないのではなかろうか。

グランドセオリーの代表として、訴訟物論争をみてみる。紛争の一回的解決を旗印とした新訴訟物論が、当時の支配的見解を旧訴訟物論であるとよんで批判し、果敢な論戦を挑んだことはあまりにも有名である。しかし、それは実務上、受け入れられるところとはならず、結局、現在の実務においては、従来型の実体法上の請求権で区分される訴訟物論が一般的である。しかし、賃貸借契約に基づく目的物の返還請求においては、賃貸借の終了原因のいかんを問わず、1個の訴訟物であるとする見解が主流となったほか、人身交通事故等不法行為

における損害賠償もその損害の性格や内容いかんにかかわらず、1個の損害賠償請求権であることが判例となっている。すなわち、新訴訟物論の主要な目的である紛争の一回的解決の要請は、一定の範囲ではあるものの、実務の共通認識となり、実体的請求権の枠組みのうえで理論化されたことはすでに多くの論者が指摘するところである。

このように、理論としてはそのまま受容されることはなかったとしても、その指向する根本的な発想は実務に反省を迫り、議論は必ず影響を与えるのである。

(イ) 外国法研究

(A) 外国法研究の必要性

しばしば実務家を中心にして、外国法研究について、「役に立たない」などの厳しい批判の声が聞かれる。しかし、わが国の法制度が、ヨーロッパやアメリカから継受されていることもあって、それら母法の研究は不可欠であろう。それを探究することで、わが国法制度の沿革を明らかにし、その立法の意義を明瞭とすることができるからである。

だが、問題もある。この分野の研究はこれまでも盛んに行われているものの、法制度は、法律文言や立法趣旨をみただけでは、その本質に触れることができない。その背景にある歴史的事情や社会制度さらには国民意識に大きく依存しているからである。したがって、事情の異なるわが国にそのまま移植することもできない。近時は、このような理解が一般的となっているが、それでも今なお、外国の法制度や法解釈を紹介しただけであったり、ストレートに日本法解釈に反映させているだけの論文もあると感じる。私の不勉強のゆえであるとは思うが、仮にそうであるならば、上記の批判を甘受せざるを得ないだろう。

(B) 実務への直接的貢献

忘れてはならないのは、外国法研究が、紛争解決に対し、時に直接的な貢献をすることである。

その1つは、経済のグローバル化に伴う変化への対応の場面である。海外進出や人的交流が活発になるに伴い、ますます外国の関連法規や解釈の研究が必要となってきている。そこで生じたトラブルの解決基準が外国法となることもある。個人的な経験であるが、準拠法がベトナム法になった不法行為訴訟を担

当したとき、わが国の文献やインターネット上の情報では、適切な資料を発見できず、結局、法支援のために派遣されていた裁判官に、ベトナムの法令調査を依頼せざるを得なかった。現実に増加している海外との取引や人的交流、そしてそれらから不可避的に生じる紛争に対処するためには、外国法研究は必要不可欠である。

今1つの場面は、わが国における通常の解決方法だけではなく、全く別の手段があることを示したときである。その紛争について別の視点を与えたり、解決の糸口となる違う見方を示したりできる。同じような紛争について異なる道筋が提示されると、日本の解釈や制度を相対的にみるようになり、そこから理論的発展への示唆を受けることができ、新しい判例の形成に至る。

このような例は枚挙にいとまがないともいえるが、1つのケースをあげたい。

伝統的に、英米法では、自己の所有地に他人が無断で入って受傷したとしても、所有者は責任を負わないという考え方が支配的であった。ところが、機関車の方向転換に用いるターンテーブルに、子どもが入り込んで負傷するという事故が相次いでしまった。アメリカの裁判所は、ターンテーブルのように、子どもに対して誘惑的で危険な施設を備えている土地の管理者は、子どもが勝手に侵入しないような設備を施す義務があるとの法理を編み出した[5]。これが、turntable doctrine またはより一般的に attractive-nuisance doctrine というものである。

他方、わが国の判例に目を転じてみると、3歳7カ月の幼児が、児童公園から隣接する小学校敷地内にあるプールサイドに立ち入り転落して死亡した事故について、最高裁判所（最判昭和56・7・16判時1016号59頁）は、次のように判示している。すなわち、「小学校敷地内にある本件プールとその南側に隣接して保存する児童公園との間はプールの周囲に設定されている金網フェンスで隔てられているにすぎないが、右フェンスは幼児でも容易に乗り越えることができるような構造であり、他方、児童公園で遊ぶ幼児にとつて本件プールは一個の誘惑的存在であることは容易に看取しうるところであって、当時3歳7か月の幼児であつた亡Aがこれを乗り越えて本件プール内に立ち入ったことが

5　草野耕一『日本人が知らない説得の技法』（講談社・1997年）80頁。

その設置管理者である上告人の予測を超えた行動であつたとすることはできず、結局、本件プールには営造物として通常有すべき安全性に欠けるものがあつたとして上告人の国家賠償法2条に基づく損害賠償責任を認めた原審の判断は、正当として肯認することができる」とした。この判例は、国家賠償法2条の瑕疵の有無に関し、通常有すべき安全性があるかどうかという論点についての判断であるが、被害者の年齢や現場の場所的関係、特にそのプールが幼児にとって誘惑的存在であるかどうかという観点から、責任の有無を判断していることは明らかであろう。

上記の昭和56年判決が、turntable doctrine や attractive-nuisance doctrine を参考にしたかどうかは明らかではない。しかし、同じ類型の紛争について、海外の法制度でどのような解決をしているのか、またその場合に斟酌すべき要素は何かということは共通しているものがあるはずである。外国法の研究はこの点でも参考になるのである。

(ウ) 基礎研究

基礎研究が、法の根本に対する視野を広げる働きがあることは明らかであるが、それだけではなく直接的に判例を変更することさえある。特に、法社会学研究がその役割を担うことが多いように思われ、1つの法社会学的な判例評釈が、実質的な判例変更を促したと思われる例がある。

取得時効の要件である所有の意思は、民法186条1項の暫定真実規定によって立証責任が転換され、取得時効の成立を争う側において他主占有であることを主張立証しなければならないとされている。その所有の意思の有無は、占有者の内心の意思を探求することによってではなく、外形的客観的に判断すべきであることについては、ほぼ争いがなかったが、どのような事実を主張立証することができるかは実務上も問題であった。その指針を示したのが、お綱の譲り渡し事件として著名な判例（最判昭和58・3・24民集37巻2号131頁）である。昭和58年判決は、①他主占有権原（占有者がその性質上、所有の意思のないものとされる権原に基づき占有を取得した事実）の存在のほか、②他主占有事情（占有者が占有中、外形的客観的にみて他人の所有権を排斥して占有する意思を有しなかったものと解される事情）の存在によっても、民法186条1項の所有の意思の推定は覆されるとしたうえで、②の他主占有事情とは、ⓐ真の所有者であれば

通常はとらない態度を示し、もしくは⑥所有者であれば当然とるべき行動に出なかったなどであるとした。ところが、昭和58年判決の判文中では、上記②⑥の「所有者であれば当然とるべき行動に出なかった」との点について、同居の親子という関係にあって時効取得者が一定の管理処分行為をしている場合であっても、不動産の所有権移転登記手続、農地法に基づく所有権移転許可申請手続がされていないこと、権利証等の交付がないことなどの事情が、他主占有事情の大きな（かなり決定的な）要素であるかのように読み取れる説示がなされていた。そのため、昭和58年判決後の下級審においては、占有者から登記簿上の所有名義人に対し所有権移転登記手続を求めず、その登記が経由されていないことをもって、自主占有の成否を決するうえでの重要なポイントであるとみる判断が見受けられ、一部では混迷した状況がみられた。[6]

この昭和58年判決に対して、手厳しい批判を加えた評釈があった。[7]これは昭和58年判決の舞台となった熊本県下益城郡豊野村で家庭裁判所調査官を交えた現地調査を実施したうえで、「本件で指摘された事実は農村における実態からみれば、かなり現実離れした事実であることは否めない。農村社会では、農地について親からあとつぎへと相続がなされ、所有権が移転しても、移転登記手続や農地法上の所有権移転許可申請が一般になされない場合がむしろ普通であって、不動産の登記名義が二～三代前のもののままであることも珍しくない。本件不動産所在地の豊野村も例外ではなく、農地の名義換えは特別の事情がなければなされなかったようである。本件でも、本件不動産の中にはいまだ祖父名義のままのが残っているものもあるのがこのことを裏書している」（ママ）と述べ、「本件判決が指摘するような登記手続などがされていないこと、権利書が交付されていないことだけで、農地承継につき所有者であれば当然とるべき行動に出なかったというのはあまりにも農村の実状を無視した論拠ではないであろうか」と批判した。この痛烈な批判は、後の2つの最高裁判例（最判平成7・12・15民集49巻10号3088頁、最判平成8・11・12民集50巻10号2591頁）によって受け容れられるところとなり、昭和58年判決の説示からもたらされた

6　後記平成8年判決・可部裁判官補足意見参照

7　有地亨＝生野正剛「『お綱の譲り渡し』なる慣習と不動産取得時効の成否——民法186条1項の所有の意思の推定が覆えされる場合（最判昭和58.3.24）」民商90巻5号（1984年）744頁。

誤りが修正され、一部下級審の混迷した運用もこれによって是正された。わが国の裁判例ではめずらしいことだが、上記平成8年判決の可部裁判官補足意見において、前記評釈の一部がそのまま引用されており、その影響の大きさを物語っている。

3 │ どのような学説を実務家は必要としているのか

実務家は、どのような学説に魅力を感じているのであろうか。見方を変えると、判例が変わる学説は何かということでもあろう。これを強調すると、学者は、実務が必要としているテーマを、研究しなければならないのかという反論が予想されるが、決してそのようなことを期待するものではない。そもそも研究者が研究テーマとして何を選ぶかということはまさしく学問の自由の本質というべきことであろうし、その背景には研究者の思想、哲学があると考えられるからである[8]。しかし、法律学というのは、本来、プラクティカルな学問であろう。医学では「よい治療」のために医学者も臨床医もそれに仕えているが、法学においても、「よい裁判、紛争のよい解決」という目的に資するべきであろう。法律学は、広い意味での「実用法学」であることが必要ではないだろうか[9]。まして、理論と実務の架橋を目的とする法科大学院が設立された今日においては、一層、その必要性は高くなっているように思われる。

(1) 学際的な理論

民事事件を扱っていて、痛切に研究者の見解が欲しいと感じるのは、法律と法律との隙間あるいは交錯分野である。研究者の専門性は奥深く、高度になってきており、それに応じ、専門領域が狭まる傾向はますます顕著となっている。各専門分野において高密度の知見が必要となるためであろうか、他分野の法律関係と絡まった場合には、手出ししにくいか、あるいは固有の問題点ではないと認識されてしまっているのではないだろうか。

民法や商法などの実体法と民事訴訟法、民事執行法、破産法等の手続法が重

---

8 笠井正俊ほか「〈座談会〉実定法諸分野における実務と学説」法時79巻1号（2007年）23頁〔山野目章夫発言〕。

9 岩城謙二ほか「〈研究会〉民事法における学説と実務」ジュリ756号（1982年）41頁〔武藤春光発言〕参照。

複した領域で、多くの法律問題が生じていることはよく知られている。たとえば、要件事実論は、実体法と民事訴訟法との接合面で生じる議論であるが、次第に研究者の関心も引き、成果も蓄積されつつある。だが、必ずしもそうではない分野もあり、たとえば、不動産登記との関係では、民法理論との衝突をいかに調整するかという問題が、古くから意識されているにもかかわらず、実体法レベルでは請求権があるが、手続法レベルではその請求権は認められないといったような議論が散見される。ましてや、商業登記法、供託法など、特殊な手続法との関係に至っては、私の不勉強もあろうが、所管庁の通達や運用に基礎をおく行政解釈を示す解説のほかは、目立つものは少なく、ほとんど未開拓のようにみえる。たとえば、商業登記法との交錯分野では、自己所有地に他人の会社の本店所在地の商業登記がなされた場合に、その抹消を求めることができるだろうか。仮にこれを認めることができるならば、それは物権的請求権か、あるいは人格権に基づく請求権なのか。何よりも商業登記法のしくみとの関係において、どのように考えるべきだろうかなど疑問が尽きない。

　実体法と手続法とが交錯した分野で、多様な問題が生じているにもかかわらず、行政解釈またはそれに準じる見解だけが通用力をもっているとするならば、その現状は決して望ましいことではない。自由で中立的な研究の光があてられ、導きの星となる学説の登場を渇望するゆえんである。

(2)　時代の要請に対応する理論

　抵当権に基づいて不法占拠者に対して妨害排除請求ができるかという担保物権法上の論点がある。当初、判例（最判平成3・3・22民集45巻3号268頁）は、伝統的な「抵当権＝価値権論」を貫いて、その請求を否定した。ところが、そのわずか8年後、最高裁大法廷判決（最大判平成11・11・24民集53巻8号1899頁）は、不法占有による抵当権侵害を認めて、抵当権者からの所有者の妨害排除請求権の代位行使を認めた。その補足意見において、奥田昌道判事は、第三者による不法占有に対しては一定の要件を備えれば、抵当権に基づく妨害排除請求が認められると述べられた。ここにおいて判例は大きくその舵を切ったのである。さらにその後も変針は続き、設定者から転借している者に対して、抵当権に基づく抵当権者への明渡請求を是認するに至る（最判平成17・3・10民集59巻2号356頁）。

第1編　第2章　Ⅲ　学説による判例形成とは何か

　では、平成3年から平成11年という短い期間に、どのような変化があった
のだろうか。よく知られたところであるが、振り返ってみよう。

　平成元年12月に日経平均株価が、また平成3年9月に地価が、そのピーク
を迎えた。すなわち、最初の判例が登場した平成3年3月頃は、いまだバブル
景気の熱気冷めやらぬ時期にあったといえよう。ところが、その後バブル崩壊
が明らかになり、株価と地価は、まるで坂を転がるように急激に下がり続けて
いく。土地神話を前提に不動産担保融資を常態としていた金融機関は、いずれ
も大きな打撃を受け、破滅的といってよいほどの巨額の不良債権にあえいだ。
平成6年に東京の2つの信用組合が破綻し、次に住宅金融専門会社の処理に公
的資金を導入することの是非が政治上の大問題となった（いわゆる「住専問題」
である）。平成7年に兵庫銀行が、平成9年には日本拓殖銀行と山一証券が破
綻した。平成10年には金融再生法が施行されたが、同年、日本長期信用組合
が破綻した。平成11年には、金融検査マニュアルが公表され、金融機関に対
する査定が厳格化されていく。この年の金融機関の破綻件数は銀行5行、信用
金庫10行、信用組合29行に及び、メガバンクの一角である第一勧業銀行・富
士銀行・日本興業銀行の統合計画が発表された。平成3年から平成13年まで
の金融機関の破綻件数は180件に及んだ。日本経済は、深刻な金融危機に陥っ
ていたのである。

　経済の血液を運ぶはずの金融機関は機能不全を起こしていた。日本経済は血
管が詰まり動脈硬化を起こしていたのである。不良債権を処理して血流を改善
しなければ日本経済の再生はないと認識され、そのために担保権実行を急速に
進めることが国策とさえいわれた。執行実務を掌理する司法に対しては、厳し
い要求が突きつけられ、執行事件の迅速処理は喫緊の課題となった。

　しかし、執行実務の現場には大きながんがあった。悪質かつ執拗な執行妨害
である。ところが、前掲最判平成3・3・22が、抵当権に基づく妨害排除請求
権を否定してしまっていたため、執行裁判所は、民事執行法上の保全処分と
引渡命令を、強引といえるほど活用するほかはなくなってしまう[10]。この方策は、

10　この当時の雰囲気は、今井和男「経済（ビジネス）を支える弁護士の役割」本林徹編『新時代を
　切り拓く弁護士』（商事法務・2016年）41頁以下に詳しい。

80

民事執行法の改正（平成8年法律第108号、平成10年法律第128号）という援軍もあって、相当の効果をあげた。だが、十分な立証活動を期待できない簡易な決定手続では、裁判官の心証形成には著しい困難があったし、そもそも抵当権に基づく妨害排除請求を否定している平成3年判決の下では、理論的にみても限界があった。すなわち、バブル景気の絶頂期に形成された平成3年判決は、もはや時代に適合せず、その理論を克服することが社会経済の要請となっていた。前掲最大判平成11・11・24は、まさしくその要請に応えるものとして出現せざるを得なかったとさえいえる。

　一方、学説は、平成3年判決以前においては、その結論とは逆に、抵当権に基づく妨害排除請求権を肯定的にみていたはずである。ところが、平成3年判決が出現したとき、その学説からの反撃は、残念ながらあまり強力なものではなかったようである。平成9年当時において「学界の沽券にかかわるような沈黙[11]」、さらに平成11年になっても「抵当権に基づく明渡請求を認めていた学説の整備のほうは、一向に進展せず、最高裁判例に押されたまま停滞を続けており、ひたすら判例の転向が待たれている[12]」とまで評されていたのである。

　判例は、社会経済の実情と無関係であるわけがない。むしろその動きを大きく反映している。しかし、社会経済的要請に応えたくとも理論的なバックボーンがないとき、裁判官は一歩踏み出すのに躊躇する。その背中を押してくれるのは、研究者による説得力ある理論である。

(3) 副作用や合併症を抑制する理論

　平成25年改正前の民法900条4号ただし書（以下、「旧規定」という）には、非嫡出子の相続分は嫡出子の相続分の半分とすると規定されていた。しかし、被嫡出子という身分は憲法14条1項の社会的身分にあたるために、これが合理的な差別かどうか、すなわち、違憲かどうかが争われることになった。これについて、最高裁判所（最大決平成7・7・5民集49巻7号1789頁）は、非嫡出子の法定相続分を嫡出子の2分の1としたことが、法律婚主義を採用したこととの関連で、著しく不合理であり、立法府に与えられた合理的な裁量判断の限

11　中野貞一郎「沈黙」ジュリ1116号（1997年）2頁。
12　中野貞一郎「民事執行における実務と学説」判タ1000号（1999年）34頁。

界を超えたものということはできないと判断して、ひとまず合憲とした。しかし、この判決の中においてさえ、違憲であるとの反対意見を述べた裁判官が5名もいたうえに、合憲意見を述べた裁判官4名が、補足意見の中で、本件規定の合理性に疑問をもつ見解に理解を示しつつ、旧規定を違憲とした場合の波及効との関係において、立法による改正が至当であるとしていた。ところが、その後、立法府では何度か改正論議が俎上にはあがるものの遅々として進まず、その間も、累次の最高裁裁判例[13]の補足意見や反対意見において、旧規定に対する疑問が述べられたにもかかわらず、事態は変わらなかった。業を煮やしたかのように、下級審の中には、最高裁判所の判断に従わない裁判例も次第に現れてきた。そしてついに、最高裁判所も、最大決平成25・9・14民集67巻6号1320頁において、遅くとも「平成13年7月当時において、憲法14条1項に違反していたものというべきである」と判断するに至る。

　上記の経過は周知のところであろうが、私の個人的な観察に限られるものの、合憲判決が出た平成7年頃には、むしろ下級審の多くの裁判官は、旧規定の差別性に気づいていたと思う。だが、直ちに違憲判断を示せるわけではなかったのである。そこには2つの大きな壁が厳然とそびえていたからである。その第1は、上記の平成25年判決の法廷意見の後半と補足意見において説示がなされている先例拘束性の扱いである。すでに紛争としては終結している問題を蒸し返し、当事者を再びトラブルの渦中に投げ入れるのではないかという懸念である。第2は、一体どの時点をもって憲法違反となったのかという時的分岐点である。同一案件において二次相続、三次相続が生じ、複数の非嫡出子に対する相続が、時点を異にして生じている場合を想定するならば、その悩みの深さは想像してもらえるだろうか。

　違憲判決は劇薬であった。それに伴う副作用や合併症を考慮するならば、立法措置が最も適切であることは誰しもが認めるところであった。立法に期待して違憲判断を回避することもやむを得ないと考える裁判官もあったはずである。だが、立法措置が遅延し、改正が期待できないのであれば、非嫡出子という少

13　最判平成12・1・27判タ1027号90頁、最判平成15・3・28判時1820号62頁①事件、最判平成15・3・31判時1820号62頁②事件、最判平成16・10・14判時1884号40頁、最決平成21・9・30判タ1314号123頁。

数派の基本的人権が、多数派が支配する立法府から無視され続けていることになる。眼前の壁がいかに高かろうと、どこかで打ち破らなければならなくなる。

　通常、判決は、裁判所の「判断」とされているが、事件によっては、むしろ「決断」とよばなければならない。裁判官が、その「決断」に苦しむのは、嫡出子と非嫡出子の相続分の差別性というような直接的な法律問題だけではない。一定の解決を示した場合に必然的に生まれるさまざまな影響、波紋にも配慮せざるを得ないからである。裁判官の社会的安定性を重視する傾向は学説よりもはるかに強い。判決から生じる影響を常に考えている。裁判官が乗り越えたくとも乗り越えづらいと思える副作用や合併症が予想されるとき、弊害を極力抑制し、一歩踏み出す「決断」のために、説得力ある学説を何とか探そうとしている。それを見出し得たときには、どれほど心強く感じられるかわからないのである。

(4)　補助線を引く理論

　今日、セクシャル・ハラスメントまたはセクハラという言葉を知らない者はいないだろう。しかし、少なくとも昭和年代においてはその言葉はなく、また性的な嫌がらせを受けたとしても、その被害を訴えることに適切な概念がなかった。ところが、平成元年にセクシャル・ハラスメントを理由とした訴訟が提起され、この言葉が新語・流行語大賞の新語部門金賞を受賞するに至り、セクハラの概念は一気に拡散することとなり、今では一般の辞書に当たり前のように載せられている。このように従来から存在しているにもかかわらず、認識しづらかった事実や状態に言葉を与え、定義づけることによって、見えなかった物事が容易に捕捉できるようになり、一気に理解も広がるということがある。社会生活においてしばしば経験するが、法律学においても同様のことが生じる。ちょうど幾何学において補助線が引かれたときのように、それまで事実としては存在するのにとらえきれなかったものを見えるようにし、顕在化させることができるのである。

　もう昔といってもよい頃になるが、いわゆる証拠偏在型の不法行為訴訟において、証拠をほぼ独占している被告に対し、主張や証拠の提出を促しても、主張立証責任が原告にあることを理由に拒まれてしまうことがあった。主張立証責任を負わない被告であっても、当該事案においては、事実を主張し、かつ証

第1編　第2章　Ⅲ　学説による判例形成とは何か

拠を提出すべき必要があると説明したが、納得してもらえるまで、かなり苦労させられた。しかし、民事訴訟法の学説において「事案解明義務」が主張され[14]、次第にその支持者を増やすにつれて、上記のような拒否的態度を示す当事者に対しては、「主張立証責任とは別に、当事者には事案解明義務がありますから、提出してください。理由なく拒む姿勢は、弁論の全趣旨において斟酌します」と述べるだけで説得できるようになった。さらに、今日では、通常の訴訟において争点整理の冒頭から、当事者双方に事案の全体像を提示することを求めるが、このときも事案解明義務の考え方が裏付けにある。もはや事案解明義務という概念は、証拠偏在型訴訟にとどまらず、通常民事訴訟においても、当事者双方に対して、手持ちの主張、立証を早期に提出させるために、有効かつ適切な理論となっているといえよう。

　もう1つ例をあげてみよう。伝統的に、訴訟手続に関して「飛び石論」が存在する。先輩裁判官からは、河川に配置された飛び石をつたって対岸に渡るように、法定された手続を順に履践して訴訟を進行させるべきであり、手続の中抜きをしたり、自分で踏み石を投げ入れるようにして、勝手に手続をつくったりしてはならないと教えられた。確かに、刑事訴訟においては、比較的、「飛び石論」どおりの厳格な手続運用がなされているといってよいだろう。ところが民事訴訟手続では、飛び石を順に渡るように実務は動いていなかった。特に、昭和の終わり頃から活発になった民事訴訟実務の改善の流れにおいては、不要な束縛を省略したり[15]、新たな手続をつくり出したりするなどの[16]、柔軟な運用が行われるようになっていた。いずれも実務の工夫として行われていたのであるが、「飛び石論」からみると違法の疑いがあり、手続の主宰者である裁判官には、後ろめたい思いをぬぐえず、さらなる実務改善の足枷となるかと思われた。このようなときに「手続裁量」という考え方が登場した[17]。職権進行主義の1つの現れとして、裁判官が手続上のさまざまな措置を講じていく際に、一定の範

14　春日偉知郎『民事証拠法研究』（有斐閣・1991年）233頁。

15　たとえば、当事者尋問の補充性はひとまず脇において、まず当事者尋問から実施し、次に証人尋問を行うという方法がさかんに行われていた。

16　たとえば、弁論兼和解である。これはその後、立法化されて、現在の弁論準備手続に進化したことは周知のとおりである。

17　加藤新太郎『手続裁量論』（弘文堂・1996年）。

囲で手続裁量があることを肯定する見解である。実態として存在している柔軟な手続運用に、手続裁量という概念が付与されることになり、実務改善運動を担っていた現場の裁判官に理論的支柱と勇気を与えるものとなった。さらに、その発想は、当事者対立構造を前提としない非訟事件においても影響を与えていく。たとえば、旧破産法の下で、破産債権の届出や調査を留保する運用が開始されたが[18]、その基礎には手続裁量論の考え方が存在していた。そして、大阪地方裁判所で始まったこの実務運用は、瞬く間に全国に広がり、やがて新しい破産法31条2項、3項に結実することになる。

(5) 手続法の行為規範性に配慮している理論

民事手続法に限られるかもしれないが、違和感をもって学説を眺めることがあるのは、常に審理途上において判断しなければならないという手続法の行為規範性が、あまり重視されていないのではないかということである。

審理手続の途中であっても、常に裁判所は一定の判断を示し続けながら、手続を進行させているが、訴訟は生き物といわれるように、その後明らかとなった事情や進行結果によって、すでになされた判断が相当ではなかったことが判明することがある。ところが、すでに先行する判断を前提として、その後の手続が積み重なってしまっているときには、いまさらそれを変更または修正することが煩瑣であったり、当事者の期待に反したりすることにもなる。そうすると、手続の安定性という要因が強く働き、もはや路線変更が難しいという問題に直面する。

研究者は、後方視的に論点をみることができるために、評価規範的性格の観点から解決を志向することが多くなるのはやむを得ないともいえよう。だが、現実の訴訟の流れをみたときに、そのような理論構成は、手続の進行途上においては、裁判官に不可能を強いることになるのではないかという疑念を抱くことがある。特に、利益考量をもち込んだ学説に接するときに、その思いを深くする。手続法においては、評価規範・行為規範双方の観点に配慮した理論形成を切望したい。

---

18 植田智彦＝岡本光弘「破産異時廃止事案における管財手続の合理化」判タ1109号（2003年）42頁。

第1編　第2章　Ⅲ　学説による判例形成とは何か

4 | おわりに――反省を込めて

　実務についた初心の頃は、十分な経験がないし自信もない。事件の法的論点がみつかるごとに判例や学説をいちいち調査し、それに頼って事件を進行させ、判断せざるを得ない。反面、判例だけでなく、徹底的に学説も渉猟しているはずであるから、新しい研究成果に触れることができる。ところが、多くの事件を経験しているうちに、医師が患者から症状等を聴いて直ちに診断するように、事件を見立てることができるようになる。法律問題についても、同種事件であれば、同じような法的論点が出てくるから、直感的に判断がつくようになる。経験値が増えれば増えるほど、これまでの蓄積に従って紛争解決の道筋をつけることができるようになる。こうして実務家として成長する。

　だが、ベテランになればなるほど、以前よかったから、今回もこれでよいという意識が生じる。反省を込めて述べなければならないが、実務家は、年季を重ねるほどに、忙しさを言い訳にして、経験だけに頼るようになりがちである。藤山雅行判事は、「学者の書物は読むに値しないと公然と発言する裁判官が存在する」[19]と述べられているが、確かにベテランの中には、新しい教科書を読まなくなったことを、むしろ誇らしげに語る者もいないわけではない。

　過去の経験に従って判断できることが多くなり、体系書等をいちいち参照する必要が薄れること自体は、自然なことであろうが、経験だけに頼ることは危険である。経験は3年で劣化すると考えるべきである。尊敬する先輩からは「新しい教科書を買え」と教えられた。判例は次々に出現しているし、現在は、明治維新以来3度目の大立法時代とよばれるほど、新しい法律が生まれ、また改正されている。私自身、あまり思い出したくもないが、法改正を見落としてしまい、冷や汗をかいた苦い経験がある。新しいテキストに触れることで知識の新陳代謝ができることは大きな効果である。さらに、事件処理で悩んでいたとき、新しい法的観点が、担当事案に応用できることに気づき、釈明をやり直した経験もある。知識だけでなく法的思考力もリフレッシュされるのである。

　「学んで思わざれば、すなわち罔し。思うて学ばざれば、すなわち殆し」と

19　藤山雅行『新・裁判実務大系（25）行政争訟』（青林書院・2004年）はしがき・2頁。

いう孔子の学問論がある。藤原弘道判事が、好んで引用されていた論語の一節である。[20]「学んで思わざれば、すなわち罔し」とは、勉強ばかりしていて自分で考えなかったら物事は見えてこないということである。そして、「思いて学ばざれば、すなわち殆し」とは、自分で考えるだけで先人や同僚の業績を勉強しなかったら危険であるということである。この学問論は、実務家の世界に置き換えると、経験と知識の両方が必要であると読み替えることができる。そして、実務家は、いくら経験を重ねようと、いやむしろ経験を積み重ねるほど、新しい知識に触れ、学説から刺激を受け続けていかなければならないことを銘記したい。

20　藤原弘道「思いて学ばざれば即ち殆し」判夕 929 号（1997）4 頁。

第1編　第2章　Ⅳ　要件事実論の変遷

Ⅳ

要件事実論の変遷
——IBM 事件からみた租税訴訟における要件事実論および証明責任分配論

永 石 一 郎

弁護士

1 | 要件事実論の変遷

⑴　現在の要件事実論における問題点

「権利の発生、変更、消滅などの法律効果をもたらす法律要件を構成する要件事実は何か」をめぐる議論が、要件事実論といわれるものである。

　民法における要件事実論の変遷については、田尾桃二元判事「要件事実論——回顧と展望小論——」[1]、大橋正春元最高裁判事「要件事実論略史」[2]の各論文に詳しい。要件事実論の現在の状況については、本書の編著者でもある中央大学法科大学院加藤新太郎教授の「要件事実論の到達点」[3]でほぼ言い尽くされている。なお、聖書解釈の自由を唱えたルターの宗教改革にも似た司法研修所民事裁判教官室（以下、「民裁教官室」という）の要件事実論に対し、異論を提起した民法学者による民裁教官室の「貸借型理論」[4]が絶対的でなくなった経緯

1　曹時 44 巻 6 号（1992 年）1 頁。

2　武藤春光先生喜寿記念論文集『法曹養成と裁判実務』（新日本法規出版・2006 年）413 頁。

3　新堂幸司監修『実務民事訴訟講座［第 3 期］第 5 巻——証明責任・要件事実論』（日本評論社・2012 年）21 頁。

4　「貸借型の契約は、一定の価値をある時期借主に利用させることに特色があり、契約の目的物を受け取るや否や直ちに返還すべき貸借は、およそ無意味であるから、貸借型の契約にあっては、返還時期の合意は、単なる法律行為の附款ではなく、その契約に不可欠の要素であると解すべきである（いわゆる貸借型理論）」として「返還時期の合意についての<u>主張・立証責任</u>は、契約の成立を主

については、吉川慎一判事「貸借契約関係訴訟の証明責任・要件事実」に詳しい。このことは、民裁教官室が依拠する我妻民法の後退であり、ひいては平成29年民法改正（平成29年法律第44号）の動機の一つとみることもできる。

　このような要件事実論の変遷を経て、現在の要件事実論の関心は、ここ10年、要件事実論の第一人者である創価大学伊藤滋夫名誉教授による「民法以外の法律の各分野における要件事実論は如何にあるべきか」という提唱にある。筆者は、特に行政訴訟、租税訴訟、私的独占の禁止及び公正取引の確保に関する法律（以下、「独禁法」という）訴訟における要件事実論が重要であると考えている。

　なぜなら、行政法規範、租税法規範、独禁法規範は、裁判規範である民法規範と違って、行政サイドあるいは納税者（申告納税制度）に対する行為規範であるからである。わが国の民法規範は要件、効果の形式をとっているため、民事訴訟においては法的効果である実体権を訴訟物とし、訴訟物から「要件事実は何か」を検討できるが、行政訴訟の訴訟物は行政処分の違法性一般とされており、民事訴訟における訴訟物とは全く違うので、訴訟物から要件事実を導くことはできない。また、後述する本項(4)の民事訴訟における証明責任の分配論については、わが国では明治時代以降、ドイツ民法の条文構造から証明責任の分配を考えるローゼンベルク教授の法律要件分類説が採用されていた（現在の学説・実務は、法律要件分類説の硬直性を緩和した修正法律要件分類説に依ってい

　　張する者が負担すべきである」とする考え方。

5　新堂・前掲書（注3）160頁。

6　伊藤滋夫編『環境法の要件事実』（日本評論社・2009年）、同編『租税法の要件事実』（日本評論社・2011年）、同編『要件事実の機能と事案の解明』（日本評論社・2012年）、同編『家事事件の要件事実』（日本評論社・2013年）、同編『債権法改正と要件事実』（日本評論社・2010年）、同編『商事法の要件事実』（日本評論社・2015年）、同編『基礎法学と要件事実』（日本評論社・2018年）。

7　裁判規範とは、裁判官が裁判するに際して準則となる法規範のことである。裁判規範と行為規範の違いについては、坂本慶一『新要件事実論──要件事実論の生成と発展』（悠々社・2011年）6頁以下に詳しい。

8　行為規範とは裁判規範に対する語で、裁判以外の場で「〜すべし」と命ずる規範をいう。裁判規範と行為規範の違いについては、坂本・前掲書（注7）6頁以下に詳しい。

9　従来は立証責任という語が使われていたが、倉田卓次元判事が『ローゼンベルク　証明責任論〔全訂版〕』（判例タイムズ社・1987年）を翻訳された際、証明責任分配という言葉を提唱されたといわれている。

第1編　第2章　Ⅳ　要件事実論の変遷

る）。したがって、訴訟物から要件事実を導き、その要件事実の証明責任分配を考えるというわが国の民事訴訟のあり方からすると、要件事実のない行政訴訟の証明責任の分配の理論が異なるのは当然といえる。しかるに、抗告訴訟の構造が、民事訴訟の証明責任分配論の一つである準法律要件分類説における債務不存在確認の訴えと似ているというだけで、たとえば、「課税処分取消訴訟における立証責任の分配については、行政事件訴訟法にも規定がないため、『基本的には、民事訴訟法理論における通説である法律要件分類説が妥当すると考えられる（行訴7条参照）』」など、民事訴訟における証明責任分配論を安易に抗告訴訟にもち込んで、行政訴訟の証明責任分配論が議論されているのは不自然といわざるを得ない（さらにいえば、要件事実すら定まっていないのに）。また、独禁法における審決取消請求訴訟は、平成17年の独禁法改正により、行政事件訴訟法における抗告訴訟と位置づけられた（独禁法77条）。独禁法は、複雑多岐な事業活動における競争秩序の維持のために、さらには時代による変化、グローバリゼーションに対応するために抽象的で包括的な規定が多い。「排除」（2条5項）、「支配」（2条）、「一定の取引分野」（2条5項、2条6項、8条1号、10条1項など）など、多義的ないわゆる不確定概念が租税法規同様多いのである。これらは民事訴訟において規範的要件ないし評価的要件（後述本項(3)参照）とされているが、租税訴訟、独禁法の処分取消訴訟の要件事実のブロックダイアグラムは、規範的要件ないし評価的要件だらけとならざるを得ない。さらに、租税訴訟、独禁訴訟においては、前述したように要件事実とは何かがいまだ明らかでない。法人税、所得税更正処分取消訴訟においては、「所得」を要件事実と考えるのが実務であり通説であるが、民法の要件事実論においては、要件事実とは証明できる事実であるべきなので、直接証明できない「所得」を要件事実と考えることは問題である。証明の対象となる個々の取引事実との結びつきをどう考えるかが今後の課題となろう。「所得」は、規範的要件とは考えられないので、仮に「所得」を要件事実と考えるのであれば、行政訴訟の要件事実の世界に、民事訴訟における規範的要件ないし評価的要件

10　谷口勢津夫『税法基本講義〔第5版〕』（弘文堂・2016年）182頁ほか。

11　たとえば「やむを得ない理由」（国税通則法11条）、「正当な理由」（同法65条4項）、「不当に減少」（所得税法157条）、「著しく低い価額」（相続税法7条）など。

同様の新たな概念が必要となってこよう。

すなわち、租税訴訟、独禁訴訟においては①要件事実とは何かについて定まった見解がないこと、②規範的、評価的要件が多いこと、③証明責任の分配論が民事訴訟のそれと同じなのかどうかが明らかでないこと、が問題となるのである。同様の問題意識をもって東京大学白石忠志教授が独禁訴訟は租税訴訟を参考とすべきであると述べている[12]ところからすると、租税訴訟、独禁訴訟の問題点は、同じところにあるといえる。以下、民事訴訟の要件事実、規範的ないし評価的要件の証明、証明責任分配論を整理しておく。

(2) 要件事実とは

要件事実とは、権利の発生、変更、消滅などをもたらす事実のことをいう。民事訴訟法学者は、法律効果の発生原因である法律要件（訴訟物）は（いくつかの）要件事実からなり、要件事実に該当する具体的事実のことを主要事実といっていたが、民裁教官室はこの具体的事実のことを要件事実といっている。すなわち、民裁教官室では要件事実と主要事実は同義であると考えている。したがって、民裁教官室においては民事訴訟法学者のいう要件事実に対応する概念がないので、言葉としては個別的法律要件などと称している。このように、以前は「要件事実」という言葉については学者と民裁教官室の見解は異なっていた。現在の裁判実務は民裁教官室の考え方に基づいて行われているので、学者も民裁教官室の見解をとる者が多くなっている。

この主要事実ないし要件事実が証明の対象となるものである。事実とは実際に起こった事柄をいい、評価とは事実に一定の価値を与えたものをいう。ただ、事実も実際に起こったことを言葉で表現する過程で評価が加わることから、事実と評価は相対的なものであり、その境界をどう考えるかも評価の問題である。

12　「公取委の命令に対する抗告訴訟は、通常、不利益処分に対して名宛人等が提起するものであり、そのような文脈にあわせて、焦点を絞った議論をすることが可能であり、また、必要である。そのような観点から参考となるのは、なかんずく、同じビジネスローの世界で不利益処分に対する抗告訴訟に関する事例と議論が蓄積している租税法分野の知見であろう。租税法分野においては、課税庁側に立証責任があるとする最判昭和38年3月3日があり、そのような考え方を基本的な土台としたうえで、例えば必要経費について例外的な枠組みを検討するなどの議論がされているようである」白石忠志『独占禁止法〔第3版〕』（有斐閣・2016年）144頁。

(3) 規範的要件・評価的要件

㋐ 事実と評価

　事実と評価の違いは、直接立証できるか否かという点にある。すなわち、事実は直接立証できるが、評価は直接立証することができないので、より下位の事実を証拠により立証し、これらの事実を評価して判断することになる。これに対応して、法律要件も、事実を法律要件の構成要素とするものと、評価を構成要素とするものがある。民法の法律要件は、多くの場合、事実を要件とするが、評価を要件とするものもある。前者を事実的要件事実、後者を評価的要件事実という。実体法規の中には、過失、重過失あるいは正当理由、正当事由、詐害行為取消権の発生要件である「無資力」、製造物責任法2条2項の「欠陥」などの法的評価に係る概念をもって法律要件を定める規定も少なくない。たとえば、民法1条2項の「信義誠実」、同条3項の「権利の濫用」、民法90条の「公序良俗」、背信的悪意者における「背信性」、民法109条、112条、709条等は「過失」、民法110条は「正当理由」、借地借家法6条、28条は「正当事由」など、それぞれの法的評価が成立することが法律効果の発生要件となっている。これらは、事実をもって記載される法律要件とは異なり、法的評価をもって法律要件が記載されていることから、「規範的要件」ないし「評価的要件」とよばれる。規範的要素を含むかどうかで、「規範的要件」と「評価的要件」に分ける見解と、両方を合わせて「規範的要件」とする見解があるが、ネーミングの問題である。伊藤滋夫名誉教授[13]、河村浩判事[14]は評価的要件の中に規範的要件を含ませて両者を区別する。一般的には両者を区別しないで規範的要件と称しているようである。

　事実的要件事実は、法律効果を発生させる要件に該当する具体的な事実を立証の対象とする。一方、評価的要件事実は、ある法律効果を発生させる要件が抽象的であり直接立証できないので、より具体的な事実を立証し、評価の存否を判断することで認定する。規範的要件、評価的要件について、評価が成立するためには、評価の成立を根拠づける具体的事実が必要である。この事実を評

13　伊藤滋夫『要件事実の基礎〔新版〕』（有斐閣・2015年）302頁。
14　河村浩ほか『要件事実・事実認定ハンドブック〔第2版〕』（日本評論社・2017年）85頁。

価根拠事実という。これに対し、評価根拠事実と両立し、当該評価の成立を妨げる事実を評価障害事実という。

評価根拠事実および評価障害事実を要件事実とする考え方が、民裁教官室の考え方であり裁判実務である。また、評価障害事実は抗弁と解されている。評価根拠事実および評価障害事実については弁論主義の適用がある。

　(イ)　規範的、評価的要件の問題点

①　通常は、抗弁が立証されても、再抗弁が立証されたら抗弁はつぶれることになるが、規範的要件は、評価根拠事実が立証され、後に評価障害事実が立証されたとしても評価根拠事実は残り、両者のどちらのウェイトが大きいかという評価を裁判所が行うということになる。しかし、その評価の基準は裁判官に委ねられる。すなわち、判断の過程が明らかにならずブラックボックス化のおそれがあることから、本来の要件事実の効用が期待できない。事実的要件といえども、あてはめ過程において法的評価は不可欠であるが、規範的要件、評価的要件とはブラックボックスの程度に大きな違いがある。

②　ここまで立証すればよいという基準が不明確であるため、主張者はどの程度まで評価根拠事実を立証すればよいか、また、相手方はどの程度まで評価障害事実を立証すればよいか不明となる。主張立証の範囲を拡げることは提出される資料の膨大化につながり、訴訟の遅延を招くおそれがある。

③　現在、民事訴訟において、規範的要件、評価的要件が横行しすぎるきらいがあるように思われる。しかも、規範的要件、評価的要件の評価は裁判官の自由裁量に委ねられており、いわゆるブラックホール化されて、裁判官の恣意性を正当化することになりかねない。その結果、法的予測可能性、法的安定性が著しく損なわれ、グローバル企業はわが国での訴訟を回避しがちである。このことは、わが国司法の国際競争力を著しく低下させるものであり、早急に対応を迫られているところである。

(4)　民事訴訟における証明責任の分配論

民事訴訟では、ある法律要件（訴訟物）の要件事実について、裁判官がそれが存在するとも存在しないとも断定することができないという真偽不明の状態となることがあるから、そのような場合にはどのように取り扱うべきかを定め

ておく必要がある。これが証明責任の問題である。証明責任は、その分配により、主要事実（司法研修所などでいう「要件事実」）の存在が真偽不明の場合に、当該法律効果の発生が認められないという不利益または危険がある。証明責任が当事者間でどのように分配されるべきか、の議論が証明責任分配論（立証責任、挙証責任ともいう）である。証明責任の分配については、次の各説がある。

（ア）　**法律要件分類説（規範説）**[15]

　民法の条文の形式にそのまま従って、立証責任対象事実を決めるというドイツのローゼンベルクが唱えた考え方である。

　法律要件分類説は、当事者が自己に有利な法律効果の発生を定める法規の法律要件の条文の構造から、主張立証責任を分配する考え方である。民法のあらゆる規定を①権利根拠規定、権利発生規定、権利発生障害規定、②権利排斥規定、③権利消滅規定に分類し、そうした規定の性質によって証明責任が分配されるという見解である。しかし、わが国においては民法の条文がドイツ民法のように必ずしも主張立証責任を意識して立法されていないので、法律要件分類説はとられていないと解されている。なお、教科書によってはこの説を規範説とよび、下記(イ)のネーミングを法律要件分類説と称するものもあるので注意を要する。

（イ）　**修正法律要件分類説**

　修正法律要件分類説は、上記(ア)の法律要件分類説（規範説）に民法の解釈、証明の難易度などを考慮して法律要件分類説を修正する見解である。

　修正法律要件分類説は、現在、わが国の民事裁判実務で採用され、司法研修所において教えられている要件事実論である[16]。

　この立場に立つと、法律要件分類説も同じであるが、債務不存在確認訴訟においては、原告は請求原因で債務のないことを主張するだけで足り、被告が抗弁においてその権利の発生原因事実を主張立証することとなる。行政訴訟である取消訴訟における立証責任の分配基準は、修正法律要件分類説における債務不存在確認訴訟の主張立証責任の分配方法に倣っているのが実務である。

15　ローゼンベルクの見解。わが国では倉田卓次説。

16　加藤新太郎「要件事実論の到達点」新堂・前掲書（注3）31～32頁。

(ウ) 利益衡量説

利益衡量説とは、法律要件分類説ないし修正法律要件分類説の条文の表現形式を基準に証明責任分配の基準を求めるのは無理があること、権利根拠規定と権利障害規定の区別が曖昧であることなどの難点がある旨を指摘し、証拠の偏在が想定される場合には、必要な証拠方法をより利用しやすい地位にある当事者がその事実の証明責任を負うのが公平であるとする考え方である[17]。民事訴訟の分野においては、現在賛同者はいない。しかし、行政訴訟の要件事実論においては大いに参考になる見解である。

(エ) 裁判規範としての民法説

「裁判規範としての民法」という概念は、伊藤滋夫名誉教授が提唱されたものである。伊藤名誉教授は次のように説明される。

「裁判規範としての民法というものは、裁判の場においては要件に該当する事実が存否不明になることがあるが、その場合にも民法を適用しないで裁判をすることはできないので、そうした場合にも民法典の条文を裁判の場で適用できるように構成された民法を意味するに過ぎない（民法典の条文からこのような構成をする作業は、民法の解釈という性質を有するものである）。筆者が立証責任の分配という用語を使用しないのは、立証責任対象事実の形と無関係に立証責任の分配があるわけではないという考え方による[18]」。

そこで、本稿では、行政訴訟の典型である抗告訴訟ではあるが、一般の抗告訴訟とその性質を異にする課税処分取消訴訟の要件事実論および証明責任分配論を、法人税法 132 条 1 項の「租税回避行為」にあたるか否かが争点となった IBM 事件（1 審：東京地判平成 26・5・9 判タ 1415 号 186 頁、2 審：東京高判平成27・3・25 判時 2267 号 24 頁）を素材として検討する。

2 | IBM 事件

(1) 事件の概要

平成 22 年の税制改正前に行われた自己株式取得と連結納税制度との組合せ

---

17 石田穣「立証責任論の現状と将来」法協 90 巻 8 号（1973 年）26 頁、同『民法と民事訴訟法の交錯』（東京大学出版会・1979 年）3 頁以下

18 伊藤滋夫企画委員代表『要件事実の現在を考える』（商事法務・2006 年）10 頁、5 頁。

第1編　第2章　Ⅳ　要件事実論の変遷

によって、納税者に約 4000 億円の節税効果をもたらした行為が租税回避行為
にあたるか否かが争われた事案である。連結親会社 X が、同社が保有する連
結子会社である日本 IBM（発行会社）の株式を日本 IBM に譲渡（日本 IBM は
自己株式を X から購入）し、これを「みなし配当」（法人税法 24 条 1 項 4 号）に
該当させることによって X に譲渡損を発生させ、さらに、X の受取配当金の
益金不算入制度（同法 23 条 1 項）を活用して、X に発生した株式譲渡損を連結
納税制度により日本 IBM の益金と相殺し、X の所得を減少させ、支払うべき
法人税額を減少させたというものである。

㈎　事件の内容（法人税法 24 条 1 項 4 号）

　米国 IBM(A)の関連会社を統括する持株会社である米国 WT 社(B)の日本にお
ける中間持株会社、原告有限会社アイ・ビー・エム・エイ・ピー・ホールディ
ングス（X）が、B から日本 IBM(C)発行済株式の全部を取得し、後にその株式
（C の自己株式）を C に譲渡したことにより生じた株式譲渡損に係る繰越欠損
金を、連結納税制度を利用することにより、C の所得から控除して税額を減少
させて X の法人税申告を行ったことについて、税務署長は当該繰越欠損金の
損金算入を否認する旨の更正処分を行った。そこで X は更正処分取消訴訟を
提起した。

㈏　X の課税関係

　X は、平成 14 年、同 15 年、同 17 年の各譲渡において、いずれも、自らの
保有する C の発行済株式を同株式の購入価額とほぼ同額の 1 株あたり約 127
万円で C に対し 3 回に分けて譲渡し、それにより金銭の交付を受けている。
これは法人税法 24 条 1 項 5 号（平成 13 年改正後のもの）の事由により金銭の
交付を受けたことに該当し、一定の部分（資本金等対応部分）を超える金額（受
領した対価の約 93 ％に相当する金額）については同法 23 条 1 項により利益の配
当とみなされ、当該みなし配当は益金の額に算入されないことになる。一方、
C の株式の譲渡に係る X の有価証券の譲渡損益の計算において、みなし配当
額は取得対価から控除されることとなる（同法 61 条の 2 第 1 項）ので、みなし
配当相当額は、そのまま X の C への譲渡に係る譲渡損失額となって損金の額
に算入され、ほぼその金額に相当する金額が欠損金額として翌期以降の事業年
度に繰り越されることになる。

96

2 IBM事件

〔図表1〕 当事者関係図および時系列

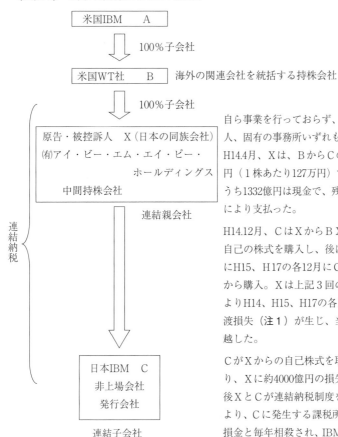

自ら事業を行っておらず、専任の役員、使用人、固有の事務所いずれも有していない。
H14.4月、Xは、BからCの全株式を約2兆円（1株あたり127万円）で購入し、代金のうち1332億円は現金で、残余はBからの融資により支払った。

H14.12月、CはXからBX間の上記価額で自己の株式を購入し、後に消却した。同様にH15、H17の各12月にCは自己株式をXから購入。Xは上記3回のCへの各譲渡によりH14、H15、H17の各12月末に巨額の譲渡損失（注1）が生じ、当該欠損金を繰り越した。

CがXからの自己株式を取得したことにより、Xに約4000億円の損失が発生し、その後XとCが連結納税制度を選択することにより、Cに発生する課税所得は、Xの繰越欠損金と毎年相殺され、IBMグループは何年間か法人税を支払わない状況を招来した。

H11.4.1	デロイトが300万円で有限会社としてXを設立。商号は㈲トーマツプランニング。
H14.2.12	Bは、デロイトから休眠会社であったXの全持分を700万円で譲り受けた。Xには専任の役員、使用人はおらず固有の事務所もない。
H14.2.18	Xは、商号を㈲アイ・ビー・エム・エイ・ピー・ホールディングスに変更。

97

H14.4	X は、B の振込みを受けて 1 億 3320 万円の増資および 1330 億 6680 万円の資本準備金を積み増した（合計金 1332 億円）。(注2)
H14.4.22	X は C の株式を、B から 1 株 127 万円合計 1 兆 9705 億円（時価）で購入。対価のうち約 1332 億円は B からの出資金により、残額 1 兆 8000 億円は B の無担保による融資（準消費貸借契約締結。以下、「本件融資」という）を受けて支払った。
H14.12 H15.12 H17.12	X は取得した C の株式を 3 回に分けて総額 4298 億円（平成 14 年約 2129 億円、同 15 年約 229 億円、同 17 年約 1939 億円）で C に売却。 C は X から自己株式を X の購入価額と同額で購入（以下、「本件各譲渡」という）。X は C から得た譲渡代金をもって B に上記債務を弁済。 X は C への本件各譲渡により巨額の譲渡損失額総額約 3996 億円（平成 14 年 1980 億円、同 15 年 213 億円、同 17 年 1800 億円）を計上し、繰り越した。
H18.5.1	X、特例有限会社となる。
H19.5.23	本件各譲渡により C の留保利益に対応する金額が X に対するみなし配当となり益金が発生するが、法人の益金不算入の制度（法人税法 23 条 1 項）により、みなし配当の金額に相当する 3996 億円の譲渡損失額が発生し、X は各事業年度の法人税の確定申告により繰越欠損金として計上した。
H20.1.1	X は連結納税の承認を受ける。
H20.12	X は、C から受領した譲渡代金額からみなし配当の額を控除した額を譲渡対価の額として、譲渡原価との差額を本件各譲渡に係る譲渡損失額（約 3996 億円）とし、各事業年度の所得の金額の計算上損金の額に算入してみなし連結欠損金の確定申告をした。
H22　税制改正	法人株主については、法人税法上、譲渡対価からみなし配当金額を控除した金額が譲渡収入とされ、譲渡に係る原価（帳簿価格）との差額として有価証券譲渡損益を計算する（法人税法 61 条の 2）が、法人株主における発行会社の株式の帳簿価額によっては、みなし配当の額について受取配当等の益金不算入制度が適用されるとともに株式の譲渡損失が計上されることがあり、そのような処理を租税回避目的に利用される（注3）ことが問題視されてき

2　IBM 事件

たが、平成 22 年度税制改正において、完全支配関係にある
（100 ％）子会社による自己株式取得時には、その譲渡損益を計
上しないこととされた（同法 61 条の 2 第 17 項）。また、法人株
主につき、自己株式として取得されることを予定して取得した株
式が自己株式として取得された際に生ずるみなし配当については、
受取配当等の益金不算入制度が適用されないこととされた（同法
23 条 3 項）。
したがって、現在は本件 IBM 事件のような事案において租税回
避問題は生じなくなった。

(注 1)　3 回の 1 株あたりの譲渡価格は、X が B から取得した際の 1 株あたりの売買価格（X の帳簿
価格）とほぼ同額とされたため、各譲渡により X にはみなし配当が生じ（法人税法 24 条 1 項
5 号）、これが益金不算入となる（同法 23 条 1 項）と同時に、ほぼ同額の株式譲渡が生じ（同
法 61 条 21 項カッコ書）、繰越欠損金となった。

(注 2)　旧商法は払込額の 2 分の 1 は資本金、残りの 2 分の 1 は資本準備金としなければならなかっ
た（これは会社法も同様である（445 条 2 項・3 項））が、旧有限会社法においては出資一口の
金額を超える金額の払込みがなされると、当該プレミアム分は全額が資本準備金とされていた
（有限会社法 46 条、商法 288 条の 2 第 1 項 1 号）。なお、特例有限会社においては資本と出資
の関係はなくなり、旧有限会社において定款記載事項であった出資一口の金額については特例
有限会社の定款においては記載がないものとみなされる（整備法 5 条 1 項）。

(注 3)　自己株式取得を、みなし配当と株式譲渡損益に分けるわが国法人課税がその原因である。

(ウ)　X の申告

　X は、当該株式の譲渡に係る対価の額（利益の配当とみなされる金額に相当す
る金額を控除した金額）と当該株式の譲渡に係る原価の額との差額である株式
譲渡損失額を、本件各譲渡事業年度の所得の金額の計算上損金の額にそれぞれ
算入した。X は、上記により各譲渡事業年度において生じた欠損金額に相当す
る金額を、平成 20 年 1 月 1 日に連結納税の承認があったものとみなされた連
結所得の金額の計算上損金の額に算入して、平成 20 年 12 月連結期の法人税の
確定申告をした。

(エ)　日本橋税務署長の更正処分等

　処分行政庁である日本橋税務署長は、法人税法 132 条 1 項の規定を適用して、
本件各譲渡に係る上記の譲渡損失額をそれぞれ本件各譲渡事業年度の所得の金
額の計算上損金の額に算入することを否認する旨の更正処分（本件各譲渡事業

年度更正処分）をするとともに、これを前提として、平成 16 年 12 月、同 18 年 12 月、同 19 年 12 月の各欠損金および同 20 年 12 月の連結期の各法人税の更正処分および各過少申告加算税の賦課決定処分、さらに同 22 年 12 月連結期の法人税の更正請求について、それぞれ更正をすべき理由がない旨の通知処分をした。

　　㈄　X の Y に対する抗告訴訟

　X は本件各更正処分等が違法であると主張して、被告国（Y）（従前は、このような訴訟の場合、被告は処分行政庁とされていたが、平成 16 年の行政事件訴訟法の改正により被告は国とされることとなった）に対し上記各更正処分等の取消訴訟を提起した。

⑵　訴訟物および請求の趣旨

　　㈦　訴訟物

　更正処分取消訴訟における訴訟物（審判の対象）は、当該処分の違法性一般とするのが通説であり、実務である。当該処分の違法性一般といっても、具体的事件における訴訟物の特定は、処分の違法性の基となる違法事由を当該処分の実体的瑕疵であるとか手続的瑕疵であるとか特定して行われる。すなわち、原告はその具体的違法事由を主張して訴訟物を特定し、攻撃防御の対象を特定しなければならない。

　訴訟物についての次の問題は、その違法事由ごとに複数の訴訟物があるとみるのか、違法事由が複数あっても訴訟物は 1 つとみるのかである。この問題は、取消訴訟において、処分行政庁による理由の差替えの能否、既判力の範囲に影響する。

　訴訟の審理の過程において、原処分の理由とされていた課税要件事実が存在しないことが判明した場合に、処分行政庁は、その処分の適法性を維持するために別の課税要件事実を新たに提出することができるか。また、裁判所は、新たに別の理由が提出された場合にそれをとり上げて判断の対象とすべきかどうかについては、総額主義と争点主義の対立がある。「総額主義というのは、確定処分に対する争訟の対象はそれによって確定された税額（租税債務の内容）の適否である、とする見解であり、争点主義というのは、確定処分に対する争訟の対象は処分理由との関係における税額の適否である、とする見解である。

総額主義によれば、理由の差替えは審査請求の審理または訴訟における口頭弁論の終結時まで原則として自由に認められることになるが、争点主義によれば、理由の差替えは原則として認められないことになる。総額主義の考え方は、取消訴訟の訴訟物は行政処分の違法性一般であるとする行政法の通説、さらには、租税確定処分に対する取消訴訟はその実質においては租税債務の不存在確認訴訟にほかならないとする見解の線に沿ったものである」[19]。

金子宏東京大学名誉教授は争点主義をとる[20]。

(イ)　請求の趣旨

上記の訴訟物の考え方を前提として、IBM 事件の「請求の趣旨」は次のように特定して記載されている。

①　日本橋税務署長が平成 22 年 2 月 19 日付けで原告に対してした

　原告の平成 14 年 10 月 1 日から同年 12 月 31 日までの事業年度の法人税の更正の処分のうち、欠損金額 1982 億 1046 万 5085 円を超える部分及び翌期へ繰り越す欠損金額 2027 億 6029 万 5081 円を超える部分を取消す。

以下略

---

②　日本橋税務署長が平成 24 年 3 月 27 日付けで原告に対してした

　原告の平成 20 年 1 月 1 日から同年 12 月 31 日までの連結事業年度の法人税の更正の処分のうち、連結所得の金額 0 円を超える部分、還付金の額に相当する法人税の額 162 億 4591 万 8828 円を超える部分及び翌期へ繰り越す連結欠損金額 2862 億 9003 万 5794 円を超える部分をいずれも取り消す。

以下略

---

(3)　IBM 事件を理解するための概念説明

(ア)　法人税法 132 条 1 項（同族会社の行為計算否認規定）

法人税法 132 条 1 項は、「税務署長は、次に掲げる法人に係る法人税につき

19　金子宏『租税法〔第 22 版〕』（弘文堂・2017 年）1007 頁。

20　金子・前掲書（注 19）1008 頁。

第1編　第2章　Ⅳ　要件事実論の変遷

更正又は決定をする場合において、その法人の行為又は計算で、これを容認した場合には法人税の負担を不当に減少させる結果となると認められるものがあるときは、その行為又は計算にかかわらず、税務署長の認めるところにより、その法人に係る法人税の課税標準若しくは欠損金額又は法人税の額を計算することができる」と規定している。租税回避の否認[21]といわれるものである。同族会社とは、株主等の3人以下およびその同族関係者が同種の議決権付株式の50％超を有する場合も含まれる（法人税法2条10号、法人税法施行令4条5項・6項。平成18年度改正）。同法132条1項は、同族会社が少数の株主ないし社員によって支配されているため、当該会社またはその関係者の税負担を不当に減少させるような行為や計算が行われやすいので、税負担の公平を維持するため、そのような行為や計算が行われた場合に、それを正常な行為や計算に引き直して更正または決定を行う権限を税務署長に認めるものである。同法132条1項の定める同族会社行為計算否認の適用の要件は、①同族会社の行為または計算でされたこと、②これを容認した場合にはその同族会社の法人税、あるいは株主等の所得税・相続税を不当に減少させる結果となると認められること、の2点である。租税回避の意図・目的は要件ではないと解するのが通説・判例（東京地判平成9・4・25訟月44巻11号1952頁）である。この規定の趣旨・目的については、「非同族会社においては、会社と社員、あるいは社員相互の利害対立を通じて、当該法人の所得、法人税の負担とをことさら減少させるような行為がされにくいのに対し、同族会社においては、その経営権が一部の者に独占されているため、いわゆる隠れた利益処分等、合理的な理由を欠き、当該法人の所得、法人税の負担の公平の原則に反することとなる」とされている（鹿児島地判昭和50・12・26訟月22巻2号594頁）。租税回避の否認とは、納税者が実際に行った行為ではなく、実際に行わなかった行為で、通常の行為に引き直して、課税関係を形成するものである。すなわち、このような行為計算の否認は、納税者が実際に行った事実そのものを、想定された通常の行為という別の事実

21　租税回避の否認は、納税者が実際に行為した後において、その行為の時点では存在しなかった課税要件および課税要件事実を、課税庁が事後的につくり出すという点において、租税法律主義の観点からは本来許されるべきものではない（田中治「租税回避否認の意義と要件」岡村忠生編『租税回避研究の展開と課題』（ミネルヴァ書房・2015年）43頁。

に置き換えることを意味する。

　法人税法132条1項は否認規定といわれるが、条文中に「否認できる」という表現はない。つまり同規定は、民法424条の詐害行為取消権や破産法160条、民事再生法127条、会社更生法86条にいう否認権のような形成権の行使権限を税務署長に認めたわけではない。ここでいう「否認する」とは、当該法人に係る法人税の課税標準を計算するにあたって、法人税を「不当に減少させる行為ないし計算」にあたると税務署長が認定した場合は、その行為・計算を認めないということである。

　(イ)　法人税法上の自己株式取得に伴うみなし配当（法人税法24条1項5号）

　自己株式を相対取引で取得した発行会社には課税関係は生じないが、自己株式を譲渡した株主には、みなし配当課税と株式譲渡損益課税（法人税法61条の2第1項第1号）が発生する。IBM事件においては、みなし配当とは、法人株主（X）が保有する当該発行会社（C）の株式を当該発行会社（C）に売却し、対価の交付を受けた場合において、その金銭の額が、当該発行会社（C）の資本金等の額のうちその交付の基因となった株式に対応する部分（以下、法令上の用語ではないが「資本払戻対応部分」という）の額を超えるときに、その超える部分の額を、交付額を受け取った株主（X）に対し課税上「配当等（の額）」（同法23条1項）とみなす制度である（同法24条）。

　税法上の仕訳は下記のとおりとなる。

X（発行会社に同社の株式を譲渡する会社）の税務仕訳

現預金	有価証券（株式）
有価証券（株式）譲渡損	受取配当金（みなし配当）
仮払税金（源泉所得税）	

C（株式を購入する発行会社）の税務仕訳

資本金等	現預金
利益積立金	源泉所得税預り金

　自己株式の取得は、会社法上は剰余金の配当であるが、税務上はみなし配当課税の対象となる。みなし配当とは、通常の剰余金の配当ではないが利益積立金から配当されるということで、その実質は剰余金の配当と変わらないこ

第1編　第2章　Ⅳ　要件事実論の変遷

とから配当とみなして課税がなされることをいう。みなし配当の発生事由は自
己株式の取得のほか、合併、分割型分割、解散による残金財産の分配などがあ
る。発行会社が自己株式の取得によって株主が金銭等の交付を受けた場合、そ
の金銭等の額が、発行会社の資本金等の額のうち、自己株式に「対応する部分
の金額」を超えるときは、その超える部分の金額が利益積立金から支払われた
ものとして剰余金の配当とみなされる（所得税法25条1項4号、法人税法24条
1項4号）。譲渡株式に「対応する資本金等の額」の計算方法は、法人税法施行
令23条1項4号に規定されている。

$$
みなし配当金額 ＝ 譲渡対価 － \begin{array}{c} 譲渡株式に対応する \\ 資本金等の額 \end{array}
$$

$$
\begin{array}{c} 譲渡株式に対応する \\ 資本金等の額 \end{array} ＝ \frac{資本金等の額}{発行済株式数} × 譲渡株式数
$$

　IBM事件においてCの100％親会社（中間持株会社）となったXは、Cの自
己株式取得に応じ、Cの株式全部を、いずれも取得価額と同じ1株あたり127
万1625円で、平成14年12月、同15年12月、同17年12月の3回にわたり
総額約4298億円でCに譲渡した。

　Xが本件各譲渡によりCから取得した対価のうち、Cの資本金等の額の当
該株式に対応する部分を超える額（取得した対価の約93％）がみなし配当とさ
れ（法人税法24条1項5号）、当該みなし配当の額は、法人税法23条1項に基
づき所得の計算上益金の額に算入されない（下記(ウ)で説明する）一方、本件各
譲渡に係る譲渡損益の計算においては譲渡原価の額からみなし配当額が控除さ
れる（同法61条の2第1項1号）。そのためXは、益金に算入されないみなし
配当の額とほぼ同額の譲渡損失額（総額約3995億円）を、本件各譲渡をした平
成14年、15年および17年の各事業年度（以下、「本件各譲渡事業年度」という）
の所得の金額の計算上損金の額に算入して欠損金額による確定申告をし、また、
連結納税の承認を受けて、Xの本件各譲渡事業年度の欠損金額を含む欠損金額
を連結繰越欠損金額として確定申告をした。

〔図表2〕 IBM事件におけるみなし配当および有価証券譲渡損の計算図解

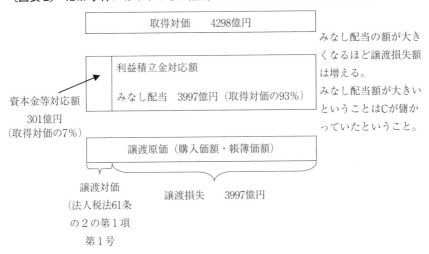

(ウ) 受取配当金の益金不算入（法人税法23条1項）

　他の法人の株主である法人は、受取配当等の益金不算入の規定の適用を受けるとされている。

　法人が配当等を受け取った場合には、企業会計では営業外収益として計上するところ、法人税法では申告調整を要件として、法人株主の受け取る配当金の全額または一部を益金不算入としている（法人税法23条1項）。その趣旨は、法人擬制説の見地から、法人の留保利益への二重課税回避である。この法人税法上の受取配当等の益金不算入の規定は、シャウプ勧告を基に、1950（昭和25）年度の税制改正で創設されたものである。

(エ) 連結納税（法人税法4条の2以下、6条、81条の22以下）

　平成14年度の税制改革で創設され、同15年から施行された「連結納税」とは、それまでは、法人税は個々の法人を課税単位としていたが、グループ内の2つ以上の会社の税務申告書をつなぎ合わせて、グループ全体を課税単位として法人税を計算するとしたものである。企業のグローバル化に対応するものであるが、連結納税の最大のメリットは、グループ内の赤字所得と黒字所得の通算が可能となり、これにより、グループ全体での法人税の圧縮が可能となることである。

第1編　第2章　Ⅳ　要件事実論の変遷

　連結納税は選択制の制度であるが、連結納税を開始するにあたり、損益通算のメリットとデメリットを十分に検討しなければならない。

　IBM事件では、Xが株式を100％保有するCに対しBからの購入価額と同額でC株を譲渡した際に、みなし配当により生じた各事業年度の巨額の株式譲渡損失額を、当該事業年度においてXの所得の金額の計算上損金の額に算入して欠損金額を生じさせ、その結果生じた繰越欠損金を後年度に連結納税を選択し連結所得を減少させた行為について、法人税法132条1項によりその譲渡損失の損金算入を否認できるかが問題となったものである。

⑷　IBM事件における争点

㋐　争　点

　持株会社XがCとの間で行ったCの自己株式の売買に伴って発生する株式譲渡損が否認されるべきか否か、すなわち、Xの行為が法人税法132条1項にいう「法人税の負担を不当に減少させた」行為にあたるかどうかが争点である。

㋑　「不当に減少させた」の訴訟のブロックダイアグラム

　裁判所が法律要件分類説ないし修正法律要件分類説を前提として想定した攻撃防御方法の流れは、〔図表3〕のようなものであろう。

〔図表3〕　IBM事件における裁判所が想定した攻撃防御方法の流れ

請求原因	抗弁	再抗弁
①　Xの確定申告	①　国が主張する税額	抗弁③に対する
②　Yの更正処分	②　Xが同族会社であること	「不当に減少させた」
③　Yの更正処分の違法	③　「不当に減少させた」	評価障害事実
⇧	評価根拠事実	
主張のみでよい		

㋒　「不当に減少させた」の判断基準（租税実体法の問題）

　「不当に減少」とは税法上のいわゆる「不確定概念」である。不確定概念とは、抽象的であり、多義的な概念のことを指しているが、たとえば、「不当に減少させる」（所得税法157条1項、法人税法132条1項、132条の2、132条の3、相続税法64条1項）、「不当に減少する」（相続税法66条4項）、「不相当に高額」（法人税法34条2項、36条）、「不適当であると認められる」（所得税法18条）、

「相当の理由」（同法 145 条 2 号、150 条 1 項 3 号、法人税法 123 条 2 号、127 条 1 項 3 号）、「相当の地代」（法人税法施行令 137 条）、「正当な理由」（国税通則法 65 条 4 項、66 条 1 項、67 条 1 項）などがそれである。

「法人税の負担を不当に減少させる結果となると認められる同族会社の行為又は計算」の判断基準については、裁判例から大きく次の 2 つに分かれる。

(A) 非同族会社比準説

非同族会社では通常なし得ないような行為・計算、すなわち同族会社なるがゆえに容易になしうる行為・計算が「不当に減少させた行為」にあたると解する。木村弘之亮日本大学元教授は、「非同族会社比準説では、税務当局が非同族会社の取引事例を示してその同族会社の取引が異常であることを立証する場合にかぎって、法人税法 132 条（所得税法 157 条）は、適用されうる」[22]とされる。この説に基づく裁判例として、東京地判昭和 26・4・23 行集 2 巻 6 号 841 頁、前掲鹿児島地判昭和 50・12・26 がある。

(B) 経済的合理性基準説（金子宏説）

純粋経済人として不合理・不自然な行為・計算が「不当に減少させた行為」にあたるかどうかで判断する考え方を、経済的合理性基準説という[23]。経済的合理性基準説では、税務当局は係争取引の不合理、不自然を指摘し、合理的計算に引き直して所得計算を行えば足りることとなる。

「非同族会社の中には、同族会社にきわめて近いものから所有と経営の分離した巨大会社に至るまで、種々の段階のものがあり、何が同族会社であるがゆえに容易になしうる行為・計算にあたるかを判断することは困難であるから（①非同族会社比準説は採らず：筆者注）、抽象的な基準としては、経済的合理性基準説の考え方をとり、ある行為または計算が経済的合理性を欠いている場合に否認が認められると解すべきであろう」[24]。

(エ) 1 審における国の主張

「不当に減少」させた評価根拠事実を次のように主張した[25]。

---

22 木村弘之亮『租税法総則』（成文堂・1998 年）171 頁。

23 金子・前掲書（注 19）501 頁。

24 金子・前掲書（注 19）498 頁。

25 判タ 1415 号 187 頁。

① いわゆるペーパーカンパニーにあたる X をあえて C の持株会社とした ことに正当な理由ないし事業目的があったとはいいがたい。

② X が C の持株会社となる際に、それらの発行済株式の全部を取得する ために米国 WT から受けた本件融資（なお、本件各譲渡の代金として X が 交付を受けた金銭は、その返済として直ちに米国 WT に送金されている）が、 X に極めて有利な条件によるもので、独立した当事者間の通常の取引とは 異なるものである。

③ 本件各譲渡前後の A、B、C 内での検討の状況等からすると、本件各譲 渡を含む X や A、B、C の行為には租税回避の意図（平成 14 年 4 月 1 日に 導入された連結納税制度をこれに利用する意図も含む）が認められる。

(オ) 1 審判決（東京地判平成 26・5・9 判タ 1415 号 186 頁）

処分を取消す（納税者 X 勝訴）。

① 持株会社の役割や金融仲介機能などを考慮すると、X を日本の「中間持 株会社として置いたことに正当な理由ないし事業目的がなかったとはいい 難い」。

② 本件融資は、「独立した当事者間の通常の取引として到底あり得ないと までは認め難い」。

③ⓐ 本件各譲渡について、株式の価額を直近の取引実例価額である本件株 式購入時の価額とほぼ同額とするように 1 株あたりの譲渡価格を決定し たとしても、それが不自然、不合理と断定しがたく、「本件株式購入及 び本件各譲渡については、いずれも、経済的合理性のないものであると まではいい難い」。

ⓑ 取締役会の議論や繰延税金資金の計上などから、A が「税負担の軽 減を目的として意図的に有価証券の譲渡に係る譲渡損失額を生じさせ るような事業目的のない行為（本件一連の行為「B による X の全持分取得、 X の増資、B から X への融資、X の B からの株式購入および X から C への 本件各譲渡」）をしたとまでは認め難い」（「　」内は筆者）。

ⓒ X が中間持株会社とされて以降ずっと連結納税承認を受けるとは想定 しておらず、平成 16 年度税制改正で欠損金の繰越期間が延長されて初 めて平成 14 年譲渡による譲渡損失が連結所得の計算上損金に算入可能

となったことから、Ａによる日本の子会社再編プロジェクトは譲渡損失額を連結所得の計算上損金に算入することを想定し、また本件一連の行為をしたとは認めがたい。

ⓓ 実態としてＢにＣの株式譲渡損益が帰属するにもかかわらず、形式的にＸを介在させてＸへの非課税のみなし配当とＢへの借入金返済に分解し、Ｘに多額の株式譲渡損失を生じさせても、そのような法的枠組みを構築して自己株式を取得すること等を禁止する法令上の明文の規定はなく、自己株式の取得制度を濫用して租税回避を企図した事実は認められない。

以上を理由に、「本件各譲渡を含む本件一連の行為に租税回避の意図が認められる旨の評価根拠事実として<u>被告が挙げるいずれの事実についても、これを裏付けるものと認めるに足りる証拠ないし事情があるものとは認め難い</u>[26]というべきである」（下線は筆者）とした。

つまり、国の抗弁としての評価根拠事実の立証ができていないから、再抗弁としての評価障害事実の主張立証は不要としたものである。

(ｶ) 2審判決（東京高判平成 27・3・25 判時 2267 号 24 頁）

控訴棄却。

Ｙは、上記(ｴ)1審における主張のうち、①、③の主張を撤回したため、1審とは異なる判断枠組みで判決がなされている。控訴審の判決理由は次のとおりである。

「同族会社の行為又は計算が、同項にいう『これを容認した場合には法人税の負担を不当に減少させる結果となると認められるもの』か否かは、専ら経済的、実質的見地において当該行為又は計算が純粋経済人として不合理、不自然なものと認められるか否かという客観的、合理的基準に従って判断すべきものと解される（最判昭和 53 年 4 月 21 日訟月 24 巻 8 号 1694 頁、最判昭和 59 年 10 月 25 日集民 143 号 75 頁参照）。そして、同項が同族会社と非同族会社の間の税負担の公平を維持する趣旨であることに鑑みれば、当該行為又は計算が、純

---

26 「認めるに足る証拠はない」ヤフー事件では社内のやりとりを間接事実として評価根拠事実を認めている。それが手に入るか否かが勝敗の分かれ目といえよう。後記（注 43）の秘匿特権などその導入について今後大いに議論されるであろう。

第1編 第2章 Ⅳ 要件事実論の変遷

粋経済人として不合理、不自然なもの、すなわち、経済的合理性を欠く場合には、独立かつ対等で相互に特殊関係のない当事者間で通常行われる取引（独立当事者間の通常の取引）と異なっている場合を含むものと解するのが相当であり、このような取引に当たるかどうかについては、個別具体的な事案に即した検討を要するものというべきである。……以上のとおり、<u>本件各譲渡が、本件税額圧縮の実現のため、それ以外の本件一連の行為（Bによる被控訴人の持分取得、本件増資、本件融資及び本件株式購入）と一体的に行われたという控訴人の主張を採用することはできないから、本件一連の行為が、独立当事者間の通常の取引と異なり全体として経済的合理性を欠くのであれば、本件一連の行為を構成する本件各譲渡を容認した場合には、被控訴人の法人税の負担を『不当に』減少させる結果となるとする控訴人の主張は、その前提を欠くもので失当であり、また、被控訴人がした本件各譲渡が、それ自体で独立当事者間の通常の取引と異なるものであり経済的合理性を欠くとの控訴人の主張も認められない。</u>そうすると、本件各譲渡による有価証券の譲渡に係る譲渡損失額が本件各譲渡事業年度において被控訴人の所得の金額の計算上損金の額に算入されて欠損金額が生じたことによる法人税の負担の減少をもって、法人税法132条1項にいう『不当』なものと評価することはできないというべきである」（下線は筆者）。

　㈎　1審判決と2審判決の違い

　1審判決と2審判決はいずれも「不当に減少させた」ことを認めなかったが、その根拠ないしその判断枠組みは違う。1審と2審の判断枠組みは異なるが、しかし、ともに経済的合理性基準説を前提としての枠組みであることに違いはない。すなわち、1審判決は、本件株式購入、本件各譲渡についていずれも経済的合理性（上記㈡B説）のないものであるとはいいがたいとしているが、2審判決は、経済的合理性を欠く場合には、独立当事者間の通常の取引と異なっている場合も含む、としたうえで本件各譲渡がそれ自体で独立当事者間の通常の取引と異なるもの（上記㈡A説）であり、また、本件各譲渡がそれ以外の本件一連の行為と一体的に行われたとは認められないとしているところに違いがある。

　したがって、1審判決は、経済的合理性基準説の立場から「不当性」の有無を判断している。2審判決も、引用している最高裁判決（前掲昭和53・4・21、

同昭和 59・10・25) からみると同様の立場とみることができる。本件は国側の
上告受理申立てが受理されなかったので、最高裁判所の判断はない。

　(ク)　「不当に減少」の判断基準に関する金子宏説と IBM 事件 2 審判決の違い

　大淵博義中央大学名誉教授と太田洋弁護士は、上記(ウ)(B)金子宏説と IBM 事
件高裁判決の違いについて次のように述べておられる。[27]

　「金子先生は、法人税法 132 条 1 項の『不当に』の意義について、経済的合
理性を基準に判断すべきとする、いわゆる経済的合理性基準説に立った上で、
一般論として、まず、ある行為又は計算が、経済的合理性を欠いている場合に
同項による否認が認められると解すべきである（前掲金子 498 頁）と説かれて
います。

　その上で、どのような場合が『経済的合理性を欠いている場合』であるかと
いうと、それは、行為又は計算が『異常ないし変則的で租税回避以外に正当な
理由ないし事業目的が存在しないと認められる場合』であると述べておられま
す。

　そして、『独立・対等で相互に特殊関係のない当事者間で通常行われる取引』、
いわゆる独立当事者間取引と異なる取引の中には、これに当たると解すべき場
合が少なくないであろうと述べられているわけです。

　これまで、『不当に』の解釈については、この考え方が学説上も通説であっ
たと考えられますし、また、実務でも同様に理解していたと思われます。これ
に対して、IBM 事件の東京高裁判決は、傍論ではありますが、『独立・対等で
相互に特殊関係のない当事者間で通常行われる取引でない取引』は、すべから
く『不当に』行われた取引に該当するかのように判示しており、法人税法 132
条 1 項の適用範囲を大きく拡大する解釈を採用しました。

　また、金子先生は、行為又は計算が経済的合理性を欠いている場合とは、そ
れが異常ないし変則的で、租税回避以外に正当な理由ないし事業目的が存在し
ないと認められる場合のことであるとされているのに対し、IBM 事件の東京
高裁判決は、それを正面から否定しています。

27　大淵博義＝太田洋「〈対談〉法人税法 132 条、132 条の 2 とその運用のとらえ方──ヤフー事件、
　IBM 事件を踏まえて」税務弘報 64 巻 1 号（2016 年）10 〜 11 頁における太田洋弁護士発言。

その結果、この IBM 事件における東京高裁判決の考え方によると、租税回避というのは、独立当事者間取引と乖離した取引を広く指すことになってしまい、取引に正当な事業目的があるか否かや、租税回避目的以外の何らかの正当な理由があるか否かといった、これまで学説や実務が指針としてきた基準が全く使えないことになってしまいます。

言い換えますと、租税回避行為とされる『外縁』が、無限定に拡大してしまっているのです。

IBM 事件の東京高裁判決の考え方からすると、極端に言えば、独立当事者間取引から乖離した取引であるとさえ認定されれば、その取引に何らかの事業上の理由があるか否か、ないしは正当な理由があるか否かを問わず、当該取引は不当な取引であって、否認の対象となる租税回避であるということになってしまうように思われます」。

すなわち、2 審判決は金子宏説と同じく「経済的合理性基準説」をとり、その具体的判断基準の一つとして「独立当事者間取引と異なっている場合」も含まれるとしたものである。すなわち金子宏名誉教授が紹介する 2 つの見解が[28]一つになったのである。このことは、「不当性」の判断がますます予測困難になったことを示すものであり、規範的ないし評価的要件の多用の危険をあらわにしたものといえる。

(5) IBM 事件における要件事実論、証明責任分配論の問題点

IBM 事件の攻撃防御方法の流れは先に〔図表 3〕で示しているが、読者の便宜のため重複をいとわず再度下記にあげる。

〔図表 3〕 **IBM 事件における裁判所が想定した攻撃防御方法の流れ**

請求原因	抗弁	再抗弁
① X の確定申告	① 国が主張する税額	抗弁③に対する
② Y の更正処分	② X が同族会社であること	「不当に減少させた」
③ Y の更正処分の違法	③ 「不当に減少させた」	評価障害事実
⇧	評価根拠事実	
主張のみでよい		

28　金子・前掲書（注19）498頁。

(ア)　証明責任の分配の問題点

　課税処分取消訴訟のブロックダイアグラムは、民事訴訟のブロックダイアグラムと同じでよいか。

(イ)　要件事実論の問題点

　〔図表3〕ブロックダイアグラム抗弁①の本来の税額を算出するための所得は、要件事実といえるか。

法律要件	法律効果
所　得	租税債権の発生 （税額）

　上記(ア)、(イ)の問題を検討するために、まず、一般の抗告訴訟における要件事実論と証明責任分配論を検討し、次に、課税処分取消訴訟の要件事実論、証明責任分配論は、一般の抗告訴訟のそれと同じでよいかどうかを検討する。

3 ｜ 抗告訴訟における要件事実論および証明責任分配論

(1)　抗告訴訟とは

(ア)　抗告訴訟とは

　行政事件訴訟法は「抗告訴訟」の類型として、「取消訴訟」、「無効等確認訴訟」、「不作為の違法確認訴訟」、「義務付け訴訟」、「差止訴訟」の5種類の訴訟類型をあげている（同法3条2項・3項は「処分の取消しの訴え」と「裁決の取消しの訴え」を分けている）。

(イ)　抗告訴訟は形成訴訟か

　民事訴訟法上の形成訴訟は、原告に実体法上の形成権が存在するか否かが問題となるが、行政行為の取消訴訟に際しては、原告に実体法上違法処分の取消権があるかどうかは疑問とされるところであり、民事訴訟法上の形成訴訟そのままではないものと考えられる。

(ウ)　訴訟物

　取消訴訟では処分の違法性一般が審理の対象とされる。原告は、攻撃方法として、処分の違法に関する実体法上、手続法上のすべての事由を主張できる。

　取消訴訟の訴訟物は何かについては、処分の違法事由ごとに訴訟物が異なる

第1編 第2章 Ⅳ 要件事実論の変遷

とする見解もあったが、処分の違法性一般を訴訟物とみる見解が通説、実務である。民事訴訟の場合には、原告の設定する請求が訴訟物となって裁判の土俵を画定し、二重起訴や判決の既判力の範囲を決めるから、確かにこの範囲をどうみるかは極めて重要な意味をもつと考えられる。しかし、取消訴訟の場合には、特定の行政処分の取消しを求めてその違法性を争うものであるから、取消しの対象となる処分の同一性を論ずるのは意味があるが、訴訟物が何かは、民事訴訟におけるほどの重要性をもつとはいえない。

(2) 抗告訴訟（取消訴訟）における証明責任（立証責任）分配論

行政訴訟における証明責任の分配については、行政事件が司法裁判所で取り扱われるようになってから種々の説が提唱されてきたが、いまだ定説とまでいえるものはみあたらない。ごく初期の学説および裁判例には、①行政処分には公定力があるから適法性が推定され、これを争う国民において行政処分が違法であることの立証責任を負う、とする説があった。しかし、この説に対しては、「公定力」は処分が取り消されない限り国民および他の国家機関もその効力を承認しなければならないとする効力にすぎず、当該処分の要件事実の存在自体を推定させるものではないし、同処分の公定力を失わせるためその適法性が問われている取消訴訟において、その適法性自体が推定されるとするのは、正義と公平の実現を目的とする証明責任分配の基本理念に反する等の批判があり、現在これを支持する者はいない。逆に、②「法律による行政」の原則を強調し、行政訴訟においては、処分行政庁（国）が常に（無効確認訴訟の場合も）処分の適法性を立証する責任があるとする説、あるいは、③租税訴訟においては、刑事手続における「疑わしきは被告人の利益に」と同様の「疑わしきは納税者の利益に」との原則があるから、処分行政庁（国）が全面的に立証責任を負うとする説がある。しかし、これらの説は歴史的使命を終えている。

現在、取消訴訟における証明責任の分配に関する学説は、以下のとおりである。

㈦ 修正法律要件分類説

民事訴訟法の通説である修正法律要件分類説を取消訴訟にも応用し、行政処分の権利発生事実は国が立証責任を負い、権利障害および消滅事実は、納税者が立証責任を負うとする見解である。「行政庁の権限行使規定の要件事実の存

在については、処分権限の行使を主張する者（積極的処分にあっては行政庁、申請拒否処分のような消極的処分にあっては原告）が証明責任を負い、権限不行使規定の要件事実の存在については、処分権限の不行使を主張する者（積極的処分にあっては原告、消極的処分にあっては行政庁）が証明責任を負うとする。『○○の場合には、××の処分を行う』というタイプの条文＝権限行使規定では、処分をすべきであったと主張する者が証明責任を負う。例えば、不利益処分では、これに対して取消訴訟が提起された場合、不利益処分をすべきであったと主張する被告＝行政主体が、要件事実の充足について立証責任を負う。他方、申請拒否処分では、これに対して取消訴訟が提起された場合、申請認容処分をすべきであったと主張する原告が、受給権を基礎づける事実の存在につき立証責任を負う[29]」とする。

　しかし、抗告訴訟における証明責任分配基準について、なぜ民事訴訟の場合の証明責任分配原則と同様に考えることが許容されるのか、その理由は明らかでない。確かに、形式的には行政事件訴訟法7条は、同法に定めがない事項については民事訴訟の例によるとしている。しかし、民事訴訟において修正法律要件分類説が支持される根拠は上記1(4)(イ)に述べたとおりであるが、行政法規は、行政機関に対する行為規範として定められているので、抗告訴訟の証明責任の分配について修正法律要件分類説をとる根拠は薄弱である。

(イ)　憲法秩序帰納説（侵害処分、授益処分説）

　証明責任分配基準は、憲法秩序そのものから帰納してくるのが最も妥当であるとし、国民の自由権的基本権を制限したり、国民の義務に課する国家の行為は、行政が常にその制限ないし義務を課する行為が法律に適合するゆえんを証明し、また憲法の趣旨にも合することを立証しなければならないとする考え方である[30]。

　国民の権利を侵害する侵害的行政処分については被告国が、国民の権利を拡

29　滝川叡一「行政訴訟における立証責任」岩松裁判官還暦記念『訴訟と裁判』（有斐閣・1956年）471頁など。

30　高林克己「行政訴訟における立証責任」田中二郎＝原龍之介＝柳瀬良幹編『行政法講座第3巻』（有斐閣・1965年）294頁、299頁、笠井正俊「行政事件訴訟における証明責任・要件事実」法律論叢164巻1〜6号（2009年）329頁。

げる訴訟においては原告納税者が、それぞれ証明責任を負うとする説である。

　この見解が修正法律要件分類説と結論を異にするのは、申請拒否処分の扱いについてである。

　民事訴訟法学者の笠井正俊京都大学教授は、基本的人権の保障および法治主義という憲法上の原則の重視であるとしたうえで、国民の権利・自由を制限し国民に義務を課すような侵害的行政処分にあっては、原則として、被告が手続的要件・実体法的要件を含めて処分の適法性を根拠づける事実について証明責任を負い（二重効果的処分にあっても、原告が申請者であれ第三者であれ、被告が証明責任を負う）、例外的に法が特許制や指定制の方法をとって処分を特別の法律要件の充足にかからしめているような場合には、法律の趣旨、目的等に照らし、例外的に拒否処分の取消しを求める原告が法律要件を充足していることについて証明責任を負うとする見解を示されている。[31]

　(ウ)　調査義務説[32]

　処分行政庁は法律を誠実に執行すべき任務の一環として、行政処分に際し立法の趣旨に反して関係人の利益が害されるのを避けるために必要な調査を行う義務を負い、この調査義務の範囲内で行政処分を適法ならしめる主要事実に関して証明責任を負う。行政法では、専門知識を有した行政機関が設立され、これが法律で与えられた行政権限を法律の要件に従い行使するという基本構造が認められる。多くの場合に、行政機関は権限行使の理由を市民に対して説明する責任を負っている。これが、理由提示のしくみや情報公開制度を基礎づける。また、別の側面からいえば、行政機関は権限行使にあたっては、権限発動の基礎となる事実等を調査する義務を負っていると解される。こうした特質に鑑みると、処分を適法ならしめる主要事実について、行政は調査義務の範囲内で立証責任を負うという見解である。この見解では、侵害処分、申請拒否処分の区別なく、すべての取消訴訟において被告国が立証責任を負うことが原則とされることになる。

31　笠井・前掲論文（注30）。

32　小早川光郎「調査・処分・証明」雄川一郎献呈論集『行政法の諸問題〈中巻〉』（有斐閣・1990年）273頁。

(エ) 個別検討説[33]

統一的基準を設けることを捨て、立法趣旨、当事者の公平、事案の性質、事物に関する証明の難易、証拠との距離等によって個別具体的に判断すべきとする考え方である。この考え方に対しては、具体的な分配の基準が明確でないとの批判がある。しかし、実際の行政訴訟、独禁法訴訟においては、具体的事件ごとに裁判所と当事者間で争点を合意して訴訟を進行させているので、要件事実を法規から演繹できなくても、また証明責任の分配、証明度も個々に判断している感があり、もっとも実務的な見解といえる。

(オ) 上記(エ)個別検討説＋同(イ)憲法秩序帰納説[34]

行政法の泰斗、塩野宏東京大学名誉教授は、「個別検討説の考え方がさしあたり支持されるべきものと思われるが、しかし、それは立証責任分配の指導理念を指摘したものではあっても、それだけでは分配の一般的ルールを提示したものとはいえないという憾みがある。そこで、個別検討説の立場によりつつも、いま少し取消訴訟における利益状況を考慮した一般化が必要であって、その際には、憲法秩序帰納説の考え方も考慮に入れてしかるべきである。これを概括的にいえば、侵害処分については原則として行政庁が立証責任を負い（二重効果処分についても同様）、申請拒否処分については一律に分配を考えるのではなく、当該申請制度における原告の地位を考慮して判断する（当該申請制度が自由の回復・社会保障請求権の充足であるときには被告行政庁が、資金交付請求であるときには原告が負うなど）ことになろう[35]」と述べておられる。

(カ) 上記(イ)憲法秩序帰納説＋条理説

藤山雅行元名古屋高裁判事は、「第1次的には憲法秩序により、それによって結論が得られない場合には第2次的に訴訟法上の条理に基づき、処分の前後の権利状態を比較し、処分によってその変動を図る者に立証責任を負わせる（ただし、処分の根拠法規自体が立証責任の分配をも規定しているときには、その定めを条理に優先させる）ことによって立証責任の分配を決するものと理解し、これに適切な憲法解釈を組み合わせることにより、妥当な結論が得られる」と

33　雄川一郎『行政争訟法』（有斐閣・1957年）214頁。
34　塩野宏『行政法Ⅱ〔第5版補訂版〕』（有斐閣・2013年）165頁。
35　塩野・前掲書（注34）165頁。

第1編　第2章　Ⅳ　要件事実論の変遷

する。この見解は、行政処分の性質に応じて立証責任の分配を考えようとするものである。[36]

　塩野宏名誉教授、笠井正俊教授、藤山雅行元判事が支持しておられる上記(イ)憲法秩序帰納説は、民事訴訟における利益衡量説を加味したものといえるが、いずれも抽象的すぎる。塩野宏名誉教授の(オ)説は、抗告訴訟の処分類型ごとに説明責任分配を行おうとすることにほかならない。

4　課税処分取消訴訟における要件事実論および証明責任分配論

(1)　課税処分取消訴訟の訴訟物

　課税処分取消訴訟の訴訟物は、当該年度分の総所得金額に対する課税の違法一般である（最判昭和49・4・18訟月20巻11号175頁）と判示している。そして、抗告訴訟の審理の範囲は、当該行政処分の適否を判断するに必要な事項全般に及ぶのである。したがって、抗告訴訟の原告としては、訴えの対象たる行政処分の存在と、それが違法であることを訴状に記載すれば、訴訟物を特定したことになり、違法事由を特定して記載したり、あるいはなぜ違法かを記載したりする必要はない。しかし、実際の訴訟では実体上の違法か手続上の違法かの釈明を求められるであろう。一般的には実体上の違法、すなわち、原処分の税額が正しい税額を上回るか否かである。したがって、課税処分取消訴訟の実質的な審判の対象は、納付税額である。

(2)　課税処分取消訴訟における要件事実

(ア)　所得、益金、損金は要件事実か

　〔図表3〕のブロックダイアグラムの抗弁①では、本来の税額を国が主張立証することになっているが、この場合、要件事実は何かが問題となる。法人税の額の適否が争われる更正決定取消訴訟も債務不存在確認訴訟と同じように考えるのであれば、租税債権の発生という法律効果を主張するためには、法律要件の各要件事実を主張・立証しなければならない。ところが、法律効果である

36　藤山雅行＝村田斉志編『新・裁判実務大系（25）行政争訟〔改訂版〕』（青林書院・2012年）406頁。藤山雅行「行政事件と要件事実」伊藤滋夫＝長秀之編『民事要件事実講座(2)総論Ⅱ』（青林書院・2005年）326頁。

法人税額は、課税物件（課税標準）×税率によって算出されるが、法人税の課税物件は法人の所得であり、その課税標準は法人の所得の金額である（法人税法21条）とされている。そして、所得金額は、益金の額から損金の額を控除した金額とされる（同法22条1項）が、益金の額は法人税法22条2項、損金の額は同条3項によって算出されるとする。このように益金の額も、損金の額も所得も計算上算出されるものであり、いずれも民事訴訟での修正法律要件分類説における法律要件でも要件事実でもない。そもそも所得、益金、損金について法律要件に相当する法条はないのである。益金・損金の素は収益、費用であるから、益金・損金はそれらの集積された結果である。したがって、証明の対象となるのは収益と費用の素となる個々の取引事実である。つまり、取引事実の集積である所得は計算上算出されるものであり、法的効果ではないといわざるを得ない。ということは、民法でいう法律要件、ひいては民事訴訟でいう要件事実が考えられないのである。この点が租税法と民法の大きく違うところである。かかる重大な差異を看過して課税処分取消訴訟の要件事実論を展開するから、同訴訟における要件事実論が混迷するのである。金子宏名誉教授が「所得」という概念を土台にして租税実体法の体系をつくられたが、「所得」というのは税法独自の概念であり（経済学にはあるが）、民法におけると同様の法律要件ではない。要するに、所得の算出要素である益金の額、損金の額も法律要件ではない。所得、益金の額、損金の額を法律効果とする法条がないから、法律要件分類説に基づく主張立証責任の分配ということは考えられない。法律要件がないから、要件事実、主張立証責任ということも本来ないのである。したがって、更正決定取消訴訟における主張立証責任は、税法ないし課税処分取消訴訟独自に考えなくてはならないものといえよう。

　(イ)　学　説

(A)　所得額説

要件事実を総所得金額または課税所得金額とする。

現在、この説をとる者はいない。

(B)　収入・必要経費、益金、損金説

所得税法では、一定期間（年度分）における総収入金額から必要経費を控除した金額が課税所得であるので、収入金額、必要経費が主要事実ということに

なる。法人税法では、一定期間（事業年度）における益金から損金を控除した金額が課税所得であるので（同法 23 条 1 項）、益金、損金が主要事実ということになる。[37]

(C)　所得発生原因事実説

所得金額の算定に必要とされる所得発生原因となる具体的な諸事実を要件事実とするなどの見解があるが定説というものはなく、(B)説と(C)説が拮抗している。[38]

(ウ)　裁判例

(A)　所得説

最判昭和 38・3・3 訟月 9 巻 5 号 668 頁（民集登載判決ではない）は、収入金額について「所得の存在及びその金額について決定庁が立証責任を負うことはいうまでもないところである」と判示して、所得について処分行政庁に立証責任があるとしている。

大阪高判昭和 51・8・6 行集 27 巻 8 号 1454 頁は、「主要事実は所得金額のいかんであって、所得金額を計算するための過程、すなわち、収入金額、必要経費はすべて間接事実にすぎない」としている。

(B)　収入、必要経費説

必要経費については、原則として処分行政庁が立証責任を負うと解釈するのが通説である。もっとも、必要経費を納税者にとって有利な事項としてとらえると、別の解釈も成り立ちうる。「必要経費の主張立証責任は納税義務者たる原告にあるものと解すべきであり、しかもこれが主張立証は納税義務者の事業収入との関係で特定の支出に係る経費がこれに対応する事業収入を得るために必要な経費であったことを明らかにしてなすべきものである」とする裁判例がある（名古屋地判昭和 38・2・19 行集 14 巻 2 号 265 頁）。

(C)　損金説

東京地判平成 6・9・28 税資 205 号 653 頁（シュトイエル 396 号 1 頁）は、「所得を構成する損金の額については、本来、被告（税務署長）が主張、立証責任

---

[37]　松沢智『新版　租税争訟法──異議申立てから訴訟までの理論と実務──』（中央経済社・2001年）386 頁、泉徳治ほか『租税訴訟の審理について〔第 3 版〕』（法曹会・2018 年）177 ～ 179 頁ほか。

[38]　今村隆ほか『課税訴訟の理論と実務』（税務経理協会・1998 年）133 頁。

を負うべきものであるから、具体的な支出が損金の額に算入されるべきか否かが争われている場合には、被告において、その主張額以上に損金が存在しない（損金の不存在）ことを主張、立証すべきである。これを本件に則していえば、被告は本件金員には原告の業務との関連性がないから損金の額に算入できないこと、すなわち、本件金員は、原告とＡが共同して本件仲介をしたことにより、原告が本件受取手数料をＡに分配したものであるという事実が認められないことについて、主張、立証すべきこととなる」としたうえで、「もっとも、被告は、損金の存否に関連する事実に直接関与していないのに対し、原告はより証拠に近い立場にあること、一般に、不存在の立証は困難であることなどに鑑みると、更正時に存在し、又は提出された資料等をもとに判断して、当該支出を損金の額に算入することができないことが事実上推認できる場合には、原告において、右推認を破る程度の具体的な反証、すなわち、当該支出と業務との関連性を合理的に推認させるに足りる具体的な立証を行わない限り、当該支出の損金への算入は否定されるというべきである」とし、この控訴審である東京高判平成７・９・28税資213号772頁も、「所得を構成する損金の額については、本来、課税庁が主張、立証責任を負うべきものであるから、具体的な支出が損金の額に算入されるべきか否かが争われている場合には、課税庁において、その主張額以上に損金が存在しないことを主張、立証すべきである。もっとも、課税庁は、損金の存否に関連する事実に直接関与していないのに対し、控訴人会社はより証拠に近い立場であること、一般に不存在の立証は困難であることなどにかんがみると、更正時に存在し、又は提出された資料等をもとに判断して、当該支出を損金の額に算入することができないことが事実上推認できる場合には、控訴人において、右推認を破る程度の具体的な反証、すなわち、当該支出と業務との関連性を合理的に推認させるに足りる具体的な立証を行わない限り、当該支出の損金への算入は否定されるというべきである」。と判示している。

(D) 所得発生原因事実説

名古屋高判平成４・10・21行集43巻10号1260頁は、課税取消訴訟における主要事実は、所得金額の算定に必要な個々の所得発生原因事実をいうと解するとした。同高裁判決は、原審名古屋地判平成２・11・30判時1390号50頁の

第1編　第2章　Ⅳ　要件事実論の変遷

「所得税の更正処分の取消訴訟において、主要事実は所得金額の算定に必要な個々の所得発生原因事実をいうと解するのが相当であるとしたうえ、個々の取引の内容および結果についてなされた自白が真実に反すると認めることはできない以上、自白の撤回は認められないとして、個々の取引の内容および結果について自白がされた場合でも、当事者はこれに拘束されず、また、裁判所は右自白に係る内容に関し証拠によって事実を認定することができる」を逆転したものである。

(3)　課税処分取消訴訟における証明責任分配論

(ア)　学　説

前記3「抗告訴訟における要件事実論および証明責任分配論」(2)の各学説を課税処分取消訴訟にあてはめると、(ア)修正法律要件分類説によれば、租税債権発生の要件事実については国（税務署長）が、租税債権の障害または消滅の要件事実については納税者が、それぞれ立証責任を負うこととなる。[39](イ)憲法秩序帰納説によれば、租税訴訟における課税根拠事実は原則として国（税務署長）が立証責任を負う、とする者が多いようである。(ウ)調査義務説によれば、国（税務署長）が課税根拠事実の立証責任を負うことは明らかである。(エ)個別検討説においては、統一的基準を示すことはできない。(オ)説として(エ)個別検討説＋(イ)憲法秩序帰納説があるが、この説によれば国（税務署長）が証明責任を負うこととなる。なお、(カ)説として、(イ)憲法秩序帰納説を基本として(ア)修正法律要件分類説で修正するという見解「基本的には(イ)憲法秩序帰納説により国（税務署長）が処分を適法ならしめる根拠事実につき立証責任を負うことを原則としつつ、具体的な個々の問題については、その補充ないし修正原理として、(ア)修正法律要件分類説による解釈を一つの基準とし、当該法規の趣旨・構造、当事者間の公平等をも考慮して、立証責任の所在を決定していくべきであろう」[40]が新たに提唱されている。したがって、現在有力と目されるいずれの説によっても、課税処分取消訴訟においては、原則として国（税務署長）が課税根拠事実の立証責任を負う、と理解していることがうかがえる。

39　金子・前掲書（注19）1042頁、中里実ほか編『租税法概説〔第2版〕』（有斐閣・2015年）66頁。
40　泉ほか・前掲書（注37）175頁。

㈤　裁判例

　裁判例は、必ずしもいずれの説によるか明言しないものの、ごく初期のものを除いては、①修正法律要件分類説によるものが多い。租税訴訟は大部分が税額の多寡の争いで、租税債権債務関係を定めた租税法の解釈適用が中心的争点であり、民事訴訟における債務不存在確認訴訟と似た側面があったので、民事訴訟における立証責任分配の基準が比較的なじみやすく、採用されやすかったのであろう。この点についての最高裁判例はなく、上記の各説は主張されてから30年近くなるがその後の進展もない。

㈥　課税処分取消訴訟において修正法律要件分類説が通説とされる理由

　課税処分取消訴訟における立証責任の分配については、「租税訴訟は大部分が税額の多寡の争いで、租税債権債務関係を定めた租税法の解釈適用が中心的争点であり、民事訴訟における債務不存在確認請求と似た側面を持ち、これと類似のものとして実務で取り扱われる傾向があったことからすると、民事訴訟における立証責任分配の基準が比較的なじみやすい分野といえるし、法律要件分類説が実務で比較的多く採り入れられてきたというのも、首肯し得るところである[41]」。

　民事訴訟における通説である修正法律要件分類説をとる債務不存在確認訴訟と抗告取消訴訟に構造が似ているとして、修正法律要件分類説が税務訴訟に適用されることについて、現在まで多くの異論が唱えられなかったのは、IBM事件訴訟におけるブロックダイアグラムにみられるがごとく、ほとんどの課税処分取消訴訟が抗弁レベルで解決されているからである。租税法規、行政法規には民法におけるような法的効果発生の法律要件が少ないので、抗弁レベルすなわち少ない争点で紛争が解決するからである。このため、修正法律要件分類説の債務不存在確認訴訟の類推でことが足り、長く不都合が生じなかったのである。たとえば、民法555条の売買契約の申込みと承諾の合致という法律要件の充足から、代金債権と物の引渡債権という2つの法律効果が発生するというように、民法の世界においては法律要件と法律効果はワンセットである。ところが、租税法規はそうなっていない。したがって、課税処分取消訴訟における

41　泉ほか・前掲書（注37）175頁。

第1編　第2章　Ⅳ　要件事実論の変遷

要件事実とは何かを検討するには、租税訴訟の証明責任分配論を考慮して構築しなければならない。そこで、伊藤滋夫名誉教授の提唱される「裁判規範としての民法」に倣って、「裁判規範としての租税法」の構築を行わなければならないのである。今や行政法は、公法・私法二元論を捨て新たな行政実体法の構築をすべき状況にある。それを土台にした行政訴訟理論までには手が届きかねているのは十分承知しているが、行政法の教科書の行政訴訟ないし租税訴訟の解説をいつまでも証明責任分配論において孫引きしているのは問題である。特に、課税処分取消訴訟において、租税法律主義を根拠にすべて国が主張立証責任を負うとする乱暴な見解は行き過ぎであろう。ちなみに外国における状況につき、貴重な文献があるので、長くなるが下記㈗で紹介しておく。

　㈗　各国の証明責任分配の動向

　各国の証明責任分配の動向については、居波邦泰税務大学校研究部教育官が以下のとおり述べている。[42]

　「我が国における税務訴訟における立証責任の一般的な在り方としては、これまですべての立証責任を税務当局が負うことを一般的な在り方と行政側、実務家側、学者側と三者とも、認識されてきたきらいがあるが、これを国際的に各国の状況と比較・確認してみると、以下のような実態が覗えるところであり、決して我が国の在り方が国際的なスタンダードとは言い難い事実が明らかにされるところである。

①　米国（一定の要件を満たす場合は納税者から税務当局に移行）

　　原則は、租税裁判所規則142条により、納税者が負うこととされているが、1998年IRS（米国国税庁）改革法により、納税者が税務調査（資料収集等）に十分な協力を行う等、一定の要件を満たす場合は納税者からIRSへの立証責任の転換が規定された。（内国歳入法7491条）

②　英国（一般的に納税者）

　　行政審判所における立証責任は、一般的に納税者にある（租税管理法TMA1970、判例）

42　居波邦泰「BEPSによる国際課税制度下での立証責任に対する一考察」税大論叢87号（2016年）235頁。

③　フランス（一般的に税務当局）

　　委員会（行政仲裁機関）における紛争について訴訟が提起された場合、
行政庁が指摘した重大な不備についての立証責任は、常に税務当局にある。

④　ドイツ（税額増加については税務当局、税額減額については納税者）

　　租税通則法（AO）88条コンメンタール

　　なお、親子会社間等の金融取引に関する移転価格ガイドラインを策定
（2015年12月）

⑤　イタリア（一般的に納税者である原告・上訴人とされる）

⑥　カナダ（一般的に納税者）

　　自主申告制度の下で、税務当局の査定が間違っていることの立証責任は、
納税者にある。ただし、罰則が課された場合におけるその根拠の事実の証
明は、税務当局が負う。（判例 Supreme Court of Canada in Johnston v. M.N.R.
（1948）3 DCT1182）

⑦　オーストラリア（一般的に納税者）

　　税務当局による過大な査定額または誤った決定事項等に関し、納税者が
不服を申し立てる場合等の立証責任は、納税者にある（1953年租税管理法
第14ZZK(B)）。

上記各国の税務訴訟における立証責任をみてみると、原則的には、納税者側
におかれることがより一般的な姿であると認められるところである。

　わが国の考え方と比べると意外な感がする。しかし、租税訴訟における証明
責任の分配は、当該国の司法制度における証拠収集方法のあり方や証拠開示制
度の充実度、また、秘匿特権が認められているか否か、さらには、納税者に証
明責任を負わせているのであれば、証明度はどのようになっているのかなども
考慮して行われるべきであることを考えるなら、上記の各国の証明責任の分配
をその結論のみから判断すべきでない。それにしても、わが国の従来の租税訴
訟の証明責任分配論は、あまりに抽象的にすぎたといわざるを得ない。今後は、
その点を勘案し、取消訴訟の類型に応じた議論を行わなくてはならないものと

43　秘匿特権とは、弁護士と依頼者の通信の秘密を、依頼者の権利として認めるものであり、英米に
おけるコモン・ローに起源を発するものであり、特にアメリカ合衆国においては、開示手続の除外
事由としての意義を有している。近時は、欧州諸国法やEU法の下でも秘匿特権が認められている。

第1編　第2章　Ⅳ　要件事実論の変遷

考える。

㈡　課税取消訴訟に関する証明責任分配論の特殊性

　課税処分には一般の行政処分にはない、いろいろな特徴がある。たとえば、処分行政庁が課税処分を行う場合には、直接関知しない個々の納税者ごとに、一定の課税期間中に生じた多様な所得発生事実の存否・数額を認定しなければならないという困難がある。また、課税が大量・反覆的に行われる性質のものであり、しかも、租税確定権には除斥期間が定められているため、同認定は極めて短期間のうちに行わなければならないという制約もある。ところが、このように処分時における認定の正確性にはおのずと限界があるにもかかわらず、いったん訴訟が提起されれば、訴訟物が数額に関するものだけに、争点が著しく拡大するおそれが生ずるといったことがあげられる。

　そして、これらの特徴ゆえに、課税処分取消訴訟においては、訴訟物のとらえ方や立証責任の分配について、武器対等の原則の働く民事訴訟とはもちろんのこと、一般の行政訴訟とも異なる問題が生ずる。また、「一口に課税処分といっても、納税者の所得計算の基礎となる帳簿書類等の直接資料を実際に調査把握し、これに基づき課税標準等または税額等を認定したうえで行われるいわゆる実額課税処分と、種々の間接的資料・方法を用いて課税標準等または税額等を推定計算して課税するいわゆる推計課税処分では、取消訴訟において主張立証すべき事由もかなり異なってくる[44]」。

　これは、他の行政訴訟（抗告訴訟）の要件事実論、証明責任分配論が一様であるのと異なり、課税処分取消訴訟の処分類型いかんによって、要件事実論、証明責任分配論がさまざまであることを意味する。

5 ｜ 最後に

　民法の要件事実論は実体法の解釈問題であるが、抗告訴訟の要件事実論、課税処分取消訴訟の要件事実論も同様なのか、また、租税法の解釈は他の行政法規の解釈と比べて特異性があるとされているので、一般の抗告訴訟と課税処分

---

[44]　岩﨑政明「実額課税・推計課税の取消訴訟における立証責任」伊藤滋夫編『租税法の要件事実』（日本評論社・2011年）185頁。

取消訴訟とでは、要件事実論も証明責任分配論も異なってくるのか、その問題点を本稿において指摘した。さらに、租税法規の解釈には、厳格な文言解釈の要請（最判平成29・10・24民集71巻8号1522頁・判時2361号33頁・判タ1444号82頁〔デンソー事件〕）がある。判例は、「税法解釈においては、文理解釈の要請が、他の法令よりも高度である。それは税法が侵害規範であるため、納税者に対する予測可能性を保障する必要が高いからであり、法的安定性を確保する必要が高いからである（租税法は侵害規範であり、法的安定性の要請が強く働くから、その解釈は原則として文理解釈によるべきであり、みだりに拡張解釈や類推解釈を行うことは許されないと解されており（最判昭和48年11月16日民集27巻10号1333頁、最判平成22年3月2日民集64巻2号420頁等））」と説明している。しかし、それが課税処分取消訴訟にどのように影響するのかなどを考慮して、その要件事実論をどのように組み立てるか、本書93頁1(3)(イ)で述べた規範的要件を中心とした要件事実論ではなく、租税訴訟独自の要件事実論を構築し、法的予測可能性、法的安定性を高める要件事実論、証明責任分配論をどう考えるのか、検討されなければならない。

　また、独禁法訴訟（排除措置命令取消訴訟、課徴金納付命令取消訴訟）も国民に対する権利侵害、義務の賦課が争われる行政処分であるが、裁判所は、租税訴訟同様、行為規範である独禁法を法律要件分類説ないし修正法律要件分類説に従って考え、訴訟を運営している。さらには独禁法訴訟の攻撃防御の流れは規範的要件、評価的要件の羅列となっており、法的予測可能性を著しく損なっている。これは、行為規範を強引に民法の法律要件分類説ないし修正法律要件分類説にあてはめているからである。同様のことは労働基準法（以下、「労基法」という）などの行政法規を基本とする労働訴訟にもいえる。労働法規には行為規範が多い。すなわち、労働法規は、権利義務関係の発生・変動・消滅に関する要件、効果を定めるのではなく、「使用者は……してはならない」などといった、命令・禁止規範の形をとることが多い。これは、労働者救済のため、時間も費用もかかる裁判手続を経なくても済むように、刑罰や行政監督制度によって労働者の権利救済を実現するという行政目的を反映したものといえる。働き方改革の一環として労働契約法（以下「労契法」という）20条が廃止され、同趣旨の文言が「短時間労働者及び有期雇用労働者の雇用管理の改善等

に関する法律」の8条、9条に移行したのは、同法が同法違反の行為に対して、刑罰法規や行政取締法規をもって無期契約労働者と有期契約労働者の労働条件の不合理な差別を行政的に監督、管理できるようにしたことも同様の理由からである。

このように、行為規範を刑罰や行政監督制度を通じて実現する形態をとる労働法規を裁判規範として用いる場合には、問題になっている規定について、権利義務にかかわる法律要件分類説ないし修正法律要件分類説とは異なった観点から主張立証責任を考えなくてはならない。

たとえば、解雇予告手当に関する労基法20条1項は、使用者が労働者を解雇しようとする場合、原則として、少なくとも30日前に予告するか、30日分以上の平均賃金を支払わなければならないと規定している。この規定は主として、使用者に対し、解雇予告を行わせるか、それに代わる予告手当の支払いをさせることを目的とした行為規範であろうから、労働契約上の権利義務は労働訴訟独自に考えなければならない。

さらに労働訴訟においては、規範的要件、評価的要件が頻繁に登場する。判例で認められ、その後、労契法に採り入れられた解雇権濫用法理（労契法16条）における「合理的な理由を欠き」、「社会通念上相当であると認められない場合」、就業規則の変更法理（同法10条）における「合理性」の要件、配転命令の権利濫用該当性の判断要素としての「業務上の必要性」、「生活上の不利益」（同法3条）などがその例である。また、労働組合法（以下、「労組法」という）における争議行為や組合活動の「正当性」（労組法1条2項・8条）、労基法における年次有給休暇における時季変更権行使の要件としての「事業の正常な運営を妨げる場合」（労基法39条4項）なども規範的要件、評価的要件とされている。しかし、先述したように規範的要件、評価的要件は法的予測可能性を損なうので、労働訴訟においても規範的要件、評価的要件を用いないで済むようにしなければならないと考える。

以上、租税訴訟、独禁法訴訟、労働訴訟においては、安易に民法の法律要件分類説ないし修正法律要件分類説に基づいて主張立証責任の分配をせず、さらには規範的要件、評価的要件を用いない独自の要件事実論の構築をしなければならないというのが本稿における私の提言である。

〈参考文献〉

(1) IBM 事件

① 小塚真啓「非正常配当の否認可能性についての一考察」岡山大学法学会雑誌 64 巻 3・4 号（2015 年）

② 特集「否認規定を考える」税務弘報 64 巻 1 号（2016 年）

(2) 行政訴訟、租税訴訟の要件事実論

① 泉徳治ほか『租税訴訟の審理について〔第 3 版〕』（法曹会・2018 年）

② 青柳達朗「税務訴訟における証明責任論の再構成」税大論叢 17 号（1986 年）325 頁

③ 小川英明ほか編『新・裁判実務大系（18）租税争訟〔改訂版〕』（青林書院・2009 年）

④ 笠井正俊「行政事件訴訟における証明責任・要件事実」法学論叢 164 巻 1 ～ 6 号（2009 年）320 頁

⑤ 定塚誠編著『行政関係訴訟の実務』（商事法務・2015 年）

⑥ 居波邦泰「BEPS による国際課税制度下での立証責任に対する一考察」税大論叢 87 号（2016 年）235 頁

⑦ 伊藤滋夫＝岩﨑政明編著『租税訴訟における要件事実論の展開』（青林書院・2016 年）

⑧ 大江忠「行政訴訟の主張・立証責任」『ゼミナール要件事実』（第一法規・2003 年）405 頁

(3) 民事訴訟の要件事実論

① 伊藤滋夫『要件事実の基礎――裁判官による法的判断の構造〔新版〕』（有斐閣・2015 年）

② 河村浩＝中島克巳『要件事実・事実認定ハンドブック――ダイアグラムで紐解く法的思考のヒント〔第 2 版〕』（日本評論社・2017 年）

第1編　第2章　Ⅴ　立法（民法改正）と学説

Ⅴ

立法（民法改正）と学説
──「契約の解釈に関する基本原則」についての学説と
　実務の対話に向けて

岡　　正　晶
弁護士

1 ｜ 平成 29 年改正民法（債権関係）における「契約の解釈に関する基本原則」の不採用

　平成 29 年改正民法（債権関係）の立案過程における主要論点の一つが「契約の解釈に関する基本原則」であった。学説サイドから、長く深い議論を踏まえてすぐれた立法提案がなされ、種々議論が深められたが、主として実務家の賛成を得ることができず、最終的に不採用となった。筆者も、法制審議会民法（債権関係）部会の一実務家委員として、学説サイドからの立法提案に賛成しなかった。この点に関し、同部会第 92 回会議（平成 26 年 6 月 24 日開催）で下記趣旨のやりとりがなされた。[1]

> ○山本敬三教授
> 　このようなことばかり申し上げていますと、実務家の方々を一方的に批判しているように聞こえるかもしれませんけれども、それは違います。そうではなくて、法の解釈（契約の解釈を含む）について共通の枠組みが不可欠であって、それが重要だということは、法学研究者がもっと明確に示してこなければいけなかったのだろうと思います。それが不十分であった。少なくとも、学生に対する教育と実務家の方々に対する発信が十分ではなかったところに、日本法学

1　法制審議会民法（債権関係）部会第 92 回会議議事録 56 頁以下。

130

の問題があったのではないかと思います。率直に力不足と努力不足を反省せざるを得ないところです。

しかし、このような法の解釈（契約の解釈を含む）には守るべき共通の枠組みがあるということに対する理解と信頼が不十分なままでは、法の支配を確立させることはできませんし、本当に必要な立法をすることも難しくなってしまいます。

○永野厚郎裁判官

やはりこの過程で一つ大きいなと思ったのは、契約の解釈というものが事実認定の問題と不即不離の形で結び付いているということだろうと思います。ですから、原理的な部分で大きな違いがあるわけではなくて、そこの事実認定の部分と解釈の部分を切り離して規律を設けることが果たしてできるのかどうか。それから、もう一つは、こういう規律を設けることが全体の紛争解決等に与える影響がどうであるかという、どちらかというとプラクティカルな部分についての見解の対立があったんだろうと思っています。

そういう意味では、今回の立法の過程に乗せるというのは、他にも反対意見がある中で、全体のコンセンサスを得ることが時間的にも難しい状況になっているんだと思います。しかし、ここで議論させていただいたベースはありますので、それとは別に今後も是非対話を続けさせていただきたい。そういう意味では、山本幹事の方で今回、これが乗らなかったことについて反省の弁を述べられましたが、我々の方もきちんと御説明をして、今後しかるべき運用ができるように共通の基盤を作っていかないといけないなと、私どもの方も対話の努力不足について反省をしているところであります。

本稿は、上記永野裁判官の反省に共感し、法制審議会部会委員を務めた実務家の1人として、本問題に関し、実務家（弁護士）からみた試案を提示するものである。学説と実務の対話の一助になれば幸いである。

第1編　第2章　V　立法（民法改正）と学説

〈資料〉　契約の解釈に関する基本原則」についての検討経緯

〈規律案の内容〉	〈審議の経過〉
[3.1.1.40]（本来的解釈） 　契約は、<u>当事者の共通の意思</u>に従って解釈されなければならない。 [3.1.1.41]（規範的解釈） 　契約は、<u>当事者の意思が異なるとき</u>は、当事者が当該事情のもとにおいて合理的に考えるならば理解したであろう意味に従って解釈されなければならない。 [3.1.1.42]（補充的解釈） 　[3.1.1.40 及び 41]により、契約の内容を確定できない事項が残る場合において、<u>当事者がそのことを知っていれば合意したと考えられる内容が確定できるとき</u>には、それに従って解釈されなければならない。	〈民法（債権法）改正検討委員会：基本方針〉 〈部会資料 19-2〉 第 19 回会議（2010.11.30）比較法資料あり。 第 24 回会議（2011.2.22）
契約の解釈に関する基本的原則として、下記を更に検討してはどうか。 ①　当事者の意思が一致しているときはこれに従って解釈しなければならない旨の規定を設ける方向で ②　当事者の意思が一致していないときは、当事者が当該事情の下において合理的に考えるならば理解したであろう意味に従って解釈する等という考え方の当否について ③　上記の原則によって契約の内容を確定することができない事項について補充する必要がある場合は、<u>当事者がそのことを知っていれば合意したと考えられる内容が確定できるときはこれに従って契約を解釈する</u>という考え方の当否について	〈中間的論点整理第 59〉部会決定 　2011.4.12 　パブコメで寄せられた意見の概要が「きんざい」から出版されている。 〈部会資料 49〉 第 60 回会議（2012.10.23） 〈部会資料 57〉 第 69 回会議（2013.2.12）

① 契約の内容について<u>当事者が共通の理解をしていた</u>ときは、契約は、その理解に従って解釈しなければならないものとする。 ② 契約の内容についての<u>当事者の共通の理解が明らかでないとき</u>は、契約は、当事者が用いた文言その他の表現の通常の意味のほか、当該契約に関する一切の事情を考慮して、当該契約の当事者が合理的に考えれば理解したと認められる意味に従って解釈しなければならないものとする。 ③ 上記1・2によって確定することができない事項が残る場合において、<u>当事者がそのことを知っていれば合意したと認められる内容を確定できる</u>ときは、契約は、その内容に従って解釈しなければならないものとする。 （注）契約の解釈に関する規定を設けないという考え方がある。また上記③のような規定のみ設けないという考え方がある。	〈中間試案〉部会決定 2013.2.26
契約の解釈に関する規定については、できる限り当事者の意図に即した解釈をするか客観的な意味を重視した解釈をするかという基本的な考え方の対立があるほか、そもそも契約解釈に関する規定が実体法である民法に設けることになじむものかどうか、実務的に有用な規定を設けることができるかどうかなどが問題になりうる。これらの点も含め、契約の解釈に関する規定を設けるかどうか、どのような規定を設けるかについて、どのように考えるか。	〈部会資料 75B〉第 85 回会議（2014.3.4） 第 92 回会議（2014.6.24） 　コンセンサスの形成可能な成案を得る見込みが立たないことから、取り上げないこととしている。

第1編　第2章　Ⅴ　立法（民法改正）と学説

2 「契約の解釈に関する基本原則」に係る法制審議会部会における議論

⑴　学説サイドからの提案

㋐　中間試案に至るまでの経緯

　本件に関する学説サイドからの提案は、民法（債権法）改正検討委員会の基本方針に源を発し、部会における議論を経て、中間試案がその最終提案となった。その経緯は〈資料〉のとおりである[2]。

㋑　中間試案の第1ルール

　契約の内容について当事者が共通の理解をしていたときは、契約は、その理解に従って解釈しなければならないものとする。

学説サイドからの補足・再反論は下記のとおりである。

①　文言に拘泥した解釈を退けて、当該契約において当事者が実際に合意したことを基準とするということを示そうとするルール。

②　当事者の理解は一致していたのに、後になって当事者の一方が契約書に書かれた文言を手がかりとして、当時の理解と異なる主張をするのを封じるという実践的な意味も考えられる。

③　契約の解釈は事実認定の問題と違う。提案に係る準則は、契約を解釈するにあたって、どのような事実を認定する必要があるかという基準を示すもの。事実認定を枠付ける意味。

④　契約の解釈は、単純に個々の事案で衡平と考えられる結論を出すものではなくて、当事者が契約によって自ら形成したところを明らかにするために行われるもの。私的自治の原則が前提となり、当事者が合意したときに

2　中間試案作成までの議論については、山本敬三教授の「契約の解釈と民法改正の課題」石川正先生古稀記念論文集『経済社会と法の役割』（商事法務・2013年）701頁以下で、不採用となった最後までの議論については、森田修教授の「『債権法改正』の文脈――新旧両規定の架橋のために　第三講　契約の解釈」法教430号（2016年）50頁以下、431号（2016年）60頁以下で、詳しく整理・分析されている。

134

は、法律効果はその合意の内容によるという現行法では不文のルールが
あって、その合意の内容をどう確定するかというのが、この解釈に関する
準則。

(ウ) 中間試案の第2ルール

契約の内容についての当事者の共通の理解が明らかでないときは、契約は、
当事者が用いた文言その他の表現の通常の意味のほか、当該契約に関する一切
の事情を考慮して、当該契約の当事者が合理的に考えれば理解したと認められ
る意味に従って解釈しなければならないものとする。

学説サイドからの補足・再反論は下記のとおりである。

① 契約制度の趣旨が、当事者が自らの法律環境を形成するために行うもの
   だとすると、当事者がどのように理解し、また、理解すべきだったかとい
   う基準によることがその趣旨に合致する。

② コンテクストの中で当該表示手段がどのような意味をもつかが問題とさ
   れなければならない。しかもその際、当該契約を離れた抽象的な合理人で
   はなく、当該契約をした当事者が合理的に考えれば理解したと認められる
   意味が基準になることを確認している。

③ 表現の通常の意味を確定するときも、当事者が合理的に考えれば理解し
   たと認められる意味を考えるときも、取引通念は、斟酌され、重要な判断
   基準の1つになる。

(エ) 中間試案の第3ルール

上記1・2によって確定することができない事項が残る場合において、当事者
がそのことを知っていれば合意したと認められる内容を確定できるときは、契
約は、その内容に従って解釈しなければならないものとする。

学説サイドからの補足・再反論は下記のとおり。

① 存在しない意思を擬制するものではない。両当事者がその契約をした具
   体的な目的を実現するために、当該事項（合意がない事項）についてどう

すべきかを確定できるときには、それに従って補充する。当事者が具体的に契約で定めている内容に照らすと、当該事項についてもその内容を類推することができるときには、それに従って契約を補充する。まさに通常行われている作業に属することである。

(2) 実務家からの違和感

㋐ 中間試案の第1ルール

① 契約書が真正に作成されているときは、契約書に記載された文言の通常の意味内容に合致する意思を双方とも有していたとの強い推認が働く。特段の事情がない限り、それ以外の意思を有していたとの反証を許さない取扱いが行われている（第1ルールを明文化すると、いわば例外的な場合をクローズアップすることになり、おかしい）。

② 共通の理解を有していた場合、当事者間に争いはなく、規範としてあえて規定を設ける実践的な意義に乏しい。

③ かえって、契約時にどのような意思を有していたかが決め手になるということになって、契約書のもつ意味を減ずるといったメッセージを与える。自分の理解（意思）は契約書の記載とは違うという争いを惹起しやすくなるのではないか。

④ (1)(イ)②につき、実務上、こういった形で紛争になることはまず想定しがたい

㋑ 中間試案の第2ルール

① どういった場面を規律しようとしているのかがよくわからない。当事者の主張にくい違いがある場合、表示の意味、一切の事情などから、当事者の内心の意思を推認していくわけだが、どちらかが主張している意思を相手方も有していたという認定に至る場合が通常。第2ルールは、第1ルールを確定するための事実認定の過程と酷似する。

② 第2ルールが、第1ルールを認定するための手順を定めているとするならば、まさに事実認定に関する規律。推認という過程は、経験則を使っていく。経験則は類型的な一般人を基準にした経験則。第2ルールの当事者基準に、実務的な違和感が生じるのは、事実認定との関係かもしれない。

③ 第2ルールが事実認定部分の規律でないとすると、内心の意思がどちら

2 「契約の解釈に関する基本原則」に係る法制審議会部会における議論

か一方に収れんしないという場面の規律。そうだとすると第3ルールとの境界が非常にわかりにくい。

(ウ)　中間試案の第3ルール

①　合意が欠けている場合、条理とか任意規定とか慣習とかで埋める考え方がありうるが、それに優先して仮定的な意思で埋めるということにつき、はたしてコンセンサスがあるか。

②　提案に係る当事者基準（「あなたは合理的に考えたらこう考えるでしょう」など）では、紛争当事者は納得しないのではないか。「一般普通の人が考えるとこうでしょう」のほうが、納得感が高いのではないか。

(エ)　全体像に関する実務家の意見

契約の解釈というものの中には、事実認定の問題、評価の問題、修正という形での法創造的な性格のものもあり、それを事案に応じて数々のテクニックを使って妥当な解決を導いているのが実情である。

(3)　そのやりとりに対する森田修教授のコメント

(ア)　中間試案の第1ルール

第1ルールは、旧通説の表示主義的契約解釈構想（我妻説）は克服されたという学説史理解およびその否定を明示すべきとの学説サイドからの提案であったが、法律家全体のコンセンサスとはならなかった。

(イ)　中間試案の第2ルール

裁判官委員からの批判は根強いが、弁護士委員からの支持は強い。弁護士委員は、契約解釈による社会的客観的に妥当な契約規範定立への志向からであろうが、仮定的当事者意思の基準となる当事者は、社会類型的に同種の当事者とすべきとしている。

(ウ)　中間試案の第3ルール

研究者委員の中にも慎重意見があり、「補充的契約解釈」の対象はあくまで付随条項的なものに限られ、要素的な合意内容について第2ルールによって当事者の意思の合致が導けない場合には、不確定無効となり、「補充的契約解釈」によって有効な契約が成立することはないという。

中間試案の第3ルールは、「補充的契約解釈」が可能な限り、条理・慣習・任意規定等の「法の適用による補充」は排除されると考えている。しかし、こ

第1編　第2章　Ⅴ　立法（民法改正）と学説

れと反対に、「法の適用による補充」が尽きた場合にしか、「補充的契約解釈」
の余地を認めない方向も想定される。

　客観的規範が当事者の個別具体的な事情によって文脈化されるという方向に
とどまらず、当事者の個別的な意思が客観的規範によって文脈化されていると
いう逆方向の経緯をもまた、将来の「契約の解釈」論は直視すべきではないか。
その意味で、従来の通説が、「補充的契約解釈」と「法の適用による補充」と
を渾然一体としてとらえてきたことには、明確に分節化されるべきであること
はいうまでもないとしても、積極的意義が再発見される。

　　㈔　弁護士委員の発言から浮かび上がる「もう一つの契約解釈構想」

　第1ルールをあくまで理念として奉じつつも、むしろ第2ルールに力点を
おくものであって、「契約の趣旨」概念の系譜に連なる諸要件の主張立証を通
じて、社会的公平性を実質的に考慮した契約規範の定立を志向している。また、
そこでは第3ルールは、「補充的契約解釈」としてではなく「法の適用による
補充」の守備範囲に委ねられることになる。

3 ｜ 実務家（弁護士）からみた試案

⑴　事実認定、契約の解釈、法の適用による内容規制

　「契約の解釈」の前に、いかなる合意（意思表示の合致）があったか、どうい
う文言（字義）での合意があったか、という事実認定作業があると思われる。

　その認定された合意が、特定の事態においてどういう意味をもつか、一義的
でない場合に、「契約の解釈」という作業によって、その意味を明らかにして
いると思われる。

3　平成29年改正民法は、改正前の瑕疵担保責任を、契約内容不適合責任と構成して明文化したの
　で（改正後民法562条等）、今後はこの「契約の内容」を明らかにする作業が重要になる。また本改
　正後は、契約解除の要件としての「契約をした目的」（同法542条）（最判平成8・11・12民集50巻
　10号2673頁など）、債務不履行に基づく損害賠償債務の免責要件としての「契約及び取引上の社会
　通念に照らして」（同法415条）等々「契約の内容」を明らかにする作業が、重要性を一段と増す
　と思われる。これらの作業も「契約の解釈」とよぶことになろうか。ただ、現時点の一実務家の感
　覚としては、これらの作業は「契約内容の確定」であり、「契約の解釈」といえば3⑶で検討する信
　義則的な制限解釈を真っ先に連想する。この2つの関係等につき、池田悠太「設問としての『契約
　の解釈』——契約をめぐる議論空間の整除にむけて」東京大学法科大学院ローレビュー11号（2016
　年）3頁〈http://www.sllr.j.u-tokyo.ac.jp/11/papers/v11part03 (ikeda) .pdf〉参照。

138

そして上記2つの作業によって明らかにされた合意内容につき、さらに法の適用による内容規制がなされていると思われる。民法90条、消費者契約法10条、平成29年改正民法による定型約款規律（548条の2第2項）などである。

ただ、森田修教授が指摘するように、この「契約の解釈」と民法90条等の「法の適用による内容規制」の境界は微妙であり、相互依存的に連関し合っていると思われる[4]。

多義的な「契約の解釈」から、「事実認定」と「法の適用による内容規制」を明確に独立させ、残った部分を狭義の「契約の解釈」と整理し、その実質を研究・検討すればよいのではないかというのが、本試案である。

(2) 事実認定

㋐ 「合意」の事実認定

契約当事者が合意内容を書面化した場合、当事者が書面化したというその事実によって、当該書面はまさに当事者の合意を表すものと推測され、当該書面中の文言（字義）での合意が、原則として、事実認定される[5]。「（意思に基づく）表示の合致」の認定であり、通常はこれが「真意（内心的効果意思）の合致」にもあたる。

書面でなく、口頭合意による場合も、まずは、申込者がどういう発言（字義）をしたか、そしてそれを相手方が承諾したかの事実認定を行い、原則として、その発言（字義）での「（意思に基づく）表示の合致」を認定すると思われる[6]。

ただし、実務では、この「（意思に基づく）表示の合致」が事実認定できても、㋑以下のような例外的事実が事実認定できれば、この「表示の合致」による合意は不成立と判断していると思われる。

4 　川島武宜＝平井宜雄編『新版注釈民法(3)総則(3)』（有斐閣・2003年）114頁〔森田修〕は、「契約の規範的解釈と呼ばれるものにおいては、契約の解釈による内容の確定と公序良俗判断とは相互依存的に連関し合うことになる。例えば、一方で公序良俗規範による無効規制が緻密化すれば契約の規範的解釈の必要性はそれに応じて減り、他方で契約の規範的解釈が可能な限りで90条による規制の必要が減殺される」という。

5 　沖野眞已「いわゆる例文解釈について」中川良延ほか編『日本民法学の形成と課題（上）』（有斐閣・1996年）647頁参照。

6 　加藤新太郎『民事事実認定論』（弘文堂・2014年）244頁以下は、口頭合意の事案を分析する（ケース1、2、3）。

第1編　第2章　Ⅴ　立法（民法改正）と学説

　この例外的事実の認定も含めて、ここで行われている作業は「事実認定」と整理することが実務感覚に合う。この作業部分を、「契約の解釈」から分離独立させることはどうか。そうすれば、その基本原則は、自由心証主義である。

　なおこの原則・例外の実務感覚からすれば、合意とは「真意（内心的効果意思）の合致」[7] であると定義すること[8]には違和感がある。結果的にはそうともいえるのであるが、それを直接立証することはまずなく、下記(ウ)の「誤った表示は害さない」の原則も、減多にない例外の１つにすぎないと感じられるからである。

　中間試案の第１ルールについては、その内容に異論はないものの、事実認定の当然の結果と思われる命題に対して、「解釈しなければならない」と表現していることに筆者は違和感をもつ。

　　(イ)　「表示の合致」の例外その１：契約書の文言（字義）が一義的でない場合

　契約書の重要な部分の文言〔字義〕が一義的でなく不明確で、両当事者が全く異なる理解をしていた場合は、当該書面に双方署名捺印していても、合意不成立と事実認定すべき場合がありうる（2(3)(ウ)の研究者委員の慎重意見参照）。これは、「契約の解釈」の問題ではなく、「合意がない」との事実認定と考えられる。

　大判昭和19・6・28民集23巻387頁は、「これら原判示事実によれば、本件契約の文言（売買代金額に関するもの）に付いては当事者双方において互いに解釈を異にし、<u>双方相異れる趣旨を以て右文言の意思表示をなしたるものにして、両者は契約の要素たるべき点に付き合致を欠き、従って契約は成立せざりしものといわざるべからず</u>」（下線筆者。以下同じ）旨判示した。当時の事情に鑑みるときは、買主サイドの認識・意思（補償金は譲渡代金の一部となる）が相当との事実認定もされていたが、その理解に基づく「合意」は認定しなかった。

7　賀集唱「契約の成否・解釈と証書の証明力」民商法雑誌60巻2号（1969年）21頁以下は、「真意の合致」の事実認定ができない場合に、一方当事者の意思表示を補充・変更して、「表示の合致」による契約の成立を認定するという。しかし、書面契約がこれだけ普及した現代における実務感覚としては、逆であり、「（意思に基づく）表示の合致」による合意をまず認定し、その後、その例外の有無を探求していると思われる。

8　川島＝平井・前掲書（注4）68頁〔平井宜雄〕は、契約の解釈の対象は、契約当事者の内心的効果意思の合致したところ（「共通の意思」すなわち合意）に求められるべきであるという。

この判決の評釈で大中有信教授は、単に両当事者の付与した意味にくい違いがあるだけで契約の成立を否定したのであって（契約の成立に関する意思主義）、このような考え方に立てば、およそ表示錯誤について民法95条1項1号を適用する余地はなく、表意者に重過失ある場合に法律行為を有効とする民法典の衡量と齟齬を来すことになり、学説は一般に本判決に対して疑問を呈しているという[9]。

しかし、文言（字義）が一義的でなく不明確で、両当事者が全く異なる理解をしていたことが立証された場合は、「合意がない」と認定することは実務感覚に合う。それが契約の重要部分であるときは、契約不成立でよい。ただ事案によっては、大中教授ご指摘のとおり、通例ではない理解をした者の錯誤として処理することはあり得よう[10]。この場合、相手方が全く異なる理解をしているので、当該錯誤が「契約内容化要件」を満たすことは通常はなく、通例どおりの内容で拘束力が生じると考えられる。

なお学界では、表示の一般的な意味と、両当事者の内心的効果意思と、3つが全部違う場合の処理方法について議論されているが[11]、実務感覚としては、そんな事例はまずない。一般的な意味と、どちらか一方の当事者の意思は、まず同じである。

(ウ) 「表示の合致」の例外その2：「誤った表示は害さない」の原則

表示が客観的にみてどのように解されようとも、「真意（内心的効果意思）の合致」が立証（事実認定）されれば、それが優先することに学説上争いはないとのことである。実務家としても全く同感である。

大阪高判昭和45・3・27判時618号43頁も、現地見分のうえで、特定の範囲の土地を売買目的とする旨合意したのに、当事者双方とも誤って契約書に異なる地番を表示したとき、当該地番に係る土地の売買ではなく、当事者の合意に即した売買契約が成立することを認めており、裁判所も同じ理解と思われる。

このルールを宣言するのが、前記中間試案の第1ルールの趣旨とのことであ

9　大中有信「判批」民法判例百選Ⅰ〔第8版〕（2018年）39頁参照。

10　いわゆる「塩釜レール入事件」（大判大正10・6・2民録27輯1038頁）は、この例と思われる。

11　中田裕康『契約法』（有斐閣・2017年）106頁、潮見佳男『新債権総論Ⅰ』（信山社・2017年）57頁参照。

第1編　第2章　Ⅴ　立法（民法改正）と学説

り、この趣旨には賛成である。しかし契約のある事項について、両当事者が
「共通の理解」をしていれば、それが合意であり、当事者がそれに拘束される
のは当たり前である。「それに従って解釈しなければならない」との表現に違
和感が残る。実務家にとっての関心事は、その「共通の理解」をどのように事
実認定するかである。

　㋑　「表示の合致」の例外その3：いわゆる例文解釈

　戦前から昭和40年代にかけて、下級審判決を中心に、書面で合意されてい
ても、当該特定の条項は（借地人保護等の観点から問題のあるものが多い）、「例
文であり当事者はこれに羈束される意思がない」「当事者を拘束しない例文で
ある」等の定式により、その効力が否定されてきた[12]。

　沖野眞已教授の下記分析は説得的であり、実務感覚にも合う。

① 　当該書面が既製の文面を利用したものであって、当事者の合意を厳密に
　表現するものではなく、しかも当事者が自らの法律関係に合致するように
　その文面を調整したという事情も認められない場合には、この書面中の条
　項と合意との対応に疑義の余地が生じる。ただし、当事者がそのような文
　面に依拠し調整をしなかったというだけでは、当事者がそのままの形で合
　意とするつもりであったという可能性を排除できないから、合意との不対
　応を認めるには、当事者の意思の認定が必要となる。この認定の結果、不
　対応ゆえに条項の効力が否定されるという作業が、例文解釈である[13]。

② 　当事者の意思の認定にあたっては、ⓐ条項の存在形態、ⓑ契約締結時の
　状況や経緯、ⓒ契約締結後の事情、ⓓ契約目的、ⓔ内容の合理性、ⓕ慣
　習・慣行、が勘案される。意思の認定は、相当「規範的」である。各当事
　者の意思は、さまざまな指標から推し量るほかはない。しかもその指標と
　して、個別的な契約の経緯や交渉の過程、個別的な契約目的、から類型的
　な契約目的、一般的な社会状況、慣習、任意規定までもが含まれ、意思の
　認定は、事情の総合判断という観である[14]。

③ 　例文として効力を否定される条項と当事者の意思との関係でいうと、い

12　沖野・前掲論文（注5）606、633頁参照。

13　沖野・前掲論文（注5）647頁以下参照。

14　沖野・前掲論文（注5）634頁以下参照。

142

ずれの当事者もその問題について念頭においていなかった場合があり、これが例文解釈固有の領域というべきものであり、およそ想定していなかった事項についてたまたま存在する記載を盾にとるという行動を防ぐという、「誤表は害さず」と同様の機能を営む。

その他、⑥明確な別途の合意までは認められないが、少なくともその問題について当事者は意識はしていたと思われる場合、⑦少なくとも一方当事者はそうであった場合がある。いずれも「合意・意思」がないとすることもできる。しかし上記の場合（例文解釈固有の領域）と異なり、意識はされ、契約書に表現を与えられているので、一般には当事者の「意思」の現れとして尊重されるであろう。また、特に⑦の場合は、状況は、附合契約や普通取引約款のそれに類似する。それだけに、この局面での例文解釈は、不当な条項の規制の一技法という色彩を帯びやすい。そしてその場合には、合理的意思、信義則、公序良俗違反等の他の技法との関連が問題になる。

例文解釈として、特定条項の法的拘束力を否定してきた下級審判決は、真正に成立した契約書に記載があっても、ⓐ条項の存在形態、ⓑ契約締結時の状況や経緯、ⓒ契約締結後の事情、ⓓ契約目的、ⓔ内容の合理性、ⓕ慣習・慣行等を総合勘案して、当該条項につき「合意がない」と事実認定したものと理解することができる。この意味で、「表示の合致」に対する例外的な事実認定と整理できる。

まず、「いずれの当事者もその問題について念頭においていなかった場合」には、一方当事者に不利な条項等につき、（具体的なまたは明確な）「合意がない」との事実認定をすることに大きな異論はなかろう（自由心証主義の範囲内）[15]。

次に、⑥明確な別途の合意までは認められないが、少なくともその問題について当事者は意識はしていたと思われる場合、⑦少なくとも一方当事者はそうであった場合に、（具体的なまたは明確な）「合意がない」との「事実認定」をすることは、沖野教授がいうように「不当な条項の規制の一技法」との色彩が

---

[15] しかしこの手法も、契約書文化が広く浸透してきた現代においては、使いにくいと思われ、現に、近時はこの手法による判決例はみられない。

あり、「隠れた内容規制」であって避けるべき（合意を認定したうえで、民法90条等により無効と判断すべき）との意見があり得よう。

この方向性に、筆者も基本的に賛成である。戦前から昭和40年代までは、内容規制に関する条文・学説が不十分であり、例文解釈手法はやむを得ない裁判所の工夫（一種の法創造）であったと思われる。民法90条に関する判例学説が充実し、消費者契約法も制定・施行され、平成29年改正民法では定型約款規律まで導入された現代においては、「合意」を認定したうえで、理由を明記のうえ、この内容規制条項に基づき効力が否定されると明言することが相当であろう。そのほうが内容規制の中身の透明性が高まり、充実した議論が可能になり、法的安定性も高まると考える。

　(オ)　「表示の合致」の例外その4：明確な合意を求めるもの

真正に成立した契約書に記載があっても、特に内容的に問題のある条項については、不利になる当事者がその条項を明確に認識し「明確に合意されていること」が、「合意」の認定に必要であるとする最高裁判決がある。「契約の解釈」ではなく、事実認定論における工夫である。[16]

最判平成17・12・16判タ1200号127頁は、「建物の賃借人にその賃貸借において生ずる通常損耗についての原状回復義務を負わせるのは、賃借人に予期[17]しない特別の負担を課すことになるから、賃借人に同義務が認められるためには、少なくとも、賃借人が補修費用を負担することになる通常損耗の範囲が賃貸借契約書の条項自体に具体的に明記されているか、仮に賃貸借契約書では[18]明らかでない場合には、賃貸人が口頭により説明し、賃借人がその旨を明確に認識し、それを合意の内容としたものと認められるなど、その旨の特約（以下

16　島田桂子「建物賃貸借契約終了時における賃借人の原状回復義務について」判タ1217号（2006年）57頁は、本判決により、同種特約の「解釈」につき一定の指針が示されたという。また65頁以下で、原状回復特約の解釈、効力等が争われた裁判例を分析している。

17　平成29年改正民法621条は、任意規定ではあるが、賃借人は通常損耗に係る原状回復義務を負わないことを明記した。

18　契約書別紙（負担区分表）の「襖紙・障子紙」の項の「補修を要する状況」欄に記載された「汚損（手垢の汚れ、タバコの煤けなど生活することによる変色を含む。）・汚れ」との表現につき「文言自体からは、通常損耗を含む趣旨であることが一義的に明白であるとはいえない」と賃貸人にかなり厳しい判断をしている。

3 実務家（弁護士）からみた試案

『通常損耗補修特約』という。）が明確に合意されていることが必要であると解するのが相当である」とし、本件事実関係の下では、「上告人（賃借人）は、本件契約を締結するに当たり、通常損耗補修特約を認識し、これを合意の内容としたものということはできないから、本件契約において通常損耗補修特約の合意が成立しているということはできないというべきである」と判示した。

　説得力のある手法・工夫である。後出(3)(ア)(D)判決の発展系でもある。特に消費者契約においては使える可能性がある（本事案は消費者契約法成立前のものであった）。しかし、その後の最高裁判決（最判平成23・3・24民集65巻2号903頁、最判平成23・7・12裁判集民237号215頁）は、敷引金の総額が契約書に明記されていれば、賃借人は自らが負う金銭的な負担を明確に認識したうえで契約を締結するのであり、賃借人の負担については明確に合意されている旨判断していること（最判平成23・7・12には岡部裁判官の反対意見がある）も考えると、使える範囲は限定的と考えざるを得ない。また条項につき口頭で詳しく説明された事案では使えない。[19]

　とはいえ、「合意」が希薄な場合には、その他の諸事情（特に内容の不当性）いかんによるものの、「合意がない」との事実認定もありうることを明らかにした重要な判決である。[20]

　ただ、現代においては、(エ)でも述べたように、一応の合意が認められる事案では、民法90条、消費者契約法、平成29年改正民法の定型約款規律などの内容規制条項に基づいて（合意が希薄であることも理由の1つとして）、効力を否定[21]することが相当と考える。

---

19 沖野眞已「判批」消費者法判例百選（2010年）58頁は、「明確な合意」は賃借人の予測可能性を保障するにとどまり、実質的な個別交渉を経た合意を意味しない、公序良俗や消費者契約法による効力の吟味は、次の段階に控えている、という。

20 本事案では、条項の文言（字義）がかなり明確であり、後述する「制限解釈」によって対応することも、民法90条違反（暴利行為論）で対応することも、困難と考えられた可能性がある。

21 最判の事案の賃貸人は地方住宅供給公社であり、同公社が広く使用する賃貸借契約書（負担区分表を含む）は、平成29年改正民法の「定型約款」にあたると考えられ、施行後であれば「みなし不合意」規律（同法548条の2第2項）の適用がある。またこの規律は、当該条項につき、具体的な説明がなされても、また個別合意がなされても、（みなし不合意とされるハードルが下がるものの）適用がある（筒井健夫＝村松秀樹編『一問一答・民法（債権関係）改正』（商事法務・2018年）245頁注（7）参照）。

145

(3) 契約の解釈

㋐ 「契約の解釈」に関する最高裁判決

(A) 最判昭和43・1・25裁判集民90号121頁

「原判決判示のごとき事実関係のもとにおいては、『入居後の大小修繕は賃借人がする』旨の住居用家屋についての契約条項は、単に賃貸人が民法第606条第1項所定の修繕義務を負わないとの趣旨にすぎず、賃借人が右家屋の使用中に生じる一切の汚損、破損個所を自己の費用で修繕し、右家屋を賃借当初と同一状態で維持すべき義務を負うとの趣旨ではないと解するのが相当である」。

(B) 最大判昭和49・10・23民集28巻7号1473頁

「債権者が、金銭債権の満足を確保するために、債務者との間にその所有の不動産につき、代物弁済の予約、停止条件付代物弁済契約又は売買予約により、債務の不履行があつたときは債権者において右不動産の所有権を取得して自己の債権の満足をはかることができる旨を約し、かつ、停止条件付所有権移転又は所有権移転請求権保全の仮登記をするという法手段がとられる場合においては、かかる契約（以下仮登記担保契約という。）を締結する趣旨は、債権者が目的不動産の所有権を取得すること自体にあるのではなく、当該不動産の有する金銭的価値に着目し、その価値の実現によつて自己の債権の排他的満足を得ることにあり、目的不動産の所有権の取得は、かかる金銭的価値の実現の手段にすぎないと考えられる。したがつて、このような仮登記担保契約に基づく法律関係（以下仮登記担保関係という。）の性質及び内容については、右契約締結の趣旨に照らして当事者の意思を合理的に解釈し、かつ、関連法律制度全般との調和を考慮しながらこれを決定しなければならない」。

(C) 最判平成5・3・30民集47巻4号3262頁

「傷害の故意に基づく行為により予期しなかつた死の結果を生じた場合には、加害者は、右行為と被害者の死亡との間に相当因果関係が認められる限り、その死亡に伴う全損害につき損害賠償責任を負担することになるが、このことから直ちに、傷害の故意に基づく行為により予期しなかつた死の結果を生じた場合に、本件免責条項により免責の効果が発生するものと解するのは相当でない。けだし、ここで問題となるのは、加害者の負担すべき損害賠償責任の範囲ではなく、本件免責条項によつて保険者が例外的に保険金の支払を免れる範囲

がどのようなものとして合意されているのかという保険契約当事者の意思解釈の問題であるからである。そして、本件免責条項にいう『故意によって生じた損害』の解釈に当たっては、右条項が保険者の免責という例外的な場合を定めたものであることを考慮に入れつつ、予期しなかった死亡損害の賠償責任の負担という結果についても保険契約者、記名被保険者等（原因行為者）の『故意』を理由とする免責を及ぼすのが一般保険契約当事者の通常の意思であるといえるか、また、そのように解するのでなければ、本件免責条項が設けられた趣旨を没却することになるかという見地から、当事者の合理的意思を定めるべきものである。

　以上の見地に立って考えると、傷害と死亡とでは、通常、その被害の重大性において質的な違いがあり、損害賠償責任の範囲に大きな差異があるから、傷害の故意しかなかったのに予期しなかった死の結果を生じた場合についてまで保険契約者記名被保険者等が自ら招致した保険事故として免責の効果が及ぶことはない、とするのが一般保険契約当事者の通常の意思に沿うものというべきである。また、このように解しても、一般に損害保険契約において本件免責条項のような免責約款が定められる趣旨、すなわち、故意によって保険事故を招致した場合に被保険者に保険金請求権を認めるのは保険契約当事者間の信義則あるいは公序良俗に反するものである、という趣旨を没却することになるとはいえない。これを要するに、本件免責条項は、傷害の故意に基づく行為により被害者を死亡させたことによる損害賠償責任を被保険者が負担した場合については適用されないものと解するのが相当である」。

(D)　最判平成 10・9・3 民集 52 巻 6 号 1467 頁

　「居住用の家屋の賃貸借における敷金につき、賃貸借契約終了時にそのうちの一定金額又は一定割合の金員（以下『敷引金』という。）を返還しない旨のいわゆる敷引特約がされた場合において、災害により賃借家屋が滅失し、賃貸借契約が終了したときは、特段の事情がない限り、敷引特約を適用することはできず、賃貸人は賃借人に対し敷引金を返還すべきものと解するのが相当である。けだし、敷引金は個々の契約ごとに様々な性質を有するものであるが、いわゆる礼金として合意された場合のように当事者間に明確な合意が存する場合は別として、一般に、賃貸借契約が火災、震災、風水害その他の災害により当事者

が予期していない時期に終了した場合についてまで敷引金を返還しないとの合意が成立していたと解することはできないから、他に敷引金の不返還を相当とするに足りる特段の事情がない限り、これを賃借人に返還すべきものであるからである。

これを本件について見ると、原審の適法に確定した事実関係によれば、本件賃貸借契約においては、阪神・淡路大震災のような災害によって契約が終了した場合であっても敷引金を返還しないことが明確に合意されているということはできず、その他敷引金の不返還を相当とするに足りる特段の事情も認められない。したがって、被上告人は敷引特約を適用することはできず、上告人は、被上告人に対し、敷引金の返還を求めることができるものというべきである」。

(E) 最判平成 15・2・28 判タ 1127 号 112 頁

「本件特則は、宿泊客が、本件ホテルに持ち込みフロントに預けなかった物品、現金及び貴重品について、ホテル側にその種類及び価額の明告をしなかった場合には、ホテル側が物品等の種類及び価額に応じた注意を払うことを期待するのが酷であり、かつ、時として損害賠償額が巨額に上ることがあり得ることなどを考慮して設けられたものと解される。このような本件特則の趣旨にかんがみても、ホテル側に故意又は重大な過失がある場合に、本件特則により、被上告人の損害賠償義務の範囲が制限されるとすることは、著しく衡平を害するものであって、当事者の通常の意思に合致しないというべきである。したがって、本件特則は、ホテル側に故意又は重大な過失がある場合には適用されないと解するのが相当である」。

(イ) 検 討

(A) (ア)記載の裁判例における「契約の解釈」

(ア)の判決例で問題になっているのは、契約条項が特定の文言（字義）で成立していると事実認定されているが、その条項が当該紛争局面に対してどういう意味をもつかにつき、意見・解釈が分かれている局面である。これが実務家として最も多く経験する「契約の解釈」問題であり、本稿はこれを検討する。[22]

22　ほかにも裁判事例となった「契約の解釈」事案は数多くあると思われ、それも分析・検討しなければ、「契約の解釈」の全貌を明らかにすることはできない。ただ非力な筆者にはそこまでの作業は

各事案における論点は以下のとおりである。

(ア)(A)判決では、「大小修繕は賃借人がする」との契約文言は、「賃借人が右家屋の使用中に生じる一切の汚損、破損個所を自己の費用で修繕し、右家屋を賃借当初と同一状態で維持すべき義務を負う」ことまで意味するか。

(ア)(B)判決では、不動産の代物弁済予約または売買予約等の形式をとる契約文言につき、債権者に清算義務はないか。債務者に取戻権はないのか等。

(ア)(C)判決では、「故意によって生じた損害は免責とする」との契約文言が、「傷害の故意に基づく行為により予期しなかった死の結果を生じた場合」にまで適用されるか。

(ア)(D)判決では、「敷金につき、賃貸借終了時に、そのうちの一定金額又は一定割合の金額は返還しない」との契約文言が、「災害により賃借家屋が滅失して賃貸借契約が終了した場合」にまで適用されるか。

(ア)(E)判決では、「宿泊客がホテル内に持ち込みフロントに預けなかった物品等につき、当ホテルの故意または過失により滅失等の損害が生じたときは、当ホテルはその損害を賠償します。ただし、宿泊客からあらかじめ種類及び価額の明告のなかったものについては、15万円を限度とします」旨の契約文言が、「ホテルに故意または重過失があった場合」にまで適用されるか。

いずれの場合も、文言解釈的には、そのような解釈もできるが（特に(ア)(D)(E)はそのような解釈のほうが普通と感じられる）、それはあまりに「不当ではないか」との紛争である。実務感覚としてもこのような紛争が多い。[23]

このような場合、実務では、当該事案におけるすべての事情、すなわち、ⓐ条項の存在形態（合意文言の内容、文言解釈の可能性の濃淡等を含む）、ⓑ契約時の状況や経緯（合意の希薄さ・明確さ、当該紛争事案のことが契約締結時にどの程度認識・理解されていたか等を含む）、ⓒ契約締結後の事情、ⓓ契約目的、[24]ⓔ内

できずお詫び申し上げる。なお、訴訟代理権における和解権限の範囲をめぐって最判平成12・3・24民集54巻3号1126頁があるが、これは「（訴訟委任）契約」という特殊な契約につき、裁判実務の要請等も重視して検討・解決されている。

23 (ア)(B)の仮登記担保事案では、当初「暴利行為」論（民法90条）で議論されたが、最判昭和42・11・16民集21巻9号2430頁以降、「契約の担保権的解釈」に立脚して議論が深められ、多くの最高裁判決が積み重ねられ、最終的には立法による解決がなされた。

24 (ア)(B)の仮登記担保事案では、契約締結の趣旨（契約目的に近いと思われる）が、とりわけ重視さ

容の合理性、⑥慣習・慣行、を総合的に勘案して、判断・解釈していると考えられる（⑵(エ)②参照）。実務感覚としては、「そのような文言解釈は、本件事案では、信義則上許されない」との判断に近い。そしてこれは、あくまで契約にかかわる諸事情からの総合判断であり、客観的規範からの他律的規制ではないと思われる。だからこそ、(ア)記載の最高裁判決を含め、実務家はこの作業を「契約の解釈」とよんでいると考えられる。

(B)　中間試案の第2ルールとの関係

(A)記載の、信義則的判断による「契約の解釈」作業のうち、「いずれの当事者もその問題について念頭においていなかった場合」には（⑵(エ)③参照）、実質的には、中間試案の第2ルールのような判断過程になると思われる。「当該契約の当事者が合理的に考えれば理解したと認められる意味」の探求である。この局面における第2ルールの適用には実務家として違和感はない。[25]

(ア)(A)および(C)判決の事案などは、その例と考えられる。特に(C)判決は、契約当事者の意思解釈の問題であるといいきり、「一般保険契約当事者の通常の意思に沿うか」「免責条項を設けた趣旨を没却しないか」など両当事者の意図・目的に平等に配慮したうえで「当事者の合理的意思を定めるべきもの」と判示した（なお本判決の原審は、文理解釈上の当然の帰結として、免責条項が適用されると判断していた[26]）。

ただ、実務家としては、判決に「当該保険契約当事者が合理的に考えれば、そのような場合には適用されないと理解したと認められる」旨表現されることには違和感が残る。「当該保険契約当事者の合理的意思は、そのような場合には適用しないというものであったと認められる」旨の表現のほうがしっくりく

れている。なお前掲（注23）の昭和42年判決の判例解説である横山長「判解」最判解民〔昭和42年度〕709頁は、「所有権移転の合意という法形式に拘泥しないで、債権担保という契約の実質目的にできるだけふさわしい効果を契約の合理的解釈として導き出そうとするのが、判例の根底にある考え方であり、代物弁済の担保制度的把握が、債権者の清算義務および債務者の取戻権を根拠づける理由として取り上げられていることにこそ、本判決の意義があるものというべきであろう」という。

25　潮見・前掲書（注11）63頁以下の「契約の補充」参照（ゴルフクラブ会員権の「相続」問題など）。
26　倉吉敬「判解」最判解民〔平成5年度〕（上）566頁は、本判決につき「意思解釈の基本に立つ」たものという。

る。「お上に決めてもらうことが公平」という前近代的な意識のせいであろうか。

(C)　中間試案の第2ルールの限界

(B)と異なり、①明確な別途の合意までは認められないが、少なくともその問題について当事者は意識はしていたと思われる場合、②少なくとも一方当事者はそうであった場合には（(2)(エ)③参照。深刻な紛争になるのはこの2つのタイプが多い）、実務感覚としては、第2ルールは使えない。

(ア)(D)および(E)判決の事案では、文言だけからみれば、災害による終了の場合も、重過失の場合も含まれると読むのが普通と思われ、賃貸人・ホテル側も、契約時にはそう理解・期待していたと思われる。現に、(ア)(D)判決が出る前、同じ問題につき敷引特約の適用を認める下級審判決が出ていたし（適用容認3件、適用否定5件）、(ア)(E)判決の原審は、ホテル側に重過失がある場合も「15万円上限」特約は適用されると判断していた。

このようなケースにおいて、賃貸人・ホテル側が「合理的に考えれば理解したと認められる意味」は、「災害による終了の場合は例外」「重過失の場合は例外」であったと「認定・判断」して、勝負をつけることには、違和感がある。事実に反した判断の押し付けと感じる。

(ア)(D)判決は、敷引金は、当事者間に明確な合意が存する場合は別として、「一般に」災害による終了の時まで返還しないとの合意が成立していたと解することはできないことを、理由として説示する。そのような一般的な取引慣行があったとは思われないので、明確な合意がないことと、内容の不当性（原審は内容は相当であると判断していた）を重視した総合判断と思われる。

(ア)(E)判決は、「著しく衡平を害する」という規範的判断を明示しつつ（内容の不当性）、当事者の「通常の意思」に合致しないことにも触れる。この「通常の意思」は、主として不特定多数の相手方当事者（宿泊客）の「合理的な」

27　川邉義典「判解」最判解民〔平成10年度〕772頁参照。

28　川邉・前掲判解（注27）777頁は、本判決は、「契約当事者の合理的意思の解釈」という手法を用いて、賃貸借契約における特約の効力を制限的に解釈したもの、という。また、この意思解釈を示すにあたっては、「賃借人の保護」という政策的配慮がその背景にあったことも推測するに難くない、ともいう（776頁）。

151

第1編　第2章　Ⅴ　立法（民法改正）と学説

意思・理解と思われ、両当事者の共通の理解ではなく、一方当事者の理解・認識を、考慮事由の1つとして強調したものと思われる。

　このとおり、上記⓵および⓶のようなケースにおいては（(ア)(B)判決もこのタイプと思われる）、実務では、内容の不当性を重視しつつ、当該事案の諸事情（合意の程度、相手方の認識内容等）を総合判断して、「そのような文言解釈は、本件事案では、信義則上許されない」「当該契約文言は、本件には適用されない」旨の「制限解釈」を行っていると思われる。この方法のほうが、「当事者が合理的に考えれば理解したと認められる意味」を探究する方法より、考慮事由が拡がり、当事者に対する説得力も増し、事案のより妥当な解決につながると考えられる。考慮事由をきちんと判示しておけば、不透明な「隠れた内容規制」などという批判にも耐えられると考える。

　実務家としては、このような信義則的な制限解釈こそ、「契約の解釈」の主戦場と感じている。学説からみれば、これは狭義の「契約の解釈」ではない（修正的解釈、信義則の適用等）とおっしゃるのであろうか。しかし、前述のとおり、あくまで契約に係る諸事情を理由・根拠とした（信義則的な）判断であり、「契約の解釈」とよぶほうが自然と、実務家には思われる。またこの呼び方で判例・実務にすでに定着している。「契約の解釈に関する基本原則」を明文化するのであれば、このタイプのものも入れていただかないと（狭義の「契約の解釈」ではないとの位置づけであったとしても）、納得感がない。

(D)　中間試案の第3ルール

　裁判になった紛争事案で、「両当事者がそのことを知っていれば合意したと認められる内容」を、裁判所が確定できることは、実務家として想定できない。(ア)の各判決の事案で考えてもイメージが湧かない。またそのような論理で、紛

29　秋田地判平成9・3・18判タ971号224頁は、店舗総合保険約款上の「ひょう災または豪雪、雪崩等の雪災（融雪こう水を除きます）」の表現に関する保険会社の制限的解釈（異常な気象状況によって生じた雪による災害に限る）につき、文言、他の条文の解釈、保険勧誘時の説明、約款の性質（不明瞭条項解釈準則を示唆）、一般人がどう判断するか（社会通念）等から理由がないと判断し、7年ぶりの大雪による倒壊につき適用されると判断した。なお当該建物（鶏舎等）が違法建築物で脆弱であったことが紛争の主因と思われる。

30　加藤・前掲書（注6）252頁ケース5の「支払時期を建物着工時とする」旨の合意に関する事案もこのタイプに整理できると考える。

争当事者を納得させられるとは思われない。このような基準で、裁判官の判断を統制（公平化）することは不可能であるし、相当でもないと感じる。

　ただ、紛争発生前の任意交渉段階の「契約の解釈に関する基本原則・指導理念」としてならば、正しいと考えられるし、交渉現場では現に機能している可能性もあろう。

(4)　法の適用による内容規制

　最後に、事実認定された契約文言に対して、また「契約の解釈」によって確定された契約内容に対して、条文による内容規制がなされ、内容が一部否定・変容されることがある。民法90条、消費者契約法10条、平成29年改正民法による定型約款規律（548条の2第2項）などである。

　ただし、契約の解釈による内容の確定と、法の適用による内容規制とは、(1)で述べたように、相互依存的に連関し合っており、法の適用による無効規制が緻密化すれば契約の規範的解釈の必要性はそれに応じて減り、他方で契約の規範的解釈が可能な限りで法の適用による規制の必要は減殺される[31]。

　なお平成29年改正民法による定型約款規律（548条の2第2項）は、書面に記載された条項・文言に対する「法の適用」そのものであり、「条項の解釈」に関するものではない。ただこの新規律につき、森田修教授は下記コメントをされており[32]、示唆に富む。前述した信義則的な「契約の解釈」も、下記にいういわゆる「併せて一本」論につながるものと筆者には感じられる。

　「548条の2第2項の『みなし不合意』制度は、消契法10条のような任意規定への拘束を免れ、さらに『取引上の社会通念』までを考慮に入れたフリーハンドの条項の不当性評価を許容するものとなっている。特にその不当性評価の中心には公序良俗ではなく信義則判断が置かれ、かつその信義則判断は、『小さな文脈』に照らすと、必ずしも定型的・客観的な内容に限定されず、個々の約款取引の個別事情を考慮に入れるものであることがわかる。

　また新規定548条の2第2項の『みなし不合意』の規制が不意打ち条項規制を回収して一般条項的不当条項規制と融合発展させたものであるという審議過

31　前掲（注4）参照。
32　森田修『「債権法改正」の文脈——新旧両規定の架橋のために　第四講　約款規制：制度の基本構造を中心に（その4）」法教435号（2016年）96頁。

第1編　第2章　Ⅴ　立法（民法改正）と学説

程から明らかな経緯は、明文を削除された不意打ち条項規制が新規定の中で実定的に堅持されていることを意味する。また組入規制と内容規制とを融合させる同項は、ヨリ広い視野の下に置けば、いわゆる『併せて一本』論に立つ契約の有効要件論（契約の締結過程における悪性と契約の内容的悪性とを総合考慮する『併せて一本』論に立つ契約法理としては暴利行為論があり、判例法として確立している）が、ついに明文の規定を持つに至ったことを意味し、その意義は小さくない」。

法学研究の
法律実務への活用

第2編

理論と実務の架橋

第1章

I

比較法研究の意義

早川眞一郎
東京大学大学院総合文化研究科教授

1 | はじめに

　本稿は、法実務にとっての比較法研究の意義について、筆者の雑感をつぶやく小文にすぎず、学術的な論文からはほど遠いものである。筆者の能力の限界を含む諸般の事情により、このテーマについて多少なりとも学術的な意味のある論考をものにすることは難しいところ、本書の編集方針として随想風も可とあることを頼りに、躊躇を感じつつもこのような雑文を寄せることにしたことをはじめにおことわりしておかなければならない。

　筆者はかつてある随筆において、「これまでの私たちの経験に照らせば法学研究者たちが、歴史や外国法をもしっかり勉強したうえで実務に対する建設的な批評をすることは、日本法の健全な発展のための必須のプロセスであるように思う」と書いたことがある。本書の編者から筆者にこのようなテーマでの執筆の依頼があったのも、ひとつには、このような偉そうなことを述べたのが原因になっているのではないかと推測される。まことに口は災いの元である。

　さて、その口でいい加減な雑感をつぶやくにしても、やはり何らかの手がかりは必要である。そこで、あらためて、書店や図書館で、比較法研究の書籍を眺めてみることにした。たとえば、東京・丸の内にある某大書店に行くと、法律関係のセクションの中で、1メートルほどの幅の棚の上から下まで、びっしりと外国法に関する（日本語による）書籍が並んでいる。筆者の勤務する大学

1　早川眞一郎「『眼高手低』から『手低眼高』へ」ケース研究309号（2011年）1頁、2頁。

では、法学部の図書室にはもちろんのこと全学用の総合図書館にも、外国法に関する日本語の書籍が数え切れないくらい所蔵されている（もちろん、外国語による書籍も多い）。あらためて先人・同輩の勤勉さに頭が下がるが、このような膨大な書籍群の背表紙を眺めただけでは、頭が下がるという程度の雑感しかつぶやけない。そこで、いくつかの論考を読んでみて、雑感のヒントを得ることにしようと考えた。もちろん、これが無謀な試みであることは、いくら能天気な筆者にもわかっている。筆者が限られた時間で読めるのは、これまでこの分野で蓄積された知的遺産全体の何千万分の一であり、また、筆者がそのごくわずかの論考についてさえ十分に理解できるとは限らないからである。しかし、そう言っていても始まらないので、ともかくも何らかの手がかりを得るべく、次のようないくつかの論考をピックアップして読んでみることにした。何を、どのような基準で、ピックアップしたか。残念ながら、これも基本的には、いきあたりばったりである。

・五十嵐清『比較法ハンドブック〔第2版〕』（勁草書房・2015年）
・山田卓生＝小川浩三ほか編『ある比較法学者の歩いた道——五十嵐清先生に聞く』（信山社・2015年）
・五十嵐清『ヨーロッパ私法への道——現代大陸法への歴史的入門〔新装版〕』（日本評論社・2017年）
・滝沢正『比較法』（三省堂・2009年）
・大木雅夫『比較法講義』（東京大学出版会・1992年）
・貝瀬幸雄『普遍比較法学の復権——ヨーロッパ民事訴訟法と比較法——』（信山社・2008年）
・滝沢正編集代表『比較法学の課題と展望——大木雅夫先生古稀記念』（信山社・2002年）
・藤澤治奈＝白石大ほか「〈座談会〉民法学のなやみ（上）（下）」法時90巻1号101頁・2号105頁（いずれも2018年）
・福田剛久「裁判官から見た実務と学説」法時79巻1号（2007年）69頁
・清水正憲「弁護士から見た実務と学説」法時79巻1号（2007年）74頁

　今回、以上のような文献を取り上げることになったいきさつについて、簡単

第2編　第1章　Ⅰ　比較法研究の意義

に触れておこう。

　五十嵐清が日本の比較法学のパイオニアの一人であったことにはほとんど異論はなかろう。したがって、比較法学について何らかの文献を探そうとすれば、五十嵐の名が頻出するのは自然なことであり、その結果、いきあたりばったりとはいえ、筆者の文献リストに五十嵐に関するものが多くなったのは不思議ではない。また、五十嵐の『比較法ハンドブック』のほかに、比較法の教科書・概説書としてあがっている、滝沢正『比較法』と大木雅夫『比較法講義』は、たまたま筆者の書斎にあったものではあるが、新旧の代表的な書物だということはできよう。比較法に関する論文集も数多く存在するが、その中で大木雅夫古稀記念論文集と、貝瀬幸雄『普遍比較法学の復権』も、半ば偶然に筆者の書棚に並んでいたものから取り上げることになった。リストの最後の雑誌記事3編は、何のことはない、編者からのご配慮で参考になるかもしれないということでお送りいただいたものであるが、さすがに大変興味深いものであった。

　さて、結果として、今回参照するものとしては、比較法学、それも個別の外国法に関する研究というよりもまさに外国法との比較という視点を前面に出した比較法学に関する研究が中心になった。

　以下では、そのようにして読んでみたいくつかの比較法に関する論考を出発点にして、筆者のとりとめのない雑感を記すことにしたい。[2]

2 ｜ 比較法学者の誇りと憂鬱

(1)　比較法（学）に対する愛着と不安

　今般、比較法に関するいくつかの論考に目を通してまず感じたのは、あらためて「先人・同輩の勤勉さに頭が下がる」ということである。たとえば、五十嵐清の『比較法ハンドブック』は初版が2010年刊行で五十嵐が85歳のときの作品であり（第2版は2014年刊行）、また遺作となった『ヨーロッパ私法への道』を五十嵐が書き上げたのは、2015年9月に90歳で逝去する直前であった。もちろん、それまでにも五十嵐は、比較法に関して、膨大な研究業績を残して

2　なお、本文中にリストアップした文献のいくつかは、読んで参考にはしたものの、この小文で具体的に言及・引用することができなかったことをおことわりしておく。

158

いる。他の著者による諸論考も、それぞれに濃密な思索の結果生み出されたことがうかがわれ、それらを（五十嵐の著作も含めて）読み進めるうちにその内容の面白さに引き込まれると同時に、そのような成果を生み出すまでの膨大な作業を想って、文字どおり頭が下がった。

　と同時に、程度の差はあれ、比較法（学）に対して愛着と不安——あるいは誇りと憂鬱——が入り混じった複雑な思いをもつ著者が多いのも、強く印象に残った。「愛着」については特に説明は不要であろう。上記の著者のうち、比較法学者であると自他共に認める五十嵐・大木・滝沢・貝瀬らが、比較法を愛しているのは、比較法学者になったから比較法を愛しているのか、比較法を愛しているから比較法学者になったのかはともかくとして、当然のことであろう。たとえば、五十嵐は、北海道大学に赴任する際の経緯について、「問題は所属講座でしたが、北大には、民法のほか、比較法の講座もあり、どちらでもよいが、ただ当分の間、民法の講義をしてくれというのが北大側の要請でした。私は迷うことなく比較法を選びました。かくして、たぶん日本で初めての比較法講座担当の助教授が誕生しました」と、誇らしげに語っている。[3]

　さて、もう１つの「不安」のほうである。「不安」という言葉が適切かどうかはわからないが、日本における比較法学のプレゼンスの低さについての憂慮とでもいうべきものが、あちこちに顔を出している。たとえば、大木は、1992年刊の教科書の中で、「最後に一言すべきことは、比較法学 100 年の歴史にもかかわらず、この学問自体が未だ明確に確立されておらず、法学教育の領域において未だ完全な市民権を獲得していないということである。…〔中略〕…わが国の場合は、比較法学の発展に最も適し、最も必要な位置にありながら、その道を志す者は寥々たる状況である」と嘆いている。[4]　そのような状況は、その後もあまり変わっていないようであり、2009 年刊の教科書の中で、滝沢は、日本の大学における比較法学の研究教育の憂慮すべき現状を具体的に摘示して、「このように 1970 年代には一見したところ隆盛を迎えた比較法であるが、その後急速に危機的状況に陥っている。何よりも比較法の専門家がその後ほとんど

3　山田卓生＝小川浩三ほか編『ある比較法学者の歩いた道——五十嵐清先生に聞く』（信山社・2015 年）146 頁。

4　大木雅夫『比較法講義』（東京大学出版会・1992 年）18 頁。

第2編　第1章　Ⅰ　比較法研究の意義

育っていないからである。…〔中略〕…より若手の方で比較法を講じておられる現役の先生方はもちろん複数あげることはできるけれども、本業は外国法であったり実定法であったりする方も多く、正直なところこれらの三先生［野田良之・五十嵐清・大木雅夫を指す──引用者］に匹敵する本格的な比較法の業績は公表しておられない。加えて、法科大学院の開設に伴う実定法重視の傾向は、基礎法学全体の将来に暗い影を投げかけており、とりわけ比較法の後継者難は深刻である」、と指摘している。

(2)　外国法の研究と比較法プロパーの研究

　ここで、読者、特に民事実務に携わっている法曹の方は、1つの疑問をもつかもしれない。大学の実定法研究者の多くは、それぞれの分野において、日本法以外の外国法をも研究対象としているのではないか、そうであれば、比較法（学）は隆盛を誇っているのではないか、と。

　もっともな疑問である。日本の実定法学者の研究は、選んだテーマに関する外国法の状況を調査分析してそこから日本法への示唆を得るというスタイルをとることが多く、研究者としてのキャリアの最初の本格的な研究（すなわち博士論文や助手（助教）論文）では、これがほぼ確立したスタイルになっている。また、若手のみならず、中堅・大家の法学者にとっても、外国法（および歴史）の調査分析は極めて重要な研究手法であり、実際にその手法による研究成果が、各実定法分野で続々と生み出されてきている。

　そうすると、比較法学者の上記のような不安・憂鬱は、杞憂なのであろうか。

　この点に関しては、外国法の研究と比較法プロパーの研究とを一応区別して考える必要がありそうである。比較法学者が衰退を憂慮するのは、フランス法研究や英米法研究などのような特定の国（ないし法域）の法に関する研究、あるいは特定の具体的テーマについての外国法の立法・判例・学説等の研究というよりは、より一般的な比較法学自体（いわば比較法プロパー）の分野の研究なのであろう。本稿でもここまでは、外国法の研究と比較法プロパーの研究とをあまり厳密に区別せずに話題にしてきたが、広い意味での比較法の中に、これら2つのものが含まれることに留意しつつ、以下では、法実務にとってのこ

5　滝沢正『比較法』（三省堂・2009年）5頁。

れらの研究がもちうる意義について考えてみることにしたい。

3 | 外国法研究の意義

比較法プロパーの研究は後回しにして、まず、外国法の研究が法実務にとってもつ意義を考えてみよう。

なお、「法実務」の内容・範囲についてもとらえ方の幅がありうる。「法実務」として通常念頭におかれるのは、裁判における法の解釈であろうが、以下では、さしあたり、より広く、立法も含めて、法によって実際に社会をコントロールする仕事の全体を「法実務」ととらえておきたい。

(1) 立法への寄与

まず、立法に関して外国法研究が寄与しうること、また実際に寄与していることは、明らかであろう。この点は、西欧諸国においては昔（五十嵐によれば19世紀後半頃）から一般的に認められてきたようであるが、日本においても西欧式の法制度を導入する時点から自明のことであったといえよう。そもそも、日本においては、民法・民事訴訟法・商法など主要な法典自体が、フランス法・ドイツ法を中心とする外国法の圧倒的な影響の下に立法されたものであり、立法作業に対する外国法の影響の仕方自体は現代の立法の場合とは異なるとしても、これらの法典の制定は外国法研究が立法に寄与した顕著な実例であるととらえることができる。その後の現代に至る立法活動にあたっても、準備の段階で外国法が参照される場合は非常に多い。筆者が準備に関与したいくつかの立法でも、ほとんど常に、該当する問題についての外国法の状況が詳細に調査・分析されて参照され、これらの外国法の研究が、法律案の作成にあたって大きな役割を果たしたという実感をもつ。

6　五十嵐清『比較法ハンドブック〔第2版〕』（勁草書房・2015年）109頁。
7　筆者が法制審議会の委員として立法作業の部会に参加した法律としては、法の適用に関する通則法、国際的な子の奪取の民事上の側面に関する条約の実施に関する法律、人事訴訟法等一部を改正する法律（人事事件・家事事件の国際裁判管轄規定の創設）などがあるが、いずれの場合も、関連する問題に関する諸外国の法について、詳細な調査研究が行われ（調査研究には、法学研究者のみならず、法務省の官僚・弁護士などの実務法曹も関与している場合が多い）、その結果が立法に大きな影響を及ぼしている。

第2編　第1章　Ⅰ　比較法研究の意義

(2)　法の解釈への寄与——歴史的経緯

　では他方で、法の解釈にあたっては、外国法研究はどのような意義をもつだろうか。

　五十嵐は、この点は、西欧諸国と日本とでは、もともとは大きく異なっていたという。すなわち、西欧諸国では、かつては「法の解釈は制定法なり判例法なりに基づいて行われるものであり、それらは各国それぞれ独立の体系をなしているから、比較法〔外国法研究を含む広い意味の比較法を指す——引用者〕の割り込む余地はないのではないか、というのがむしろ常識的な見解であった[8]」が、その後、「自由法運動によって概念法学が克服され、法の欠缺の存在と、自由な科学的探求が承認されるにおよんで、はじめて比較法的解釈の登場が可能になった。…〔中略〕…そして21世紀を迎えた今日、法の解釈に対する比較法の効用はひろく認められるようになった[9]」と。

　これに対して、五十嵐によれば、日本では全く事情が異なっている。すなわち、「わが国の法学は当初から比較法（というよりは外国法）の支配下にあり、比較法は主として法の解釈のために利用されてきた。したがってわが国では、法の解釈に対する比較法の貢献は当然のことと解されていた[10]」、と。これは、日本の法学が日本法の解釈にあたって外国法（民法については主としてドイツ法）とその学説の強い影響を受けていたということ（いわゆる学説継受）を指している。そして、そのような日本の法学が実務における法の解釈に影響を及ぼし、判例の形成に寄与したことは、周知のことであろう。もっとも、そのように日本の学説を通じてではなく、外国法が日本の法実務に直接影響を与えた例もあるようであり、五十嵐は、「ドイツ法学は、日本の法実務にも大きな影響を与え、裁判官のなかには、ドイツの民法や民訴法のコンメンタールを常時座右において判決文を書いた者もいたといわれる[11]」という興味深い指摘をしている。

8　五十嵐・前掲書（注6）85頁。
9　五十嵐・前掲書（注6）85頁。
10　五十嵐・前掲書（注6）86頁。
11　五十嵐・前掲書（注6）87頁。

(3) 法の解釈への寄与──現在および将来

　以上のような歴史的経緯はさておき、現在あるいは近い将来において、外国法研究は法の解釈にどのような寄与をなし得るだろうか。この点では、藤澤治奈・白石大ら若手民法研究者 10 名による上記の座談会記事が興味深い。この座談会では、民法研究者としての、①実務に対する向き合い方、②比較法への取り組み方、③歴史・体系のとらえ方、が語られており、本稿にとって（あるいは本書全体にとっても）参考になる指摘が随所になされている。外国法研究に関する指摘に限っても、ここではすべてを紹介できないが、筆者なりの視点から若干のポイントを取り上げておこう。

　外国法においてある法制度（たとえばある法律の条文）がどのように解釈・運用されているかに関する情報は、それだけでは、日本法の解釈・運用のために役立てることはできない。なぜなら、当然のことながら、その外国と日本とに全く同じ内容の法制度や法律の条文が存在することは（条約に基づく法制度など特殊な場合を除いて）稀であるし、もしそういうことがあったとしても、その法制度や法律の条文をとりまくさまざまな社会的・歴史的・制度的な条件が、両国では異なっているのが通常であって、そのような諸条件の差違を無視して同じ解釈・運用をとろうとするのは、合理的ではないからである。ましてや、そもそも法制度や法律の条文が異なる外国の解釈・適用をそのまま無理矢理輸入して利用しようとするのは、無益なだけでなく有害であるとさえいえる（かつての民法学におけるドイツ学説継受のような外国法の使い方にはそのような限界があるといえよう）。言い換えれば、外国法に関する情報を日本法の解釈・運用に活用するためには、その法制度なり法律の条文なりをとりまく両国の諸条件（の違い）にまでさかのぼって、十分に検討する必要がある。この点に関連して、座談会の中で、荻野奈緒が、「比較しようと試みるときには、おのずと──私はおのずとと思っているのですが──、当該法理論が生成した社会的な背景や、そこで企図された利害調整に目が向くこと、あるいは紛争解決のためのシステムを構成するものが何か 1 つの法理論だけではなくて、いくつもの法制度や、あるいは法外の制度なども絡み合っているのだということを再認識できることも、興味深いところだと思っています」と指摘しているのが注目される。

第 2 編　第 1 章　Ⅰ　比較法研究の意義

　さらにいえば、外国法における解釈や理論を、そのままか多少アレンジして
かはともかく、日本法に適用するという発想——つまり、道具を輸入して使う
という発想——は、外国法研究を日本法の解釈に活かす道筋のうちの一つにす
ぎない。むしろ、それとは別の活用法が、もっと探求されてもいいのではない
かと筆者は考える。すなわち、同じ問題についての外国法の状況をその社会
的・制度的前提条件等も含めて日本法の状況と比較することによって、日本法
の特徴や特殊性や問題点をよりよく知ることができるのではないか、そしてそ
れによって日本法の解釈・運用をよりよい方向へ導くことができるのではない
か、ということである。この点に関連して、座談会における水津太郎の「何の
ために比較法をするのかが重要だと思います。日本法の解釈論を展開すること
を目的とすると、最後に『日本法への示唆』を書かないといけないので、外国
法をどう使うとか、日本との共通点が多い国はどこかとか、そのような話にな
りがちです。これに対し、しばしば指摘されているように、日本法、あるいは
日本法と外国法の双方をよりよく理解するための比較法研究も、もっとあって
よいように思います[13]」という指摘は、特に傾聴に値するのではなかろうか。

(4)　外国法研究の活用

　外国法との比較を通じて日本法をよりよく理解するという外国法研究の活
用方法（上記座談会ではこれは「逆照射型」の比較法研究とよばれている[14]）の可能
性の一例を、筆者自身の研究テーマの一つに引きつけてあげておこう。いわ
ゆるハーグ子奪取条約（国際的な子の奪取の民事上の側面に関する条約）に関し
て、裁判所が子の返還を命じる裁判をしたにもかかわらず命ぜられた親がそれ
に任意に従わない場合につき、日本では、条約加盟以来現在までの 4 年余りの
間、その裁判の強制的な実現（代替執行）がこれまですべてのケースにおいて
親の強い抵抗にあって執行不能で終わっていることが問題となっている。[15]諸外

12　藤澤治奈＝白石大ほか「〈座談会〉民法学のなやみ（上）」法時 90 巻 1 号（2018 年）101 頁、107
　　頁。

13　藤澤＝白石ほか・前掲座談会（注 12）111 頁。

14　藤澤＝白石ほか・前掲座談会（注 12）111 頁〔水津発言および齋藤由起発言〕など。

15　この点については、早川眞一郎「ハーグ条約の運用状況と今後の課題」ジュリ 1051 号（2017 年）
　　84 頁、「ハーグ条約の実施に関する外務省領事局長主催研究会～参加有識者による議論のとりまと
　　め～（平成 29 年 4 月）」〈https://www.mofa.go.jp/mofaj/files/000244351.pdf〉など参照。

国でも同じような問題は起こりうるものの、多くの条約加盟国では日本のような極端な状況にはなっていない模様である。諸外国において、裁判所がハーグ条約に基づいて命じた子の返還の実現状況がどのようになっているかを、それぞれの国のこの点に関する法制度のみならず、強制執行の一般的なしくみと運用、裁判所の権威とその担保の方法等にも目配りして詳細に調べてみれば、それを日本の状況と比較することによって、日本法にどのような特徴があり、どこに問題があるのかが、より明らかになり、よりよい解決方法を（解釈論にせよ、立法論にせよ）効率的に模索することが可能になるであろう。

4 | 比較法プロパーの研究の意義

(1) 法実務にとっての価値

さて、それでは比較法プロパーの研究は、法実務にとってどのような意義をもちうるであろうか。

この問いをみると、何とはなしに、寒空の街頭インタビューの風景が思い浮かぶ。比較法学者の興味深い著作をたくさん読んで比較法学にそれなりの愛着を感じ始めている人たちを街角でつかまえて、「比較法（学）は法実務の役に立つと思いますか？」と尋ねてみたら、マイクを向けられた人はどう答えるだろうか。

ある人は、憤然として「もちろん、実務の役になんか立ちませんよ。比較法学のような高貴な学問が実務の役に立つかどうかなんて、そんな俗な質問、しないでください」と言い放つかもしれない。またある人は、「わかりませんが、使い方次第では役に立つかもしれませんね」と物静かに答えるだろう。別の人は、「役には立ちませんが、意味はありますよ。『無用の用』と云うじゃないですか」という禅問答を残して立ち去るかもしれない。

筆者は、そのような難しい質問には答えたくないので足早に逃げようとするだろうが、もし逃げ切れなければ、次のように答える（ような気がする）。「そうですね。直接は役に立たないと思いますが、間接的にはとても役に立つと思いますよ。ですから、絶滅危惧種の比較法学、可愛がってくださいね」、と。

(2) 外国法研究の土台づくりと人材の質の向上

比較法学（プロパー）が、間接的にせよ、法実務に役立つことがはたしてあ

第 2 編　第 1 章　I　比較法研究の意義

るのか。YES と答えてしまったからには、無理矢理にでも、一応の理屈をつけなければなるまい。

　上述のように、外国法研究によって、日本法が逆照射されて、日本法の特徴や問題点が明らかになり、それがよりよい日本法の解釈・運用につながるとすると、その外国法研究や日本法との比較という作業の枠組みや土俵をよりしっかりとさせるために、比較法プロパーの研究が役立つのではないか。つまり、個別の問題についてある国（外国）の法を研究して、それを日本法の状況と比較しようとするときに、その外国法上の当該個別の問題を取り上げて調べるだけではなく、その外国法全体の歴史・特質、その外国法の世界の中での位置づけや他の諸国の法との関係をもきちんと踏まえたうえで、個別の問題を検討することによって、より深くその外国法についての研究を行い、またより鮮やかに日本法との比較をすることができるものと考えられる。そして、そのような土台づくりのためには、比較法プロパーの研究が大きく寄与するものと考えられるのである。

　さらに、より間接的ではあるがやはり同じく重要な寄与の道筋も考えられる。比較法学一般について造詣の深い実務法曹は、ある問題に関する外国法研究の成果と日本法との比較に接したときに、日本法の問題状況についてより深くより適切な理解をすることができるはずである。比較法学プロパーの研究の隆盛は、大学での法学教育や実務法曹の継続教育を通じて、そのような望ましい教養を身に付けた実務法曹を数多く育てることに貢献するであろう。これは寄与とよぶには間接的すぎてあまりに迂遠に感じられるかもしれないが、法実務の質は結局のところそれを担う人材の質によって決まるのであるから、やはり重要な道筋といえるのではないか。

5 ｜ おわりに

　自分でもやや牽強付会ではないかと思うような比較法学讃美の小文になってしまったが、それもこれも、五十嵐をはじめとする比較法学者たちの著作の魅力がなせるわざである。実際、実務にすぐに役立つか否かにかかわらず、比較法・外国法の研究はそれ自体として実に面白いものであり、この面白さを共有できる実務法曹が増えることは、長期的にみて日本の社会のためにもなるもの

と思われる。その意味では、上記の架空インタビューの回答にある「無用の用」も、存外、言い得て妙なのかもしれない。

第2編　第1章　Ⅱ　実体法研究と実務展開

Ⅱ

実体法研究と実務展開

山野目章夫
早稲田大学大学院法務研究科教授

1 課題の整理

　実体法研究という思考が、どのように民事実務と交わるか、が主題である。

　実体法研究に現に携わる人たちと民事実務（を担う人々）との関係を問おうとするものではない。実務と理論というアングルでされる論議は、とかく人の問題に関心が向かいがちである。実務家は事件に即して事実認定を大切にするのに対し学者は体系を踏まえ理論を重視する傾向がある、というようなことが述べられやすい。そのような〈人〉に着目する議論は、述べなくてもあたりまえのことである。実務家は事件を扱う職業であり、学者は理論的体系を業とする存在であるから、この現象の描写は、定義から当然に導かれる同義反復であるにすぎない。

　追求されるべき思考の役割が明らかになってこそ、それを担う人たちのあり方を論ずることが可能であり、その逆ではない。"人"をめぐる論議が情緒的な論議になることを避けるためにも、実体法思考に求められるものを考察した（次述2・3）うえで、その担い手の問題（後述4）を検討することとしよう。

　実体法研究との関係が明らかにされるべき実務とは、ここで、民事の裁判規範の実際的運用が行われる局面を視野に据える。実体法規範が裁判規範としてのみ作用するものではなく、その行為規範としての作用が注目される契約の実務などがあり、それが重要な位置を占める企業法務や金融法務の分野も広がりがある仕方で存在する。そこの考究も重要である。ここでの考察を裁判規範に絞ることは、単なる事務的な作業範囲の限定にすぎない。

168

また、実体法の思考という際、もとより会社法や商法、さらに知的財産権に関する法令などの実体規定が社会経済において占める役割は大きいが、何よりも基本的重要性をもつ法令は民法である。その民法の規定は、平成29年法律第44号により大きく改正された。単に改正された規定が多いという量の問題にとどまらず、新しく登場した概念を民事裁判実務において用いる際に留意を要する事項が少なくない。そこで、新しく現われた問題状況を観察しなければならない（後述3）が、この改正の前後を通じ、いわば普遍的に民事実務との関係で実体法研究に要請される事項があること（次述2）も、いうまでもない。

本稿は、これらの問題をそれぞれ検討しようとするものである。

2 | 2017年民法改正の前から——実体法研究への普遍的要請

実体法の規範は、ある効果を導くための要件を確かめたうえで、その要件にあたる事実があるかないか、ということの検討を通じて適用される。この適用の営みが、裁判実務にほかならない。その円滑を期し、実体法の研究に対し要件の整理において要請される事項（次述(1)）、そして事実の認定にかかわって寄与が期待される事項（後述(2)）は、実体法の規範内容にかかわらず、いわば普遍的要請として存在し続ける。

(1) 趣旨よりも要件、あるいは趣旨と要件との精密な結びつけの要請

実体法の研究に対し民事裁判の実務から解決や寄与が要請される課題は、数限りなくある。その中の重要なものの一つには、民事の各制度の趣旨を説明し、それを踏まえ、それらの要件と効果を整理して示す、ということがあるであろう。このことに異論があるとは思われない。ここで要件とよぶものは、趣旨が反映されたものでなければならず、また、それにより効果と説得的に結びつかなければならない、という重要な位置を占める。

従来、裁判実務との関係で要件の描写について注意喚起が多くされてきた論点は、実体法の記述における要件の描写が訴訟における主要事実のそれと必ずしも同じでない（あるいは、前者の各要件が必ずしも同じ当事者により網羅的に主

1　伊藤栄寿ほか「〈座談会〉民法学の悩み／『民法理論の対話と創造』を振り返って」民法理論の対話と創造研究会編『民法理論の対話と創造』（日本評論社・2018年）279頁〔白石大発言〕参照。

第2編 第1章 II 実体法研究と実務展開

張されることにはならない）ということであったかもしれない。例を示すと、実体法学説は、即時取得（民法192条）の要件として、占有を始めた者が善意で無過失であることをあげるが、訴訟上、即時取得を主張する者が取引行為に基づき引渡しを受けた事実を主張立証すれば足り、同人が悪意であり、または過失があったとする評価を根拠づける事実は、相手方が反対主張することになる（同法186条1項、188条）。

けれども、このこと自体は、そのような関係になっていることを意識していればよいことであり、法科大学院教育における要件事実思考の普及に鑑みれば、今後に向け、今以上にやかましく説くことではない。

むしろ実体法の研究が十分に責任を果たしていないのではないか、ということを疑わせる局面は、制度の趣旨と要件との関係である。研究において探求される趣旨や、その教育における展開などとして提示される典型例は、常にピッタリと要件に反映されるものではない。けれども、両者の関係は、なるべく乖離がなく、余分な誤解を招かないよう丁寧にされなければならない。また、その際には、訴訟などの実務において、事実がわからないところから話が始まり、場合によっては事実がわからないことを留保して解決が与えられることすらある、という点に十分に留意しなければならない。ときに実体法の記述は、神のごとく事実の全容を知っている前提ではないか、と思わせる感覚でされることがあるが、それは、よしたほうがよい。

ある動産がAからBへ、そしてBからCへ売られ、それらに基づいて引渡しがされた場合において、A・B間の売買に際しAが意思無能力であったかもしれない、という問題が取りざたされているときに、Aから所有権に基づく返還請求を受けたCは、即時取得を主張してこれを斥けることができてよい。ある日の講義で学生が「しかし、もしAが意思無能力でなかったとすると即時取得の主張が潰れてしまいますが、それも不当ですから、ここで即時取得を認めるとすると民法192条の本来の適用ではなく類推適用になりますね。実際、そのように書いている本があります」と質され、面食らったことがある。「なぜ類推適用という面倒な議論になりますか」と応じながら、ハハアこれは、と思い至った事情は、即時取得の趣旨について、ときに実体法学説がする不用意な説明にほかならない。その学生は、「即時取得とは、無権利者と取引をした

者を保護する制度である」という説明を実直に受け止めたものではないか。その考え方でゆくと、AのほうからAの売買による所有権喪失を主張してあげると即時取得の主張が崩れる、という結果となり、それは、滑稽である。即時取得は、無権利であるかもしれない者と取引をした者を保護する制度である、もっとはっきり述べると「前主の権限の有無を問わない[2]」と説明されなければならない。

(2) 事実の丁寧な扱いという要請

事実認定と実体法の研究ないし教育の観点に関して述べると、主要事実と間接事実の概念を踏まえた丁寧な法的推論をすることが要請される。実体法の研究のみならず実体法を扱う教育においても、そのことは、異ならない。時価が1000万円の甲土地がA→B→Cと売買された場合において、BがAに対し周辺に嫌悪施設が建設される予定があり、土地の価格は600万円に下落するであろう、と告げ、代金も600万円と定めてA・B間の契約を成立させ（しかし、嫌悪施設の話は少なくとも売買締結の時点で客観的事情としては存在しない）、そのうえでBがCに1000万円で売ったのであるならば、さあ、A・B間の売買はどうなるか？ あるいは、そうではなくBがCに対し代金を650万円とか700万円として売ったのであるならば、その場合はどうか？ などという議論を法科大学院の教室で展開し、ことによると試験に出題したりする。しばしば研究者教員が、設問前段はBのAに対する詐欺であり（民法96条1項）、同後段は共通錯誤である（同法95条3項2号）という議論をさせたい、と考えている、と、こういう光景は、時折みかけるものである。

そうではなく、望まれる法的推論は、こうであろう。詐欺が成り立つためには、客観的に欺罔にあたる不実の告知と、主観的に欺罔の故意が実体的な要件（つまり主要事実）として求められる、ということを確認したうえで、BがCに1000万円で売ったことがA・B売買締結時のBの故意を推認させる間接事実になる。しかも、それは事後の間接事実であるから、BがCに売る段になって初めて真相に気づいた可能性があることをうかがわせる間接事実をあげられるならば欺罔の故意の推認が挫折する可能性があることにも留意されなければ

2　石田剛ほか『民法II物権〔第2版〕（リーガルクエスト）』（有斐閣・2017年）97頁〔武川幸嗣〕。

第2編　第1章　Ⅱ　実体法研究と実務展開

ならない。その際は、民法95条2項の要件を点検するなどしてAを錯誤取消しで保護する可能性を探るほかなくなり、設問後段と同様の帰すうに赴く（Cは同法96条3項でなく同法95条4項の第三者となる）ことになる。

　ひとことで述べるならば、事実の丁寧な扱いということについて、実体法の研究や教育は十分な緊張感を保持しなければならない。

❸│2017年民法改正を踏まえて──新しい問題状況

　およそ民事の裁判実務の重要な一翼を構成する契約の法律関係を規律するうえで、契約の解釈ということは、もとより重要であった。それからまた事実の総合的な考慮ということも重要であり、要件事実論の観点から表現すると、いわゆる規範的要件の操作を要請される場面は、以前にもみられた。

　けれども、これらの事情は、平成29年法律第44号により改正された後の民法の規定においては、いよいよ濃厚となった。事案の個別性に向き合わなければならない度合いは、格段に大きくなる。こうなると、実務家の思考は個別的で事案の個性に即したものであるのに対し、研究者は体系的・抽象的な思考をする、などという凡庸な観察は、今後、ますます的外れなものになっていく。研究者もまた、実務家とともに事案の個別性を踏まえて悩み、考えなければならない。

⑴　契約の解釈ということの重要性

　たとえば民法の新しい規定の562条1項には、「契約の内容」という概念が登場する。その意味を事案に即して充填することが、契約の解釈にほかならない。A・Bが、AがBに甲建物を売る旨の契約を締結した、としよう。甲建物は、Aが所有していた。甲建物は、積雪の多い地域に所在する。

　この地域の建物の中には、屋根に特別の機器を備え付け、効率的に融雪をするものがみられる。この設備により融雪を安価で迅速にすることができる半面において、屋根に大きな機械を備え付けることから、やや美観を損なう嫌いも

3　木納敏和＝鈴木道夫＝高須順一＝藤原浩編著『民事紛争解決の基本実務』（日本評論社・2018年）69～70頁〔池田知子＝清永敬文〕が、詐欺とともに錯誤が争点となりうる局面の解説をする。

4　土屋文昭＝林道晴『ステップアップ民事事実認定』（有斐閣・2010年）、特に「〈座談会〉事実認定の能力向上のために」、239頁以下。

ある。

　さて、この設備が甲建物に備え付けられていない場合において、Bは、Aに対し、どのような権利行使をすることができるか。

　その地域においては設備が備え付けられていることが客観的に通常であるとみることができるか、ということなども勘案しつつ、A・B間の契約の趣旨に照らし設備が備え付けられていることが前提とされていた場合であるかどうか、を検討し、要するに、設備が備え付けられていることが契約の内容になっているかどうかを見究め、積極に解される場合については、BがAに対し、設備の設置という仕方での追完を請求することができ、催告をしても追完がされないときに、契約を解除することができる（民法562条1項、541条）。また、代金の減額を請求したり（同法563条1項）、損害が生ずるとするならばその賠償を請求したりすることもできる（同法415条、564条）。

　では、次に、当の設備が甲建物に備え付けられている場合において、この設備がないことを望むと告げていたBは、Aに対し、どのような権利行使をすることができるか。

　こちらは、その地域において設備が備え付けられていることが客観的に通常であるとしても、A・B間の契約の趣旨に照らし備え付けられていないことが前提とされていた場合であるかどうか、を検討し、要するに、設備が備え付けられていないことが契約の内容になっているかどうかを見究め、積極に解される場合については、BがAに対し、設備の撤去という仕方での追完を請求することができ、催告をしても追完がされないときに、契約を解除することができる（民法562条1項、541条）。なお、やはり代金の減額を請求したり損害賠償を請求したりすることもできる。

　いずれの事例も、関係する民法の規定の一般的な規範内容を明らかにする作業が重要であるとともに、その規範の実相を見究めるためには、個別の事案において、どのような契約解釈の思考が展開されたか、注視していかなければならない。「具体的な契約を離れて抽象的に捉えるのではなく、契約当事者の合意、契約の趣旨に照らし、通常又は特別に予定されていた品質・性能を欠く」かどうか、の判断こそ、重要である。

第2編　第1章　Ⅱ　実体法研究と実務展開

(2)　事実の総合考慮という要請

　契約そのものの解釈のみならず、契約の不履行をめぐって生ずる紛争の解決においても、規範の論理を機械的に適用するということではなく、事案の個別性を踏まえ、その事案に顕われる諸事実の総合考慮をする契機を強調しなければならない。新しい民法の規定の中には、重要な場面でさまざまな規範的要件が登場する。自転車の買主は、抽象的にみれば、引き渡された自転車に故障している部位があるというときに、その不具合を解消することを求める追完請求ができることは、疑いがない。しかし、どのような仕方での追完が具体の解決になるか。容易に想像することができる展開として、買主は新品に取り替えよ（「代替物の引渡し」）を求めるであろうし、売主は、修理をして済ませたい（「目的物の修補」）と考えるかもしれない。いずれの解決が妥当であるかは、目的物の修補という方法が、民法562条1項ただし書の「買主に不相当な負担を課する」かどうか、による[6]。これは、規範的要件である。

　また、損害賠償を免責する事由である「契約……及び取引上の社会通念に照らして債務者の責めに帰することができない事由」（民法415条1項ただし書）があるかどうか、さらに契約の解除に関し不履行の軽微性を理由に解除権が阻却されるかどうか（同法541条1項ただし書）、いずれも当該事案の事実の総合考慮により定まる。

4 ｜ 法律家の誕生へ向けて

　以上のほかに、実務と研究という視点で眺める際、必ずしも民事実体法の研究に特有のものではないけれども、裏返せば民事実体法の研究も担うことを免れない要請が、いくつかある（次述(1)）。また、それぞれ職業として主に研究を担う人々と主に実務に携わる人々の協働に関して考えておくべき事項（後述(2)）もみられる。

5　村田渉編著『事実認定体系／契約各論編Ⅰ』（第一法規・2015年）120〜121頁〔村田〕における2017年改正前の民法570条の注釈。改正後の売買契約の解釈にも妥当すると考えられる。

6　鎌野邦樹編集代表『論点解説・民法（債権法）改正と不動産取引の実務』（日本加除出版・2018年）308頁〔大場浩之〕が、不動産の売買も視点に含めた考察を示す。

(1) 実体法研究への要請

　実体法研究が実務に提供する思考は、可能な限り原則的見地が提示されていることが望まれる。ときに研究者の論稿にみられる筆致として、いろいろ総合的に検討する必要があるから、結局は判例の蓄積を待つことになるであろう、といった類のものがある。誰も実務家はそのような思考を研究者に求めていない。いろいろ総合的に検討しなければならないことは当然であり、そうであるとしても何が原則的見地であり、ただしまた一定の事情がある場合は例外的な解決になる、という思考を提示するよう努めるべきであろう。それは、民事で述べると、主張立証責任の分配の考察に結実していく契機をもたらす。そうでなければ、多くの問題が要件事実論的にみて規範的要件による処理に委ねられるに近いことになるが、その事態は、むやみに容認されるならば、ひどく司法を疲れさせる要因をなす。司法は国民の資源であり、働いてもらわなければならないとしても、無駄に精力を浪費してよいものではない。そのことはまた、実体法研究が成果として提示する規範が簡明を欠き事案処理の効率を害するものであってはならないことはもちろん、より積極的に明確な指針を提示することの要請をも含意する。法文の起草からヒントを得るならば、いわゆる正当の事由の判断要素を提示する借地借家法6条・28条や、離婚の際の財産分与の方法を定める際の考慮要素を並べる民法768条3項などは、多様な要素の総合判断が求められる場面を扱うにあたり、どれが主要な要素であり、どれが補充の事情であるか、わかるような文体が選ばれている。実体法研究が解釈として提示する規範命題も、こうでなければならない。同じような留意として、とかく学説が提示する規範命題は場合分け（甲という場合はこうであり、乙という場合は何である）を好む（その煽りで、学生が試験で作成する答案も、やたら場合分けをする癖が観察される）。それでは訴訟裡において、いずれの当事者が主張立証の責任を担うかがわからない。望まれる思考は、原則と例外を明らかにすることであり、答案風に記すならば、乙の事情が立証されない限り甲となる、と

7　本文3(2)で考察することは、成文実体法の規律そのものが規範的要件の大幅な活用という傾向を呈する状況において、それを前提として実体法学が対処を求められる課題であるのに対し、ここで論じていることは、解釈意見を提示して提案する規律の内容を安易に規範的要件に依存してはならない、という戒めにほかならない。

第2編　第1章　Ⅱ　実体法研究と実務展開

いうような塩梅になる（微妙な扱いが求められるものもあり、委任の報酬特約は、取引実態としては特約がある事例が普通であろうが、法律要件としては無償が原則であり、このような場面は、事実上の推定などの理論を意識して用い、理論的正当性と実際的妥当性との調和が図られなければならない）[8]。

　もっとも、〈原則〉や〈簡明〉が強調されてよいという観点は、主張立証責任の考え方などにおける差異に注意する必要はあるにせよ、民事法の研究に特有ではない。手続法の研究においても、問われてよいことである。これらは、学術研究に対する本質的要請であると考えられる。

(2)　実務と理論

　職業法曹がそれに特有の選抜と修練の機会を経て仕事に就き、仕事に就いた後も人生の多くの時間を個別の事件処理に費やす半面において、研究者の訓練を受けた者の多くが大学などの研究機関で教育研究に携わることで日々を送る、という現実を考えるならば、両者の仕事の仕方には、確かに固有の特性的傾向が観察される。しかし、それは、あくまでも傾向であるにすぎないし、その現実のままでよいということにもならない。

(ア)　片言、訟を断ぜず

　実務家であれ研究者であれ、およそ法律家という職業を営むうえで要請される態度ないし倫理というものがある。そこで求められる態度や倫理は、実務家であるか研究者であるか、また実務家といっても弁護士であるか裁判官であるか、などに応じ（裁判官が「職業倫理上の責務」を問われる場面としては、民事訴訟規則12条が定める回避をするかどうかの選択決定がある）[9]、現象的な様相の差異を呈することがある。それと同時に、そうした差異の過度な強調は、法律家というものに求められる共通の徳目に眼を注ぐことの妨げになりかねない。ここにも、注意が要る。たとえば、異なる立場や意見の人々が述べるところに十分に耳を傾ける、ということは、法律家の大切な徳目の一つである。訴訟代理人となる弁護士は、ふつう、依頼者と有償の委任または準委任の契約を締結して活動する。そうした立場において、しかし異見（特に対立する当事者のそれ）を

8　最判昭和37・2・1民集16巻2号157頁の理解にかかわる問題である。
9　伊藤眞『民事訴訟法〔第5版〕』（有斐閣・2016年）110頁。

よく聴いて依頼者の利益を実現してゆこうとする。通常、研究者は、これとは異なる立場で活動する。しかし、研究者にとっても、その種類の緊張感が皆無ではない。まず、個別の事件に関与しなくても特定の集団の利益に帰する論説（「コミット」[10]）と向き合って求められる際の賢慮の要請がある。賢慮とよぶ理由は、一概に悪いことであるともいいがたいからである。研究者が特定の社会的関心や信条から運動的な活動をすることは、必ずしも難ぜられるものではないし、望まれることすらある。加えて、研究者の職業にある者が、個別の事件にかかわることがないものでもない。この稿の筆者自身も、弁護士から相談され依頼者の立場や信条に共感するとき、本当に死力を尽くして裁判所を説得するための論理を編むことに没頭する経験が一再ならずある。その際、自分が抱懐する学問的所見と事案を前にした実践的帰結との間での懊悩は、きわまりない。そこのぎりぎりのところでの煩悶は、辛いとともに、法律家としての醍醐味でもある。裁判所からみて「逡巡する裁判官の背中を優しく押してくれるような適格性」を備える議論[11]を提出しなければならない。「優しく」である。猛々しく党派性がむき出しの意見をつくっても裁判所から顧みられるはずがない（附言するならば、弁護士として活動する局面にない研究者に弁護士法23条・25条が適用されないことは、当然である。しかし、そのことは、具体の事案に関与する研究者が法律家として倫理を免ぜられることを意味しないであろう。その倫理に反する行動態様のいかんによっては民法上の不法行為責任などは生ずると考えなければならない。事案の説明を受けるに際し知った当事者の事情を他に漏らしてはならないし、預かった文書の保管などは、慎重を期さなければならない。また、同一の案件について、対立する当事者の一方から相談を受け、その当事者や訴訟代理人と信頼関係に基づく協議をする段階まで進んだならば、それとは別に他方当事者からの助言の要請があった場合には、状況により後者の相談に応ずることを控えなければならない。もっとも、訴訟代理人になることがない研究者の場合は、双方から共同の相談を受けることがありうるし、それはあってよいと考えられる。これらの交配をなすというべき多様な局面も想定されるから、一概に類型化して述べることが難しいが、そ

10　伊藤ほか・前掲座談会（注1）281頁〔白石大発言〕。
11　加藤新太郎「法律意見書の受け止め方」NBL1049号（2015年）1頁。

こには、常に法律家として公正な態度で発言をするという姿勢が求められる)。

翻って、報酬を受けて仕事をする弁護士が、いわゆる党派性の問題に無頓着であってよいか、と問えば、あたりまえのことであるが、そのようなことはない。だからこそ弁護士倫理の制約が厳しく課せられる。弁護士もまた、ぎりぎりの煩悶で仕事に携わるものであり、党派性の問題は、所詮、実務家と研究者とで有無が分かれるというような軽薄な話ではない。およそ法律家は、異なる立場の意見にも耳を傾ける態度で、公正や衡平の理念に立脚しながら実践に携わる、という当然といえば当然の理が確かめられるべきである。

　(イ)　**実務と理論の"架橋"**

確かに実務にとって理論は、大切である。しかし、"架橋"という言葉でつなぐ言い方は、おかしくはないか。まるで実務には理論がないみたいである[12]。

「実務家が暗黙裡に共有し、現に実践している合理的な価値判断なり論理なりを明確に取り出」す仕事が[13]、研究に求められる。もっぱら研究者に求められるものではない。「実務家教員が大学で教えるようになっ〔て〕学生に教えようとすると『実務ではこうしているから、その通りにしなさい』では済みません」と叱られてしまうであろう[14]。不法行為の損害賠償請求権に係る遅延損害金が、民法412条3項の規定があるにもかかわらず、不法行為の日を含み、その日から生ずる理由を尋ねられ、そう実務がしているから、という説明は、成り立ちがたい。そう実務がしている理由こそが、主題である。不法行為により被害者に生じた不利益状態を可及的に解消することが不法行為の制度に要請され、その要請は、時間的な間隙のない仕方で実現されなければならない[15]。

あと一つ例をあげると、意思表示や法律行為の概念を丁寧に解き明かすことは、実体私法学の重要な務めである。そこの理解が調えられてこそ、訴訟行為や商行為、行政行為の概念をめぐる的確な考察も期待される。民法146条が扱

12　法時79巻1号（2007年）の特集の表題が「実定法諸分野における実務と理論」となっておらず、「理論」のところが「学説」とされている編集意図は、まさにここにある。

13　伊藤ほか・前掲座談会（注1）287頁〔根本尚徳発言〕、288頁〔山城一真発言〕は、そのような仕事をするうえで心がけなければならない側面の注意を促す。

14　後藤昭「法科大学院と刑事訴訟法学」一橋法学13巻2号（2014年）837頁。

15　若林三奈「不法行為による損害賠償債務が遅滞に陥る時期・試論／損害論からの再検討」立命館法学363=364号（2015年）が、遅延損害金の発生時期の精細な考察を提示する。

う時効利益の放棄について、著名な判例は、時効完成を"知って"しなければならない、とする。その事案で主題となった事項がそれであるから、であったと思い至るならば、それは判例としてあってよい説明である。しかし、それをそのまま記述するようでは理論研究として役割を果たしたといいがたいであろう。意思表示であると認められるための必要条件のみならず、何があれば意思表示として認められるか、ということの記述を補わなければならない。意思表示の概念は、効果を欲する意思を中核とする。時効利益を放棄しようと欲してしなければならず、時効完成を知っていることは、その論理的前提である。知っていたことは、時効利益放棄の十分な本質ではなく、必要な要素でしかない。この種類の思考を補ってする判例展開の支援は、それこそ理論研究に期待されるところである。[17]

　実務家だから理論はどうでもよい、ということはなく、研究者は専門とする分野の体系的研究に終始することでよい、などということもない。司法制度改革が促したものは、広い視野に立ち、公正な解決を導く仕事が等しく求められる法律家というものの誕生にほかならない。付け加えるならば、2017年の民法の債権関係規定の見直しは、この事情にさらなる深みをもたらした。[18]

16　最判昭和35・6・23民集14巻8号1498頁。

17　なお、その後の判例展開（最大判昭和41・4・20民集20巻4号702頁）により、時効完成の認識を伴わない行動態様をもって時効援用を信義に照らしすることができないとされたから、この法理が存在するにもかかわらず、時効利益の放棄を主張することは過剰主張となる。村田渉ほか編『要件事実論30講〔第4版〕』（弘文堂・2018年）第6問〔村田渉＝徳増誠一〕。時効完成を知って時効利益の放棄がされなければならないことばかり論及され、この過剰主張の側面が実体法学において強調して記述されないことも、問題である。

18　後藤昭「法曹養成改革と現在の課題」法時86巻9号（2014年）7頁。

第2編　第1章　Ⅲ　会社法研究と実務展開

Ⅲ

会社法研究と実務展開

大 杉 謙 一

中央大学大学院法務研究科教授

1 ｜ はじめに──会社法の特異性

　本稿は、会社法学（理論）と実務のあるべき関係について検討を加えるものであるが、それに先立って、会社法が他の民事法分野と趣を異にすることを述べておきたい。

　すなわち、本書全体においては、「（民事）実務」は広義の裁判実務であり、実務家とは裁判官・弁護士を指し、「理論」とは解釈学説や判例評釈などを指す。これに対して、本稿の対象である会社法の分野では、学者（理論）が対峙する「実務」には、企業の法務の活動や立法（法改正）が含まれる。実際に、会社法の学術論文のかなりの割合が、立法論やその基礎をなす制度論にあてられている。なお、学界の内部についていえば、民法学における法解釈論争や、民事訴訟法学における訴訟物論争のように、学界全体を巻き込んで展開される論争は、かつては会社法学にも存在したが（社員権論争）、筆者が学者の卵となって以降の30年ほど、会社法学界ではみかけない。[1]

　もっとも、このような会社法分野の特殊性はあるものの、法学（理論）と実

1　近年の会社法学界でもグランド・セオリーを提唱する学者は少なくない。しかし、1つのテーマについて論争（明確な意見対立を伴うフォーラム）が形成される例は、なぜか会社法では思いあたらない。

　本文のこの段落、および次の段落で述べたことは、会社法を除く商法の諸領域（商行為法や保険法、手形法・小切手法や運送法）には必ずしも妥当しない。本稿ではこれらの領域は考察の範囲外とするが、次の文献は興味深い。西島梅治「法理論と保険実務との架橋」ジュリ756号（1982年）114頁。

180

務のあるべき関係という問題は他分野と共通する。会社法の改正が頻繁に行われてきたことから、学者の行う法解釈には、他分野よりも鮮度（スピード）が求められる。また、解釈空間が狭い——確立した最高裁判例が後に条文に明記されることで、反対学説の存立余地が限定される——ともいえる。学者と実務家との関係は、2者が向き合っているというよりも、立法というアクターを含む3面関係である。また、会社法に通じた立法担当官や弁護士が法解釈を論じることも多いので、会社法解釈をめぐるアクターはさらに増えるようにもみえるが、この点は民法・民事訴訟法と差はないのかもしれない。

　以下の本稿では、裁判実務を中心としつつ、少し広い範囲で「実務」をとらえ、広義の実務との関係で、会社法の解釈学説がどのような意義を果たすことができるのかについて考察を加える。

2 ｜ いくつかの仮説

　「会社法研究と実務展開」を論じる際には、「学者共同体」と「実務家共同体」の相互作用という全体図を想定することが有益と思われる。

　まず、同業者の共同体という点からいえば、①商法学者、実務法曹はそれぞれ共同体を形成しており、共通の関心をもつ者同士で相互評価・切磋琢磨をしている。観念的にいえば、それぞれの共同体が、エートス[2]ないし共同体規範によって支えられている。他方で、商法学界と法曹界とを合わせて1つの共同体とみることはできないだろう。両者の関心事は異なっており、前者の関心は規範・理論に、後者の関心は事実（事案の処理・解決）にあるからである。[3]

　もっとも、②商法学者の共同体と実務法曹の共同体は無関係に存在しているわけではない。商法学者が判例評釈を通じて法曹界の営みを評価・批判するように、実務家も折に触れて個々の商法学者を評価しているし、商法学界全体を評価することもあろう。学者と実務家の共同の研究会を通じて、意見の交換が行われることもある。2つの共同体の間に上下・優劣関係がないのは、もちろんである。[4]

2　習慣によって形づくられた行為性向、ある集団を支配する倫理的な心的態度をいう。

3　福田剛久「裁判官から見た実務と学説」法時79巻1号（2007年）69頁、70頁、清水正憲「弁護士から見た実務と学説」法時79巻1号（2007年）74頁、77頁が、同趣旨を述べている。

第2編　第1章　Ⅲ　会社法研究と実務展開

　以上の2点には、異論はないであろう。これに対して、次は多くの異論を招きそうな私見であるが、③理論・学説は、最終的には実務界に届くことがなければ無意味である。法（学）とは実際の必要に応じて誕生し、発展してきた実践的な営みだからである。もっとも、「学説が実務に届くか否か」は個々の論点・学説で判断されるわけではない。学界で提起された基礎理論が学界内部で具体的な解釈論を喚起し、それが実務に採用され、または実務家を何らかの形で動かすことがあれば、基礎理論が実務に届いたといってよい。

　以上の3点から「会社法研究と実務展開」について私見を敷衍すれば、次のとおりである。まず、④ある理論・学説が実務に届くか否かは、その提唱時には全く明らかではない。ただ、「実務に届きやすいか否か」は個々の研究者にとってある程度予測可能である。よって、個々の学者においても、学界全体としても、「実務に届きやすい理論の提唱」を心がけるべきであるといえよう。そして、「届く」ためには、多忙な実務家が参照可能な分量で、また実務家がアクセスしやすい媒体で、理論が提供されることが必要である。つまり、内容とともにフォーマットが重要である。

　次に、上記の私見への批判として、「実践に結びつく可能性のない理論・学説であっても、学問としての価値がある」という見解はどうか。これは、価値観・世界観の対立にほかならないが、⑤筆者は、「実践に結びつく可能性のない法学に対して財政的援助を行うか否か」は日本の国・社会が決めることであり、現況では好意的な支援を得ることは難しいと考えている。よって、直接に

4　清水・前掲論文（注3）78頁は、実務と学説の間の適度の緊張関係が、相互に自己を高める、と述べる。

5　ローマ法もイングランド法も、個別紛争に対する裁判所の裁定の積み重ねが体系化されて成立したものであり、実務や事実を離れた抽象的な思索から生まれたものではない。

6　わが国では学術活動への国費の投入が諸外国よりも低いことがよく話題になるが、実は、わが国は企業をはじめとするほとんどのセクターで余裕（冗長性、redundancy）が失われている。そのため、単純な国際比較が説得力をもたないことに留意が必要である。

　「失われた20年」にどのようにして冗長性が失われたかは筆者の専門外であるが、企業経営者が事業モデルの変革・労働生産性の向上を怠ったことに加えて、過当競争市場、ジョブ型の雇用慣行、労働基準法のエンフォースが稀であること、質の低い顧客を切れないメンタリティーなどの諸要素が相まって、人件費削減への過度の依存とその一環としての冗長性の削減につながったのではないかと考えている。

は実践に結びつきにくい学問上の営みを維持するためには、それが間接的には実践に結びつきうるのだという学界全体のしくみ・仕掛けをつくり、外部に「見える化」することが欠かせないのではないかと思う。

最後に、⑥上記の全体図でいえば、商法学界と法曹界との関係は継時的に変化しうる。すなわち、「答えのない法律問題」が次々と生じ、法曹界の商法学者への期待が高まれば、商法学界の地位は向上するだろうし、法解釈上の疑義が減少する（法律の隙間が埋められていく）と、学界の地位は低下するだろう。

以上の仮説について、次節以下では他の意見と対比したり、具体的なデータ等と対照することを通じて、検討していきたい。

3 ┃ 実務家からみた学説

ここでは、藤原弘道・大阪高裁判事の退官記念講演（1996 年 11 月）に依拠[7]して、民事裁判における実務と学説とのかかわりを概観する。以下、筆者（大杉）による要約を枠囲みで表示する。

わが国の裁判所制度は明治 5（1872）年に始まるが、当時は民法も民事訴訟法もなく、並行して、同年から司法官の養成が行われ、そこではフランス法が金科玉条とされ、フランスの学説を頼りに実務も行われていた。その後、法典の編纂、民法の施行を経て、明治から大正にかけてはドイツ法の解釈論がそのまま日本の民法の解釈論として展開された。同時に、実務もドイツの学説の影響を受け、これに依拠して運営されたと思われる。大審院民事判決録が出されるのは明治 28（1895）年からであるが、当時の判例と学説の関係は圧倒的に学説優位であったと思われる。

この状況に一つの転機をもたらしたのは、末弘嚴太郎博士らによる判例研究であり、大正後半期からは判例の地位が向上した。敗戦後の短い期間には実務が学説を参考にするしかない状況があったが、判例集・判例解説の出版が次第に盛んになってからは、「実務は判例どおりに運営されるよ[8]

7　藤原弘道「思うて学ばざれば則ち殆し：民事裁判における実務と学説・判例との係わりについて」判タ 929 号（1997 年）4 頁。この講演録は、藤原弘道『民事裁判と証明』（有信堂高文社・2001 年）に再録されている。

うにな」り、裁判所の先輩が後輩に判例尊重を説いたことから、「判例が
あたかも法律であるかのように機能しはじめ」、「裁判実務の上では、……
特に最高裁の判例は法そのものであるかのように扱われ、殆どの裁判官は
そのように感じている[9]」。

　司法試験受験生の間では、私（藤原判事）が学生であった時代には、最
初は学説一辺倒であり、司法修習で学説より判例が重んじられていること
を知らされてショックを受けたものだが、最近（講演時）の受験生は、最
初から判例を勉強している[10]。

　以上の要約は、時代状況により「実務にとっての学説の価値」が変化するこ
とを示している。藤原判事は、数多くの先行研究と自身の経験を踏まえて、判
例支配と学説の凋落の歴史をたどっている、以下は実務と学説の間の望ましい
関係についてである[11]。

　裁判官は、その事件として最も正しい結論と理由づけを考えているが、
その過程で判例があればそれに則って結論を出すのが一番落ち着きが良い
という感覚がある。また、同種・同類の事件については、どの裁判官が裁
判しても同じ判断が示されるべきである。既存の判例と目の前の事件とが
同種であるのかを的確に判断するためには、（最高裁判例の）判決要旨だけ
を読んで済ませるべきではない。しかし、実際の事件の処理においては最
高裁判例を一審判決にまでさかのぼって判例の射程を測ることはほとんど
行われていない。また、同種の（射程内の）事案に判例を適用することが、
どう考えても納得がいかないこともある。このような実質的正義の問題
に直面するとき、裁判官はリーガルマインドに照らして判断していくこと
になるが、そのための比較的手近な方法として、学者の書いた判例批評を

8　ここまでは、藤原・前掲論文（注7）6〜12頁による。

9　以上は、藤原・前掲論文（注7）12〜13頁から引用した。清水・前掲論文（注3）75頁も、ほ
　ぼ同趣旨を述べている。

10　藤原・前掲論文（注7）13頁。

11　以下は、藤原・前掲論文（注7）16〜20頁による。

じっくり読むことが有益である。実際にも、（最高裁）判例自身は、下級審の裁判官以上に学説を尊重し、これに注目しているように思われる。また、具体的な事件の処理のためにではなく、事件に対する感覚を磨き、頭を柔軟にし、時代の進展にも遅れないために、学説の力を借りることが必要である。

裁判官は学説に対してもっと関心をもつこと（学説の側でも、とりわけ判例が全くないような法律問題について、実務の実情を踏まえ、実務に受け入れられやすい理論を目指すこと）が、両者の望ましい関わり方である。この当たり前のことが行われていないところに、問題がある。

この要約部分では、一流の実務家が学説に一定の価値を認めていることが示されている。学者にとっては、いささか物足りなく感じられるかもしれないが、藤原判事の率直な表現は、**2**で前述した筆者の仮説①から③と親和的であり、真摯に受け止めるべきものと考える。藤原判事が特に「学者の書いた判例批評」に触れているのは、実務家は忙しいので、学説が彼らに「届く」ためには、法情報を提供するフォーマットが重要であることを意味しているように思われる（**2**の仮説④、**5**(2)）。

この講演はほぼ20年前のものである。おそらく、現在の裁判官も、ほぼ同様の意見・感触をもっているであろう。[12]

12　福田・前掲論文（注3）は、藤原・前掲論文（注7）と大筋で共通していると筆者には感じられる。なお、福田判事は、「裁判官になって約30年になるが、その大半を民事訴訟に関係してきた。東京地裁の裁判官として民事訴訟を担当した期間が最も長く、左陪席、右陪席、裁判長の期間を通じると、14年近くになるし、ドイツでの在外研究も民事裁判を中心にしたものであった。現在も、最高裁で民事事件の調査官をしている」。福田・前掲論文（注3）69頁。

　また、清水・前掲論文（注3）も、弁護士の立場から、藤原氏、福田氏と同趣旨を述べている。

　正直に述べると、最初に福田・前掲論文や清水・前掲論文を読んだときには、筆者はその趣旨が理解できなかったが、藤原・前掲論文を読み、最高裁判所を訪問した（本稿**6**(2)を参照）後になって、その趣旨を理解できるようになった。法学者が実務家（裁判官）の法的推論を理解するためには、藤原・前掲論文、福田・前掲論文、清水・前掲論文を併読することが有益であろう。

第 2 編　第 1 章　Ⅲ　会社法研究と実務展開

4 | 法学者の考える法学（学説）

(1)　内田貴教授の『法学の誕生』

　それでは、法学者自身は、法学・学説をどのようなものととらえているのであろうか。ここでは、話題をよんだ内田貴教授の新刊書から「法学」に関する[13]叙述を抽出して、それを批評することにしたい。もっとも、以下の抽出は批評の対象として切り取られたものであり、同書の中心的なテーマとは異なっている。その点につき、著者の内田教授にお詫び申し上げる（注24を参照）。以下、枠囲みで要約を表示する。

　中国では古代から法による統治の思想があり、実際に法が整備されたが、中国には「法学」は成立しなかった。互いに対等な立場に立つ人々が相互の関係を規律する民法は、古代ローマで発展し、その後ヨーロッパで法学という学問の範型を提供し続けてきたが、東洋では（高度な商品経済を発達させた江戸時代の日本においても）それに対応する法分野は発展することがなかった。[14]

　ここでいう「法学」とは、個々の法分野の知識の総体ではなく、個々の分野の法学の前提となる法についての知識や思考様式をいう。現代日本の法とその運用は、現代日本の法学によって支えられている。法律実務家を含めて、法に関わる人々はすべて法学を頭の中に持っている。[15]

　学問としての「法学」は、西洋文化に固有である。それは、ヨーロッパ社会の歴史的あり方と深く結びついており、19世紀半ばのヨーロッパにおける法と法学の関係は、イギリス・フランス・ドイツにおいて大きく異なる。[16][17]

　法学は一定の教養を前提としてはじめて理解できる学問である。そして、

13　内田貴『法学の誕生：近代日本にとって「法」とは何であったか』（筑摩書房・2018年）。

14　内田・前掲書（注13）228〜229頁。

15　内田・前掲書（注13）360頁以下。同46頁も参照。

16　内田・前掲書（注13）30頁以下。

17　内田・前掲書（注13）106頁。

186

本当に法学を理解しているといえるためには、西洋文明を歴史的に理解することが必要である。[18]

　明治時代にわが国に法学を樹立した穂積陳重および穂積八束の兄弟にとって、西洋法学とは、日本の伝統を西洋の土俵の上で正当化するための手段であり、彼らは西洋法学をその文化的背景を含めて深く理解しただけでなく、西洋に対して自らの文化を認めさせようとの意欲を持っていた。[19]

　20世紀後半のいつ頃からか、西洋をモデルに、日本社会の進むべき方向を探るという日本の法学のスタイルは役割を終えた。政府の政策形成においても、学問としての法学より法実務の観点が重視される。[20]実際に、著者は、法務省で民法改正の作業を役人として担当し、実務法曹、経済界、一般市民、官僚などと政治プロセスの土俵で折衝した際に、学問としての法学への評価の低さと実務重視の姿勢を経験した。[21]

以下は、筆者（大杉）によるコメントである。

以上の「法学」論には、2つの側面がある。第1は、明治期にわが国で法と法学とを樹立した先人たちによる実際の営みである。[22]第2は、現代に生きる内田教授が「あるべき法学」と考えるものである。そして、内田教授の中では、両者は深く結びついている。しかし、同書の「あとがき」が認めているように、現代において内田教授が指向する法学のあり方は、実務家からは必ずしも歓迎されていない。

　西洋の法学が西洋の文化・教養を基盤としており、明治期の法の継受が西洋の深い理解なしには行い得なかったとの見解につき、筆者には異論はない。筆者が内田教授に必ずしも賛成できないのは、西洋の教養とわが国の教養は基盤を異にしており、前者が高等教育や社会階層とセットになっているのに対して、

18　内田・前掲書（注13）407頁。

19　内田・前掲書（注13）351頁以下。

20　内田・前掲書（注13）409頁以下。

21　内田・前掲書（注13）408頁。

22　この点に関連して、法・法学に関する内田・前掲書（注13）7頁冒頭および408頁末尾以下の記述を参照。また、日本の近代化の全体像を俯瞰するものとして、内田・前掲書372頁の注(10)でも引用されている、三谷太一郎『日本の近代とは何であったか』（岩波新書・2017年）を合わせて参照。

後者には「修養」のニュアンスがあることと関係がある[23]（この点は6(2)で再論する）。西洋の文化・文明を学ぶことが、現代のわが国で法学に携わるうえで必須といえるかは、自明ではない[24]。

もちろん、以上は筆者個人の感想にすぎず、あるべき法学の姿は学者によって異なる。とはいえ、法学者が現実にかかわろうとするのであれば、学者共同体の成果を一方向的に社会に提供するだけでは不十分である。2の仮説⑤で論じたように、法学を含む諸学問が成り立つためには、学問共同体の外部からのさまざまな支援が必要である以上、学者共同体は、大衆の上に君臨するのではなく、社会のさまざまな構成員と対等に交流し、その批判に自らを晒すことによって、そこからの理解と支持とを調達しなければならないはずである。

(2) 「法学者のように考える」ことについて

先の(1)と関連するが、法学者の間には、①「実務家は法学者のように考えるものである」、あるいは②「法曹をめざす学習者にとって、学者のように考える練習（考えさせる教育）が有益である」という信念が存在するように思われる。

おそらくこの信念は、③「ある法律問題（論点）について、既存の判例や学説をある程度踏まえつつ／あるいはそれらに過度に囚われることなく、自分の頭で考えて結論を出すこと」が法律家を法律家たらしめている、という素朴な感覚に由来するものであろう。

この素朴な感覚（③）には異論はない。しかし、上記の信念①②については、法学者の実務（実務家の日常業務）への無知・無関心から生まれた誤解ではないかと思う。実務家の業務において、最先端の学説を取り扱うことはごく限ら

---

23 そのために、たとえばわが国ではノブレス・オブリージュの観念が希薄であるともいわれる。以上につき、筒井清忠『日本型「教養」の運命』（岩波現代文庫・2009年。初出1995年）、竹内洋『教養主義の没落』（中公新書・2003年）、高田里惠子『学歴・階級・軍隊』（中公新書・2008年）を参照。関連して、わが国の社会階層については、吉川徹『学歴分断社会』（ちくま新書・2009年）、数土直紀『日本人の階層意識』（講談社選書メチエ・2010年）を参照。

24 少し長くなるが、内田・前掲書（注13）409頁以下をそのまま引用する。「西洋の最新の動向に広く目配りをして日本の進むべき方向を探る、というこれまで日本の法学が得意としてきたスタイルの学問が役割を終えたとすると、これからの日本で、法学はどのような役割を担うのだろうか。法学教育のために、確立した知識を整理する役割を超えて、学問としての法学は、これからの日本にとって本当に必要なのだろうか。そのような根源的な問いが投げかけられるべき時が来ている」。本稿は、内田教授のこの問題提起に応答しようとするものである。本稿の6を参照。

れた一部分にすぎない。実務家の業務の大部分は、確立した現行法の（適時に
アップデートされた）知識に基づいて行われる、事実の調査・評価である。学
者のいう「学問的営為」は実務家の業務のごく一部を占めるにすぎない。[25]実
務経験がなく、実務家との交流も限られている（筆者を含む）法学者にとって、
「法学が実務家に役立つところ」をイメージすることは困難である。

　学者が実務家にかかわり、とりわけ実務家の養成に携わる場合には、一般
的・平均的な実務家の業務の内容を知る必要がある。[26]企業の法務部に求めら
れるタスクや、企業において必要とされる具体的な法の知識について、わが国で
も実践的な書籍や講演が増えてきている。[27]実定法学者は、実務家の実際の活動
について、もっと関心をもつ必要がある。

5 判例の蓄積と、学説の凋落？

(1) 判例の蓄積

　3でみたように、一般的に、判例の蓄積は学説の凋落をもたらす。それでは、
会社法の分野では、判例はどのように積み重なってきたのであろうか。

　便宜的に、ここでは判例百選に登載された裁判例を判示の時期で分類するこ
とで、この点を確認したい。最新のものは、岩原紳作ほか編著『会社法判例百
選〔第3版〕』（2016年9月刊行）であり、その編集方針は、「理論上・実際上
きわめて重要で代表的なものを本編に104件選び」と明記されている。[28]

　これまでの会社法判例百選の判例選定は、法学部や法科大学院で会社法を学

25　この点につき、福田・前掲論文（注3）や、清水・前掲論文（注3）を参照。

26　たとえば、中村真『若手法律家のための法律相談入門』（学陽書房・2016年）がこの点で有益で
　ある。

27　たとえば、塩野誠＝宮下和昌『逆引きビジネス法務ハンドブック』（東洋経済新報社・2015年）。
　また、法教411号（2014年）から423号（2015年）まで連載された連続講演である「展開講座　企
　業内法務の実務」を合わせて参照。
　　最後に、ベン・W・ハイネマン Jr.（企業法務革命翻訳プロジェクト訳）『企業法務革命』（商事法
　務・2018年）を紹介したい。筆者は同書の翻訳チームに参加したが、他のチームメンバーによると、
　同書で描かれたアメリカ大企業の法務部の組織や機能、社内の位置づけ等は、わが国でも、業種・
　業容・業態による違いはあるものの、参考になるところが大きいとのことである。同書の概要につ
　いては、大杉謙一「『企業法務革命』への招待」NBL1125号（2018年）1頁をご覧いただきたい。

28　なお、商法時代の『会社判例百選』が第6版まで刊行されたので、それを含めて数えると、この
　最新版は「第9版」ということになる。

第2編　第1章　Ⅲ　会社法研究と実務展開

〔図表1〕　『会社法判例百選〔第3版〕』（2016年9月）戦後判例の分布

	最高裁	高裁	地裁	計
昭和20年代	1	0	0	1
30年代	3	0	0	3
40年代	24	1	0	25
50年代	7	1	1	9
1985 - 1994	15	2	1	18
1995 - 2004	7	2	2	11
2005 - 2014	18	6	6	30
2015 - 2016	4	0	0	4

（下級審裁判例は22件）

〔図表2〕　『会社判例百選〔第5版〕』（1992年3月）戦後判例の分布

	最高裁	高裁	地裁	計
昭和20年代	4	0	0	4
30年代	12	0	0	12
40年代	40	2	0	42
50年代	12	6	3	21
1985 - 1990	12	5	7	24

（下級審裁判例は23件）

習する者を念頭におきつつ、資格試験の受験生にとってはやや実務的にすぎるものも収録していることから、学習者と実務家の両方を意識しているという印象を受ける。そして、理論的・実務的に今日的意義のあるものの中から、さらに重要度に応じて選別を行い、件数を100に近づけるという編集方針がうかがわれる。そのため、最新の百選とかつての百選とを比較すれば、判例の蓄積を数値化することが可能である。

　まず、最新版に収録された104件[29]のうち、戦前のものは3件（いずれも大審

---

[29]　Appendixとして採録された40件は除いた。なお、Appendixの登載判例は、現時点での重要判

院）であり、戦後の 101 件は〔**図表 1**〕のように分布している。判決日を基準に、10 年ごとに区切りを設け、昭和と平成の境目近くからは西暦で表示する。

同じ作業を、『会社判例百選〔第 5 版〕』（1992 年 3 月）についても行う。つまり、最新版の百選から 25 年近くさかのぼった学界・実務界での、重要判例の分布である。

収録された 111 件のうち、戦前のものは 8 件（いずれも大審院）で、戦後の 103 件の分布は〔**図表 2**〕のとおりである。

以上の 2 つの図表から、次のことがわかる。①いずれの時機（百選の出版年）においても、昭和 40 年代の判例が占める比重が高い。②出版の直近の時期（〔図表 1〕では「2005 − 2014」および「2015 − 2016」、〔図表 2〕では「1985 − 1990」）の判例数（比重）が大きくなる。[30]なお、〔図表 2〕で観察された「昭和 50 年代」から「1985 − 1990」への件数の伸びは、〔図表 1〕の「昭和 50 年代」から「1985 − 1994」においても残っていることに照らすと、出版直前期の判例の比重は後の版で減少（判例生存率が低下）するとは必ずしもいえない。[31]③出版直前期には、〔図表 1〕〔図表 2〕ともに下級審裁判例の比重が高くなっている。もっとも、この点は〔図表 2〕においては顕著であるが、〔図表 1〕においてはやや控えめである。[32]さらに、〔図表 2〕の出版直前期の下級審裁判例の数値（12 件）を〔図表 1〕の数値（4 件）と比較すると、出版直前期の下級審裁判例の存在感は後の版では低下しており（下級審裁判例の生存率は低下する）、この点は②判例全体（特に最高裁判例）とは対照的である。

もっとも、先の③は、会社法判例百選の編集方針から生じているともいえるから、その点には留保が必要である。会社法の実務では、東京地方裁判所や東京高等裁判所（および大阪地方裁判所・大阪高等裁判所）の商事部が高い専門性

例というよりも、今後重要性を増す可能性のある論点や紛争類型を拾っているものと推測される。

30　〔図表 1〕では 33.7 %（＝ 34÷101）、〔図表 2〕では 43.7 %（＝ 45÷103）である。なお、それぞれ、その直前の期の件数よりも増加しており、〔図表 1〕では 11 件 → 34 件、〔図表 2〕では 21 件 → 24 件となっている。

31　1980 年代の後半から 90 年代の前半にかけて重要な判例が多いのは、日本経済の構造転換期であったこととおそらく関係がある。

32　〔図表 2〕では直前期の下級審裁判例の比率がちょうど 50 %（＝(5+7)÷24）であるのに対して、〔図表 1〕では 35.3%（＝(6+6)÷34）である。

191

を有し、その影響力が大きいことや、当事者が最高裁判所までは争わない事例が少なくないことに照らすと、他分野（の百選）と比較して下級審裁判例に高い重要性を認めている会社法判例百選の編集方針は、筆者は合理的であると考える。会社法では、下級審裁判例であっても判決日からある程度の期間は理論上・実務上の重要性をもつものが存在するが、最高裁判例に比べると、時間の経過とともに重要性が低下しやすいことは、多くの学者・実務家の実感・直感にも合致するであろう。

　少し戻って、②（出版直前期の判例数の増加と、後の版での生存率）についていうと、〔図表1〕（2016年版）の「2005 - 2014」および「2015 - 2016」における件数の伸びは、20〜30年後に編集される百選においても生存することが予想される。というのは、この時期に ⓐ M&A に関する裁判例（従来には存在しなかった論点や、めずらしい紛争類型に関するもの）が多く出されており、また M&A 以外でも、ⓑ振替株式制度や新株予約権、ⓒ大企業の取締役の善管注意義務の内容に関するものなどが多く含まれているからである。[33]このうち、ⓐⓑは、「法改正・新制度の導入によって生じた、新しい論点」である。また、ⓒは、平成5年の商法改正[34]による株主代表訴訟の活性化に、原因の一端がありそうである。

　以上の推論を踏まえれば、会社法分野での判例法の形成・集積は、昭和40（1965）年代と、2005年以降の時期に2つの大きな「山」があり、そのちょうど真ん中に位置する昭和と平成の端境期（1985 - 1994）にやや小さな「山」があるといえる。後者の「山」は、現在も継続しているかもしれない。会社法の領域においては、他分野と異なり、重要判例の誕生ペースに波があり、そのことは、学者の活動にも影響を及ぼす。

(2) 学説・法情報の蓄積

　ここでは、1950年代から前世紀の終わり頃までの期間に、判例・学説を含む法情報が、どのような量やフォーマットで実務家に提供されていたかを確認

33　これらの法改正や法律問題は、日本経済の構造転換に対応したものが多い。注31を合わせて参照。

34　平成5年改正前には、代表訴訟の提訴手数料の算定方法は明らかでなく、裁判所の実務も分かれていたが、同年改正商法267条4項はこの点を明確化した。家近正直「株主の代表訴訟」ジュリ1027号（1993年）18頁、19頁。

したい。判例の蓄積は、学説の凋落をもたらしたといえるであろうか。

　昭和25（1950）年の商法改正は、会社法を大きくアメリカ化するものであり、当時の実務家の間で、学者の解説に大きな需要があったことは間違いない。物資に乏しい状況下でも、コンパクトな鈴木竹雄＝石井照久『改正株式会社法解説』（日本評論社・1950年）、分厚い大隅健一郎＝大森忠夫『逐条改正会社法解説』（有斐閣・1951年）が、立法担当官であった岡咲恕一『解説改正会社法』（日本経済新聞社・1950年）[35]と同時期に出版されている。

　当時の法情報の提供媒体としては、第一法規株式会社が加除式の「現行法規総覧」を発行したのが昭和25（1950）年9月、「判例大系」を発行したのが昭和28（1953）年10月である。[36]旬刊商事法務研究の第1号は、昭和30（1955）年10月に創刊され、創刊号から、企業人の会社法に関する質問に法務省民事局の担当者らが回答する「実務相談」が掲載されている。[37]以上が、昭和30年頃の状況である。

　学者による詳細な解説・理論的検討を実務家に提供する媒体としては、田中誠二ほか『コンメンタール会社法』（勁草書房・1957年（初版））が、内容が充実していることから、実務家にとって有用だったと思われる。多数の商法学者を動員してシリーズで刊行された『注釈会社法』（有斐閣）の初版は、1967年から1971年までの間に出版されている。[38]

(3)　判例と学説の対峙、法改正

　先に(1)でみたように、会社法の重要判例には、昭和40年代に判示されたものが多く、その中には現在においても会社法の解釈上の意義を保ち続けているものがある。百選登載の昭和40年代の最高裁判例を概観すると、そのほとん

35　岡咲氏は、裁判官のキャリアを歩み、法務府（後の法務省）で商法の昭和25年改正を担当していた。同書の解説部分は164頁であり、その後にそれに近い量の資料（法律案要綱など）が続く（全体で298頁）。同書のはしがきの一部を引用する。「この小著は、著者が国会において政府委員としてなした商法の一部を改正する法律案の説明を骨子として、これに多少の補筆を加えたものである。（中略）電波管理委員会委員　前法務府法制意見第一局長　岡咲恕一」。

36　同社ウェブサイト〈https://www.daiichihoki.co.jp/company/history.html〉による。

37　阿川清道「端株を併合公募しプレミアムを分配することの可否（実務相談）」旬刊商事法務研究1号（1955年）15頁。

38　出版年のデータは、増補版並びに総索引・補巻を除くものである。

第2編　第1章　Ⅲ　会社法研究と実務展開

どが「古典」の地位を占めていることが実感される。すなわち、当時の商法学界で学説が分かれ、また下級審裁判例が分かれていたような理論的な問題について、最上級審が決着をつけるというタイプのものである。

筆者は昭和63（1988）年に会社法を学習し始めたため、それらの問題は解決済みと受けとめていたし、現在の学習者にとっては自明の前提といってもよい「論点」である。しかし、昭和40年頃にタイムスリップするならば、会社法の基本的な解釈問題についての疑義が数多く残されていたことが理解できる。

もちろん、最高裁判例が生まれても、直ちに解釈が固定化し、問題が消失するわけではない。最高裁判所の言い回しは時に難解であり、「判例の解釈」をめぐって専門家の対立が生まれることもある。筆者の現在の視点からみると、当時の最高裁判所の判示は簡潔を旨とするあまり、当該事件の事実、規範とそのあてはめを区分して示すことをせず、事実と規範をシームレスに提示することが少なくない。[39] また先行する裁判例が明示されないことが多いため、専門家でなければ最高裁判所の意図を読み解くことが困難なものもある。[40]

39　たとえば、最（2小）判昭和38・12・6民集17巻12号1633頁は、見せ金の該当性を判断するための3要件を示したようにみえるが、当該事案の特徴をあげ、差戻審が払込みの実質の有無を判断する際の勘所を示したものと読むほうが自然である。もっとも、受験界のみならず学界においても、最判の言い回しが「規範」として定着したようである。なお、第3要件に疑義を唱える見解として、久保田安彦『会社法の学び方』（日本評論社・2018年）176頁がある。

また、最（2小）判昭和39・12・11民集18巻10号2143頁からは、退職慰労金の決定を取締役会に一任する旨の総会決議が許されるための要件は不明である。この点は、最（3小）判昭和44・10・28判時577号92頁により(1)支給基準が確立していること、(2)それが株主らに推知可能であることが要件であることが明らかとなる。

類似の例をもう1つあげると、「営業（事業）の譲渡」（会社法467条1項1号・2号）の判断基準を示した最大判昭和40・9・22民集19巻6号1600頁は、①有機的一体性、②営業（事業）活動の承継、③競業避止義務の3つを要件とするものと読まれることが多いが、仮にそうであれば、「競業避止義務のあることが事業譲渡の要件である」ことと、「事業譲渡に該当すれば原則として競業避止義務が生じる」（会社法21条：任意規定）こととの間に循環が生じてしまうため、この解釈は論理的にあり得ない（伊藤靖史ほか『事例で考える会社法』〔有斐閣・2011年〕211頁〔大杉謙一〕、田中亘『会社法』〔東京大学出版会・2016年〕659頁など）。

よって、この最高裁判所の判示は、①②については事業譲渡の要件を、③は事業譲渡から生じる効果を示しているものと読まなければならない（判決文全体からも、そのような読み方を最高裁判所は想定していることがわかる。藤田友敬「判批」商法（総則・商行為）判例百選〔第5版〕〔2008年〕39頁）。言い換えれば、①②の部分は規範であり、③の部分は教科書的解説ということになるが、当時の最高裁判所の簡潔にすぎる判決文体が実務・学界を混乱させたことは間違いない。

5 判例の蓄積と、学説の凋落？

　また、この頃には最高裁判所自身が自らの先例を覆す「判例変更」は稀では
なかった。最高裁判所の判例が出ると、学者はこぞって判例評釈を公表し、そ
の是非を論じるとともに、自らの体系に当該判例を位置づけたが、それは判例
変更の可能性があったためでもあろう。

　ところで、最高裁判例の結論に同意できない場合に、学者のとりうる手段は
解釈論には限られず、立法論を展開することも考えられる。たとえば、閉鎖的
な会社における新株発行の無効原因については、これを相対的に広く認める有
力学説（および一定数の下級審裁判例）と、公開企業を念頭において無効原因を
狭く設定する最高裁判例とは、1980 年頃までは尖鋭に対立していたが、1990
年代には、最高裁判例は有力学説の方向へと変化した。このような判例法の進
化の背景には、譲渡制限会社における新株引受権の法定（平成 2 年改正商法 280
条ノ 5 ノ 2）という法改正があり、この法改正の背景には、学説における判例
批判の広がりがあった（その多くは解釈論として展開されたものであったとしても）。
学説による判例批判の到達点が、公開会社と非公開会社を区別し、後者の新株
発行を原則として株主総会により決定するとした改正（平成 17 年会社法 199 条）
である。もちろん、これらの改正は学界のみで成し遂げたものではなく、実務

40　たとえば、最（1 小）判昭和 46・3・18 民集 25 巻 2 号 183 頁は、総会決議取消訴訟の裁量棄却に
　　関して判示した従来の裁判例における異なる 2 つの判断要素について、これを統合して規範の全体
　　像を示したものであるが、先例が引用されていないため、そのような経緯を知らずにこの判決書を
　　読むだけでは、その意義を把握することは容易ではない。

41　最（1 小）判平成 6・7・14 判時 1512 号 178 頁を念頭においている。

42　ここで念頭においているのは、最（3 小）判平成 9・1・28 民集 51 巻 1 号 71 頁、最（3 小）判平
　　成 24・4・24 民集 66 巻 6 号 2908 頁である。
　　　もっとも、このような方向への最高裁判所の最初の方向転換を示していたのが最（1 小）判平成
　　5・12・16 民集 47 巻 10 号 5423 頁であるが、その判示の直前に当時の有力学説は最判が後に採用す
　　る見解を厳しく批判していた。竹内昭夫「感情法学」法教 148 号（1993 年 1 月）5 頁。この短い巻
　　頭言は、前記最判の約 1 年前に書かれているが、最判の原審判決である大阪高判昭和 63・12・22 判
　　時 1311 号 128 頁（最判と同じ見解を示しており、最判は上告を棄却している）には特に言及するこ
　　となく書かれており（なお、そこで示された竹内教授の見解は、竹内昭夫「新株発行差し止めの仮
　　処分」竹内昭夫＝松岡誠之助＝前田庸『演習商法』（有斐閣・1984 年）193 頁、特に 196 頁以下と変
　　わりない）、原審判決からこの巻頭言の執筆までに約 4 年の間隔があることから、竹内教授はこの事
　　件に何らかの形で関与していた可能性がある。
　　　仮にそうであれば、判例形成の裏側に学説との対峙があったことを示す 1 つの例といえる（本稿
　　の 6(1)を参照）。

195

家との共同作業の成果というべきであるが、法改正と判例の実質的な変更が並行して進展したことは、もっと注目されてよい。

そして、商法（会社法）はたびたび改正されたため、新しい解釈上の論点が生まれ、また従来の論点の意味づけにも変化が生じることとなる。たとえば、既存の最高裁判決の射程が法改正によって問題となる場合もあるだろう。

(4) その後

以上で概観したように、会社法の解釈学説への需要は、昭和期には大きなものであった。昭和40年代に重要判例が相次いで出されたことは、解釈上の疑義を減らし、実務家にとって法的安定性をもたらすものであったが、疑義は直ちにゼロとなったわけではないため、判例の隆盛はむしろ学説を活性化することにつながった。

もっとも、最高裁判所の判例の書き振りには、平成に入った頃（1990年頃）に変化が生じた。[43]まず、原審の確定した事実の要約が掲げられた後で、最高裁判所の採用する法規範が、事実とは区別して示される（順序は逆のこともある）。このことで、従来よりも「判例の解釈」の幅は狭くなった。

また、重要判例が最高裁判所によって見直される（判例変更の）公算は、近時では小さくなっている（この点は筆者の主観によるものだが、おそらく異論は小さいだろう）。

他方、法改正は新たな法律問題を生じさせ、最初は下級審で、次に上級審において、判例法が形成される。会社法の分野では、平成前期の法改正に関連して、平成後期に裁判紛争が提起されるという流れがある。ここに、学説の価値が発揮される余地が生まれている。

要約すると、「判例法が蓄積し、学説が凋落する」という大きなトレンドは存在するが、これは単純な因果関係を示すものではなく、会社法の分野では、

43　筆者が複数の最高裁調査官に口頭でこの点を確認したところ、おそらく明確な方針が決定されたわけではないが、当時、民事判決書の新様式への移行を意識して、最高裁判所においても判決書をわかりやすいものとしようとする意識があったのではないか、との返答をいただいた。

東京高地裁・大阪高地裁の民事判決書改善委員会による「民事判決書の新しい様式について」の提言（1990年）に端を発する民事判決書の旧様式（在来様式）から新様式への移行については、家原尚秀「民事判決書の在り方についての一考察」東京大学法科大学院ローレビュー10号（2015年）63頁を参照。

実務と学説の興亡は、法情報の普及や法改正という他の要素と相まって、複雑な過程を経ている。

6 | 結びに代えて：現状と展望

(1) 現　状

実務家の役に立つ学説は、多忙な実務家が参照可能なフォーマットで提供される必要がある。商業誌に掲載される判例評釈がその代表例である。多くの理論研究は、理論的関心を出発点とし、紀要に掲載され、またはモノグラフとして出版される。学者共同体では、紀要論文や学術書が共有され、吟味・批評され、理論が発展するが、その成果が実務家に届くためには、誰かが判例評釈等でそのエッセンスを提供することが必要となる。

現在は、昭和40年代に次いで会社法の重要判例が質・量ともに産み出されている時代であるため、少なくとも短期的には、会社法学の役割が拡大している[44]。また、言及されることの少ないテーマであるが、学者が執筆して裁判所に提出する「法律意見書」も、学者が実務に触れ、実務に貢献できるルートの一つである。2000年頃以降には、多くの新しい論点に関して画期的な判例（下級審のものも多い）が生み出されたが、その中には学者の意見書が一定の影響を与えたものもあったと推測される[45]。

意見書は、裁判官をリードするものではなく、あくまで一方当事者の代理人の主張を補強するものである。執筆者に金銭的な利害が皆無とはいえないため、意見書の内容の説得力は、あくまでそこに内在する論理の確かさによって判断される必要がある。

筆者の乏しい経験に照らせば、意見書で提案した法律構成が裁判所に採用されることはほぼ皆無である。しかし、意見書が裁判官の「役に立った」かもし

44　5(1)の末尾を参照。

45　ここで念頭においているのは、敵対的買収と買収防衛策、MBO（経営者による企業の買収、非上場会社化取引）における手続の公正や対価の公正（関連して、価格決定手続における「公正な価格」）、金融商品取引法21条の2における損害額の算定・相当因果関係などである（最後の論点は、今のところ判例と有力学説が対立している点でやや特異である）。もちろん、ここであげなかった論点についても、同時期に多数の判例が生み出されている。ここで具体的にあげた論点は、経済分析等が必須となるという点で、かつてと異なる特徴をもつものである。

第2編　第1章　Ⅲ　会社法研究と実務展開

れない、と感じることはある。法ルールとは法益を制度的に調整するものであるが、新しいルールについては、ルールを具体的事例に適用する際の「感触」が学界・実務界で共有されていないことが多い。そのため、そこでの具体的な対立利益は、どのようにルール（制度）の中で構造化されているのか、ある解釈論を採用した際に、それが当事者の行動にどのような影響を与え、その影響は好ましいものか好ましくないものか、を議論することは、実務にとって価値をもつはずである。この点で、法律意見書が裁判官の「役に立った」といえる場合もあるが、そうでない場合もある[46]。もし可能であれば、判決書は、（勝ち負けではなく）意見書執筆者の「理論」が裁判所に届いたか否かを（おぼろげに、であっても構わないので）推測できるような書き振りであってほしい。

　学術論文という一般的なテーマに戻ると、法ルールは各種利益を制度的に調整し、当事者に予測可能性を与えるものであるが、経済領域においては、複数の利害調整方法の優劣を比較したり、行動する当事者にとってのルールの合理性を測る際に、しばしばミクロ経済学の知見が有用性を発揮する。多くの実務家は経済学の知識にすぐれているわけではないからこそ、われわれ法学者が経済学を咀嚼し、これを解釈論・立法論・制度論に媒介していくことの意義は大きい（もちろん、経済学以外の社会科学も有用である[47]）。

46　下級審裁判所は、難解な法律論に立ち入ることを避けて、事実認定によって事件の妥当な解決を図る傾向があると感じる。これは一概に悪いこととはいえないが、そこから生じる問題・弊害もあるのかもしれない。

47　古典的な概説書として、三輪芳朗＝神田秀樹＝柳川範之『会社法の経済学』（東京大学出版会・1998年）、宍戸善一＝常木淳『法と経済学：企業関連法のミクロ経済学的考察』（有斐閣・2004年）等がある。近時の、より実践的意義が高いものとして、スティーブン・シャベル（田中亘・飯田高訳）『法と経済学』（日本経済新聞出版社・2010年）、田中亘（編著）『数字でわかる会社法』（有斐閣・2013年）、森田果『実証分析入門：データから「因果関係」を読み解く作法』（日本評論社・2014年）、草野耕一『数理法務のすすめ』（有斐閣・2016年）等がある。法学教室の259号（2002年4月）から270号（2003年3月）まで連載された、藤田友敬「基礎講座　Law & Economics　会社法（1～12）」は、現在でも有用である。森大輔「法と経済学のススメ」法教458号（2018年）4頁は、読みやすく、門外漢をこの分野にいざなう佳作である。

　当事者の行動予測や、物欲的には必ずしも合理的といえない「効用」（＝幸福感、満足感、正義感情の充足等）の測定に関して、行動経済学の知見がとりわけ重要性を増している。最近では、行動経済学の知見を法的正当化の一部分として援用する会社法研究も現れている。

　実定法学に役立つ社会科学の知見を提供するものとして、飯田高『法と社会科学をつなぐ』（有斐閣・2016年）がある。

6 結びに代えて：現状と展望

　もちろん、法学者が経済学を使いこなすことは困難であり、不正確な経済学の流用には警戒が必要である（生兵法は大怪我のもと）。また、学者の全員が経済学に通暁している必要はない。しかし、学界全体（会社法学者の共同体）において、十分な経済学の咀嚼がなされ、その知見が共有されていることが必要である。そうであれば、学者共同体は実務家共同体からの十分な評価を、今後も得られることができるだろう。

　他方、外国法研究の有用性は、今後も縮小するであろう。福田判事の言葉を引用する。「最近では、多くの実務家が海外に留学するようになり、外国の法律や裁判実務に触れることは珍しいことではなくなった。そして、手続法にしても、実体法にしても、それを適用した判例にしても、更には司法制度自体にしても、その国の歴史的・社会的・経済的背景の中から生まれたものであり、その背景についての理解なしに外国の方が日本よりも優れていることを指摘する比較法的研究はそのまま信用することはできないという実感を持つようになってきている」[48]。

　この点に関連して、筆者は、最近、複数の若手の会社法研究者による比較法研究に接する機会があったが、それは、この2、30年の間、日本法と当該外国法が共通の問題に直面し、異なった方法で、しかし同じ方向で当該問題を解決してきたことを示唆するものであった。いずれの研究も、外国法を日本に直輸入しようとするものではなく、当該外国法を内在的に深堀りする内容であり、筆者には大きな発見があった。先ほどの福田判事の言葉は、このような外国法研究を否定するものではないだろう。

(2)　法律家共同体・再論その1

　本稿をほぼ完成させつつある時期に、中央大学法科大学院の修了生たちとともに、筆者は最高裁判所を訪問し、最高裁判事および調査官からお話をうかがう貴重な機会を得た。以下は、その経験から得た筆者の雑感である。この部分は、訪問の直後に執筆したため、やや裁判官に肩入れしすぎた記述となっているかもしれない[49]。

48　福田・前掲論文（注3）73頁。福田判事の経歴については、前掲（注12）を参照。

49　また、民事法分野と比べると、公法や刑事法の分野では、研究者と実務家の間により強い緊張関係が存在するように思われる。おそらく、公法や刑事法の学者は、本稿のこの部分を読むと違和感

第2編　第1章　Ⅲ　会社法研究と実務展開

　本稿では裁判官・弁護士からなる実務家共同体を想定して、これを学者共同体と対置した（1、2参照）。しかし、それは学者からみた見え方であって、裁判官と弁護士は、それぞれ別の共同体を形成していると考えているかもしれない。

　私が最高裁判所の判事と調査官のお話から感銘を受けたのは、判事と調査官のチームワーク、および徹底した議論である。その職業倫理の基底にあるのは、組織内チームワーク（組織の一員としての行動・意識）、法と良心を一体として内面化し職務に向き合うという姿勢である。このエートスは、西洋の教養とは少し異なるもの、より正確に表現すれば、西洋の教養と日本の教養の両方にまたがるものである（4(1)参照）。「名もない顔もない司法」という表現は、まさに的を射ている。

　以下は、上記の最高裁訪問とは無関係の雑感である。司法制度改革の構想と混乱・迷走においては、当時も今も、関係各界の主導権争い（対外的なものだけでなく、対内的なものも目立つ）が調停されず、言いっ放しの論争が目立ったという印象がある。裁判所・弁護士界・学界の三者が将来志向の協力関係を築くには、「相手を知ろうとすること」、そこから信頼関係を再構築することが必要である。対等な当事者間であれば、互恵的関係は可能である。しかし、三者の関係性は、そのような方向に向かっているとは思えない。

　3つの共同体がそろって内にこもることになれば、日本社会における三者の地位も一様に下落することになろう。

(3)　法律家共同体・再論その2

　先の(2)では、裁判官と弁護士が別の共同体を形成している可能性に言及した

　を覚えるであろう。

50　実務家のミッションは、法の解釈にあるのではなく、正しい法により事件を解決することにある。筆者が接した最高裁判所の判事と調査官は、そのように自己のミッションをとらえており、筆者もそれは正当であると思う。

51　前掲（注2）を参照。

52　ダニエル・H・フット（溜箭将之訳）『名もない顔もない司法：日本の裁判は変わるのか』（NTT出版・2007年）の、特に13～25頁を参照。同書は、日本の司法制度を批判的に評価しているわけではなく、米国との違いや、その背景を分析するものであることに注意したい。

　　付言すれば、米国の司法制度は西洋の典型例ではない。同書は、西洋でもかなり特徴的な米国の制度と対照することによって、わが国の司法制度の特徴を際立たせることに成功している。筆者（大杉）は、これはわが国の「特徴」であり、「特異性」ではないと考えている。

が、同様の問題は、民法・民事訴訟法・商法のそれぞれの学者共同体の間の関係についても存在する。

日本私法学会第81回大会（2017年10月）では、例年とは異なり、民法と商法にまたがるシンポジウムが2つ開催された。演題は「非営利法人に関する法の現状と課題」および「『日本的取引慣行』の実態と変容」であった。[53]

また、民法・商法にまたがる問題について、民法学者と商法学者のペアをつくり、両者がその問題について執筆し、さらに相手の論文にコメントを行うという試みも、なされている。[54] もっとも、この書籍は、全体としては画期的なものであるが、中にはペアの相手方の問題提起に対し全く応答していない例もある。民法学と商法学の間で問題意識を共有することの難しさがうかがわれる。

筆者の体験であるが、先日、会社法と民法にまたがるある問題について、たまたま居合わせた旧知の民法学者に相談したところ、示唆に富む視点が得られたということがあった。「異なる共同体の間の交流」の重要性を、最近とみに痛感する。

この点、ドイツでは、民事訴訟法学者は同時に民法その他の科目の学者であることが一般的であり、また、大学の研究者教員の中には高等裁判所の裁判官を兼ねている者もいる。[55] つまり、民法学界と民事訴訟法学界、学者共同体と実務家共同体の間の交流が担保されている。もしかすると、かの地では「民法学者、商法学者、民事訴訟法学者、裁判官、弁護士」は同じ共同体を形成しているのかもしれない。

これに対して、わが国の学界はタコつぼ型である。そこでは、狭く深いことが評価され、広く浅いことが軽んじられる。この状況を打破するには、横に広い新人が現れるのを待つのでは足りない。40代、50代の学者が、そのように横に広い新人を「歓迎する」「育てる」という強い意思をもち、それを公言し、自らも横に広い研究を実行することが必要である。

(4) 展　望

現在の学界は、学界が実務界から評価されることについて「将来世代＝将来

53　日本私法学会『私法』80号（有斐閣・2018年）を参照。

54　潮見佳男＝片木晴彦編『民・商法の溝をよむ』（日本評論社・2013年）。

55　本間靖規「民事手続法分野における実務と学説」法時79巻1号（2007年）64頁、67頁、68頁注(14)。

第2編 第1章 Ⅲ 会社法研究と実務展開

の学界」に対して責任を負っている。そのため、(1)でみたように、新しい判例、新しい論点、および新しい方法に目を凝らし、これまでの知的遺産を発展させなければならない。学界全体の知を磨き上げることはもちろんであるが、その成果を外部へ発信することも、同等以上に重要である。判例を素材とする論稿においても、判例を学説の1つと扱って批評するかつての並列型よりも、多角的な判例分析の可能性を読者に提示するもののほうが、実務家にとって有用であろう。[56]

もともと法律（学）とは、個別紛争に対する裁判所の裁定の積み重ねが体系化されることで成立したものである。[57]しかし、近時、そのようなプロセスを経ずに生み出されるソフトローが、会社法分野では重要性を増している。ソフトローは会社法学の研究対象か否か、意見は分かれよう。重要なのは、この問いを無視することは許されないことである。

理論と実務の関係について論じた文献は、これまでに多数存在する。[58]本稿は、故意にその多くを無視し、一部の文献だけを取り上げて検討したが、その趣旨は本稿の読者には説明不要であろう。いうまでもなく、この問題には唯一の解答はなく、論争に決着が来ることはないであろうが、本稿が読者の関心を引くことができたのであれば望外の幸せである。

【追記】 本稿の提出後、1月ほど経った時に、「松田二郎判事と大隅健一郎教授・判事の回想記を読む」という方法があったことに気づいた。もはや後の祭りであるが、ここに備忘として記録しておく。松田二郎『私における裁判と理論：若き法曹に夢を託して』（商事法務研究会・1981年）、大隅健一郎『商事法六十年：私の歩んだ道』（商事法務研究会・1988年）。

---

56 飯田秀総＝白井正和＝松中学『会社法判例の読み方：判例分析の第一歩』（有斐閣・2017年）がその一例である。

57 前掲（注5）を参照。

58 ジュリスト756号（1982年）は「学説と実務」と題する大特集を組んでいる。そのほかに本稿の執筆にあたって、本間・前掲論文（注55）、福田・前掲論文（注3）、清水・前掲論文（注3）、伊藤栄寿・山城一真ほか「〈座談会〉民法学のなやみ（上）（下）」法時90巻1号（2018年）101頁、2号（2018年）105頁を参考にした。本間・前掲論文は、多くの参考文献を掲げているという点でも有用であり、筆者は本間論文から藤原判事の講演録（前掲注7）を知ることができた。

IV

民事手続法研究と実務展開

山本和彦
一橋大学大学院法学研究科教授

1 | はじめに──本稿の問題関心

　本稿は、研究者の役割と理論の実務に対する影響・展開について考察することを目的とする。筆者は、従来、このような検討を必ずしも自覚的に行ってきたものではなく、無意識下で活動してきたが、今回の原稿依頼を契機に、問題を自覚し、自らの活動や思考を可能な範囲で言語化しようと試みた。ただ、その内容はあくまでも感覚的・随想的なものにとどまることをあらかじめご寛恕いただきたい。なお、本稿の射程として、「研究者の役割」といっても、あくまでも筆者の専門である民事手続法の研究および研究者に限定する。それが他の分野にも妥当する部分もあるかもしれないが、あくまで対象は限定して論じる。この点で、特に民事手続法分野の研究の特徴として、①対象の技術性、②実務の存在感の大きさ、③運用面の問題の重要性などがあり、研究者の役割も実体法など他の分野とは異なる可能性があるからである。

　なお、一昔前において、この問題を論じる論稿においては、実務に対する学説の影響力の低下という点に焦点を当て、その原因や当否について論じるものが多かったように思われる。ただ、筆者より少し上の世代以降は、このような

1　文献の精査も十分ではなく、注記も断片的なものにとどまる。この問題について 20 世紀末の段階で文献を網羅し、最も包括的な検討を行う論稿として、竹下守夫「民事訴訟法における学説と実務」民訴雑誌 46 号（2000 年）1 頁以下参照。また、学説と実務の関係について明治期以降の歴史的な探究と実務家の観点からの分析を行う論稿として、藤原弘道「思うて学ばざれば則ち殆し──民事裁判における実務と学説・判例との係わりについて──」判タ 929 号（1997 年）6 頁以下参照。

第2編　第1章　Ⅳ　民事手続法研究と実務展開

問題意識自体があまりなくなってきているのではないかと感じられる[2]。換言すれば、そのような「影響力低下状態」がむしろ当然の前提ないし出発点となっており、そのことへの「慨嘆」や「憤慨」[3]等はそもそもなく、淡々と実務との関係を論じている印象がある。むしろ（筆者より下の世代等に対する）筆者の懸念はその真逆のもので、実務に対して過度に従順な傾向が学説にありはしないかという点である。判例批評なども判旨賛成が大多数を占め、実務との対話の中でも実務の正当性を大前提とする議論が見受けられる。確かに実務にはそれなりの正当化要因（実務の「磁場」の強さ）が常にあることは否定しがたい[4]。しかし、その中であっても常に批判的視点をもち続けなければ、学説の存在意義は失われるおそれがある[5]。手続法は実務と近いがゆえに（共同研究等も数多い）、かえって実務との距離感は非常に重要なものとなろう。この点は本稿の主要な問題関心の一つである。

　以下ではまず、研究者の役割について、「理論的に」あるべき姿を考えてみて、その後、筆者の実践の観点から若干のメンションをする（2参照）。次いで、理論の実務への影響の局面として、立法（3参照）、判例（4参照）、運用（5参照）について、それぞれ若干の検討を試みる[6]。そこでは、各々の局面について、直接的な影響を考えない場面とそれを意識した場面とに分けて、研究者の役割を考えてみたい。最後に、将来に向けて若手研究者に対する若干の期待を述べ

2　筆者より20年年長の井上治典教授はまだ、「学説が実務・判例に与えている影響力は衰えつつあり、相互作用のバランスが若干崩れてきているのではないかという印象を拭えない」という感覚を示されていた（井上治典「民事訴訟における学説と実務」ジュリ756号（1982年）91頁参照）。筆者と同世代では、そもそも「影響力が衰える」前の状態に関する実感がないように思われる。

3　竹下・前掲論文（注1）27頁の表現である。なお、そのような影響力低下の原因については、竹下教授の分析、すなわち「実務の基盤を成す理論体系の一応の安定と、その実務的体系と学説の説く新しい理論との不整合の結果とみるべきである」との分析（同論文21頁以下参照）がおそらく正当なものと思われる

4　星野英一教授がつとに指摘される「社会の現実に接触している人の考え方にはなんらかの点で合理性がありはしないか」という見地（星野英一ほか〈研究会〉民事法における学説と実務」ジュリ756号（1982年）40頁〔星野発言〕参照）に立つ、それ自体は真っ当な感覚である。

5　その意味で、あまりに若い時期から実務と過度に強く接触することには疑問を禁じ得ない。

6　このような分析枠組みについては、基本的に竹下教授のものを踏襲している。竹下・前掲論文（注1）6頁以下では、裁判の場、手続運営の領域、立法作業に分けて、学説と実務の交錯状況を検討されている。

る（6参照）。

2 │ 研究者の役割

(1) 研究者の役割理論：総論

　まず、基本的な民事手続法研究者の役割について、筆者は、何らかの形で法実践に対する影響を与えることにあると考える。すなわち、このような役割が実定法学者には必須ではないかというのが筆者の基本的認識である。法実践[7]（立法、解釈、運用）に全く無関心な研究、たとえば、法実践の現状と無関係に、純粋に過去の歴史上の事実を示したり、外国の法令・判例の紹介をしたりする研究は、基礎法理論の研究としてであればともかく、実定法研究とはいいがたいのではないか。これが実定法研究に関する筆者の基本的認識である。

　ただし、研究の射程の長短や影響の直接性の問題はありうる。換言すれば、短期的に、今の日本で現実の課題とされている事態に対する対応だけが実定法研究者の仕事ではない。将来の日本で問題になりうることを前提に、今外国で行われている議論を紹介したり、直接は日本の議論に影響しないようにみえるが、その背後に存在する認識枠組み等を炙り出すために、制度の歴史を分析したりする研究は、十分に実定法研究とよぶことができる。また、従来の学説や判例を新たな観点から整理するような研究も、既存の法理の理解を深め、その安定性を高めるという意味で、法実践に寄与するものであり、実定法研究といえる。その意味では、実際には多くの研究は何らかの形で日本法の実践に影響がありうる。そこで重要であるのは、研究者自身の問題意識・自覚である。無反省に「横のものを縦にする」ことは相当でなく、法実践に一定の有用性を与えうる可能性を自覚しながら研究をする必要があると考える。[8]

7　武藤裁判官は「実定法の分野では、法律学は、すべからく『実用法学』に徹していただきたい」と指摘するが（星野ほか・前掲研究会（注4）41頁〔武藤春光発信〕）、正論と思われる。

8　星野教授が、研究者は「よりよい法実務が行われるということを研究の少なくとも間接の目的と考えているはず」とされたり（星野ほか・前掲研究会（注4）46頁〔星野英一〕参照）、清水弁護士が「学説が実務に影響を与えなければならないという必然性もない。しかし、いずれもが法に関する（そして、究極的には『正義』を目指した）営みであることを考えるならば、両者が適度な緊張関係を保ちながら、相互に影響し合い刺激し合う方が、相互に自己を高める」とされたりする（清水正憲「弁護士から見た実務と学説」法時79巻1号（2007年）77頁参照）のも、基本的に同旨と

第2編　第1章　Ⅳ　民事手続法研究と実務展開

　また、影響の大きさや影響が実現する時期についても、さまざまな選択の余地がある。一方で、法理論の体系（パラダイム）を変動させる、射程の広く長い理論がありうる[9]。このような理論の定立は研究者として1つの目標であり、成功すれば、当該問題に限らず、豊富な副産物を生み出しうるもので、その意義は大きい。しかし、現実には、このようなパラダイム転換は法律学では非現実的な場合が多い。そのような議論をめざすと、過度に抽象的な、反論可能性に乏しい理論になりがちであるし、実務には受け入れられにくい議論になる[10]。その意味で、すでに問題となっている事案や法律問題に対する直近の望ましいあり方（立法論・解釈論等）を論じる研究もあってよいし、数十年後の実務のあり方を見据えた基礎的研究もあってよい[11]。これは、いずれがすぐれており、いずれが劣っているという性質の問題ではなく、実務家もその両面を研究者に期待しているのではなかろうか[12]。ただ、裁判官からの批判・要望として、「学者が学説を立てられるときにはいったいこの学説がいつの時点を目標にして議論されているのかということを少なくとも意識してほしいし、できればその点に触れてほしい」[13]との指摘は重要である。結局、学界全体においては、長期的議論と短期的議論のどちらかに偏ることは望ましくなく、バランスよくその両

思われる。

9　井上・前掲論文（注2）91頁は、「学説には、実務への即効薬的な役割は果たさなくても、10年、20年という長期的な展望をもちながら、トータルな視点から解釈論のための基礎づくりをなし、制度改革のための状況づくりをなすという責務を負っている」とされる。

10　竹下・前掲論文（注1）23頁参照。「学説としては、既存の体系を揺るがすような革新性の大きい議論、あるいはパラダイムの転換と呼ばれるような理論に、高い価値が認められますが、そのような理論ほど実務上は直ちには受け入れられにくい。既存の建物の屋台骨を取り替えることは、容易にできないということになって、学説側にフラストレイションを起こす一因となっている」と評される。

11　鳥山教授は、「必ずしもいま役に立つことだけに拘束される必要はなくて、『将来』役に立つかもしれないという面を大切にする。多少遠い未来に役に立つのであれば、それで十分です。ただ、実務というものを意識しないままですと、遠い未来であってもまったく役に立たない可能性が出てくるので、その無視もよろしくない」と正当に指摘される（伊藤栄寿ほか「〈座談会〉民法学の悩み（上）」法時90巻1号（2018年）104頁〔鳥山泰志発信〕参照）。

12　野崎裁判官も、一方では「学説の担当するのは基本的な原理というものの追求にあるのではないか」としながら、他方では「実用されない理論をいくら考えたって仕方がない」と指摘される（星野ほか・前掲研究会（注4）43頁〔野崎幸雄発信〕参照）。

13　星野ほか・前掲研究会（注4）33頁〔野崎幸雄発信〕参照。

面が展開されるべきではなかろうか。

　なお、実務に影響を与えるという場合、それが直ちに判例や立法に採用されることと同義ではないし、そのような採用自体が目的とされるものでもない。むしろ実務に選択肢を示して十分な検討ないし反省の機会を与えることが重要である。研究者としては、自らが正しいと確信する結論を提示し、それが採用されやすいような論理（現在の実務理論体系とより整合的な論理）を提供すべきであるが、最終的な採否は実務の判断に委ねるという姿勢が妥当であろう。実務に採用されたいがゆえに本来正しいと考える結論や理屈を枉げるのは、本末転倒である。[14]

(2)　研究者の役割理論：各論

　研究者の役割として重要な点として、何よりも体系の提示がある。これは研究者の根本的な役割である。実務家は個別の案件における適切な解決に主眼をおくのに対し、研究者はより体系的な解決策を提示する。その場合、実務を理論化して肯定することもあれば、実務を批判してその反省を迫ることもある。いわば実務の参照点となることが研究者の目的とされるべきである。[15] 体系の設定・提示による利点としては、第1に、議論に漏れがなくなることがある。実務で現実に事案が発生している部分だけではなく、それ以外の問題にも目配りが可能となる。第2に、議論に矛盾がなくなることがある。一見異なる問題であっても、その背後にある類似点等を探り出し、統一的な視点を提示できる。これによって、議論の整合性が確保され、新たな問題に対する的確な対応が準備できる。ある問題に対する場当たり的な対応が（それ自体は正しいとみられるものであっても）、他の部分で看過しがたい副作用をもたらすことが往々にしてありうるからである。以上のような点を体系的な考察によって自覚させること

14　前田教授は、「直接そちら（裁判官）の方向を見ながら勉強しているというのはむしろ適当でないのではないか、採用されたかどうかで一喜一憂するのはむしろ適当でないのではないか」（星野ほか・前掲研究会（注4）45頁〔前田庸発信〕参照）とされるのは、研究者として正当な姿勢と思われる。

15　実務家の側からみて学説に期待するものとして、比較法とともに、「体系的な考察」をあげるものとして、福田剛久「裁判官から見た実務と学説」法時79巻1号（2007年）73頁参照。福田判事（当時）は、「ここで体系的な考察という趣旨は、単なる思いつきではなく、過去の学説の積み重ねや比較法的な研究、更には社会の実態についての調査研究等が所説の基礎にあるということを意味する」と定義される。

207

第2編　第1章　Ⅳ　民事手続法研究と実務展開

に、まずもって研究者の役割があると解される。

　確かに、実務においても「実務的理論体系」が存在する[16]。そして、その発展によって安定した体系が形成されてくれば、このような体系化に関する学説の役割が限定されていくことは自然な展開である。しかし、それでも、①従来の議論の延長線上では適切な解決が困難と思われる問題が発生し、体系の組み換えの必要が生じる場面、②新たな立法が行われ、従来の体系との整合性を確保しながら、既存の体系に組み入れていく必要が生じる場面などには、依然として研究者が体系の提示や展開に中核的な役割を占める場面はありうるものと考えられる。

　次に、研究者のやはり重要な役割として「根拠の問いかけ」という点がある[17]。実務において当然の前提とされている事柄を含め、そのルールや運用の根拠を問いかける、何ゆえそうなるのかの問いを発し続ける、という役割である。実務において当然の前提や暗黙の前提とされている点について、その正当化根拠を問い直し、仮にそれが十分に正当化できないとすれば、実務へ反省を迫るし、それが正当化できるとしても、その根拠から新たな議論の展開の可能性が生まれる場合がある[18]。これが沿革的・比較法的・社会学的研究の必要性につながるのであり、実務を俯瞰する広い視野を提供できることになろう[19]。

　以上が研究者の抽象的な役割であるとすると、より具体的な役割として、伝統的に研究者の大きな役割とされてきた点が比較法研究であろう。ただ、近時、その意義が減退してきていることは各所で指摘されている。その原因として、日本固有の法律や法律学の発展によって比較法自体の意義が低くなってきたこと、外国法の情報が日本でもIT等で容易に入手できるようになったこと、実

16　この点については特に、竹下・前掲論文（注1）21頁以下が強調される点である。

17　この点を特に強調されるものとして、藤田宙靖教授（元最高裁判事）は、「学問の真髄は『何故か』を問い続けるところにある」とし、真理の探究が学問であるとすると、法律学は学問ではなくなるので、その定義は「余りにも狭過ぎる」と評される（藤田宙靖『最高裁回想録』（有斐閣・2012年）146頁参照）。

18　星野教授は、「それらが一体『なんであるか』『なんのためのものか』を基本的に考え直す必要がある。そのためには、それらが『どのようにしてそうなったか』を研究せざるを得なくなります」と表現される（星野ほか・前掲研究会（注4）47頁〔星野英一発信〕参照）。

19　「退いて見ると、ある意味では森がもう少しよく見える」と表現されるのは、星野ほか・前掲研究会（注4）48頁〔星野英一発信〕参照。

208

務家も海外留学等によって直接外国法に接するようになっていることなどがあり、この点が研究者の「影響力の減衰」の１つの大きな要素かと思われる。しかし、今でも研究者の比較法研究が全く意味を失ったわけでないことはいうまでもない。そこで重要なのは、個別の断片的な情報提供ではなく、体系に基づく外国法理解の提示であろう。[20] 実務家などによるピンポイントの外国法理解は、外国法における個別ルールの体系的な位置づけを見誤るおそれもあり、なお研究者の果たすべき役割は残っているといえよう。[21]

次に、実証研究の役割も重要である。特に手続法においては、一定の法改正等が行われた場合、それが所期の成果を果たしたか否かという点について、比較的実証が容易である。[22] 従来はそのような関心は、手続法研究者の世界でも薄いといわざるを得なかったが、近時はようやく実態調査に対する関心が高まる傾向にある。倒産関係で、民事再生法の立法成果を測る目的で和議や民事再生の記録調査が行われたし、[23] 民事訴訟関係では現行法による改革の成果を測るため民事訴訟記録調査が行われた。[24] また、利用者目線での民事訴訟制度・運用のあり方を検討する前提として、訴訟利用者調査も定期的に実施されている。[25] このような傾向は望ましいことであり、研究者の中心的役割の一つとなりうるも

---

20 なお、歴史研究にも同様の側面がある。鳥山教授は、「歴史というのはあくまでも、体系的考察の１つの方法なのだろう」と指摘される（伊藤栄寿ほか「〈座談会〉民法学の悩み（下）」法時 90 巻 2 号（2018 年）113 頁〔鳥山泰志発信〕参照）。

21 福田・前掲論文（注 15）73 頁も、上記と同様の問題意識を踏まえ、「比較法的研究の結果を学説として展開するためには、それぞれの国における背景や場合によっては実務の運用にまで立ち入って検討することが求められる時代になっている」とされるし、伊藤ほか・前掲座談会（注 20）105 頁〔根本尚徳発信〕も、「少なくとも日本法の研究としては、ある事柄について日本法と外国法を比較してみました。外国法はこうでした、日本法はそれとは違っていました、面白かったです、というのではおそらくだめだろう」とされる。

22 これに対し、実体法は社会全体にかかわる問題であるので、立法の成果の実証が困難であることも多いとみられる。

23 青山善充『和議法の実証的研究』（商事法務研究会・1998 年）、山本和彦＝山本研『民事再生法の実証的研究』（商事法務・2014 年）参照。

24 民事訴訟実態調査研究会編『民事訴訟の計量分析』（商事法務研究会・2000 年）、同『民事訴訟の計量分析（続）』（商事法務・2008 年）参照。

25 2000 年の司法制度改革審議会の手になるものを受けて、2006 年以降 5 年ごとに行われているが、直近の調査結果については、民事訴訟制度研究会編『2016 年民事訴訟利用者調査』（商事法務・2018 年）参照。

のである。この面では、特に若手研究者の積極的な取組みが今後も期待されよう。

　以上のように、研究者に期待される役割は、体系提示や根拠探究、それに基づく立法論・解釈論の展開、さらに比較法・実証研究と実に多種多様である。ただ、ここで確認しておきたいことは、以上のような極めて多様な役割のすべてを1人の研究者が自らでこなす必要はないという点である。それぞれの研究対象が限定されていた時代はともかく、現代ではそもそもそのようなスーパーマン的な活動は不可能である。むしろ各研究者がお互いに役割分担をし、自分が得意な役割をこなしながら、研究者の世界（学界）全体で以上のような役割を充足していくことこそが重要である。すなわち、理論体系提示、根源的思考、立法論・解釈論、判例研究、実証研究、比較法研究等を各研究者が相互に分担していくということである。そのためには、バランスのとれた多様な研究者が多数各分野において輩出される必要があるが、その点で現状の民事手続法学界はやや危機的な状況にあるという評価になろう。

(3) 研究者の役割実践：総論

　次に、より実践レベルの研究者の役割についてみれば、まず体系書の執筆がある。前述のように、体系の提示が研究者の最も重要な役割の一つであるとすれば、体系書の執筆が重要であることは当然であろう[26]。ただ、近時は、教科書類は多くあっても、いわゆる体系書は少なくなっているとの印象は否めない。そして、このことが実務との関係で研究者の役割が低下しているとされる1つの原因かとも思われる。

　次に、論文の執筆である。これが研究者の日常的役割として最も重要なものであることはいうまでもない。一口に論文といってもさまざまなタイプのものがある。外国法から示唆を得て、一定の問題に関する日本法の議論を展開するもの（外国法出発点型。これは相対的に若い頃に多い）、判例その他実務上生じているさまざまな法律問題について、それまでの自らの理論から論及するもの

---

[26]　体系書の意義づけについては特に、伊藤眞『千曲川の岸辺』（有斐閣・2014年）93頁以下参照。同94頁は「研究者の活動として、論文の発表と体系書の上梓との間には、唇歯の関係があり、論文に支えられていない体系書は、虚しく、体系の中に位置付けられていない論文は、殆いというのが、私の信念である」とされる。もって至言といえよう。

（日本法出発点型。これは相対的に一定の経験を経た後に多い）まで多様である。

　さらに、判例評釈の執筆も重要な任務である。最高裁判例に関する判例の分析・理解・射程の提示や、下級審裁判例に関する将来の判例への影響等があるが、研究者の書くものとして、実務家とは異なる視点の提示が求められる。それは、より原点に立ち戻った考察というものであろう。判例を批判すればよいというものではないが、判例を過度に肯定的に受け入れる傾向があるとすれば、やはり問題である。実務家の期待としても、「判例というものを少し突き放し、一定の距離を置きながら、それぞれの学者の立場から、もちろん賛成すべきものは賛成するが、批判し反対すべきものはそれなりの根拠と理由とを示しながら批判していく」べきもので、「それを読めば、判例を盲信する危険に陥ることもない」ものであることが研究者の評釈には期待されている[27]。

　最後に、より具体的な法実践の局面の仕事として、法案立案（審議会）等への参加、法律意見書の執筆等がある[28]。立法や判例について、より近い立ち位置からの貢献を図るもので、半ば実務家的な視点が要求される。しかし、このような場でも、なおそこには研究者としての独自の立ち位置がありうるものであろう。体系的観点からの問題の指摘により個別の妥当性論に流されないこと、根拠への問いかけにより問題検討に深みをもたらすことは重要である。個々の場面ではその意見が採用されないとしても、研究者が立法や判例の形成のプロセスに参加することには大きな意味があるというのが筆者の実感である。すなわち、従来、実務家が新しい法律問題に接した際に、「学説に相談しても、必ずしも的確に答えてくれるとは限りません。あるいは、どうしても知りたいと思う問題に限って学説も沈黙していて役に立たない」との批判に対し[29]、新たな問題を実務の要望に応えてピンポイントで論じる役割は、近時ますます重要性を増してきているように思われる。

(4)　研究者の役割実践：各論——筆者個人の実践例

　以下では、筆者個人の活動の中で、上記のような研究者としての役割の実践をどのように図ってきたか（図ろうとしてきたか）について概観する[30]。

27　藤原・前掲論文（注1）18頁参照。

28　これらは最近特に意識され、重要になってきている研究者の役割といえようか。

29　藤原・前掲論文（注1）19頁参照。

第 2 編　第 1 章　Ⅳ　民事手続法研究と実務展開

　まず、理論的な関心に基づく体系的モデルの構築の試みである。たとえば、民事訴訟法理論における公的サービス論およびそれに基づく民事訴訟の目的論とそれを踏まえた体系化の議論の試みがある。これは、純粋に理論的関心に基づく作業である。「審理構造論」1 部に続き、「民訴」1 章（公的サービス論）・同 2 章（公的利益の保護）・同 6 章（救済法）・同 15 章（真実発見）などがこれに関連する。また、あるべき制度への示唆、新たな立法の説明等に基づき、倒産法の部分的体系化を図るもの（「倒産」1 章（BAHM モデルの議論））や集団訴訟に関する体系化を試みるもの（「民訴」20 章（集団的利益論））などがある。他方、論文執筆の動機としては具体的な問題解決が主に念頭にあったが、結果として、比較的広い射程の理論モデルの提示に至った論稿として、「倒産」2 章（倒産法的再構成論の批判に基づく倒産法的公序の理論）、「民訴」4 章（当事者主義的訴訟運営）、同 5 章（実質的手続保障）、「審理構造論」3 部・「民訴」8 章（審理契約論）、同 9 章（要因規範論）、同 13 章（和解の手続的規制）などがある。

　次に、立法との関係である。筆者は、民事手続法関係の立法として、現行民事訴訟法制定の末期からかかわりをもち始め（民事訴訟法典現代語化研究会）、その後、法制審議会の部会としては、倒産法部会（平成 11 年民事再生法制定、平成 13 年民事再生法改正・国際倒産関係立法、平成 14 年会社更生法改正、平成 16 年破産法改正等）、民事訴訟法部会（平成 13 年公務文書提出命令関係民事訴訟法改正）、民事訴訟・人事訴訟法部会（平成 15 年民事訴訟法改正・人事訴訟法制定）、民事訴訟・民事執行法部会（平成 16 年民事訴訟法・民事執行法改正）、国際裁判管轄部会（平成 23 年民事訴訟法改正）、非訟事件・家事事件手続法部会（平成 23 年非訟事件手続法・家事事件手続法制定）、ハーグ条約部会（平成 25 年ハーグ条約実施法制定）、人事・家事国際裁判管轄部会（平成 30 年人事訴訟法・家事事件手続法改正）、民事執行法部会に関与してきた。また、それ以外に、国際私法部会（法適用通則法制定）、刑事被害者関係部会（損害賠償命令制度等創設）、民法（債権関係）部会（平成 29 年民法改正）、民法（相続関係）部会（平成 30 年民法改

30　主として、筆者の論文集登載の論文の位置づけの中でそれを試みてみる。以下では、山本和彦『民事訴訟審理構造論』（信山社・1995 年）を「審理構造論」、同『倒産法制の現代的課題』（有斐閣・2014 年）を「倒産」、同『民事訴訟法の現代的課題』（有斐閣・2016 年）を「民訴」、同『ADR 法の現代的課題』（有斐閣・2018 年）を「ADR」とよぶ。

212

正）にも関与した。また、それらに付随する最高裁判所規則の制定や改正にも
民事・家事・刑事の最高裁判所規則制定諮問委員会幹事として関与してきた。
さらに、法制審議会（法務省）以外でも、ADR法・仲裁法制定（司法制度改革
推進本部）、金融機関の破綻処理手続創設（保険会社および大規模金融機関関係）
（大蔵省・金融庁）、特許訴訟手続改正関係（特許庁）、消費者裁判手続特例法制
定（消費者庁）、医療事故調査制度創設（厚生労働省関係）などにもかかわって
きた。以上のような活動の中で、前述した研究者としての立法に対する役割を
果たすべく主観的には努めてきたつもりである。

　そのような立法作業に携わる中、立法論の理論的な基礎づけを考える作業
を論文化したものがある。たとえば、「倒産」18章の民事執行手続における債
権者保護（財産開示や第三者照会制度の基礎）、「民訴」19章の集団的被害回復
制度（消費者裁判手続特例法）などのほか、特に、ADR法に関する論文が多い
（「ADR」1章～6章（ADR法）、同10章～12章（金融ADR）、同13章・14章（事
業再生ADR）など）。ADR法は、立法論に関する理論的基礎の蓄積が従来ほぼ
全くない分野での立法であっただけに、筆者自身理論的な試行錯誤をくり返し
ながら、それを世に問うてきた。さらに、立法後に、当該立法を前提にして残
された問題の分析を図る作業も行った。これも広い意味では、立法の射程を定
めるという意味で、立法の「後始末」的な研究といえようか。特に倒産法の分
野で、「倒産」4章清算価値保障原則、同10章敷金の取扱い、同12章保険会
社の破綻処理、同15章国際倒産、同17章事業再生ADRなどがあるし、民事
訴訟法分野でも、「民訴」17章職務上の秘密などはこのようなカテゴリーの仕
事になろう。

　最も中心的な活動が解釈論の展開であることは当然である。そのような解釈
論にもいくつかのタイプのものがある。まず、判例法理の体系化を図り、付随
的問題にも一定の解決を提示するようなものとして、「倒産」5章（ファイナン

31　その意味で、筆者は、委員幹事として最も多数の法制審部会に属した1人ということになろう。
　　従来（2000年の法制審議会制度改革以前）は、長期にわたって法制審議会に関与していても、恒常
　　的な部会であったため、所属部会数は多くなかったからである。
32　残念ながら、いまだ立法に至っていない課題もある。たとえば、「ADR」9章のADR和解の執行
　　力の問題などである。

第2編　第1章　Ⅳ　民事手続法研究と実務展開

スリース）、「民訴」18 章（文書提出義務）などがある。他方、具体的な法律問[33]
題に関する伝統的解釈論を展開する論稿も（筆者は他の研究者に比べてその比率
が小さいかもしれないが）存在する。たとえば、「倒産」3 章支払不能概念、「民
訴」10 章一般条項と弁論主義、同 11 章総合判断型一般条項、同 12 章法律問
題指摘義務などはこれに該当しよう。そして、倒産法のような新たな問題領域
においては、まず実務において問題が生じる。その結果として、前述のように、[34]
具体的な事件における法律意見書で初めて具体的な問題に向き合うことも多
く、それが論文（解釈論）に至る可能性もある。特に倒産法の分野で、「倒産」
7 章（別除権協定）、8 章（労働債権の立替払）、9 章（退職手当の更生手続上の扱
い）、11 章（船舶共有契約）、13 章（マイカル証券化スキーム）などはもともとの
原稿が法律意見書であったものであるし、ADR 法・仲裁法の分野でも「ADR」
9 章（ADR 合意の効力）、21 章（仲裁判断の準拠法）なども同様である。[35]

　やはり従来の研究者の典型的な研究である、比較法から日本の制度や解釈に
一定の示唆を与えようとする論稿は、筆者は必ずしも多くない。ただ、最初[36]
の論文である審理構造論 2 部（法律問題指摘義務）は独仏の比較法を前提とす
るものとしてそのような構造をもつし、「倒産」19 章担保不動産収益執行制度
（ドイツ法）、同 20 章執行官制度（独仏法等）、「民訴」19 章集団的被害回復制度
（フランス法）などがある。また、本稿の定義する実定法研究の仕事とは離れる
が、外国法の純粋の紹介・翻訳作業をすることもある。

　以上のように、筆者の研究者としての活動は、（その中身や深さはともかく）
範囲においてはある程度幅広いものになっている。特に、他の研究者と比較す
れば、立法作業に参画する機会が多く、それを契機とした活動がかなりの比率
を占める点に特徴があるかもしれない。他方、体系的な理論の提示という意味

33　同様に、実体法を含めた理論的体系化を図るものとして、「倒産」6 章（担保権消滅請求）など参
　照。

34　日本の研究者は実務をやっていないので、事前に新たな法律問題の検討を期待することは困難で
　あるとの評価として、星野ほか・前掲研究会（注4）37 頁〔武藤春光発信〕参照。

35　さらに、最新の問題に従来の理論的検討をあてはめて展開したものとして、「倒産」14 章 SPV の
　倒産防止など参照。

36　なお、判例評釈については、最高裁・下級審を含めて多数のものがある。その中では、上記のよ
　うな研究者的な評釈を意識的にめざしているつもりではある。

214

で研究者の最も重要な役割である体系書の執筆という活動がいまだできていないことは大きな反省点ではある。

3 | 手続法研究と立法

(1) 立法に対する一般的影響

手続法のテクニカルな性質から、具体的な立法の提案は実務の側が中心になる傾向が強い。ただ、実務上問題になる点の指摘があった際に、比較法等の知見に基づき、研究者の側から一定の提案がされることはありうる。たとえば、倒産法改正時には、筆者も一定の提案を試みたことがある。[37] なお、そのような観点からは、実務家との共同研究は重要性をもつ。筆者も、民事訴訟法改正や民事執行法改正等では、そのような共同研究を試みている。[38]

また、一般の論文においては、研究者の論文は、どうしても解釈論が中心になる傾向はあるが、近時は立法論の提示も重要な役割になっている。ある法律問題について望ましい結論（解決策）がある場合に、研究者のスタンスは分かれるが、筆者はどちらかといえば、現行法を前提とした無理な解釈論を提示するよりも、率直に立法論を示すという立場に親和的である。これは、過度に解釈論に固執することで、（仮にそれが判例で受け入れられたとしても）その結果、立法府が司法府に依存し、法改正に怠慢になり、法律がわかりにくくなることを懸念するものであり、研究者の1つのありうる姿勢と考えている。

さらに、外国の立法の研究は、依然として研究者の役割として大きな部分を占める。実務家の外国法研究はどうしても実務運用等が中心となり、立法のあり方、さらにはその背景にある立法事実等にまでは及びにくいからである。これは、前述のように、昔のようにそのまま立法につながりうるわけではないが、立法プロセスにおいてなお重要な参考資料にはなりうるものであろう。[39]

---

37 山本和彦「消費者倒産立法の論点」判タ 929 号・930 号（いずれも 1997 年）参照。

38 その成果として、三木浩一＝山本和彦編『民事訴訟法の改正課題』（有斐閣・2012 年）、三木浩一編『金銭執行の実務と課題』（青林書院・2013 年）参照。後者は、その後一部、現実の改正論に影響を与えている。

39 たとえば、消費者裁判手続特例法の立案時の研究として、「集合的権利保護訴訟研究会（代表：三木浩一教授）」の活動（NBL911 号（2009 年）以下に成果が掲載されている）は、現実の立法との関係でも重要なものであった（これについては、山本和彦『解説消費者裁判手続特例法〔第 2 版〕』

第2編　第1章　Ⅳ　民事手続法研究と実務展開

(2)　立法に対する直接的影響

　立法がより具体的な日程に上った場合に、研究者がより特定的な影響を求めて研究する場面もある。立案過程における論文は、基本的には前記の一般論文と同じであるが、より特定的な形で外国法の議論等を参照しながら具体的な提案等を行うことはある。[40]

　より直接的なものは、審議会等（立法に直結する研究会等を含む）における意見の提示である。[41]筆者自身、前述のように審議会等に多く携わる中で、審議会等における研究者の役割についてさまざまに考えるところがあった。民法等実体法とはやはりかなり異なる面があり、手続法関係の立法では議論の中心は実務家＝裁判官・弁護士になることは否定しがたく、研究者の側から具体的な改正案等が出されることは少ない。その意味で、研究者の一般的な役割と変わらないが、立法の場面でも、体系的観点から落ちている問題点を指摘したり、提案の矛盾点を指摘したり、また整合性を確保するために別の改正点や改正内容等を指摘したりすることは、研究者の重要な役割と考えられる。また、理論的観点から、基本的な制度の存在理由に立ち返って改正提案を吟味することも期待される。実際に、研究者の発言によって、審議のアポリアが解消され、議論が大きく前進する場面を何回となく見聞してきており、その役割は極めて重要であるとの実感をもつ。[42]

4 ｜ 手続法研究と判例

(1)　判例に対する一般的影響

　一般論文として、最も通常の実務に対する影響を与えうる可能性があるものとして、実務において問題になっているテーマについて一定の解釈論の提言をする論文がある。これは、最終的には、最高裁判所の判例に影響を与えてその

（弘文堂・2016 年）44 頁以下も参照）。

40　倒産法立法時のものとして、山本・前掲論文（注 37）の文献などがあるし、ADR 法立法時の前記の筆者の文献（2（4）参照）なども同様である。

41　パブコメや国会の参考人等としての意見表明も同様の意味をもつ。ただ実際的な影響としては、やはり審議会等における意見のほうが大きなものがあることは否定できない。

42　自戒を込めていえば、そのような発言ができるような準備を日頃から怠らないことが重要ということであろう。

主張を実現することをめざしているものと評価できる。特にいくつかの下級審裁判例がすでに出ているテーマについては、近い将来最高裁判例が出されることがある程度予見できるので、それに対する影響を具体的に意識して解釈論を展開することになろう。

他方、すでに最高裁判例がある場合に判例の変更をめざす論稿もありうる。[43]研究者としては、判例があるからといって、それであるべき議論を放棄することは相当でない。この点が実務家との違いである。しかし、現実には判例変更のハードルは日本では極めて高く、実現の見込みは薄いことも否定しがたい。むしろそのような場面では、立法論の展開が現実的であることも多い。立法論でも確立した判例と異なる結論の実現は難しいことに変わりはないが、そのような立法の実例も（大法廷による判例変更の事例よりは）多いからである。

(2) 判例に対する個別的影響

より特定的な場面で判例に対する影響を与える試みとして、まず下級審裁判例の評釈（ないしそれを契機とした論文）がある。当該裁判例が高等裁判所のもので、上告受理申立て等がされている場合が典型的である。仮にそうでなくても、下級審の判例評釈は、究極的には当該事件が最高裁判所に行った場合の影響を考えることになる。この点が最高裁判所の判例評釈との差異であろう。最高裁判所裁判官および同調査官は必ず当該事件に関してすべての下級審評釈に目を通すはずであり、そこで説得的な議論ができていれば、（その採用の有無にかかわらず）最高裁判所から何らかの対応がされることが期待でき、その検討に影響を与える可能性があることになる。[44]

より直接に裁判官に働きかけるものとして、法律意見書がある。近時とみに注目されている研究者の活動である。[45]これは、事件の当事者からの依頼を受け、

---

[43] 弁護士の立場から、弁護士が学説に向き合う場面として、第1に判例変更を試みる場合をあげられるのは、清水・前掲論文（注8）74頁参照。

[44] 採用の有無にかかわらず、そのような検討の材料を与え、選択肢を豊富にする点に学説の役割があると解されることにつき、2 (1) 参照。

[45] 研究者の法律意見書に関する興味深い論稿や座談会として、伊藤眞「法律意見書雑考——公正中立性の ombre et lumière」判時 2331 号（2017 年）141 頁以下、髙橋宏志ほか「〈座談会〉現代型訴訟と鑑定」NBL782 号（2004 年）8 頁以下など参照。また、裁判官の側からの受け止めとして、加藤新太郎「法律意見書の受け止め方」NBL1049 号（2015 年）1 頁も参照。

第2編　第1章　Ⅳ　民事手続法研究と実務展開

裁判所に対して証拠として提出されることを前提に作成されるものである。さ[46]
まざまなケースがありうるが、従来の自己の論文等の内容に鑑みてそれに沿っ
た意見を求められることもあれば、全く新たな法律問題に対する見解を求めら
れることもある。また、意見書に対する態度も研究者によってさまざまなもの[47]
があろう。自分の見解と厳密に同一でなくても、ありうる見解を提示すると
いう観点から作成に応じる者もあれば、自分の見解としうるものにのみ応じる
者もいる（もちろんこのような依頼は一切断る者もあろう）。筆者の個人的立場は、
判例を形成していく資料をできるだけ豊富にするという意味では、積極的に私
見を提示することはあってよいが、その内容は自らの信じる所見を述べるもの
であり、意見書の内容をそのまま自らの論文にできるような形の場合にだけ依
頼に応じるという心構えで臨んでいる。[48]

5 ｜ 手続法研究と実務運用

　民事手続法研究の（実体法などとは異なる）実務との関係の大きな特徴は、
いうまでもないことであるが、実務運用（裁判所実務、弁護士実務等）とのかか
わりの重要性である（さらに倒産法などでは企業実務・金融実務との関係も重要と
なってくる）。その意味で、立法や判例には決して表れないが、日々の実務家
の活動にかかわるものとして極めて重要な意味をもつ分野が存在する。このよ[49]
うな面でも、実務運用に対して積極的に影響を与えていくような研究者の議論
の展開が期待されている。ただし、そのような議論は研究者にとって困難な要
素がある。第1に、実務を知ることの難しさであり、第2に実務を動かすこと

46　厳密な意味では（事実に関するものではないので）証拠とはいいがたいものと思われるが、提出
　　先は法律審であることも事実審であることもある。また、官庁等に提出されるものもあるが、ここ
　　では裁判所に提出される意見書を主眼におく。

47　後者は、前述のように（2（3）参照）、事案にピッタリくる議論が研究者からされていないこと
　　に対する弁護士・裁判官の従来の嘆き（星野ほか・前掲研究会（注4）40頁〔林紘太郎発信〕も、
　　「実務上必要としている分野についてあまり有益な学説がない」とされる）に対応するものであろう。

48　実際に意見書をその後に論文化した具体例については、2（4）引用の論稿を参照。

49　たとえば、争点整理のあり方、合議のあり方等の問題がある。これらに関する筆者の近時の論
　　稿として、山本和彦「争点整理手続の過去、現在、未来」高橋宏志先生古稀祝賀論文集『民事訴訟
　　法の理論』（有斐閣・2018年）771頁以下、同「合議制のあり方について」判時2382号（2018年）
　　111頁以下など参照。

の難しさである。

　まず第1点について、研究者は日々実務に携わってはいないので、実務家にとって常識的な事柄を誤解していることが往々にしてある。結果として、実務のあり方を議論しても的外れになるおそれが常に残る。その結果、慎重な研究者ほどそれを避けようとして、現実に見えている判例や法律のみを扱いがちになる。しかし、それだけではやはり手続法の研究者としての役割を果たしているとはいいがたい。結局、地道に実務を知る努力をしながら、できるだけ正確な実務理解を前提に提言等の活動をすることが求められ、もし立論の前提が誤っていれば実務家からの指摘を待って訂正することもやむを得ないであろう[50]。この点では、実務家との共同研究が重要であるほか、研究者の対応を促すため、実務家側からも必要な情報を積極的に発信して、問題提起をしていただく必要もあろう[51]。

　次に第2点については、実務は一種の「岩盤」であり、実務がある運用を行っているとすれば、そこには常に一定の合理的な理由があるはずである[52]。問題はそこでの「合理性」の中身であり、実務にとっては合理的であっても、利用者や制度設営者からみれば不合理な運用も時にありうる。そのような点を指摘することが研究者の役割であろう。前述のように、過度に実務に従順な学説に意義は少ないとみるのが私見である。ただ、実務は容易なことでは動かない。また一度動いたようにみえても、長い期間でみれば元に戻る、一種の「慣性の法則」がある[53]。その岩盤を動かそうとすれば、粘り強さ（諦めずくり返し説いていくこと）と、熱意（その運用を変えることが必要という確信・説得的な根拠）

50　筆者自身は、結果として誤ることがあるとしても、このような問題についても研究者の見解を提示することが重要であると考えている。仮に10の問題に8割の確率で意味のあることが言えるとすれば、5の問題に10割の確率で意味のあることが言えるよりも価値が大きいとするのが筆者の基本姿勢である（もちろんその確率をできるだけ上げていく精進は常に求められるが、何も言わないよりは言ってみるべきではなかろうか）。

51　星野ほか・前掲研究会（注4）46頁〔小島武司発信〕は、「そのあたりはやはり裁判官の方からいろいろな材料を出したり、学界に問いかけるという積極的姿勢に立つ、積極的な発言がもう少しあってもいいのではないか。そこで初めて真の対話ができるのではないか」と要求される。

52　この点については、前掲（注4）も参照。

53　特に実務現場においては、「上に政策あれば、下に対策あり」という観点が常にある。その例として、争点整理は1つの典型であろうか。

第2編　第1章　Ⅳ　民事手続法研究と実務展開

が必要である。そして、方法論としては、運用の全面否定ではなく実務の必要性をも取り入れた形で問題のある部分のみを抽出して変革していく姿勢が必要であろう。その意味で「実務の受け入れやすい学説」の試みが重要である。⁵⁴これは極めて困難な作業ではあるが、研究者のやるべきこと、やりがいのある仕事といえよう。

6 | おわりに——これからの研究者に期待して

以上のような筆者の議論は、ある意味では理想論であり、自らが実践できていないことを棚に上げて、他者に向かって意見を提示することには抵抗感もある。ただ、本稿では、とりあえず自己の取組みは棚に上げて、あえて理想論を考えてみたものである。

さらに自分のことを棚上げしていえば、近時の学界における研究は、ややもすれば実務的関心とは離れた次元で行われる場合が多いのではないか、という印象もある。実務では滅多に生じないような場面を念頭において詳細な議論を展開したり、前提を大きく異にする外国法の議論を何となく紹介したりする研究である。そのような研究の価値を全面的に否定するものではないが、学界全体をみるとき、ややバランスを欠いているような印象も時に否めない。すなわち、実務的に重要な課題について、実務に影響を与えることを積極的に意図した研究が十分でないのではないかという問題意識である（それはおそらく本書全体の問題意識かもしれない）。

他方で、若手研究者が過度に実務に接触し、それを肯定する機運もみられないではない。このような「実務迎合」姿勢がもしあるとすれば、それも研究者に期待される役割とははずれよう。その意味では、現在の研究者はかなり難しい立ち位置を強いられているように、筆者にはみえる。実務に寄り添い、それを理解し、その問題意識に応えながら、他方では実務に対して厳しい姿勢を示し、必要があればそれを徹底的に批判することも求められているのである。まさに研究者と実務との距離感覚、バランス感覚が問われているのであろう。

---

54 前述のように、このような姿勢は実定法研究者に一般的に必要であるが、特に実務運用の改革をめざす場合には重要な観点になってくるといえよう。

6 おわりに——これからの研究者に期待して

　筆者自身は、残念ながら、もうできることはそれほど多くはない。その意味で、次代を担う若手研究者に大きな期待をもっている。特に法科大学院出身の若手研究者は、仮に司法修習を経ていなくても、実務の基礎を学び、実務家とも一定の接点を有しているであろう。さらに、これからは実務に一定期間携わりながら、その後に学界に身を投じる者が（これまでも存在したが）さらに増加する可能性が高い。それらの研究者が実務の側の問題意識を背負ってそれを学説に昇華し、実務に影響を与える研究を輩出する潜在的な可能性を有している。他方で、実務の「磁場」に飲み込まれ、「岩盤」の厚さから小手先の議論にとどまるおそれもより大きくなる。それを避けながら実務に寄与する、微妙なバランス感覚が期待されよう。本稿がそのような若手研究者の今後の活動に向けて、旧世代の思いを若干でも残すものとして、なにがしかの参考になることができれば望外の幸いである。

第2編　第1章　Ⅴ　学説（少数説を含む）の存在意義

Ⅴ

学説（少数説を含む）の存在意義

滝澤孝臣

弁護士

1 ｜ はじめに

　本稿は、「学説（少数説を含む）の存在意義」と題するが、その存在意義を否定する方向で論証するのか、あるいは、肯定する方向で論証するのか、その方向づけのいかんでは、学説に対して刺激的な論証になる反面、好意的な論証となるテーマである。

　もっとも、そのようなテーマを一実務家にすぎない筆者に論証させようというのは、少数説、多数説を問わず、「学説」に依拠して事件を処理してきた実務家であるから、その存在意義を肯定する方向で論証することがごく自然の成り行きで、したがって、学説に好意的にならざるを得ないことを前提に、その体験を通じた、学説に対する要望も披瀝されるであろうと期待してのことではないかと忖度されなくもない。

　その前提は当然のこととして、期待に応えられるかどうか、甚だ心許ないが、研究者の論証だけでなく、実務家の論証も、本稿にいう「学説」に加えると、これまで「基本から考える」と標榜して、かつ、その多くが少数説として位置づけられれば幸いといった管見を臆面もなく披露してきた筆者であればこそ、その個人的な体験を土台に、そのような筆者からみた学説に対する要望を含め、この機会に、もとより、偏狭な視野で、かつ、皮相的な理解で恐縮であるが、学説が民事裁判の「理論と実務」に果たしてきた機能といった視点から、その存在意義について不得要領ながらもまとめさせていただくことにした。

222

2 │ 現状としての理論と実務

　本稿で学説の存在意義について論証しようというのは、法学の分野では、それが実証法学を対象としていても、理論と実務といった対立構造で議論が展開されることが少なくなく、いきおい、理論と実務とが相反する方向で論証される傾向にあったことを意識してのことではないかと思料される。理論に対しては、曰く「実務に通用しない、あるいは、実務から遊離した理論」ではないかといった批判が、反対に、実務に対しては、曰く「理論を無視した、あるいは、理論を看過した実務」ではないかといった批判が寄せられるとすれば、それこそが、その顕著な一例であるといって差し支えない。

　しかし、研究者においては、実務に適用され得る理論を、実務家においては、理論に裏付けられた実務を志向することが少なくとも実証法学の分野では避けられない以上、理論と実務とは相反する対立構造にとどめるべきものではなく、反対に、相互に融和する協働関係にあるべきものではないかと解される。それは、筆者の持論というだけでなく、最近でも、「理論と実務」と題する論証は少なくないが、前者のような構造ではなく、後者のような関係として、多くの論証が試みられていることからも肯んじられるところである。

　本書も、その例に漏れない。したがって、その一項目である本稿も、そのような論証でなくてはならない以上、成果のほどは二の次に、理論と実務を少しでも融和したといえるような論証を心がけたい。

3 │ 判例の機能と判例解釈の責務

　さて、民事裁判において「実務」というと、わが国が成文法主義の国家であって、判例法主義の国家ではないとしても、最高裁判所の判決の「判例性」、すなわち、その「法源性」を前提にすれば、最高裁判所の判例に違反した判断は実務では成り立たないことになる。すなわち、判例イコール実務といっても過言ではない。

　しかし、判例それ自体も、その後の最高裁判所の判断に対して絶対的な拘束性があるわけではない。大法廷判決で、従来の判例を変更して、その拘束性を否定することができるからであるが、それはまた、その後の下級審の判断に対

第 2 編　第 1 章　Ⅴ　学説（少数説を含む）の存在意義

しても、判例変更を予想して当該判例と抵触する判断を示す場合に、その予想
が誤りであるときは、取消しないし破棄を免れない結果となるとはいえ、その
予想が正しいときは、最終的には、最高裁判所の大法廷判決によって当該判例
が変更され、これに抵触する判断を示した下級審の裁判例が是認される結果と
なるという意味で、絶対的な拘束性があるわけではないからでもある。最高裁
判決の判例性といった場合に、その効力は、当該判例に示されている「判例法
理が妥当する範囲で」という限定が付されたものであると受け止めざるを得な
い。その受け止めが、いわゆる「判例解釈」ということであるが、その判例解
釈は、最高裁判所においてだけでなく、下級審においても、判例との判断の抵
触が問題となる場合は、そこに例外なく、実践されているということに注意し
なければならない。判例が参照されて、当該判例との判断の抵触が問題になっ
た場合に、判例抵触を否定するときは、その参照されている判例は、「事案を
異にし、本件に適切でない」との判断が示されるが、その限りで、従来の判例
の拘束力、すなわち、その射程が及ぶのか否かにつき、これを消極に解する最
高裁判所ないし下級審の判例解釈がそこに示されているからである。

　したがって、これを極論すると、民事裁判における判例に従った実務という
のも、要するに、その判例解釈に従った実務ということにほかならないことに
なる。もとより、その判例解釈が判例に従った実務の実践という場面で問題に
なる以上、その判例解釈の責務は、最高裁判所の裁判官だけではなく、その審
級を問わず、下級審の裁判官も、さらに、裁判官でなくても、民事裁判に従事
する弁護士をはじめとする実務家もまた、それぞれが各自の職責として、これ
を負うべきものなのである。この点は、拙稿で、管見として披露させていただ
いたところであるが、判例は、比喩的にいえば、その判例解釈の職責を果たす
実務家の日々の努力の結果、その射程が拡張され、あるいは、限定されること
によって、いわば「生き物」のように民事裁判の「実務」に生息しているとい
うことができる。

1　滝澤孝臣「実務家の職責である判例解釈」金判 1495 号（2018 年）1 頁。

4 | 判例解釈の根拠と学説の機能

では、判例を「生き物」として実務に生息させる「原動力は何か」というと、それが本稿でその存在意義について論証しようという「学説」にほかならない。実務家が前述した判例解釈の職責を果たすためには、研究者の論証に限らず、実務家の論証を含めた、「学説」の助けを借りる場合は少なくない。ここに判例解釈の場面における学説の存在意義を看て取れるが、どのようにして学説がその存在意義を発揮しているのか、その機能についてみようとすると、それは、実務において判例解釈を実践するに際して学説がどのように考慮されているかといった問題であるため、その実践にあたった当事者であればともかく、当事者以外の第三者がこれを分析・検討するのは容易ではない。第三者の個人的な体験ないし関心を土台にし得るとしても、これを分析・検討するにはおのずと限界があるように思われるが、以下では、筆者の個人的な体験ないし関心を土台にして、もとより、その限界を打ち破るに至らないとはいえ、判例解釈に際して学説がどのように考慮されているといえるのか、その意味での学説の果たしている機能を、できる限り根源的に、これを分説して、例証してみたい。

(1) 最高裁判所の新判断にみる学説の機能

まず、最高裁判所の新判断が示された場合に、学説がどのようにして考慮されているのかについてみてみる。なお、ここでいう学説は、以下も同じであるが、前述したように、研究者の論証だけでなく、実務家の論証も含み、また、その実務家の論証には、最高裁判所の判断がそれまで示されていない分野において、下級審の裁判官が新判断を示す場合も、また、最高裁判所の裁判官が新判断を示す場合も、いずれも判例解釈を実践するものとして、学説に含めるほか、学説の紹介は、筆者の管見を含む個人的な体験を披瀝する場合を除き、最高裁判所の新判断に示された当該学説の結論的な紹介にとどめ、個々的な文献の紹介は、かえって僭越な結果ともなりかねないため、省略しているので、ご了解いただきたい。

(ア) 判例変更による場合

第1に、判例変更によって最高裁判所の新判断が示された以下の2事案から、学説の機能の実際をみてみることとする。

第2編　第1章　Ⅴ　学説（少数説を含む）の存在意義

(A)　最大判平成 11・11・24 民集 53 巻 8 号 1899 頁

　本判決は、要旨、「1　第三者が抵当不動産を不法占有することにより、競売手続の進行が害され適正な価額よりも売却価額が下落するおそれがあるなど、抵当不動産の交換価値の実現が妨げられ抵当権者の優先弁済請求権の行使が困難となるような状態があるときは、抵当権者は、抵当不動産の所有者に対して有する右状態を是正し抵当不動産を適切に維持又は保存するよう求める請求権を保全するため、所有者の不法占有者に対する妨害排除請求権を代位行使することができる。2　建物を目的とする抵当権を有する者がその実行としての競売を申し立てたが、第三者が建物を権原なく占有していたことにより、買受けを希望する者が買受け申出をちゅうちょしたために入札がなく、その後競売手続は進行しなくなって、建物の交換価値の実現が妨げられ抵当権者の優先弁済請求権の行使が困難となる状態が生じているなど判示の事情の下においては、抵当権者は、建物の所有者に対して有する右状態を是正するよう求める請求権を保全するため、所有者の不法占有者に対する妨害排除請求権を代位行使し、所有者のために建物を管理することを目的として、不法占有者に対し、直接抵当権者に建物を明け渡すよう求めることができる」と判示して、いわゆる「抵当権者の占有排除効」を否定した最二判平成 3・3・22 民集 45 巻 3 号 268 頁を、その判断が抵触する範囲で、判例変更した大法廷判決である。

　従来の判例である平成 3 年判決は、要旨、「抵当権者は、民法 395 条ただし書の規定により解除された短期賃貸借ないしこれを基礎とする転貸借に基づき抵当不動産を占有する者に対し、抵当権に基づく妨害排除請求として又は抵当権設定者の所有物返還請求権の代位行使として、その明渡しを求めることはできない」と判示し、抵当権は抵当不動産の使用・収益を目的としない、同不動産の交換価値を排他的に把握するにとどまる担保権であるという「抵当権ドグマ」に立脚して、抵当権者の占有排除効を物上請求としても、代位請求としても否定していた。抵当権者は抵当不動産の占有に干渉し得ないという見解をその判断の前提としていたわけであるが、そのような理解を前提にする以上、抵当権者の占有排除効は否定されて当然であって、同判例を変更した大法廷判決も、抵当権ドグマそれ自体を否定しているわけではないことに留意しておく必要がある。すなわち、大法廷判決は、抵当権ドグマとは別に、抵当権者の占有

排除効を肯定し得る根拠が認められた結果であるからであって、その根拠となっているのが、抵当権者の抵当不動産に対する「管理占有」ということである。管理占有というのは、抵当不動産の使用・収益を目的とする占有ではなく、抵当不動産の担保価値の維持・保存請求権に基づく同不動産の占有であって、大法廷判決は、前者の占有が否定される結果として占有排除効が否定されるのと、後者の占有が肯定される結果として占有排除効が肯定されるのとは各別の問題であるとして、前者の占有を否定して抵当権者の占有排除効を全部否定した従来の判例を後者の占有を肯定して管理占有に基づく占有排除効を肯定する限度で判例変更したものと位置づけられることになる。なお、大法廷判決は、その事案では、代位請求としての占有排除効が問題となっていたが、従来の判例が代位請求のほかに否定している物上請求としての占有排除効についても、傍論ということになるが、以上の管理占有に基づく占有排除効の限度で、これを肯定していることに、実務家の判例解釈の実践という視点からみれば、その主体が最高裁判所であるからといった限定を加えないで、留意しておく必要があるように思われる。

　抵当権ドグマに拘泥していた従来の議論から視点を新たにする、以上の管理占有といった視点を提供したのは、あるいは、大法廷判決で補足意見を述べておられる奥田昌道裁判官の見解であったようにうかがわれなくもないが、この点はともかくとして、その見解を本稿にいう「学説」から除外する理由はない。

(B)　最大判平成 5・3・24 民集 47 巻 4 号 3039 頁

　本判決は、要旨、「1　不法行為と同一の原因によつて被害者又はその相続人が第三者に対して損害と同質性を有する利益を内容とする債権を取得した場合は、当該債権が現実に履行されたとき又はこれと同視し得る程度にその存続及び履行が確実であるときに限り、これを加害者の賠償すべき損害額から控除すべきである。2　地方公務員等共済組合法（昭和 60 年法律第 108 号による改正前のもの）の規定に基づく退職年金の受給者が不法行為によつて死亡した場合に、その相続人が被害者の死亡を原因として同法の規定に基づく遺族年金の受給権を取得したときは、支給を受けることが確定した遺族年金の額の限度で、これを加害者の賠償すべき損害額から控除すべきである」と判示して、従来の判例である最三判昭和 50・10・21 裁判集民 116 号 307 頁、最一判昭和 52・12・22

第2編　第1章　Ⅴ　学説（少数説を含む）の存在意義

裁判集民122号559頁ほかを変更している。

　本判決で判例変更された前者は、要旨、「地方公務員等共済組合法に基づく退職年金は、当該公務員本人及びその収入に依存する家族に対する生活保障のみならず損失補償の性格を有する」と判示して、退職年金を受給中に死亡した被害者の遺族がその死亡後に受給することになった遺族年金の将来分の控除を肯定し、後者は、要旨、「労働者災害補償保険法に基づき政府が将来にわたり継続して保険金を給付することが確定していても、いまだ現実の給付がない以上、受給権者が使用者に対し自動車損害賠償保障法3条に基づいて請求しうる損害賠償の額から将来の給付額を控除すべきではない」と判示して、就労中に死亡した被害者の遺族がその死亡後に受給することになった遺族補償年金の将来分の控除を否定した判例であって、その受給する年金の異同を捨象すると、結論が対立するが、そのいずれも大法廷判決に抵触する判断を示していた。そのような判断が示されていたのは、被害者の遺族の当該年金の受給によって、被害者が就労中であった場合の得べかりし給与の喪失、年金受給中であった場合の得べかりし年金の喪失に相当する逸失利益に係る損害が補填されて消滅するのか、あるいは、その受給によって被害者の遺族が相続した被害者本人の逸失利益に係る損害賠償請求権がその支給機関に「代位」によって移転する結果、被害者の遺族が同請求権を喪失するのかといった問題が、将来分の控除の要否といった結論的な問題に直結して理解される余り、その要否の前段階である被害者の損害の補填といった原因的な分析が、その範囲を含め、失念あるいは看過されてしまったからではないかとうかがわれなくもない。この点はともかく、その後の下級審の裁判例には、将来分の控除の要否をめぐって、もとより、事案の相違もあるが、前者の判例に抵触しないとしても、後者の判例には抵触するのではないかといった疑問、反対に、後者の判例に抵触しないとしても、前者の判例には抵触するのではないかといった疑問が呈される裁判例がないわけではなかったようである。本判決が大法廷をもって従来の前掲判例ほかを変更するに至ったことは、それまでにかなり時間が経過しているが、いわば当然の帰結ではなかったかと解されるところである。

　しかも、本判決は、控除の要否について、その原因を損害の補填に求めるか、代位の法理に求めるかといった対立はあっても、この点に係る学説の問題提起

を踏まえただけでなく、控除の範囲について、被害者が支給を受ける「当該債権が現実に履行されたとき又はこれと同視し得る程度にその存続及び履行が確実であるときに限り」これを控除するといった新判断も併せて示している。それは、本判決に関与された最高裁判所の裁判官において、控除の要否に係る学説の対立を解消すべく、その原因を究明した結果、その控除の範囲につき、多数意見では、以上のような限定が加えられているほか、少数意見でも、裁判官のそれぞれの見解を踏まえた限定が加えられているということである。この点だけみても、実務家にとって興味深いものがあるが、本判決に示されている裁判官の見解もまた、多数意見と少数意見という違いはあっても、本稿にいう「学説」として、その機能を理解しておく必要がある。

なお、本判決後の判例をみておくと、まず、最一判平成 22・9・13 民集 64 巻 6 号 1626 頁は、要旨、「1　被害者が、不法行為によって傷害を受け、その後に後遺障害が残った場合において、労働者災害補償保険法に基づく保険給付や公的年金制度に基づく年金給付を受けたときは、これらの各社会保険給付については、これらによるてん補の対象となる特定の損害と同性質であり、かつ、相互補完性を有する損害の元本との間で、損益相殺的な調整を行うべきである。2　被害者が、不法行為によって傷害を受け、その後に後遺障害が残った場合において、不法行為の時から相当な時間が経過した後に現実化する損害をてん補するために労働者災害補償保険法に基づく保険給付や公的年金制度に基づく年金給付の支給がされ、又は支給されることが確定したときには、それぞれの制度の予定するところと異なってその支給が著しく遅滞するなどの特段の事情のない限り、てん補の対象となる損害は、不法行為の時にてん補されたものと法的に評価して損益相殺的な調整を行うべきである」と判示して、その補填（充当）の範囲（対象）および時期を明らかにしている。次に、最大判平成 27・3・4 民集 69 巻 2 号 178 頁は、被害者が死亡した場合であるが、要旨として、平成 22 年判決と同旨を判示したうえで、最二判平成 16・12・20 裁判集民 215 号 987 頁を判例変更している。その対象となった同判決は、要旨、「不法行為により死亡した被害者の相続人がその死亡を原因として遺族厚生年金の受給権を取得したときは、当該相続人がする損害賠償請求において、支給を受けることが確定した遺族厚生年金を給与収入等を含めた逸失利益全般から控除

第2編　第1章　Ｖ　学説（少数説を含む）の存在意義

すべきである」と判示するものであったが、その充当される時期が不法行為時である以上、不法行為後にその発生が観念される遅延損害金に充当する余地がないのに、同遅延損害金から充当することを是認している同判決の判断が否定される結果となっている。ここに、最高裁判所においてもなお絶え間のない判例解釈の実践をみることができるといっても、過言ではない。

　㈡　判例解釈による場合

　第2に、判例変更はないが、いわゆる「判例解釈」によって最高裁判所の新判断が示された以下の2事案から、学説の機能の実際をみてみることとする。

　⒜　**最二判平成 10・6・12 民集 52 巻 4 号 1087 頁**

　本判決は、要旨、「不法行為の被害者が不法行為の時から 20 年を経過する前 6 箇月内において右不法行為を原因として心神喪失の常況にあるのに法定代理人を有しなかった場合において、その後当該被害者が禁治産宣告を受け、後見人に就職した者がその時から 6 箇月内に右不法行為による損害賠償請求権を行使したなど特段の事情があるときは、民法 158 条の法意に照らし、同法 724 条後段の効果は生じない」と判示し、除斥期間の経過による損害賠償請求権の消滅を否定して、被害者の保護を図っている。

　この点につき、従来の判例をみると、最一判平成元・12・21 民集 43 巻 12 号 2209 頁は、要旨、「民法 724 条後段の規定は、不法行為による損害賠償請求権の除斥期間を定めたものである」と判示しているところ、その理由として、「同条がその前段で 3 年の短期の時効について規定し、更に同条後段で 20 年の長期の時効を規定していると解することは、不法行為をめぐる法律関係の速やかな確定を意図する同条の規定の趣旨に沿わず、むしろ同条前段の 3 年の時効は損害及び加害者の認識という被害者側の主観的な事情によってその完成が左右されるが、同条後段の 20 年の期間は被害者側の認識のいかんを問わず一定の時の経過によって法律関係を確定させるため請求権の存続期間を画一的に定めたものと解するのが相当であるからである」と説示し、そのあてはめとして、「被上告人らは、本件事故発生の日である昭和 24 年 2 月 14 日から 20 年以上経過した後の昭和 52 年 12 月 17 日に本訴を提起して損害賠償を求めたものであるところ、被上告人らの本件請求権は、すでに本訴提起前の右 20 年の除斥期間が経過した時点で法律上当然に消滅したことになる」が、「このような

場合には、裁判所は、除斥期間の性質にかんがみ、本件請求権が除斥期間の経過により消滅した旨の主張がなくても、右期間の経過により本件請求権が消滅したものと判断すべきであり、したがって、被上告人ら主張に係る信義則違反又は権利濫用の主張は、主張自体失当であって採用の限りではない」と結論づけている。その判断を額面どおりに受け止めると、本判決の事案でも、除斥期間の経過を理由に、損害賠償請求権が当然に消滅し、請求が棄却されてもおかしくないところ、本判決は、平成元年判決につき、「民法724条後段の規定は、不法行為による損害賠償請求権の除斥期間を定めたものであり、不法行為による損害賠償を求める訴えが除斥期間の経過後に提起された場合には、裁判所は、当事者からの主張がなくても、除斥期間の経過により右請求権が消滅したものと判断すべきであるから、除斥期間の主張が信義則違反又は権利濫用であるという主張は、主張自体失当であると解すべきである」と判示した判例として位置づけることによって、平成元年判決に抵触しないで、すなわち、同判決を大法廷で判例変更しないで、以上のように被害者の保護を図った判断を示し得たわけである。

　本判決にみられる平成元年判決の位置づけが、まさに、本稿にいう「判例解釈」であって、本判決を言い渡した最高裁判所の裁判官においても、当然のことではあるが、実務家として負担する判例解釈の職責を果たしているということにほかならない。これを最高裁判所の裁判官であるからそのような判例解釈が可能で、本判決のような判断を示せたかのようにいう実務家がいるとすれば、実務家として自ら果たすべき職責を放棄するものといわざるを得ない。最高裁判所の裁判官がそのような見解を本判決に示した背景には、あるいは、平成元年判決に対する評釈等で、同判決の不合理ないし不公正などを指摘する見解があって、それを考慮されたということもないわけではないとしても、そのような影響を与えた見解もまた、本稿にいう「学説」にほかならない。

　なお、本判決後の判例をみておくと、最三判平成21・4・28民集63巻4号853頁は、要旨、「被害者を殺害した加害者が被害者の相続人において被害者の死亡の事実を知り得ない状況を殊更に作出し、そのために相続人はその事実を知ることができず、相続人が確定しないまま上記殺害の時から20年が経過した場合において、その後相続人が確定した時から6か月内に相続人が上記殺

害に係る不法行為に基づく損害賠償請求権を行使したなど特段の事情があるときは、民法160条の法意に照らし、同法724条後段の効果は生じない」と判示して、本判決と同様に、被害者（の遺族）の保護を図っているが、その理由として、本判決を参照したうえで、「被害者を殺害した加害者が、被害者の相続人において被害者の死亡の事実を知り得ない状況を殊更に作出し、そのために相続人はその事実を知ることができず、相続人が確定しないまま除斥期間が経過した場合にも、相続人は一切の権利行使をすることが許されず、相続人が確定しないことの原因を作った加害者は損害賠償義務を免れるということは、著しく正義・公平の理念に反する」以上、「このような場合に相続人を保護する必要があることは、前記の時効の場合と同様であり、その限度で民法724条後段の効果を制限することは、条理にもかなうというべきである」と説示している。ここでも、本判決と同様に、平成元年判決の射程を限定する判例解釈を看て取ることができる。

(B)　最二判平成18・1・13民集60巻1号1頁

　本判決は、要旨、「1　貸金業の規制等に関する法律施行規則15条2項の規定のうち、貸金業者が弁済を受けた債権に係る貸付けの契約を契約番号その他により明示することをもって、貸金業の規制等に関する法律18条1項1号から3号までに掲げる事項の記載に代えることができる旨定めた部分は、同法の委任の範囲を逸脱した違法な規定として無効である。2　利息制限法所定の制限を超える約定利息と共に元本を分割返済する約定の金銭消費貸借に、債務者が元本又は約定利息の支払を遅滞したときには当然に期限の利益を喪失する旨の特約が付されている場合、同特約中、債務者が約定利息のうち制限超過部分の支払を怠った場合に期限の利益を喪失するとする部分は、同法1条1項の趣旨に反して無効であり、債務者は、約定の元本及び同項所定の利息の制限額を支払いさえすれば、期限の利益を喪失することはない。3　利息制限法所定の制限を超える約定利息と共に元本を分割返済する約定の金銭消費貸借において、債務者が、元本又は約定利息の支払を遅滞したときには当然に期限の利益を喪失する旨の特約の下で、利息として上記制限を超える額の金銭を支払った場合には、債務者において約定の元本と共に上記制限を超える約定利息を支払わない限り期限の利益を喪失するとの誤解が生じなかったといえるような特段の事

情のない限り、制限超過部分の支払は、貸金業の規制等に関する法律43条1項にいう『債務者が利息として任意に支払った』ものということはできない」と判示して、貸金業の規制等に関する法律（当時。現在の貸金業法）43条所定のいわゆる「みなし弁済規定」の適用を否定したものである。ただし、同規定は、現在、廃止されている。

　この点に関係する従来の判例をみると、貸金業法の適否に係る嚆矢となった判例であるが、最二判平成2・1・22民集44巻1号332頁は、要旨、「貸金業の規制等に関する法律43条1項にいう『債務者が利息として任意に支払った』及び同条3項にいう『債務者が賠償として任意に支払った』とは、債務者が利息の契約に基づく利息又は賠償額の予定に基づく賠償金の支払に充当されることを認識した上、自己の自由な意思によって支払ったことをいい、債務者において、その支払った金銭の額が利息制限法1条1項又は4条1項に定める利息又は賠償額の予定の制限額を超えていることあるいは当該超過部分の契約が無効であることまで認識していることを要しない」と判示していた。そのあてはめとして、みなし弁済規定の適用要件の一つとして規定されていた「支払の任意性」につき、平成2年判決は、これを肯定する判断を示していたところ、本判決は、その支払いの任意性につき、これを否定する判断を示したことになるが、平成2年判決が支払いの任意性を肯定した理由と、本判決が支払いの任意性を否定した理由とが両立し得る関係にあればともかく、全体と一部という関係であっても、両立し得ない関係にあるとすれば、判例抵触は避けられないのではないかと解されなくもない。そこで、平成2年判決の事件を調査官として担当した筆者は、本判決を言い渡した第二小法廷が、その言渡し前の時点で、いずれ本判決と同旨の判断を示されるのではないかとうかがわれたので、管見を顧みることなく、そのような判断を示すには、大法廷で平成2年判決を変更することが必要ではないかといった疑問を挟んだ提言をしたが、その提言が受け容れられることはなく、小法廷で本判決が示されるに至った。

　本判決は、平成2年判決を参照して、「法43条1項にいう『債務者が利息として任意に支払った』とは、債務者が利息の契約に基づく利息の支払に充当されることを認識した上、自己の自由な意思によってこれを支払ったことをいい、債務者において、その支払った金銭の額が利息の制限額を超えていることある

第2編　第1章　Ｖ　学説（少数説を含む）の存在意義

いは当該超過部分の契約が無効であることまで認識していることを要しないと解されるけれども」と位置づけたうえで、「債務者が、事実上にせよ強制を受けて利息の制限額を超える額の金銭の支払をした場合には、制限超過部分を自己の自由な意思によって支払ったものということはできず、法43条1項の規定の適用要件を欠くというべきである」と説示して、平成2年判決が示した「支払の任意性」が肯定される理由とは別に、同事案における「支払の任意性」が否定される理由を付言している。これもまた、最高裁判所の裁判官による判例解釈の結果、平成2年判決の射程が制限された場合であると解されるが、前述した筆者の疑問は、本判決が言い渡された後も、なお解消されないため、拙稿を披露させていただいた。管見を顧みず、大上段から議論すれば、平成2年判決が支払いの任意性を肯定した理由として、法の不知、すなわち、弁済をした債務者の利息制限法に対する不知は債務者を害する結果になるという理解があったのではないかとうかがわれるのに対し、本判決では、反対に、期限の利益を喪失するか否かといった場面に限定されるとはいえ、弁済をした債務者の利息制限法に対する不知が債務者を利する結果となるとすれば、その見地からも、判例抵触は避けられないのではないかといった疑問を払拭することができないためであった。みなし弁済規定が廃止されている現在では、実益のある議論ではなくなっているが、判例解釈の原動力となる学説の機能について論証するにあたっては、その原動力が否定されている場合であるが、否定されているのが筆者の管見にすぎないため、はばかる必要もないので、ここに紹介させていただくこととした。

　㋒　その他の場合

第3に、以上のほか、判例変更の場合でもなく、判例解釈がみられる場合でもなく、最高裁判所の新判断が示された以下の2事案から、学説の機能の実際をみてみることとする。

(A)　最一判昭和62・4・2裁判集民150号575頁

本判決は、要旨、「動産売買の先取特権に基づく物上代位権を有する債権者

2　滝澤孝臣「『支払いの任意性』に始まり、ふたたび『支払いの任意性』へ」銀法659号（2006年）4頁。

は、自ら目的債権を強制執行によって差し押さえても、他に競合する差押債権者等がある場合は、配当要求の終期までに、担保権の存在を証する文書を提出して、先取特権に基づく配当要求又はこれに準ずる先取特権行使の申出をしなければ、優先弁済を受けることができない」と判示しているが、その反面において、一般債権者として強制執行を申し立てた債権者が先取特権者として同強制執行手続において優先弁済権を行使し得る場合と、その方法を明示している。

　従来の執行実務では、一般債権者として強制執行を申し立てた債権者が先取特権によって当該債権の優先弁済権が認められる債権者であったとしても、一般債権者としての権利行使を選択し、優先債権者としての権利行使を選択しなかった以上、一般債権者として権利行使をしている強制執行手続において優先権を主張する余地はないものとして取り扱われていたようにうかがわれる。しかし、そのような場合である本件事案において、第1審の東京地判昭和59・3・30金判777号9頁は、優先権の主張それ自体は許容したうえで、その場合と方法につき、「民法304条に定める『差押』は、担保権実行としての差押のほか強制執行としての差押も含むものと解すべきところ、動産の先取特権に基づく物上代位権を有する債権者は、自らその物上代位の目的たる債権を強制執行によって差し押えた場合、他に競合する差押債権者等があるときは、民法304条、（民事執行）法143条、154条及び193条の規定に鑑み、右強制執行の手続において、その配当要求の終期までに、担保権を証する文書を提出して先取特権の配当要求をし、優先弁済を受けることができるものと解するのが相当である」と判示して、本判決と同旨の、というよりか、その後に控訴審ないし上告審で是認されることになった見地に立ち、そのあてはめの結果、「原告の……異議が理由があるためには、本件配当事件において、第三債務者……が……供託をした昭和57年10月4日までに、原告が執行裁判所に先取特権の存在を証する文書を提出して先取特権に基づく配当要求をしたことが要件となるところ、本件ではこの事実について何らの主張立証もない」から、「本件配当事件において、原告の債権を一般債権として扱い、原告と被告らの届出債権額に按分して前示供託金を配当する旨の本件配当表には何らの過誤も存しないというべきである」と結論づけて、本件事案における優先弁済権の行使を否定した。その控訴審の東京高判昭和59・11・29金判777号6頁も、第1審と同旨

第2編　第1章　Ⅴ　学説（少数説を含む）の存在意義

の見地に立ち、そのあてはめとして、第1審と同様に、本件事案における優先弁済権の行使を否定したうえで、「民法の規定に従い発生した先取特権の行使が執行手続上の要件によつて制約されることのあることは何ら異とするに足りない」と付言しているところである。

　第1審ないし控訴審の前記判断は、必ずしも研究者ないし実務家の論証を参照した結果ではないようであるが、この点はともかく、本判決を導き出したという意味で、第1審の裁判官の見解も、控訴審の裁判官の見解も、実務家の提言する学説として、最高裁判所の新判断が示される原動力の一つとなっていると受け止めることに問題はないように解される。

(B)　最三判平成21・7・14民集63巻6号1227頁

　本判決は、要旨、「債権差押命令の申立書には請求債権中の遅延損害金につき申立日までの確定金額を記載させる執行裁判所の取扱いに従って上記命令の申立てをした債権者は、計算書で請求債権中の遅延損害金を上記の確定金額として配当を受けることを求める意思を明らかにしたなどの特段の事情のない限り、計算書提出の有無を問わず、債務名義の金額に基づき、配当期日までの遅延損害金の額を配当額の計算の基礎となる債権額に加えて計算された金額の配当を受けることができる」と判示して、差押債権者が強制執行の申立段階にその請求債権中の附帯債権の時的範囲を申立時までに限定していたが、その後、配当段階に至った場合に、附帯債権の時的範囲を申立時から配当時まで拡張し得るか否かにつき、これ、すなわち、附帯債権の拡張を肯定した判例である。

　この点につき、従来の執行実務では、附帯債権の拡張を認めない取扱いをしていたようであって、その是非をめぐって問題とならないわけではなかった。たとえば、東京地判平成12・12・27金判1116号58頁は、要旨、「債権者が申立日までの遅延損害金に限定して債権差押命令を申し立て、その旨の債権差押命令が発せられた場合であっても、債務名義にかかる請求権に支払済みまでの遅延損害金がある場合には、債権差押命令が競合し供託がなされた後の配当手続段階において債権差押命令申立日の翌日から配当期日までの遅延損害金を計算書により補充して配当表作成時に債権額に含めることができる」と判示して、また、東京高判平成14・4・30金判1171号19頁は、要旨、「金銭債権に対する差押えの申立てにおいて附帯債権を申立て時までの確定金額として請求債権

が表示された場合でも、配当手続で債権者が配当等の時点までの附帯債権を含めた債権計算書を提出したときには、申立て後の附帯債権も請求債権に含め、配当計算の基礎に加えるべきである」と判示して、いずれも附帯債権の拡張を肯定していたからであるが、配当異議事件における判決であったためか、その判断が執行実務に採り入れられることはなく、その後も依然として、附帯債権の拡張を否定する取扱いが続けられていたようである。

　しかし、附帯債権を申立時に限定する取扱いは、第三債務者に対する過度の負担をかけないためには是認されるべきものであるとしても、第三債務者が裁判所の差押命令に従って差押債権の執行供託をしてその負担から解放されて、その供託金の配当手続に至った段階では、差押債権者間の公平な取扱いを考えなくてはいけないところ、申立債権者の附帯債権と、その後に重複した差押命令を取得し、あるいは、配当要求した債権者の附帯債権とを比較した場合に、前者の範囲が申立時に限定されるのに対し、後者の範囲が遅ければ配当時まで許容され得る取扱いは不公正でないかといった問題が生ずることは避けられない。裁判所の手続が煩瑣となることを捨象すれば、従来の取扱いのように附帯債権の拡張を否定する理由はないように解される。筆者は、そのような見地から、附帯債権の拡張を認めるべきではないかといった方向で、その余の問題も含め、拙稿[3]を披露させていただいたが、その後に本判決に接して、もとより、筆者の管見が学説として本判決の判断に与えた影響は皆無であるが、個人的な体験としては、嬉しい限りであったし、実務家の一人として判例解釈の職責を果たすうえでも、管見の披露を躊躇してはいけないとあらためて覚悟した次第でもあった。

　なお、本判決後の判例をみておくと、最三判平成29・10・10民集71巻8号1482頁は、要旨、「債権差押命令の申立書に請求債権中の遅延損害金につき申立日までの確定金額を記載させる執行裁判所の取扱いに従って債権差押命令の申立てをした債権者が当該債権差押命令に基づく差押債権の取立てとして第三債務者から金員の支払を受けた場合、申立日の翌日以降の遅延損害金も上記金

3　滝澤孝臣「差押段階における請求債権の限定と配当段階におけるその帰すう」同『民事法の論点Ⅱ——その基本から考える』（経済法令研究会・2011年）所収（初出・銀法701号（2009年）56頁）。

第2編　第1章　Ⅴ　学説（少数説を含む）の存在意義

員の充当の対象となる」と判示して、本判決と同様に、附帯債権の拡張を認めているが、附帯債権の終期を申立時に限定する執行裁判所の取扱いを前提にすると、債権者相互間に生ずる不公正が是正されている本判決の事案とは異なり、同一の債権者間において差押えがくり返される場合において、「抗告人が本件取扱いに従って前件差押命令の申立書に請求債権として元金、前件申立日までの遅延損害金及び執行費用の各確定金額を記載した以上、前件申立日の翌日以降の遅延損害金は、本件取立金の充当の対象とはならないものと解すべきである」から、「本件取立金が前件申立日の翌日以降の遅延損害金にも充当されたものとする本件申立ては許されない」とした原決定の判断が破棄されている。前同様の裁判所の取扱いを前提にすると生ずる不公正が同一の債権者間においても是正される結果となっているが、その意味で、本判決の判断が敷衍されているといって差し支えない。

(2)　新判断の根拠となるべき学説の視点

　以上のように最高裁判所の新判断が示される背景には、前述した意味での学説が存在していることを容易に肯定することができるが、その新判断に至る経緯をみてみると、学説の考慮も含め、最高裁判所の新判断は示されるべくして示されているといっても過言ではない。

　しかし、その新判断が示されるに至った根拠をみてみると、たとえば、①抵当権の占有排除効については、抵当不動産の担保価値のいわば不当な減少に抵当権者はどうして拱手傍観しなければならないのかといった不合理の解消、②遺族年金の控除の要否ないしその範囲については、損益相殺的な調整の対象となる遺族年金を受給することが確定し、現に受給しているのに、一方では、現に受給した限度で損害額から控除すれば足りるといい、他方では、受給権が確定している以上、いまだ受給していない部分も損害額から控除する必要があるというのか、その矛盾ともいうべき判断の是正、さらに、その是正を図るためには、どのようにして損害額から控除すれば合理的かといった控除の方法、③除斥期間の経過による損害賠償請求権の消滅については、被害者が権利行使をする機会もないままに権利の消滅を認めることの不正義の防止、④貸金業法の規定していた「みなし弁済」の適用要件となっていた「支払いの任意性」については、その前提となっている利息制限法の規制を債務者が知っていることが

238

みなし弁済規定の適用要件となって債務者を害する結果となるのか、それとも、債務者が知っていないことがみなし弁済規定の不適用要件となって債務者を利する結果となるのかといった法哲学的な命題が課せられているといえなくもないが、端的に、みなし弁済規定の適用によって過払金の返還を求める機会を喪失する債務者を保護するにはどうしたらよいかといった次元でとらえれば足りるとしたら、任意性を否定するのか、肯定するのかといった結果の妥当、⑤民事執行手続における優先弁済権の取扱いはどうあるべきかといった制度の目的、⑥同手続における附帯債権の拡張の許否については、附帯債権を申立て段階で限定するのは誰のためであるのか、また、配当段階でその拡張を制限するのは誰のためであるのかといった前同様の制度の目的といった基本的な見地に立った問題点の指摘とその解決が提言される必要があると解される。また、そのような問題の基本に立ち返った提言であればこそ、判例法理として採り入れられる余地もあるということができる。

　もっとも、そのような基本に立ち返った提言が必要になるということは、反対に、それまでの判例法理にそれが欠けていたということであるとすると、それはどうしてかといった疑問が呈されなくもないが、この点は、法の解釈・適用が問題となる場面で、基本に立ち返った解決を考えるといった場合の基本それ自体は同じ次元で存在しているとしても、研究者でも、実務家でも、価値観の多様化が避けられない現在では、そのとらえ方に相違が生ずるため、従来の判例法理が基本に立ち返った問題解決をしていても、同じ基本に立ち返った新判断が示される余地があるということではないかと解される。いずれにしても、学説に求められるのは、問題の基本に立ち返った提言のはずである。筆者は、くり返しがはばかられるが、これまで「基本から考える」を標榜して、管見を披露させていただいている。本稿でも、その一端を紹介させていただいたが、そのほとんどは少数説にとどまるところ、少数説でもなお、そのような管見を披露することをはばからないのは、それが判例解釈の職責を負う実務家の一人である以上、自らの責務を果たしたいという気持があってのことである。このような筆者の気持が実務家、特に、若い実務家の琴線に触れ、進んで判例解釈の職責を果たされていく契機となるとすれば、望外の喜びである。

第2編　第1章　Ⅴ　学説（少数説を含む）の存在意義

(3)　学説の展開する立法論の効用

さて、本論に戻って、論証を続けると、学説に対する要望としては、実務に影響を及ぼし得るのは、法の解釈・適用論であって、立法論ではないことを前提に、その見解を展開していただきたいということになる。いうまでもなく、立法論を展開されても、実務でこれを採用する余地がないからである。実務家が、実務的な問題の解決に窮して研究者の論証を紐解き、その論証にうなずく場合は少なくないが、そのような場合に、これまで実務的な問題提起がされていないことも原因しているのか、参考になる研究者の論証も、法の解釈・適用論ではなく、立法論として展開されている場合がないわけではない。研究者から立法論という前提で展開されている見解も、実務家としては、これを法の解釈・適用論に採り入れて事件の解決が図れないかといった視点で検討させていただくことになるが、研究者が自ら立法論であると断った発言をしておられると、その発言の意味は、実務家にとって、この上なく重いものがある。その見解を採り入れて法の解釈・適用論として前述の学説を展開しても、立法論でないかと一蹴されてしまうのが落ちであるからである。

⑦　裁判所に対する立法論的な解決の期待

もっとも、研究者の中でも、実務家の中でも、立法を待っていては問題解決ができない事態を憂慮してか、実務における立法論の採用を許容し、あるいは、期待するといった意見もみられないわけではない。

筆者の個人的な体験を振り返ると、前述の抵当権者の占有排除効につき、大法廷判決で判例変更された平成3年判決の事件を調査官として担当した際、学説を渉猟する過程で、占有排除効を認める方向で、立法論となってもかまわないから、最高裁判所が占有排除効を認める判断を示すべきであるといった意見もないわけではなかった。しかし、それでは、最高裁判所が立法権を行使する結果となって、国会の権限を侵すことになりかねない。平成3年判決は、占有排除効を否定しているが、仮にこれを肯定するとした場合に、占有排除効の結果として抵当不動産の占有を取得する抵当権者の当該占有をめぐる権利・義務を最高裁判所ないし下級審が進んで解明していく必要があるし、その解明ができない状態で、占有排除効を肯定するのは、最高裁判所の判断として無責任といわざるを得ないのではないかと危惧されるところであった。占有排除効を否

定した平成3年判決の判決理由からは、必ずしも明らかではないが、裁判実務で立法論を展開することは、個人的にも、避けなければならないように解されるところである。

　判例変更によって抵当権者の占有排除効を管理占有を根拠に肯定した大法廷判決以後も、管理占有を根拠に、抵当不動産の占有排除効が求められる事案はあまりみられないようである。その背景として、抵当不動産に対する執行妨害的な占有がなお解消されるに至っていないとしても、民事執行法の改正によって、実体法の次元ではなく、手続法の次元ではあるが、容易に排除し得るようになったため、大法廷判決の認めた占有排除効による必要がないと分析し得る余地もある。しかし、管理占有を前提にした抵当権者の抵当不動産に対する権利・義務がどうなるのかといった問題があるために、大法廷判決では必ずしも明らかでなく、抵当権者が大法廷判決の認めた占有排除効を行使して管理占有を開始することを躊躇する事情になっているのではないかと推測されなくもないところである。その推測が的外れでないとすると、大法廷判決をもってしても、立法論的な解決には十全を期することができないのではないかと受け止めざるを得ない。実務に求められる法の解釈・適用論と、実務では事案の解決に根拠づける余地がない立法論とは、これを峻別する必要があるようである。

　　㈠　裁判所に対する立法論的な批判の是非

　また、これも個人的な体験になってしまうが、筆者は、合議体の一員として、東京地判昭和53・2・1下民集29巻1〜4号53頁に関与した。同判決は、要旨、「横割りの区分所有の形態を有する一むねの建物のうちの占有部分の競落人の敷地に対する法定地上権の成否（消極）」と紹介されている裁判例であるが、一棟の区分所有建物の一戸の区分建物を競売によって取得した原告が一棟の区分所有建物の敷地の全部について法定地上権を取得したと主張して、同敷地および残戸の区分建物の所有者である被告に対して、その確認等を求めた事案である。当時は、区分所有法の改正でいわゆる「敷地権」制度が創設される以前であって、当該一戸の区分建物とその敷地の全部が、原告の当該区分建物の買受前は、被告の所有に属していたことから、当該区分建物を買い受けた原告がその所有のために同敷地の全部について法定地上権を単独で取得し得ると主張していたが、この場合に、残戸の区分建物を被告から取得する所有者は、そ

241

第2編　第1章　V　学説（少数説を含む）の存在意義

の敷地利用権を取得し得ない状態で、当該区分建物を所有するのか、それとも、原告を含む各戸の区分建物の所有者の全員が法定地上権を準共有するのか、そうだとしても、一戸の区分建物が競落された段階で、残戸の区分建物が被告の所有になっている状況で、法定地上権の準共有を認めるとして、原告と誰との準共有となるのか等、法定地上権について規定する民法388条の解釈・適用では容易に解決し得ない問題が山積しているように解されたため、合議体は、前記要旨のように、消極的な判断を示した。

　しかし、その後、同判決に対する研究者の評釈を目にして驚かされることになった。同評者は、各戸の区分建物の所有者ら（の敷地の利用権。以下同じ）との準共有になっても法定地上権の成立を認めるべきであるという見地から、同判決に反対されていたからである。実務家でも、法定地上権の準共有を認める必要までは理解しても、残戸の区分建物を第三者らが取得していて、原告と当該第三者らとが法定地上権を準共有し得る状況にあれば格別、第三者らがいまだ出現していない段階では、当該第三者らを訴訟の当事者とする余地もなく、原告だけが敷地の全部に対して法定地上権を取得し得るのか否かといった選択しか判断の余地がないとして、裁判体も、消極的な判断を示していた。

　裁判所に不可能な判断を前提に、その判断が示されていないとして、裁判所の判断を批判するのは、立法論をもって法の解釈・適用論を批判するに等しく、評釈等の域を超えるのではないかと思われると同時に、実務家としていまだ駆け出しであったが、実務家が実務家の視点で提言する必要を痛感させられた。個人的には、これが刺激となって、以後、実務の役割とその限界を強く意識するようになったのは幸いであったが、法の解釈・適用論と、立法論とは、研究者におかれては、実務家に向けた提言をする以上、ぜひとも、これを峻別して、立法論としてではなく、法の解釈・適用論として、その提言をしていただきたいと希望する次第である。実務家は、研究者が立法論として展開されても、なお法の解釈・適用論として実務に採り入れられないかといった検討をするのが普通であるから、そうだとしたら、研究者におかれても、仮に立法論として提言せざるを得ないとしても、なお法の解釈・適用論といった次元で提言できないかといった視点であらためて検討していただき、実務家が実務に採り入れることができる方向での提言をお願いしたい。

242

5 | 課題としての理論と実務

　理論と実務の融和が、研究者にとっても、また、実務家にとっても、これまでの、そして、これからの課題であるとして、判例イコール実務といった場合に、判例の変更は、実務の安定性を欠くことになりかねない。反対に、判例の安定は、実務の硬直化をもたらしかねない。その意味で、判例の変更ないし解釈が必要な範囲で適宜に認められることが実務の発展に資する結果になるのではないかと解される。

　そのためには、実務家の事案の相違に即応した論証はもとより、研究者の事案の異同を捨象した論証もまた、実務に直面する実務家に新たな論証の機会ないし幅を与えてくれるものであって、民事裁判を支える両輪として不可欠なものであることはあらためていうまでもないところである。学説の存在意義は、研究者はもとより、実務家にとっても、これを否定する余地がないことは明らかである。

　この場合に、実務家の論証も、学説に取り込んで検討した本稿に対して、学説とは一線を画したほうがよいのではないかといった疑問が呈される余地もないわけではないが、この点はともかく、研究者の論証と、実務家の論証とが今まで以上に融和して、今後の民事裁判を支えていくことが期待されるし、その期待に、研究者も、実務家も応える義務があるはずである。その期待を込めて、主観的な論証に終始した拙稿の結びとする。

第2編　第1章　Ⅵ　理論が実務を変える場面

Ⅵ

理論が実務を変える場面

上 田 裕 康
弁護士

1 ｜ 理論と実務の架け橋

　実務のバックボーンは理論です。理論に裏付けられない実務は空虚であり、真の意味での問題解決と正義の実現に寄与しないと常日頃考えているところです。

　実務家は、事案の解決として最も望ましいものは何かを常に模索していますが、事案、問題の解決に必要な理論を検討していても、従来の理論の下においては、事案の解決に適切な理論を導くことができない場合があります。このようなときに、われわれは、その分野の専門家のご意見を聴くべく、学者の先生の研究室を訪れることがありますが、当方から十分な説明もできていないにもかかわらず、的確な意見を頂戴することにいつも感心し、専門家に対する畏敬の念をもちます。そのうえで、訴訟に必要な場合には、意見書の作成をお願いすることもありますが、意見書をお願いするときには、いつも、お忙しい先生に意見書の作成をお願いしていいのだろうか、また、裁判所に先生方の意見書を出すことについて、先生方にご迷惑ではないだろうかということを考えてしまいます。専門家は、学者の先生ばかりとは限りません。弁護士として著名な方にもご意見をおうかがいすることがありますし、裁判官経験者の弁護士の方にも、裁判実務を踏まえたうえでのご意見を頂戴することがあります。

　他方、訴訟において、相手方から、やはり専門家の意見書が提出されることがあります。ある事件において、専門家の意見書として、同一の論点について、複数の意見書が提出されたことがありました。そのときの正直な感想を述

244

べれば、このような形で、相手方代理人が学者の先生方の意見書を取り扱うことに大きな違和感がありました。意見書を提出される学者の先生方は、他の学者の先生方も意見書を提出されることをご存じなのであろうか、意見書を複数並べることで、自らの法的主張を補強しようとすることはよいことなのだろうか、学者の先生の法的意見書は、まさに論点となっている法的な問題点について、専門家としての意見を述べるものであって、十分に検討された理論的正当性のある意見書であれば1通で十分なものであるにもかかわらず、同じ論点について、多数の学者に意見書を求め、それを提出することは、本来的な専門家の意見の利用方法とは異なるのではないかという疑問でした。

　伊藤眞東京大学名誉教授が、「法律意見書雑考」という論攷を発表されています。その論攷には、「研究者の本務は、研究と教育であり、研究活動についていえば、論文を公表し、それについての批判や評価を踏まえて、体系書を公刊し、改訂を続けることにあると信じている。意見書の作成は、その延長線上にあり、いわば、研究活動の一環としてお引き受けし、また、その内容は、本来の研究成果に反映すべきである」「研究者としての意見書は、研究者の属性からいっても、また姿勢としても、公正中立以外にありえない。そのことは、それが一方当事者の依頼によるときでも、変わるところがない。いいかえれば、公正中立な研究者の視点からみて、一方当事者の法的主張に理由があると判断できるときにのみ、意見書の作成を引き受けるべきであるともいえよう」との記述がなされています。私は、理論は実務のためにあり（もちろん、すべての理論が実務と関連性を有するものではないかもしれませんが、社会科学・人文科学としての学問は、何らかの意味において、実務＝人間の営みとの関連性を有しているものと思います）、実務からのフィードバックによって、理論の発展に寄与することができるものと考えています。理論と実務は緊張関係をもちながらも相互の協力関係によって、発展するものであるとすれば、両者を架橋する役割の一つを担っている法的意見書については、そのあり方を検討する意味があるように思います。このように書くと、何か法的意見書について消極的なように受

1　伊藤眞「法律意見書雑考──公正中立性の ombre et lumiere（光と影）」判時 2331 号（2017 年）141 頁。

け取られるかもしれませんが、私個人の意見としては、学者の先生方には、理論の発展のためにも実務に関心をもっていただくことがとても大切であると感じておりますし、実務家も、理論の進化と発展が、実務における正義の実現にとって必要不可欠なものであることを認識し、法的意見書の作成の依頼にあたっても、相応の配慮が必要であることを肝に銘じておく必要があります。自らにとって、有利な結論を導くことを目的とし、裁判所に対して意見書の数でその法的主張の正当性を示そうとするような意見書の濫用的利用は慎むべきではないでしょうか。

　また、伊藤教授の前記論攷には、意見書の作成にあたっては、一定の事実関係を前提としたうえで、法的判断をあてはめるという作業が必要となるが、前提とするべき事実関係は必要最小限で、かつ、当事者間において争いのない限度にとどめるべきであって、その限度を超えて、一定の法的な結論を導き出すために事実を措定することは法的意見書の範囲を逸脱し、かつ、裁判所の専権に属する事実認定にまで踏み込んでしまうものであり、法的意見書としての適格性を欠くものとの指摘がなされていることを、法的意見書を依頼する実務家、そして、意見書を作成する学者の双方が、重く受け止める必要があるのではないでしょうか。

2 | **弁護士として駆け出しの頃**

　私は、現在、事業再生関係の仕事をメインにしています。もちろん、企業法務関係の一般的な事件も担当しますし、M&A もやっていますが、心の中では、常に事業再生関係の仕事を志向しており、事業再生関係の仕事をすると、正直、心がワクワクします。

　しかしながら、事業再生を専門にしたいと考えて弁護士になったわけではありません。私が、弁護士になったのは昭和56年ですが、当時は事業再生というようなシャレた言葉はなかったように思います。それよりも、倒産現場においては整理屋が跋扈しており、倒産事件に関与するということは、整理屋と対決するということを意味し、理論で戦うというようなものではなく、暴力団と対峙するような世界であり、それを担当することは、どちらかというとネガティブなイメージがあったのではないかと思います。私が、最初に入った事務

所のボス弁は、民事介入暴力を専門とされており、整理屋、暴力団対応、破産事件における労働組合対応等の仕事をたくさんしていた記憶があります。当時は、若かったこともあり、弁護士になる前は、机の上の仕事をするのが弁護士というイメージをもっていましたが、弁護士になったとたんに体力と気力勝負のような現場に放り込まれてしまい、ショックを受けたことを覚えています。その後、同事務所で3年間にわたって、倒産事件の現場、整理屋との対応、訴訟事件、債権保全等々、ありとあらゆる仕事をすることができました。債権保全ということでは、商社の取引先が倒産したために、会社の担当者と一緒に、四国の山中の役場まで、差し押さえることができる資産を探しに回ったこと、整理屋が所有権留保物件を持ち出そうとしているのに対して、動産引渡しの断行仮処分の申請、執行をしたりと、今ではなかなか経験できないような仕事もありました。

　当時も深夜までの仕事が続き、弁護士とは大変な仕事だなと思いながらも、自分を鍛えるというつもりで、どんな仕事にも取り組みました。本稿においては、「理論が実務を変える場面」ということを書くことになっていますが、弁護士になって最初に学んだことは、体を張って、気力を振り絞って、実務の中でもがき苦しむということであって、「理論が実務を変える」ということからはほど遠い仕事をしていました。

　しかし、40年近く経過した今、昔を振り返ってみると、大学を出て司法研修所で勉強をしたばかりの若造は、理論は誰よりもよくわかっているというような奢りをもっていたのではないかと思いますので（若かりし頃の自分がどうであったかは、なかなか自分で客観的に評価できるものではありませんが）、理論を振り回すような仕事ではなく、泥臭く、人間力というものが試される現場で、いろいろな仕事をすることができたことは、今となっては本当によかったと思います。また、この最初の3年間で、整理屋が倒産の現場を仕切ることに対し、債権者間の公平を実現することをめざして整理屋と対峙したことは、その後の事業再生事件において債権者間の公平と公正を実現するために最大限の努力をするということにつながっていると思えるところがあります。

第 2 編　第 1 章　Ⅵ　理論が実務を変える場面

3 | 弁護士の役割

　このように弁護士になってからの 3 年間は、理論とはほど遠い仕事をしていましたが、訴訟、倒産手続において、理論的な問題に直面することもままありました。大学時代の勉強法としては、授業に出る、教科書を読む、関連する論文を読むというようなことを行っており、当然に教授の学説だけではなく、対立するいろいろな学説を検討するという作業も含まれていました。また、判例にそれなりに重きをおいており、最高裁判例については、法学協会雑誌に掲載されていた判例評釈、最高裁判例についての調査官解説については、必ず目を通すようにしました。しかし考えてみると、私が弁護士になってから 30 数年が経過するわけですから、その間に蓄積された判例の数は膨大なものとなります。それらすべてについて、私が学生時代に行ったのと同じ作業をすることはなかなか難しいのかもしれませんが、判例の結論を覚えるということではなく、なぜ、そのような結論に至ったのか、結論に至るにあたって、どのような学説について検討をしたのか、そして、いろいろな考え方がある中で、なぜ、その結論にたどり着いたのか、そして、判例が導いたその結論は、はたして、諸般の事情を考慮した結果として、正義にかなったものといえるのかということを検証するということであり、法律家であれば、避けて通ることができない作業であると思っています。

　ところで、AI が進化すれば、判例等を基にして、自動的に結論が導き出されるようになっていく、そうなると、弁護士が職を失うということが話題となっています。もちろん、交通事故等の定型的なものについては、AI の進化が、弁護士の業務に代替していく可能性はあるでしょう。しかしながら、法律は、人間が営んでいる生の事実に基づいて発生する紛争に適用されるものであり、生の事実がどのようなものであり、関係した人間はなぜそのような行動をしたのかという事実の確定がまず最初にあるのであって、その事実の確定作業自体を AI が代替することは困難でしょう。

　よくいわれているとおり、当事者間の合意事項は、契約書にすべて書き込まれていることが通常の経験則であったとしても、企業間の交渉においては確かにそのように解釈できるでしょうが、生の人間のやりとりの中においては、す

べての事項が契約書に書き込まれているという経験則は必ずしも正しくない場合があります。AIがすべての関係者から事情を聴いて、その内容を基に事実を確認するという作業をすることがおよそ不可能であるとは思いませんが、証言をする際の表情、態度、顔色等々をすべて取り込んで、AIが事実を認定することがそれほど容易なことであるとは思われません。証言の信用性の判断をAIが完全に代替することは非常に難しいでしょうし、このような部分には、人間でなければできない分野が残り続けることになります。また、正義の判断をAIに託することもあり得ないところです。

このように事実の確定作業は、経験と社会常識、法的なセンス、人間を見抜く力等に裏打ちされた非常に高度な作業であり、弁護士としての経験を積むということは、事実を見抜く力を付けていくということではないかと思うところです。

判例の結論をみるにあたっても、いかなる事実の下において、そのような結論が導き出されたかということを、最初に検討することになります。事実が異なれば判例等の結論も当然に変わってくるのであり、このことは、判決の射程距離という言葉でよばれることもあります。

衝突する価値・利益の中において、一定の結論を導くことの重要性を学んだのは、大学生のときの故星野英一東京大学名誉教授の民法ゼミで、最高裁判例を題材として、比較考量するべき利益について検討し、一定の結論を導くというものでした。そのゼミを通じて、初めて、自分の頭の中で、利益考量という法律実務家としての思考を行ったように思います。いかなる利益を優先するかは、時代と社会的な意識、価値感の変動によって異なってくることがあり、最高裁判例も、それに応じて見直しがなされることがあります。[2]

---

2 たとえば、最大判平成25・9・4民集67巻6号1320頁の違憲判断。非嫡出子の相続分を嫡出子の2分の1とする民法900条4号ただし書の規定を、遅くとも平成13年7月当時には、憲法14条1項の法の下の平等に違反していたものであると判示しています。「昭和22年民法改正時から現在に至るまでの間の社会の動向、我が国における家族形態の多様化やこれに伴う国民の意識の変化、諸外国の立法のすう勢及び我が国が批准した条約の内容とこれに基づき設置された委員会からの指摘、嫡出子と嫡出でない子の区別に関わる法制等の変化、更にはこれまでの当審判例における度重なる問題の指摘等を総合的に考察すれば、家族という共同体の中における個人の尊重がより明確に認識されてきたことは明らかであるといえる」として、従来の判例を改めたものです。

249

第2編　第1章　Ⅵ　理論が実務を変える場面

　法律実務家の仕事とは、具体的な事実関係を基にして、多様な価値・利害を考量し、経済状況、社会的な価値感、結論が及ぼす社会的な影響等を踏まえて、1つの結論が正義にかなうものであることを突き詰めていく作業ということがいえるかもしれないと思います。そして、学者の役割の一つは、理論面において、実務家が正しい価値判断をすることができるように支えていただくことではないかと考えます。

4 ｜ 実務家における理論の検討

　弁護士として3年が経過した後、縁あって他の事務所に移りました。弁護士が私を入れて総勢5〜6人という体制の事務所でした。今と比べると小さいですが、昔の事務所はそのような小規模な事務所が多かったのです。

　事務所内においては、各弁護士の理論に対するこだわりは尋常ではなく、いろいろな議論を毎晩のようにしたことを覚えています。考え方が分かれることは常でしたが、議論をすることの楽しさと、それによって、自分の考え方が研ぎ澄まされ成長するということを実感することができました。まさに、「理論を実務に活かす」ために、弁護士が理論面での議論を積み重ねていたのです。このような議論をしているときに、「君の考え方は理論的ではない」と言われてついカッとしたことを覚えていますが、理論を実務に活かすためには、1人で考えているよりも、いろいろな人と議論をすることで、理論面の考え方が進化し、議論をした内容が実務に活きていくものであることを痛感しました。学者の先生は、論文等を発表し、その内容についていろいろな批判を受けることで、刺激を受けて成長していかれることになると思いますが、実務家との議論の機会をもっていただくことで、実務の動向、実務家の考えに触れることができ、そのことが、研究にも役立つことになるのではないでしょうか。

　今の教育研究の実態はよくわからないのですが、われわれの時代において、判例はつくるものであって、踏襲するものであるという意識はなかったようにも思います。まずは、教科書を読み、学説から入り、理論的に考えることが先でした。1つの論点について、多数の学説があるときには、それぞれの学説を比較検討し、もちろん、判例、裁判例も検討しました。今は判例検索がコンピューターで容易に行える時代で、検索語を入れると関連する判例、文献が出

てきますが、われわれの頃の判例の検索とは、判例時報の目次をみながら、関連性がありそうな判例をみつけ出し、その内容を確認し、分析するという作業のくり返しでした。準備書面を書くとなれば、部屋の床、テーブルの上に、判例時報、学者の教科書等が散乱し、その中で、学説を検討して、自己に有利な学説をみつけ出し、かつ、その考えを支持してくれる、あるいは、その可能性がある裁判例、判例を探し、準備書面を作成しました。判例時報と教科書に埋もれながら徹夜をして準備書面を完成するという日々を懐かしく思い出します。

　確かに今の判例検索等は便利でしょうし、参考となる裁判例等を簡単に抽出することができるでしょう。判例の結論の部分をコピーして、準備書面に貼り付けるという作業も容易に行えます。しかし、その結果として、判例・通説にのみ依拠し、他の学説、考え方については切り捨てるという状況が生じつつあるということも指摘されています（「判例通説依存症候群」）。1つの結論しかないことは、思考の省エネという観点からして大変に楽ではありますが、法的な思考力は、少数説も含めて検討し、なぜ、その結論が正しいのかを検証するという積極的な行為を積み重ねることで養われていくものではないかと思います。一見無駄にみえる作業の積み重ねの結果として、論理的な思考方法が涵養され、法的な思考能力が高まっていくことになります。事案の解決にあたっても、複数の視点をもって、事案全体を把握し、最も適切な解決策を導いていくという作業が必要であり、そのような能力は、1つの判例・通説にのみ依拠して検討することでは育たないのではないかと懸念されるところです。

5 ｜ 私の本格的事業再生の始まり

　さて、私が現在専門としている事業再生の話をさせていただきたいと思います。いつ頃から事業再生に本格的に取り組むことになったのかといわれると、それは、1993 年（平成 5 年）に始まった村本建設というゼネコンの会社更生手続に管財人団の一員として関与するようになってからでした。それまでにも、和議で事業再生をしたり、和議の監督委員をしたりはしていましたが、ご存じのとおり、和議法は悪法といわれていた時代であり、和議法を用いて積極的に事業再生を行っていくという時代の状況ではありませんでした。民事再生法ができる前であって、法的な手続で本格的な事業再生をしようと思えば、会

第2編　第1章　Ⅵ　理論が実務を変える場面

社更生法による事業再生しかなかったという時代でした。

　村本建設の会社更生手続は、ゼネコンとしての初めての会社更生手続であり、ゼネコンの会社更生は無理であろうといわれていました。しかし、人間のやることで、およそ無理なことというのはあり得ず、理論に基づいて、ゼネコンであっても会社を更生させることができるという可能性が認められるのであれば、その可能性に挑戦していくのが弁護士の仕事です。会社更生法のどこにも、ゼネコンの会社更生は不可とは書いてありません。それでは、ゼネコンの会社更生はなぜ不可能であるといわれるのか、その理由を確認し、それに対する対策を講じることが、まさに、理論を実務に活かすということでした。

　ゼネコンは、官公庁の入札にあたっては、入札資格が要求されており、会社更生法の適用申請をした会社は、入札資格がないとされていたのですが、会社更生法の申請をして、開始決定が出れば、事業再生の可能性についての裁判所の一応のお墨付きが出るのであり、かつ、過去の債務についての支払いはすべて止めるのですから、資金繰りに苦労している他の会社よりも、内容的には良くなっているということができます（もちろん、資産評価、更生計画による債務カットという手続が残っていますが）。通常の会社よりも倒産するリスクはむしろ少ないはずなのに、どうして、入札資格からはずされるのか。会社更生手続開始になって信用力が高まり、キャッシュフローにも問題がなければ、理論的には入札資格を認めるべきであろうということになるのであって、更生管財人団は、国土交通省（当時の建設省）と交渉をもち、結局、会社更生を申請したゼネコンであっても、更生手続開始決定が出た会社については、入札に参加できるという建設省の通達を引き出すことができました。まさに、理論が実務を動かしたということができるのではないでしょうか。しかも、会社更生手続は事業の再建のために設けられている手続であるにもかかわらず、会社更生手続の申立てをしたから、入札参加資格を失い、そのために、事業の再建が成し遂げられないとしたら、それはまさに、法の解釈運用を誤ったものというしかなく、事業再生のために必要であれば、理論に基づいて、実務を動かしていくということは当然のことだと思います。管財人団は、理論に基づいて、建設省の入札資格に関する運用を変えさせることができましたが、そのことによって、その後、多数のゼネコンが、会社更生手続の申請をすることができ、事業の再

252

生をすることが可能となっていったのです。

6 更生担保権の処理としての処分連動方式——新理論への挑戦

　この村本建設の事件においては、更生計画をつくるにあたり、非常に重要な問題がありました。それは、更生担保権の評価とその処理です。更生担保権については、担保物件の開始決定時の時価を定める必要がありますが、当時は、バブルの崩壊の最中であり、不動産の時価も大きく変動しつつあり、開始決定時の時価で担保物件の評価をしてしまうと、更生計画が認可されて弁済を行う時点における時価との間に大きな乖離が生じてしまうことになります。ゼネコンである村本建設の有している物件の多くは処分を予定している物件であり、物件を処分して更生担保権の弁済資金を確保する場合において、現実に売却が可能と考えられる金額よりも高い金額（開始決定時の時価）で更生担保権を確定させてしまった場合においては、物件を処分しても更生担保権の弁済資金全額を確保することができず、更生計画の遂行が不可能となることが容易に想定される状況にありました。一般常識的には、担保物件を処分した際の売却金額を基準として担保権者に弁済すればよいのではないかということになりますが、会社更生法においては、開始決定時の時価を基準として更生担保権を確定することになっており、常識的に柔軟な対応をすることはできないしくみとなっています。そこで、更生管財人団が考え出した方策（当時は、前例がなく、一種の奇策でしたが、現時点においては常識となっています）は、更生担保権を暫定的に一旦確定させるが、物件を売却した際の現実の売買代金から必要な費用、公租公課等を控除した残額（実質売却価額）を変更された更生担保権額として弁済の対象とし、実質的な売却価額が財産評定によって決定された価額を下回った場合の差額については一般の更生債権として、更生計画に従って弁済するというものでした。この方式は、更生担保権を処分価格に連動させることから、処分価格連動方式とよばれるようになりました。

　そもそも、会社更生法の本来の制度設計は、手続開始時の価額をもって財産評定額とし、更生担保権額とするものです（現行法83条1項・2項）。処分価格連動方式は、この制度設計から乖離することになりますが、更生会社が売却に

伴う価額の下落リスクを負担することなく、債権者の利益を極大化するという観点においては合理的な利害調整の方法であると管財人団としては判断したものです。従来の会社更生法の制度設計を否定する更生計画案であったことから、裁判所の理解を得られるかどうかが最大のポイントでしたが、事件を管轄していた大阪地方裁判所の理解を得ることができ、また、更生担保権者も処分価格連動方式の合理性を認めたことから、日本で初めて、更生担保権の取扱いについて、処分価格連動方式を採用した更生計画が成立しました。理論面においては、会社更生法の制度設計に反する更生計画であり、違法という考え方もありうるところですが（現実、当時、違法であるという意見もお聞きしました）、不動産価格は右肩上がりで上昇するという神話が、バブルの崩壊によって否定される現実が出現した結果として、更生会社が確実に事業の再生を実現するためには、「現実に売れた金額」を基礎として担保権者に弁済するという、ある意味常識的な手法を採用するしかありませんでした。また、担保権者としても、処分できた金額の弁済を受けられるのであれば、それが担保権者として把握していた価値の実現であることから担保権者の権利は保護されており、更生会社の「事業の維持更生を図る」という会社更生法の目的にかなうものであることから、その後、処分価格連動方式は、ほとんどの更生計画において採用されることとなり、一般的な手法として認められるところとなりました。

　処分価格連動方式の採用は、理論が実務を変えたというよりも、会社更生法の基本理念であるところの事業の再生の実現、そして、債権者間の公正と公平の確保のために更生担保権はどうあるべきかということを理論面において検討したときに、実務の処理として、処分連動方式を採用するしかないという選択に至ったということができると思います。

7 │ マイカル案件、そして、時代はクロスボーダーの時代へ

　その後、いくつかの会社更生事件に関与しましたが、2001年（平成13年）に、瀬戸英雄管財人の下、マイカルの会社更生事件に管財人代理として参加することとなりました。マイカルは、大阪地方裁判所において会社更生手続開始の申立てが準備されていたところ、当時の代表取締役が取締役会において申立て直前に解任され、新たに選任された代表取締役が、東京地方裁判所に民事再生

手続開始の申立てを行いましたが、資金繰りがもたなくなったことから、イオンをスポンサーとするプレパッケージ型で会社更生手続が開始されるという前例のない経過をたどった事件でした。マイカルの店舗は全国に展開をしており、瀬戸管財人の下、東京、大阪の弁護士が協力して困難な更生手続に関与するという機会を得ることができました。今、私は、大規模な事務所に所属して東京と大阪の両方で仕事をすることができる充実した環境におりますが、マイカルの仕事を東京の弁護士と一緒にしていなければ、このような状況にはなかったかもしれないと思います。すなわち、マイカルが大阪地方裁判所で会社更生事件とならず、東京地方裁判所で民事再生の申立てがなされたことが1つの契機となって、私の今があると思うと、人の縁の不思議さを感じるところです。

経済は国境を越え、現時点において日本の会社はその規模を問わず、海外との関係を有することとなりました。日本の市場が縮小していく中において、今後ますますその傾向が強まっていきます。事業再生案件も、東京と大阪を中心とした国内案件から、クロスボーダーの時代となってきました。私は、1990年（平成2年）にロンドンに留学したことがありますが、事業再生案件が、クロスボーダーの時代になるということは全く想定しておらず、帰って来た後も、国内の事業再生案件しかありませんでしたが、今後は、大規模な事業再生案件は、必然的にクロスボーダーの案件となっていきます。今後、事業再生案件を研究される若手の学者の先生方は、クロスボーダー案件の処理についての知識を求められていくことになっていきます。10年後の事業再生がどのようになっているのか、現在、激減している案件数が増加しているかも含めて非常に関心があるところです。

8 ┃ リーマン・ブラザーズの倒産処理

私が弁護士人生において担当した最大の事件は、今から10年前の2008年（平成20年）9月に発生したリーマン・ブラザーズグループ（以下、「LBグループ」といいます）の倒産処理です。LBグループは、米国所在のLehman Brothers Holdings Inc.（以下、「LBHI」といいます）を究極の親会社として、米国のほか、40以上の国で650を超える法人が事業を行っており、2008年当時、全米第4位の投資銀行・証券会社でした。LBグループのグローバル統括本部

は、LBHI が拠点としていたニューヨークにあり、欧州およびアジアの地域統括本部は、ロンドンと東京にそれぞれおかれていました。このように、LB グループは世界各国で法人を設立し、事業を行っていたものの、各現地法人による借入れ等の資金調達は、LBHI の信用に基づいて行われることが大半であったことから、LB グループ各法人は、究極の親会社である LBHI の信用に依拠している状態にありました。LBHI は、サブプライムローン問題に端を発した経営危機の末、2008 年 9 月 15 日（米国東部時間）に米国連邦倒産法第 11 章（以下、「チャプター 11」といいます）の適用を申請しましたが、これによって信用を失うこととなる各国の現地法人も、それぞれの所在国における倒産手続申請の検討を迫られることとなり、その後順次、各国において倒産手続が開始されるに至りました。

　日本においても、LBHI のチャプター 11 適用申請の知らせを受け、金融商品取引業を営んでいたリーマン・ブラザーズ証券株式会社（以下、「LBJ」といいます）を中心としたグループ会社について、法的手続の検討が行われ、結果として、外部金融機関からの借入債務があった LBJ を含む日本法人 4 社（以下、4 社を総称して「LB 日本法人」といいます）について、翌 16 日に、民事再生手続の開始申立てを行うに至りました。私は、LB 日本法人の民事再生手続申立ての代理人を務め、これまで約 10 年間にわたって、資産の処分、回収、海外関係会社との間における債権債務関係の確定作業、全世界の債権者に対する弁済等の業務に関与してきました。10 年間にわたるリーマン事件を振り返ると、あまりにも多くの法律問題があってすべてをお話することは困難ですが、国際倒産の現場において、極めて有益な経験を積み重ねることができ、事業再生のクロスボーダー化を最前線において学ぶことができました。

　全世界の LB グループの法的倒産手続は、各国の倒産手続が異なった法制度の下において行われている状況の下、どのようにして国際的に協調し、債権債務を確定するのかということが喫緊の課題として認識され、プロトコールが締結されるとともに、共通の帳簿に基づいて債権債務を確定することに合意する等、各国の法的手続の関係者が協調して手続を進めてきたという側面は評価されるところであると思います。各国が協調せずに、独自に債権調査等を行うというような事態に陥った場合、莫大な費用と時間を要することになり、手続

開始から 10 年が経過した今でも倒産処理手続は道半ばであったと思いますが、国際協調の結果として、手続開始から 10 年目で、ほぼ、全体の終結スケジュールがみえるというところまでたどり着くことができました。

⑨ | 海外関係会社債権の劣後化

　LB 日本法人の再生計画案をつくる過程において、一部の金融機関債権者（日本法人）から、LB 日本法人の一部の会社に関して、海外の LB グループの債権者が有する多額の債権については、劣後化をさせるべきであるとの強硬な主張がなされました。日本の民事再生法には、関連会社の債権を強制的に劣後化させるという規定はなく、再生会社としては、海外の LB グループの債権を劣後化させない再生計画案を提出し、債権者集会で可決され、再生計画の認可決定が出ましたが、劣後化を要求した債権者は、認可決定に対して即時抗告をしました。理論的には関連会社債権を強制的に劣後化させることが可能かという論点は、研究の対象としては興味深いところではありますが、当事者として、再生計画認可決定に対する即時抗告がなされて 1 年近く再生計画が確定しない、抗告審対応で膨大な資料と書類の準備をしなければならないという状況は、かなり負担の重いものでした。即時抗告の理由としては、LB 日本法人の一部について、過小資本、不当な経営支配、不当搾取等があったことを根拠としつつ、信義則を斟酌して、衡平の見地から、再生債務者の実質的平等を定める民事再生法 155 条 1 項ただし書に基づいて、LB グループの海外の関係会社が保有する再生債権を劣後的に取り扱うべきというものでした。抗告審である東京高等裁判所の決定においては、LB グループ債権者について平等原則を維持することが、他の債権者に対する関係で信義則に反し、その信義則違反の程度が債権の劣後化を肯定できるようなものであれば、LB グループ債権者の債権について劣後的に取り扱うことも許されるとしましたが、民事再生法 155 条 1 項ただし書は、特定の債権者の不平等取扱いを義務づけるものではなく、仮に、解釈上、特定の債権の不平等取扱いが義務づけられる場合があるとしても、それは、これを認めないと著しく正義に反するような例外的な場合であると判示しまし

3　東京高決平成 23・7・4 判夕 1372 号 233 頁。

第2編　第1章　Ⅵ　理論が実務を変える場面

た。そのうえで、本件においては、そもそも、LB グループの関係会社を不平等に取り扱うことを正当化するような信義則違反があるとは認められないとして、それらの関係会社が保有する再生債権を再生計画において劣後化すべき義務を否定したものでした。

即時抗告の申立てをした金融機関債権者（日本法人）は、究極の親会社である LBHI の保証を取り付けたうえで、LB 日本法人に対して融資をしていました。したがって、LB グループの信用力の源泉は LBHI にあるということを前提として融資をしているわけであり、LB 日本法人の信用力を裏付けとして融資をしたものではなく、また、LB 日本法人の役割（LB グループの資金を日本で運用するという役割）についても認識をしたうえで融資をしており、LB 日本法人について、過小資本、海外の LB グループ債権者からの不当な経営支配、不当搾取等があったという主張は、融資の実態とかけ離れたものであると考えておりましたので、東京高裁決定の結論は当然であるといえます。ただ、本件のような事案ではなく、親会社債権者が、破綻した子会社に対して、多額の債権を有しており、経営において子会社の独立性を侵害し、搾取に近い実態があった（子会社の利益を名目を変えて親会社に吸い上げていた）というような場合については、親会社債権を劣後化させないと著しく正義に反するとして、劣後化が認められる場合も理論的にはありうるところです。また、劣後化を主張する場合には、計画案の立案の段階から主張するのではなく、劣後化を主張する債権に対する調査手続において、劣後化を理由として異議を述べるというところから始めないと、時機を逸する可能性があります。

10 ｜ 最高裁判所での逆転勝訴判決

LB グループ日本法人の民事再生手続に関連して、最高裁判所で 2 件の逆転勝訴判決を得ることができました。別除権協定の失効に関する最一判平成 26・6・5 民集 68 巻 5 号 403 頁と第三者債権を用いた相殺に関する最二判平成 28・7・8 民集 70 巻 6 号 1611 頁です。各事件の詳細については、すでに判例評釈等がございますので、それらをご参照いただきたく存じますが、別除権協

4　最一判平成 26・6・5 につき、野村秀敏「判批」金判 1454 号（2014 年）8 頁、松下祐記「判批」

定の失効に関する事件については、伊藤眞教授に代理人をお願いし、伊藤教授とともに最高裁判所で口頭弁論を行うことができたことは（実際に口頭で弁論をしました）、弁護士生活においてとても思い出に残る嬉しい出来事でした。

　また、相殺に関する事件は、再生債務者（LBJ）に対して債務を負担する者（Y社）が、自らの関連会社（Z社）が再生債務者に対して有する再生債権によって、相殺をすることができるかという点が問題となったものです。本論点については、民事再生法92条は再生手続開始時において再生債務者に対して債務を負担する再生債権者による相殺を認める規定であり、当事者間に相対立する債務がない以上、第三者の有する債権による相殺について認められる余地はないと考えておりましたが、1審判決、2審判決が、「相殺の合理的期待」の存在を理由として、これを認めるという判断を示したために、再生債務者（LBJ）の代表清算人として、この判断に対して上告受理の申立てをしたものです。最高裁判所は、極めて明確に、第三者の債権によって行う相殺は、民事再生法92条1項により許容された相殺には該当しないとの判断を示して、原判決を破棄し、Y社に対して、清算金債務と遅延損害金の支払いを命じたものです。「相殺の合理的期待」の下に、相殺範囲を拡大しようとしたのが1審、2審の判決ですが、「相殺の合理的期待」の解釈により相殺範囲を拡張することに対しては最高裁判所が慎重な姿勢を示し、民事再生法92条の解釈論として、第三者債権による相殺を否定したことは、当然の結果とはいえ、事業再生の実務にとって非常に意義があることです。もし、今回のような相殺が許容される[5]

重判解〔平成26年度〕147頁、河崎祐子「「判批」」判時2250号（2015年）132頁、中井康之「判批」民商150巻4＝5号（2014年）637頁、印藤弘二「判批」金法2024号（2015年）6頁、倉部真由美「判批」リマークス51号（2015年）136頁。なお、調査官解説として、山地修「判解」最判解民〔平成26年度〕224頁がある。最二判平成28・7・8につき、伊藤眞「判批」NBL1084号（2016年）4頁、杉本和士「判批」法教434号（2016年）164頁、山本和彦「判批」金法2053号（2016年）6頁、上田純「判批」金法2059号（2017年）35頁、田頭章一「判批」重判解〔平成28年度〕152頁、遠藤元一「判批」金判1516号（2017年）8頁、上田裕康「判批」金法2074号（2017年）42頁、高田賢治「判批」リマークス55号（2017年）122頁、萩澤達彦「判批」判時2347号（2017年）158頁、森田修「判批」法協135巻4号（2017年）268頁など。

[5]　前掲最二判平成28・7・8は、以下のとおり判示しています。「このように民事再生法92条は、再生債権者が再生計画の定めるところによらずに相殺をすることができる場合を定めているところ、同条1項は『再生債務者に対して債務を負担する』ことを要件とし、民法505条1項本文に規定する2人が互いに債務を負担するとの相殺の要件を、再生債権者がする相殺においても採用している

第2編　第1章　Ⅵ　理論が実務を変える場面

こととなれば、第三者債権による相殺について制限を課することが困難となり、関連会社の有する債権による相殺規定が取引基本契約に入っていれば、再生会社が有する債権の回収にあたって、債務者から第三者債権（関連会社の債権）による相殺を主張されるという事態が生じ、事業の再生に重大な支障が生じる可能性がありましたが、瀬戸際でこのような事態の発生をくい止めることができてよかったと思っています。

11 ┃ 最後に

　法律にかかわる者の責任は、法的な正義の実現をめざし、その実現に最大限の努力をすることであると私は信じています。正義の実現のためには、理論という武器が必要であり、その武器を有し、実務家を支援することができるのが、学者の先生方ではないかと思います。正義ほど多様な意味を有する価値概念はなく、1人の人間にとっての正義は必ずしも、他人にとっての正義ではなく、常に価値の衝突が起きることになります。価値の衝突という厳しい状況の下において、いかなる正義を選択するべきなのかを考え、結論を出さなければなりません。そのために必要なことは、精緻な理論面における分析であると思います。1981年（昭和56年）からすでに37年間の弁護士生活を経験し、すばらしい指導者、同僚、後輩に恵まれ、そして、事業再生分野における画期的な仕事にも多数携わることができました。私の弁護士としての経験を語ることが、若い実務家、研究者の方々の将来にとって、いささかでも参考になり、そのことによって、法的な分野の研究が進むこと、その研究結果を、広く共有できることとなること、それが正義の実現に寄与することを強く期待しています。

ものと解される。そして、再生債務者に対して債務を負担する者が他人の有する再生債権をもって相殺することができるものとすることは、互いに債務を負担する関係にない者の間における相殺を許すものにほかならず、民事再生法92条1項の上記文言に反し、再生債権者間の公平、平等な取扱という基本原則を没却するものというべきであり、相当ではない」。

VII

実務家と理論研究

岡　伸　浩

慶應義塾大学大学院法務研究科教授・弁護士

1 | はじめに

　本書で筆者が与えられたテーマは、「理論と実務の架橋」における「実務が理論を変える場面」というものである。本稿はこれを少し広く受け止め、実務家である弁護士の立場から、理論と実務の架橋とは何か、なぜ理論と実務の架橋が必要か、実務家が理論研究に取り組むことの意義などを取り上げ、これからの民事実務と理論のあり方について考察したいと考えている。[1]

2 | 「理論と実務の架橋」とは何か

(1)　理論と実務

　ひとことで「理論」とか「実務」といってもその定義はさまざまであろう。本書の想定する「民事実務」という範疇であれば、ここにいう「理論」とは、広くは民事法に関する学問研究ないし学理の分野に属し、研究によって得られる独自性と創造性を有する成果を公表することであると位置づけることができる。ここでは具体的事案の解決にとどまらず、一般的汎用性をもつことが特徴であると解される。本稿では、理論を導く「理論研究」を念頭におくこととす

1　伊藤眞「学会と実務——日本民事訴訟法学会の紹介をかねて」同『千曲川の岸辺——伊藤眞随想録』（有斐閣・2014 年）74 頁以下（初出：自由と正義 55 巻 3 号（2004 年）14 頁以下）は、実務家と研究者のあり方について理論と実務の距離、心地よい緊張関係のもち方、研究者に求められるものなど、深い洞察によって分析され、極めて示唆に富んでおり、理論と実務の関係を議論する際の不可欠の論攷である。

る。

　これに対して「実務」とは、法の実践であり、現実に生じた事象を対象に具体的事案の解決を志向する活動全般を意味する。「実務」という言葉は、金融実務とか証券実務というように広くとらえる場合もあるが、本稿では、本書のテーマである「民事実務」に属し、裁判実務を中心とする民事弁護実務を想定する。ここでは具体的事案を前提に当該紛争の解決を志向する個別性を基調とする点に特徴がある。

(2)　理論と実務の架橋の意味するところ

　今日、法律学の世界では「理論と実務の架橋」が盛んに提唱されている。従来、ともすれば独立し、互いに無関心ともいうべき状況さえもあった理論研究と実務が相互に意識し、検証する機会を得るに至っている。「〇〇の理論と実務」あるいは、「△△の実務と理論」といった書籍のタイトルを目にすることが多いのは、こうした流れを汲むものといえよう。「理論と実務の架橋」が唱えられ始めた契機は、司法制度改革の結果、創設された法科大学院制度の影響が大きいといえる。制度についての評価はさまざまであり、本稿の目的に照らして、このことについて特段、議論の対象とするものではないが、法科大学院の創設によって研究者と実務家がそれぞれ「研究者教員」、「実務家教員」として同じ場で共通した学生に対して法学教育や法曹養成に取り組むことを通じて、直接ないし間接に相互が交流する契機となったことは事実であろう。こうした環境が「理論と実務の架橋」という意識に影響を及ぼしたものといえる。

　ところで、今一度翻って「理論と実務」あるいは「実務と理論」の「架橋」とは何か、「理論」と「実務」の架橋はなぜ必要かという本質的な問題を考察する必要がある。筆者は、法の存在根拠に照らした社会規範性、法の機能に照らした実学の発想、そして、社会の変化とそこから生じた新たな問題への対応の必要性の3点をあげることができると考えている。

㋐　法の本質としての社会規範性

　「理論と実務の架橋」がなぜ必要かについて、拙著『倒産法実務の理論研究』の「序論『理論の支えのある実務と実務に生きる理論』[2]」で考察したことがあ

2　岡伸浩『倒産法実務の理論研究』（慶應義塾大学出版会・2015年）1頁以下。

2 「理論と実務の架橋」とは何か

る。ここに引用して紹介する。

「法は一定の強制力を伴う社会規範である。社会は利害関係を異にする多数の人間によって構成され、人間はそれぞれの利益を追求し行動する。この際、法が提示した規範は行為規範として人間に予測可能性を付与する。合理的人間像によれば、規範に直面した人間は提示された規範に適合するよう行動を選択し、法規範は究極的には人間の行動の自由を保障することとなる。

実務とは、かような社会規範としての法が現実に生起した事象の解決に向かって機能する法の実践である。理論研究は、ある時は実務を批判し、実務の在り方に再考を迫る。またある時は、実務の在り方を理論的側面から追認する。こうして理論研究によって検証され理論に支えられた実務は、多様な利害をめぐる関係人の納得とともに正しき法を実践しているという正当化根拠を獲得する。ここにいう正しさとは、究極には法の根底にある正義を意味するといえよう。法の理念についてラートブルフは、正義とともに合目的性、そして法的安定性を掲げ、相互の矛盾・緊張関係を説く[4]。私見は、これらは相互独立の存在ではなく、合目的性や法的安定性は正義に支えられた理念であり、法の根底にはあくまでも正しさとしての正義が深沈するべきと考えるものである[5]。

法の実践としての実務が理論研究によって正当化根拠を得たとき、実践の法と理論の法が融合し、社会に法的安定性を生み出し、正しき法の実践として社会秩序維持機能を発揮する。本書にいう『理論の支えある実務』とは、かような理論研究によって正当化根拠を獲得した実務を意味する。法の実践としての実務とその正当化根拠を検証する理論研究は、相互に影響を及ぼし、法の社会規範性を支えるのである。

---

3 団藤重光『法学の基礎〔第2版〕』(有斐閣・2007年) 29頁以下。

4 田中耕太郎訳『法哲学』(東京大学出版・1961年) 177頁以下「第7章・法の目的」、207頁以下「第9章・法理念の相互矛盾」参照。

5 井上達夫『自由論』(岩波新書・2008年) 41頁は、ラートブルフの正義・合目的性・法的安定性が相互に緊張関係にあるとする見解を紹介し、「私自身はこの三理念は相互に独立したものではなく、合目的性と法的安定性の基底には正義理念がある、法は基本的には『正義への企て』であるという立場」であることを説くが、私見もこの立場に賛成するものである。なお、井上達夫『法という企て』(東京大学出版会・2003年) 3頁以下「第1章〈正義への企て〉としての法」参照。特に6頁以下「法の正義要求」および12頁以下「正義の論争性」参照。また法的安定性と合目的性に関し、団藤・前掲書(注3) 232頁以下。

263

第2編　第1章　Ⅶ　実務家と理論研究

　理論研究によって実務が批判的検証を経て修正され、あるいは、正当化根拠を得て正しき法の実践として法の社会秩序維持機能を発揮するに至ったとき、そのような正当化根拠をもたらした理論を本書では『実務に生きる理論』と表現する。本書を貫くテーマである『理論の支えある実務と実務に生きる理論』とは、こうして法の本質である社会規範性から導くことができるのである」。以上のとおり、筆者は、法がその社会規範性を発揮し、人間社会に秩序と安定性を生み出し、これを持続するためには、理論と実務の架橋が必要であると考えている。

　　(イ)　法の機能に照らした実学の発想

　さらに、こうした法の社会規範性からの考察が法の存在根拠を重視したアプローチであるとすれば、法の機能を重視したアプローチとして「法律学は実学である」という点があげられる。

　福澤諭吉は、『学問のすゝめ』で「實なき學問ハ先づ次にし専ら勤むべきハ人間普通日用に近き實學なり」といい「実学」の重要性を説いた[6]。この実学の意味につき筆者は、社会で実際に用いることを前提とした学問であるととらえる。法が社会規範である以上、法の根底には社会に生きる人間の営みがあり、具体的人間像を前提とする現実こそ法が機能する場面であって、法の射程とするところである。法律学がこれと乖離し理論のための理論に終始する場合、もはや実学としての本質を欠き、その社会規範性を喪失することになりかねない。法は理論に支えられその正当化根拠を維持しながらも、常に法の実践としての実務を視野に入れた存在であることが求められる。こうして理論と実務は法の社会規範性を支える両輪として、あたかも医学における臨床研究と診療実務と同じく、一方が他方を基盤として成り立つことによって、さらに法律学の発展に寄与する役割を期待されるのである。

　　(ウ)　社会の変化と新たな問題への対応の要請

　加えて、現実の人間の営みである実務の世界には絶えず新たな法律問題が発生し、これに的確に対応するためには、実務とそれを正当化する理論、実務に活きる理論の構築が不可欠であるということも「理論と実務の架橋」が必要であることの理由としてあげられる。たとえば、社会の変化に伴い既存の法律関

6　福澤諭吉『福澤諭吉著作集第3巻』(慶應義塾大学出版会・2002年) 222頁。

係では想定していなかった新たな事象が発生し、これを解決する必要性が生じた場合や、さらに多様化する現代社会にあってさまざまな異なる利益を背景とする利害関係人が、それぞれの立場から各自の利益を実現しようと行動するとき、これらの人間の所為が法の想定を超えた新たな状況を生み出すこともある。そこに既存の議論の枠を超えた新たな法律問題が実務上生じるに至る。こうした状況において、合理的かつ妥当な対応への指針を与えるのが理論研究の役割の一つであるといえる。ここに法律学の進歩・発展のあり方として「理論と実務の架橋」が求められることになる[7]。

3 | 「理論と実務の架橋」のあり方とその目的

(1) 「理論と実務の架橋」のあり方

現実の実務の運用が理論に影響を与える場面としては、実務家が実務の運用を紹介し、研究者がこれを受け止め研究の対象とし新たな理論を構築するという場合が多いといえる。また理論が実務に影響を及ぼす場面としては、研究者が研究成果を公表し、実務家がこれを受け止め従来の実務の運用が改められる場面などが想定される。こうした状況は、相互の発展という点で一定の意義を有するものの、実務と研究がそれぞれの守備範囲において別個に縦割りに存在していた時代からの役割分担の発想が根底にある。筆者は、これからの民事実務ではこうした役割分担に固執することなく実務家と研究者がそれぞれの守備範囲に過度にとらわれず実務家が自ら経験した実務上の問題について疑問点や法の欠缺などを指摘し、時に自ら新たな着想をもって創造的な議論を展開し理論研究に取り組み、その成果を公表したり、あるいは、研究者が実務を見聞したり自ら関与した実務において生じた問題について考察しこれを理論化して公表するなど、実務家による理論研究や研究者による実務の理論化への試みがより積極的に展開されるべきであると考えている。

(2) 融合としての「架橋」

では、「理論と実務の架橋」という場合の「架橋」とは、いかなる意味をもつであろうか。「架橋」とは、要するに橋を架けることであろうから、「理論と

---

7 岡・前掲書（注2）i頁以下。

実務の架橋」という場合、「理論」と「実務」が橋渡しされ、相互に行き来するようなイメージ、あるいは、両者が影響し合って、あたかも「融合」するかのイメージをもつのが通常であろう。法律学が実学であるとの認識に立てば、実務家も実務で遭遇した問題を理論的に考察し、論文として公表することに積極的に取り組むべきであると考えられる。また、研究者も実務で問題となった事項を研究の対象とし、新たな創造性をもった理論を構築するよう取り組むことが歓迎される。そのことによって理論と実務があたかも融合し、相互に発展すると解されるからである。この点で、「理論と実務の架橋」ということの意味をとらえることが可能であろう。

(3) 適度な距離感と緊張関係としての「架橋」

法律学が実学であることは、法律学における純粋な学問研究の価値を何ら減殺するものでない。研究者があえて実務とは一定の距離をとって純粋な学理の分野を確立することの意義も忘れてはならない。実務から距離をとって、純粋な学理が凛として存在するとき、その存在自体が正当な価値を内在するものであれば、厳正に実務に影響を与え続ける。この意味でも純粋な学理を追求することの意義は極めて大きい。「理論と実務の架橋」とは、必ずしも両者の融合を唯一の目的として志向するものではなく、一方が他方に迎合することなく、一定の距離と緊張を保ちつつ互いに啓発し合って、相互に発展することを通じて全体としての法律実務と法律学の発展に寄与することを内実とするものであると解すべきである。

4 │ 実務家からみた理論研究へのモチベーション

(1) はじめに

「理論と実務の架橋」という場合、これを担う主体は、実務家と研究者である。筆者は、実務家として「理論と実務の架橋」に貢献するためには、実務家であっても一定のテーマについて積極的に理論研究に取り組み、これを論文としてまとめるなどして公表する機会をもつことが重要であると考えている。この理由はいくつかあるが、個人的な理由も含めてそう考える理由を提示したい。

(2) モノグラフィー（monographie）という課題

筆者の個人的な事情ともいうべきことであるが、大学の法学部3年生の時に

石川明教授の民事訴訟法の研究会に入会し、そこで指導を受ける機会に恵まれた。石川明教授は、研究者の立場にあって当時から弁護士登録をしたうえで、民事訴訟法、民事執行法、倒産法の実務に絶えず目配りをされ、当時から、研究者をめざすとしても、司法試験に合格し、実務の素養をもって研究に臨むことを奨励されていた。また、研究者であっても海外の文献を単に紹介するにとどまる比較法研究を良しとされていなかった。このことと同じく、実務家が論攷を著す場合でも、単に実務の経験や既存の法律知識を紹介することにとどまるのではなく、実務での経験を基に生じた問題意識を指摘し、理論における先行業績を分析検討して問題の本質を踏まえた創造性のある議論を展開し、これを発表することを求められた。実務家であってもテーマをもって生涯にわたって研究に取り組み、「モノグラフィー」を書くようにと幾度となくご指導をいただいた。モノグラフィーとは、特定の問題について詳細に取り扱った研究論文を意味する。[8] 実務家として有するに至った問題意識を元に実務家が「モノグラフィー」に挑戦するという姿勢は、筆者にとって恩師から与えられた実務家としての課題の一つであると感じている。[9]

(3) 判例・通説——今の通説は、明日の通説か

一般の学生であれば、「通説」という法律用語（？）を聞いて、「通説」とは何かについて明確な定義を習った記憶のないまま、あたかも「定説」であるかのように学習してきた経験を有する方は多いと思われる。しかし、こうした「通説」に対する認識は、新たに問題点を発見して議論を展開する可能性を減殺しかねない。筆者も通説は既存の固定した定説であるかのように学習していたが、発想を転換する契機となる講演を聴講する機会を得た。今から15年以上前の2001年7月に行われた伊藤眞教授（東京大学教授・当時）の「証明、証明度および証明責任」という有斐閣法学講演会での講演である。[10] 証明や証明責任の領域は、実務では法律要件分類説が席捲し、証明度の問題は、「確信レベ

---

8 新村出編『広辞苑〔第7版〕』（岩波書店・2018年）2918頁。
9 石渡哲教授（武蔵野大学）による、『民事訴訟法講義』（成文社・2016年）の「はしがき」にて、石川明教授から研究者にとって「モノグラフィー」を出版することの重要性を説かれた旨の記述に接した。石川明教授が研究者に対してはもちろん、筆者のような実務家に対しても同じく「モノグラフィー」に取り組むことの重要性を説かれていたことに接し、その重みをあらためて認識した。
10 伊藤眞「証明、証明度および証明責任」法教254号（2001年）33頁。

ル」というだけで、その実質は何か、公平を害する場合に証明度を低減できるかといった問題について学理の観点から議論が提起されつつも、現実の実務の運用とは乖離している感をぬぐいきれずにいた。ご講演を拝聴して、内容のすばらしさは言を俟たないが、何より「学理のもつ自由」を強く感じた。講演の最後に伊藤眞教授が聴講者に対して、国民の信頼によりよく応え、民事司法の機能を高めるためには何をしたらよいかを常に考えることの重要性、そして、正しいと考える場合には、今日の判例や通説の妥当性を再検討することに躊躇せず、新たな可能性に挑戦することの重要性を指摘された[11]。

　この講演に接し、今日の通説は明日の通説であるとは限らないこと、今日の判例や通説の妥当性を再検討することに躊躇せず、果断に、そして、自由に議論を展開してもよいこと、そして、そのことが民事司法の機能を高めることにつながることを教えられ勇気をいただいたことを鮮明に記憶している。こうした姿勢は、実務家であるか研究者であるかを問うものではなかろう。現に伊藤眞教授は、実務家であっても、今日の通説・判例に果断にチャレンジしていくことにつき、「学界に身を置くか、実務界に属するかにかかわりなく実務の理論化と理論の実務化を目指す者」と表現されている[12]。

(4)　弁護士の自由と独立

　実務家とりわけ弁護士が実務で生じた諸問題について理論研究に取り組むことは、弁護士の使命を規定した弁護士法1条2項の弁護士の誠実義務の一環としての「法律制度の改善に対する努力義務」であり、同法2条が定める「法令及び法律事務に精通しなければならない」という弁護士の職責の根本基準に資するものであると考える。その際、弁護士の職務の重要な理念である自由と独立を基調とすべきであろう（弁護士職務基本規程2条）。憲法上保障された職業選択の自由の保障の中で法律事務の取扱いに関して独占的地位を認められた（弁護士法72条）弁護士が、多様化する現代社会にあって実務で遭遇した諸問題について法律実務家として理論研究に臨むことも、その職責を誠実に果たす

11　通説とよばれているものに挑戦する姿勢に裏打ちされた研究が望まれることにつき、伊藤・前掲書（注1）84頁。

12　伊藤眞「体系書今昔（民事訴訟法）」同・前掲書（注1）88頁以下（初出：書評の窓612号（2012年）7頁以下）。

こととつながり、弁護士職務基本規程7条が「弁護士は、教養を深め、法令及び法律事務に精通するため、研鑽に努める」と定め、弁護士に不断の研鑽努力義務を課した精神に沿うものと考えている。

(5) 実務と理論研究の同質性と異質性

実務、とりわけ民事訴訟実務は、条文や最高裁判例を中心とした裁判例を規範としながらも、事実認定を軸に動いている。裁判官の立場からも、多くの事件では事実認定によって結論が異なることとなり、法解釈の違いによって結論が異なることは少ないと指摘されている[13]。そのため民事訴訟において実務家（弁護士）は、自らの依頼者の利益を実現するために重要な事実に光をあて、法的に構成し、裁判官に対して説得力をもって主張立証を尽くすことが求められる。実務家としての日常の業務では、事実から離れて、法理論それ自体を考察することは稀なことといえ、日々の実務と理論研究とは、法律という分野からみた同質性とともに、思考のあり方としての異質性を有する。その意味で実務家にとって理論研究は、同質性と異質性が同居する対象への挑戦としての側面を有するとともに、実務家が実務において培った視点をもちつつ理論研究に取り組むことには、一定の意義があると信じている。

5 実務家と理論研究

(1) 実務と理論研究は両立できるか

実務家が学理に興味をもって、自らの実務で得た経験や、そこから生じた問題意識を根底にして一定のテーマについて研究活動を行うことは、その内容によっては、実務界に対しても学理に対しても十分な意義をもつことになろう。もっとも、実務家として研究を行うには、いくつか乗り越えなければならない点もあると認識している。以下では、実務家のうち、特に弁護士が理論研究に取り組む場合の課題などについて筆者の考えを述べたい。

(2) 実務家（特に弁護士）が理論研究に取り組むということ

(ア) 経済的独立性と時間の確保

弁護士は、法律事務所に所属して依頼者ないし所属する法律事務所から報酬

---

13 福田剛久「裁判官から見た実務と学説」法時79巻1号（2007年）69頁。

を得ている。勤務弁護士といわれる弁護士が実務家として研究活動を継続していくためには、勤務する法律事務所の多大なる理解が必要であろう。なぜなら、雇用ないし委任する側の経営者弁護士からみれば、勤務弁護士には、法律事務所の事件解決に向けてその能力をいかんなく発揮し、専念してほしいと思うことは当然であるからである。研究のレベルや対象にもよるが、一定の問題意識をもって、未知の問題について深く研究し、独自の創造性のある成果を発表するためには、相応の時間が必要となる。もちろん、弁護士が休日を利用するなどして許された時間の範囲で研究活動に取り組む方法もあろうが、休日も弁護士業務の対応が生じることはしばしばある。これが独立して法律事務所を自ら経営する立場に立てば、やや事情は異なる。経営者弁護士から報酬を受ける立場にあるわけではなく、自己責任によって、自分の時間を実務と研究に割り振る自由を確保できると考えられるからである。しかし、弁護士は在野にあって自らの依頼者の権利利益の実現のため最善の努力を尽くすべき立場にあり、経済的な自立をめざそうとすればするほど、おのずと研究に向ける時間は制約されるのが実情であろう。本来、研究には自由な思考とそれを実現するための相応の時間を要するとの認識を出発点とすれば、弁護士が研究に取り組むためには、その程度にもよるが、経済的独立性と時間の確保という課題に取り組む必要がある。付け焼刃でなく実務家が理論研究に継続して取り組み、これを文字にして公表するためには、問題意識をもって一定のテーマについて少しずつ資料を収集し、実務の隙間をぬって継続して辛抱強く忍耐力をもって地道に研究を積み上げていく姿勢が求められる。

(イ)　**存在被拘束性**

　2015 年に『倒産法実務の理論研究』という論文集を上梓した。[14] 伊藤眞教授から「自由と正義」(2015 年 12 月号) に書評を頂戴し、その中で、実務家が研究活動を行い論文を発表することについての本質的な指摘として、「存在被拘束性」というご指摘を頂戴した。本稿のテーマとも密接に関連することから、以下に紹介する。[15]

14　岡・前掲書 (注 2)。

15　伊藤眞『続・千曲川の岸辺』(有斐閣・2016 年) 97 頁以下 (初出：自由と正義 2015 年 12 月号)。

5 実務家と理論研究

「実務家（弁護士）が研究論文の執筆を重ね、個人論文集の刊行にまで至る例として、古くは、吉川大二郎博士（元日弁連会長）のものが知られているが、決して多いとはいえない。これは、研究者に比べると、時間的制約が厳しいことに起因すると思われるが、同時に、存在被拘束性の影響もあると考えている。弁護士の主たる職務は、依頼者の利益実現にある。他方、学理の展開は、立場のいかんを問わず、広く納得をえられる内容を志向しなければならず、論文の記述が実務の活動を制約するおそれもある。したがって、弁護士が理論研究の成果を世に問うにあたっては、そこに、ある種の決断が必要であり、これを存在被拘束性からの飛翔ということができる」。

法曹三者の中で弁護士という職業は、依頼者の存在を前提として初めて成り立つ。弁護士の職務は、依頼者の正当な利益を実現することにあり（弁護士職務基本規程 21 条）、弁護士の業務のほとんどは依頼者の具体的利益の存在を前提とする。これに対して、研究活動は独自性と創造性を根底におき、汎用性ある理論の構築をその目的とする。そこには、特定の依頼者による特定の利益実現に向けての要求は存在しない。伊藤眞教授の上記文章は、弁護士は、その存在自体が特定の依頼者を前提とし、弁護士が学理に取り組み論文を発表することは特定の立場を表明することにもなりかねず、時として現在もしくは将来の依頼者の利益実現に向けた活動に制約を課するのではないかという問題意識に起因しており、実務家が理論研究に取り組みこれを公表する場合、常に意識し思考すべき大変貴重な指摘であると受け止めている。もっとも他方で、弁護士という職業の基本理念である「自由と独立」（弁護士職務基本規程 2 条）に思いを馳せれば、実務家が自由にそして自在に理論研究に臨むという姿勢もあってよいものと考えている。また、このことに関連して同じく理論研究に対峙する場合における研究者と実務家の違いとして、研究テーマの選定の問題がある。研究者の守備範囲については、かねてより伊藤眞教授が指摘されているところであるが[16]、わが国の研究者が自身の専攻領域の範囲で論攷を発表するのをほと

16　研究者が専門領域外の問題に関し研究論文を公にすることにつき、伊藤眞「続・折々の記」同・前掲書（注15）2 頁以下、特に 40 頁。「テレビ広告に対する法規制」同書 124 頁。さらに「老書生交友鈔」同書 59 頁では、「数人の実務家から、日本の法学者が自己の専門領域に閉じこもりがちであり、欧米においては、実定法の諸分野や基礎法学の領域に渉って、幅広く研究を展開しているこ

271

んど常とするのに比して、実務家は、主として実務上生じた問題や自己が主に扱う分野など、法律ごとの分野別といった切り口ではなく比較的広く自由にテーマを設定できるのではなかろうか。もちろん、それは、ランダムでよいという意味ではなく、当該分野におけるテーマについての真摯な蓄積の下に初めて成り立つものであることが前提であると考える。[17]

　㈼　**集団の効用と個としての取組み**

　実務家同士の研究会は、規模の大小を問わなければ数多存在している。各弁護士会に研究機関が存在するが、筆者の属する第一東京弁護士会では、弁護士会のシンクタンクとして総合法律研究所が設置されている。総合法律研究所は、1996 年 2 月に会員の知識や技能を高め弁護士業務の改善や進歩を図る目的で各種法律問題の調査研究等を行う委員会として設立された。2015 年からは、不肖筆者が委員長を拝命している。会社法、金融商品取引法、倒産法、知的所有権法、独占禁止法、遺言信託実務、CSR、租税訴訟実務、行政法、スポーツ法、医事法、IT 法、会計・監査制度、現代中近東法、中国法、宇宙法といった多彩な研究部会が設置され、延べ 1698 名の会員が参加している（2018 年 9 月末日現在）。[18]こうした弁護士会の主催する研究組織は、加速する時代の変化に実務家が適切に対応できるよう実務のみならず理論面での研鑽を積む場として機能している。また、たとえば、倒産法の分野では、全国倒産処理弁護士ネットワークという団体が積極的に活動を展開し、書籍の発行やシンポジウムの開催など研究者と協同して発信している。こうした団体における活動を通じて相互の知見を共有し、これを発信することの重要性は極めて大きい。そうした実務家同士の研究会（勉強会）は、情報の交換や他の実務家の考え方や対処方法（スキル）を知るという意味において有用である。

　しかし他方で、理論研究は、個としてこれに取り組み孤独な思考と歩みを通じて成熟し、独自性と創造性のある理論を構築し文字として公表することに

ととと比較すると、独創性や創造性に欠けるのではないかとの指摘」があると紹介する。

17　伊藤・前掲書（注 15）40 頁は、研究者に他分野に踏み込んだ研究を発表することをためらわせる理由として、一番に「蓄積の貧しさ」をあげる。実務家が理論研究に取り組む場合も全く同様であり、日々の蓄積こそ重要であると自戒している。

18　第一東京弁護士会ウェブサイト〈http://www.ichiben.or.jp/approach/kenkyu/〉。

よって結実するということも事実であろう。[19]筆者を含め実務家は、集団で議論し、その結果を研究と称することがある。もちろん、集団において互いの知見を高め合うことの意義は存在する。しかし、そうした集団における議論で得られた知見をさらに自己の中で成熟させ、一定の独自性と創造性を保持した理論を構築し、これを文章にして論攷にまとめるための個としての孤高の過程を経ることこそが理論研究の醍醐味であると考え自戒している。[20]

(エ) 外国語と外国法──比較法的視点

一定のテーマについて、より深く考察するためには海外の立法例や文献を参照する必要に迫られる。しかし、外国語に堪能な一部の実務家、留学経験者や渉外実務に携わる弁護士を除けば業務で外国語に接しない法律家は、一般に外国語や外国法の知識に乏しいのではなかろうか。筆者も例外ではなく、たとえ実務で生じた問題意識であっても、これを深く考察して研究論文にまとめ上げるためには、どうしても比較法的観点を考察に加えたいという思いに駆られる。その際、外国法における扱いや考え方を知りたい場合が生じる。同じテーマの先行業績を検討する場合も同様である。従来のわが国における法律学が多数の外国法の紹介を踏まえた論攷によって展開されてきたこともあって、実務家として英語はもちろん、ドイツ語、フランス語、そしてアジア諸国の言語を基にした文献を踏まえた考察を展開する必要に迫られると、どうしてもそこに限界を感じるのも事実である。もちろん比較法的に海外の文献を紹介することを主眼とした論攷よりも実務上の重要問題について深く考察を展開することに価値を見出すべきであると信じているが、[21]日頃から、こうした問題意識の下で外国

---

19 伊藤・前掲書（注15）44頁は、永石一郎弁護士との議論を紹介し、学者の仕事には、孤独を厭わず、群れをつくらない勁さ、そして払暁から月朝まで鍬を振り続けられる忍耐力とが一番大切な資質であるとも思われる、と説く。筆者は、学者に限らず実務家が理論研究に向かう折の心構えについての重要な指摘として受け止めている。

20 執筆者の孤独につき伊藤眞教授は、各所で指摘されている（伊藤・前掲書（注1）91頁、「体系書執筆者の三優一歓──『会社更生法』を公刊して──」同書95頁（初出：書斎の窓623号（2013年）2頁以下）、伊藤眞「体系書執筆三十年」同・前掲書（注15）49頁など）。体系書執筆の長期にわたる孤独と向き合うことについての指摘であるが、一定の論文を発表するに際して、自己の思考を成熟するための個としてのプロセスは、体系書執筆に比べれば比較にならないほどの短い時間であろうが、そのあり方は共通すると考える。

21 伊藤眞教授は、比較法研究における光と影の部分を指摘し、その影の部分として学問輸入的研究

第2編　第1章　Ⅶ　実務家と理論研究

語や外国法の修得をめざして努力すべき必要性を感じている。

　㋔　蓋（フタ）をしない姿勢

　法科大学院制度が創設され、研究者と実務家が協同して実務法曹を養成する機会が生まれた。1人の学生が研究者と実務家の双方から講義を通じて教育を受ける機会をもつことになった。筆者は、教育現場に携わる実務家教員の一人として、学生に研究者教員と実務家教員の双方のあり方について実直に感想を求めるようにしている。そこで実務家教員に対する声で比較的多いと感じるのは、実務家の多くは、学生が学説をもち出して議論を深めようとした折に、人によっては「実務ではこうなっている」という一声で終えようとすることもあるというものである。もちろん、法曹資格を取得するためにはここまでで足りるし、これ以上は深入りしないほうが司法試験合格という目標にとっては合理的であるという一定のレベルを示すという積極的な意義もあるものの、「蓋（フタ）」をされた気分になるのかもしれない。こうした状況は、研究会での研究者の発表に対して、実務家から、実務ではあり得ない、実務ではそうなっていない、という趣旨の発言があるときにも感じる。もちろん、実務からの情報の提供という側面もあろうが、質疑応答の仕方によっては議論が発展する機会を奪いかねず議論をより深めるために必ずしも有意とはいえまい。実務家が理論に接するときは、実務と学理に距離がある場面があることも当然であるという認識をもつ必要があろう。実務家が既存の実務を絶対視して議論を抑止しないよう学理に対する慎重で謙虚な態度が必要であると心している。

6 ｜ 理論と実務が相互に影響を及ぼす場面

(1)　はじめに

　学理としての法律学が、実務の扱いに疑問を提起し、ときに反省を促し、実務に再考を迫ることがある。たとえば、民事裁判におけるかつての弁論兼和解がその例であったと感じている。実務では平成8年の民事訴訟法改正前に争点整理や訴訟上の和解に向けた和解勧試の場として、弁論兼和解が行われ、一定

態度は、かえって独創性をもった研究の桎梏となるおそれがあること、そこでの研究は、自ら考えることではなく、各国の論文を読み、それをわが国の状況にあてはめることに終始することを指摘される（伊藤・前掲書（注1）85頁）。

の成果が生じていたと認識している。しかし、その法的性質をめぐって口頭弁論であるのか、旧準備手続であるのかについて議論が生じ、公開主義との関係など問題が提起されていた。[22]こうした理論面での検証が民事訴訟法改正に際して、現在の弁論準備手続を構築するにあたって影響したものといえる。先行する実務に理論が影響を及ぼした例と考える。

他方で、実務が理論に影響を及ぼした一例としては、抵当権に基づく妨害排除請求を（傍論で）認めた最大判平成11・11・24民集53巻8号1899頁が存在する。かつて抵当権は価値権であり、抵当権者は占有を伴わないことから、抵当権の実現は占有によっては妨げられず、したがって、占有を排除するための抵当権に基づく妨害排除請求は認められないと解されてきた。しかし、実務に生じた実際の必要性から理論の再考を迫り、同判決は、「第三者が抵当不動産を不法占有することにより抵当不動産の交換価値の実現が妨げられ抵当権者の優先弁済請求権の行使が困難となるような状態があるときは、抵当権に基づく妨害排除請求として、抵当権者が右状態の排除を求めることも許されるものというべきである」と判断して、これを認めた（その後、最判平成17・3・10民集59巻2号356頁は、傍論ではなくこれを直接に認めた）。その他、理論と実務が相互に影響を与え合っている事象は数多く認められるであろうが、本稿では、理論が実務、とりわけ立法に影響を与えた場面として紛争管理権説を取り上げ、実務が理論、ひいては立法に影響を与えた場面として濫用的会社分割といわれるテーマを紹介したい。

(2) 理論が実務を変える場面——民事訴訟法における紛争管理権説

「理論が実務を変える場面」として、紛争管理権説について言及したい。

紛争管理権説とは、伝統的当事者適格論が管理処分権や法的利益という概念から出発していたのに対し、多数の紛争当事者の中からより適切に訴訟追行が期待できるものを選ぶという機能を重視し、訴訟提起前の紛争解決行動に基づく地位を基礎とした紛争管理権概念を用いて当事者適格を肯定すべきとして、[23]伊藤眞教授によって1978年に提唱された見解である。[24]筆者は、法学部の学生

22　この問題に関する民事訴訟法学会の1990年のシンポジウムの紹介として伊藤・前掲書（注1）79頁以下参照。

23　伊藤眞『民事訴訟の当事者』（弘文堂・1978年）112頁以下、138頁以下。

第2編　第1章　Ⅶ　実務家と理論研究

の頃、紛争管理権説に接し、拡散した利益を侵害されながらも個々の管理処分権や授権を経ていないことから訴訟の場に参加できず、従来の訴訟法理論では救済の光のあたらない場面に目を向け、この問題意識を理論化し、従来の学説に反省を迫る学説として大変刺激を受けた。その根底には、法の光があたらない人々への救済という発想がある。その後、最判昭和60・12・20判時1181号77頁は、紛争管理権説を採用しない立場を明らかにし、紛争管理権説自体は、任意的訴訟担当の判断枠組みに関する議論などに展開された。[25]しかし、多様化する現代社会にあって、消費者の権利意識や救済の必要性などの高まりや、環境問題についての認識が改められた平成18年改正消費者契約法は、事業者の違法行為に対する適格消費者団体の差止請求権を導入した（同法12条1項〜4項）。さらに「消費者の財産的被害の集団的な回復のための民事の裁判手続の特例に関する規則」（平成25年12月法律第96号。以下、「消費者裁判手続特例法」という）が成立した。消費者裁判手続特例法は、共通義務確認訴訟と簡易確定手続および異議後の訴訟という二段階構造を採用しているが、消費者問題や環境問題のように多数人に拡散した利益が侵害されているものの、従来の個別の管理処分権や授権を不可欠とした当事者適格論では救済しきれなかった者に光をあて、これを訴訟の場に導くべきであるという手続構造自体は、明らかに紛争管理権説の着想を根底におくものであると考える。学生時代に初めて接してから約35年、提唱されてから約40年を超える歳月を経て、紛争管理権説という法理論が立法として姿を現したといえる。根底にある価値観の正当性は、時を経ても輝き続け、立法として結実することを目の当たりにした。紛争管理権説は、まさに一連の立法の「母」たる学説であると確信している。[26]

24　佐藤鉄男「判批」環境法判例百選〔第3版〕別冊ジュリスト240号（2018年）16頁は、前掲最判昭和60・12・20〔豊前火力発電所事件〕の解説において、紛争管理権説や自然そのものを当事者に掲げるいわゆる自然の権利訴訟につき、「そもそも環境問題を真に問いうるのは誰か、紛争管理権も自然の権利訴訟も、法廷に現れない者（物）との絆を訴訟に体現するにはどうするか、理論と実践を架橋させる試みではないかと考える」と指摘する。

25　伊藤眞「紛争管理権再論」竜嵜喜助先生還暦記念『紛争処理と正義』（有斐閣出版サービス・1988年）203頁。

26　伊藤・前掲書（注15）120頁「追記」。なお、消費者裁判手続特例法を説く解説書として、伊藤眞『消費者裁判手続特例法』（商事法務・2016年）、山本和彦『解説　消費者裁判手続特例法〔第2版〕』（弘文堂・2016年）。

(3) 実務が理論を変える場面——倒産法における濫用的会社分割

倒産法分野で筆者が経験した場面として濫用的会社分割がある。2009年当時、ある民事再生事件の監督委員に選任された。民事再生手続開始申立て前に、旧会社について会社法に基づいて会社分割（新設分割）を行い、新設会社は別会社として存続していた。会社分割後の旧会社は、当初、破産申立てをする予定であったが、当時の代表者が最後まで民事再生手続を希望したため、民事再生手続開始申立てを行った事案であった。当初から残存債権者や新設会社に移行した債権者から問合せが相次いだ。事実関係や法的手続を確認すると、確かに会社法の規定違反はみあたらず、ほかにも法令違反はみあたらない。しかし、コアとなる優良事業と一部の従業員は、すでに新設会社に移転しており、債権者も今後の事業の継続に必要と考えた者のみが新設会社に移転していた。残存債権者は、債権者説明会で不公平であると相次いで発言していたが、説明の内容は、受け取り方によっては、会社分割とはそういうものという趣旨であり、残存債権者には不公平感が漂っていた。監督委員としても、会社分割自体に会社法上の規律違反はみあたらないものの、債権者間の公平といった倒産法の基本理念からすれば、違和感はぬぐいきれず、素朴な正義感のようなものに照らして、是正すべき場面であると感じた。こうした当時の状況について、その後、第一東京弁護士会総合法律研究所倒産法部会の有志で協力して出版した『会社分割と倒産法——正当な会社分割の活用を目指して』[27]の編集後記として掲載した。当時の感覚を鮮明に伝えるためにも、ここに該当する文章を紹介したい。

「法律実務家が遭遇する実務の現場は、絶えず変化し進歩し続けており、既存の法律と従来の価値観のみでは、到底解決できない未知の問題に直面することがあります。この場を借りて、やや個人的な体験に及ぶことをお許しいただきたいと思います。平成21年2月に、初めて民事再生手続における監督委員の立場から、濫用的会社分割の問題に直面しました。会社法上、何ら手続的な瑕疵は存在していないものの、倒産法の基本原理である債権者平等に反するのではないか、偏頗的であり、さらに責任財産も全体的に減少しているから詐

---

27 岡伸浩「おわりに——実務の理論家と理論の実務家を目指して」第一東京弁護士会総合法律研究所倒産法研究部会編著『会社分割と倒産法——正当な会社分割を目指して』（清文社・2012年）。

害的でもあると感じました。現に秘密裏に行われた新設分割によって分割会社に残された債権者は、大きな不平等感を抱いていました。当時、民事再生法上の監督委員の立場から、否認権の付与を受けて、これを行使できるのか、この場合の否認の対象は何か、否認権を行使すれば問題は抜本的に解決できるのか、未知の問題を目の前にして、どうにかしたいという素朴な感情のみが浮かび上がってきました。裁判所のご指導や関係者のご協力のもと、最終的にどうにか解決に至ることができたものの、このような事案において抜本的解決を実現するためには、理論的な検討が不可欠であり、これを避けて通れないと実感し、NBL922号に『濫用的会社分割と民事再生手続』として問題を提起しました。その後、ほぼ時を同じくして、各種の論考や裁判例が登場し、実務で遭遇した未知の問題がその解決に向けて、立法に向けて歩みを続ける過程を実感することができました。今日では、詐害行為取消権や否認権を柔軟に認め、価額賠償によって事案を解決するという実務上の方向性が打ち出されたといえるでしょう。しかし、詐害行為取消権や否認権を認めるいずれの裁判例も、本書にとり上げた理論的には未解決である種々の法的問題を残しているものと考えます。この問題が立法的解決に向けて歩みを進めることとなったのは、まさにその証左であると考える次第です」。

　当時は、まだ濫用的会社分割という問題やその本質について十分な議論がなかった時代であったことから、実務で遭遇した者として問題提起の意味を込めて、NBL922号に「濫用的会社分割と民事再生手続」を発表した。筆者に濫用的会社分割について定見があったわけでもなく、許される範囲で監督委員として検討した内容やプロセスを紹介するにとどまり、とりわけ会社分割という組織法上の行為がそもそも否認権の対象となるか、倒産法制が用意した否認類型のどれに該当するかといった、今でこそ数々の論攷が登場している問題について、乗り越えるべき課題を提示すべきであると考えた。その後、さまざまな下級審裁判例や法律実務家や研究者をはじめとする幾多の論攷が登場し、詐害行為取消権との関係で最判平成24・10・12民集66巻10号3311頁が出されるなどして、会社法759条4項ないし7項、761条4項ないし7項、764条4項ないし7項、766条4項ないし7項（事業譲渡につき会社法23条の2第1項）の改正が実現することとなった。実務で対峙した新たな問題を提起して議論が展

開し、裁判例が登場して、やがては立法につながったという例としてあげることができよう。もっとも、NBL922 号に発表した拙稿「濫用的会社分割と民事再生手続」が問題点を指摘することに主眼をおいたためか、その後もこの問題について「否定説」の論者として位置づけられていることや、その後に対峙した案件が下級審裁判例として公表された折の研究者の論評の中に、依然として「否定説」の論者として位置づけられることになるとは当時思いを馳せることができず、特定のテーマについて比較的先頭に立って問題提起をするときの論調については、それなりの慎重な表現ぶりや態度というか、覚悟が必要であることを自覚した。しかし、実務で遭遇した問題について素朴な疑問を発し、問題として提起した後に研究者や卓越した実務家などがこぞってこの問題について議論を展開し、やがては会社法自体の欠缺を埋めるかのように詐害的会社分割や事業譲渡に関する各条項が平成 26 年会社法改正によって導入されたことは、筆者の体験としても貴重な出来事であった。こうして一応の解決の途ができた形となっているが、上記各条項の「害する」の解釈など、残された問題は依然として存在していると認識している。

7 │ 3 つの問題提起

(1) はじめに

「これからの民事実務と理論」を考えた場合、多様化する現代社会の中でその問題は山積していると思われるが、本稿では、そのうち、ソフトローとの関係、法律家のあり方としてのプロフェッション性との関係、さらに法科大学院教育との関係における理論研究のあり方という 3 点の課題を提起したい。

(2) ソフトロー時代の実務と理論研究

紙幅の都合もあり、数点のみ提示するが、1 つは会社法の分野である。2015 年にコーポレートガバナンス・コードが制定され、上場会社の規律は、会社法という法律よりも行政が制定したソフトローが実務を席捲している。グローバル化したわが国の今後の企業社会のあり方、社会経済の必要性に照らして、もはや法律による規制では間に合わず、わが国の企業社会の方向性を決めるに際して行政が指導力を発揮したものととらえれば、やむを得ないことなのかもしれない。さらにソフトローは強制力がなく、コーポレートガバナンス・コード

においては、遵守するか、説明するか（comply or explain）で足りる以上、強制力を背景とする法律とは機能において異なると説明されることが常であるが、事実上間接的に強制力を発揮していることは、誰もが認識していることといえよう。

さらに倒産法の世界においても、法的整理に比べて、制度化された私的整理といわれる分野が行政主導で発展している。広く法制度の利用者である国民の視点からみた場合、積極的に評価される面もあろうが、これからの民事実務を考えた場合、こうした立法府による審議と議決という民主制の過程を経ていない行政主導のソフトローが実務を牽引し、行政の認識する実務上の必要性が先行し理論的正当性の検証を経ずして汎用化していく中で、ソフトローにおける「理論と実務の架橋」ということのもつ意味があらためて問われなければならないと考える。そして、こうした現代社会の状況の下にあって、ソフトローが行き過ぎて先行するような場面があるとすれば、理論的正当性を欠くものとして厳正に指摘し、これを是正するという役割を果たすため実務と一定の距離をおいた学理の存在はあらためて貴重となると考えている。[28]

(3) プロフェッションとしての法曹[29]

プロフェッション（profession）は、もともと西欧社会において、医師、弁護士、聖職者の3つの職種を指して用いられてきた。その定義は多義的であるが、石村善助教授は、プロフェッションの考察にあたり、「プロフェッションとは、学識（科学または高度の知識）に裏付けられ、それ自身一定の基礎理論をもった特殊な技能を、特殊な教育または訓練によって習得し、それに基づいて、不特定多数の市民の中から任意に呈示された個々の依頼者の具体的要求に応じて、具体的奉仕活動をおこない、よって社会全体の利益のために尽くす職業である」という内容を示す。[30]そのうえで、プロフェッションの特徴として、公益奉

---

28 豊泉貫太郎弁護士は、コーポレートガバナンス・コードに関連し、三権分立との関係でその問題点を指摘する（豊泉貫太郎責任編集『会社法の実務とコーポレートガバナンス・コードの考え方』（弁護士会館ブックセンター出版 LABO・2016 年）102 頁）。

29 岡伸浩「プロフェッションとしての法曹」慶應法学会ニュース 46 号（2017 年）9 頁。

30 石村善助『現代のプロフェッション』（至誠堂・1977 年）25 頁。なお、吉原省三『プロフェッションとしての法曹——湯島でのモノローグ』（商事法務研究会・2002 年）107 頁は、弁護士のビジネス化がいわれているが、「その本質はやはりプロフェッションであることを、忘れてはならない」

仕を目的とする継続的活動、科学や高度の学識に支えられた技術、プロフェッションサービスの開放性、利他主義と中立主義、倫理的自己規制といった点を指摘する[31]。このうち高度の学識に支えられた技術とは、法律実務家にとっては、自ら研鑽を積んで獲得した理論の正当性に支えられた法律家としての技量を示すことは言をまたないといえよう。このプロフェッションという概念は、前述のように、社会への奉仕の精神、利他主義の原理が支配し、自己利益の追求を第一とする利己主義の原理が支配するビジネスの世界とは異質な面を有する[32]。もちろん、公事師から代言人という歩みを進め、ようやく弁護士自治を獲得したわが国における弁護士制度の成り立ちは、西欧社会における弁護士制度の歴史とは大きく異なり、両者を直ちに同様に論じることはできないであろう。しかし、先にあげたプロフェッションの各要素は、いずれも弁護士の日常の業務に多く通ずるものであることは事実であり、少なくとも筆者はこれらを意識して弁護士という職業に従事してきた。

　今日では、社会のグローバル化に伴いビジネスの分野が盛況である。もちろんこうした分野で弁護士には法の支配をさまざまな分野で浸透させる活躍が期待され、現に弁護士のニーズは高い。さらに司法制度改革の下、弁護士人口が著しく増加している。他方で、日本とは比較できないほどの弁護士人口を擁するアメリカの弁護士は、1980年頃から産業化・非プロフェッション化し、本来のプロフェッションの姿からかけ離れていったという指摘もある[33]。巷では、わが国における弁護士をめぐる環境の変化は、弁護士間の収入格差や弁護士の経済的基盤の脆弱化をもたらしているとの指摘もある。こうした社会のニーズや弁護士をとりまく環境の変化の下で、はたして、弁護士という職業が高度の学識と技量を備え、理論と実務に精通し、精神的に誠実性を基盤とした真のプロフェッションとして存在し続けていけるものか、今、あらためて問われているといえよう。一人ひとりの自覚とそれに基づく地道な努力が求められると考えている。

と説く。

31　詳細につき、石村・前掲書（注30）25頁〜38頁。

32　石村・前掲書（注30）4頁参照。

33　吉川精一「危機に立つアメリカの弁護士」自由と正義67号（2016年）54頁以下。

第2編　第1章　Ⅶ　実務家と理論研究

(4)　法科大学院教育と理論研究[34]

筆者は、法科大学院の実務家教員として司法試験に臨む学生に日々接しているが、学習面でいくつか実感する点がある。そのうちの一つは、基本書とよばれるその分野の法律学の基礎的事項について解説した信頼ある書籍を精読している学生が旧司法試験時代と比べて圧倒的に少ない点である。基本書とは、もはやあまり用いられない用語となり、今日では、問題を解くにあたって必要な範囲で適時参照すれば足りる辞書や事典のように考えられているのではないかとさえ感じる。

法律学を身に付けるためには、先人によって世に出された論攷や書籍をくり返し読み込み、これを自らの血肉とするための努力の積み重ねが要求される。筆者の時代にあって司法試験における基本書とは、まさに法律学への入口であり、関門であり、目標達成のための克服すべき対象であった。我妻榮『民法講義』（岩波書店）、佐藤幸治『憲法』（青林書院）、団藤重光『刑法綱要』（創文社）、大塚仁『刑法概説』（有斐閣）、新堂幸司『新民事訴訟法』（弘文堂）などは司法試験受験時代に、そして、合格後、今日までに伊藤眞『民事訴訟法』（有斐閣）、『破産法・民事再生法』（有斐閣）、新井誠『信託法』（有斐閣）等（いずれも敬称略）をくり返し読み込み、これらの基本書の背後にある哲学や世界観に魅了され、深遠なまでの力量に憧憬を抱いた。もちろん個人の才能や要領の良さもあろうが、今日の学生は必ずしもそうではなく、基本書を精読するというプロセスをそれほど踏まなくとも多くの優秀な方々は、合格していくように見受けられる。さらに法科大学院では、通説・判例を中心に学習する。司法試験も比較的長文の問題文から事実を抽出して判例を中心に法的紛争解決能力を試している。現実の実務の世界は事実認定と判例により動いている以上、実務家登用試験である司法試験がこれを求めるのは至極当然のように思う。[35]

34　岡伸浩「司法試験合格後の努力」慶應法学会ニュース43号（2014年）10頁。

35　伊藤眞教授は、「判例・通説依存症候群」とよび、「ある考え方が判例・通説であるというだけで、その内容を覚え込み、なぜそれが反対説や少数説よりも優れているのかを理解していなければ、その応用もできないし、また異なった考え方をとる相手方に対して説得的に議論を展開することはできない」と指摘する（伊藤眞「法曹を志す人々へ――教師からの『法律学への誘い』を執筆して――」同・前掲書（注1）186頁以下。特に189頁以下参照（初出：書斎の窓525号（2003年）13頁以下））。

こうした現状の下で、今日の通説に果断に挑戦し、独自性と創造性を備えた学理の進歩発展を構築するためには、その役割を担う研究者や理論的基礎を踏まえた実務家の育成が不可欠であると考える。今後は、法科大学院修了後に司法修習を経て法曹資格を取得したうえで従来の研究者養成機関としての法学研究科に戻るか、あるいは、実務家として一定期間実務の経験を積んだうえで再度、理論研究について研鑽を積むことができる途を制度として用意すべき必要があると考える。現在は、一部の法科大学院が実務家のリカレント教育の場としての門戸を開いているが[36]、より本格的に実務と理論研究を意識した相互研鑽の場としての研究機関ないし研究所が設置され、実務家と研究者が一定の距離を保ちつつも時に共同して論文を発表するなどして切磋琢磨する場が創設されることを期待したい。

8 おわりに

　本稿は、「理論と実務の架橋」につき筆者の考えの一端を述べたものであるが、実務家と理論研究のかかわり方は研究者や実務家の数だけあるといっても過言ではなかろう。「これからの民事実務と理論」を考えるにあたって、現在も将来も理論と実務の架橋の重要性は、いささかも揺らぐものではないが、それが結実するための課題も多く、日々の努力の必要性をあらためて認識している次第である。本稿が「理論と実務の架橋」をめぐる議論の契機の一つとなることを祈るものである。

36　「弁護士の継続研修と法曹リカレント教育」（特集）自由と正義66巻1号（2015年）46頁。特に、菰田優「日弁連の研修体制における法曹リカレント教育の位置づけ」同誌46頁、佐藤英明「慶應義塾大学大学院法科大学院における法曹リカレント教育」同誌59頁、山田八千子「法科大学院における弁護士継続教育——中央大学法科大学院における法曹リカレント教育を素材として——」同誌65頁、矢部耕三＝藤本和也「企業内弁護士と継続教育」同誌70頁。なお、慶應義塾大学法科大学院におけるリカレント教育について、慶應義塾大学大学院法務研究科ウェブサイト〈http://www.ls.keio.ac.jp/cle/〉、中央大学法科大学院におけるリカレント教育について、中央大学ウェブサイト〈http://www.chuo-u.ac.jp/academics/pro_graduateschool/law/recurrent_program/〉を参照。

法学研究の
法律実務への活用

第**2**編

実務変革の手段としての
理論の活用場面

第**2**章

第2編　第2章　Ⅰ　実務家にとっての理論の位置づけと研究者への期待

Ⅰ

実務家にとっての理論の位置づけと
研究者への期待

伊　藤　　尚

弁護士

1 ｜ はじめに

「実務変革の手段としての理論の活用場面」という本章の主題は、なかなか難しい題材である。

筆者は、これまで実務家として多くの案件を扱ってきたが、その間、どれくらい実務を変革するという大きな課題についてお手伝いできたか、自信があるわけではない。しかし、せっかくの機会であるから、少しでも編者の出題意図に応えるべく、思うところを記してみたいと思う。

なお、「実務」という用語に厳密な定義はないと思うが、本稿で「実務」とよぶのは、主として筆者が関与してきた弁護士、特に民事関係の事案処理を多く手がける弁護士の実務を念頭においている。

また、「理論」とか、あるいは「学説」などといった用語にも厳格な定義はないと理解するが、ここでは、研究者が学会や論文、判例評論、法律雑誌の論攷などにおいて提示される見解や、そこで示される体系的な検討、法解釈上の議論、法律上の論点に関する立論や見解、理解などを広く指すものとしたい。

また、「研究者」という言葉づかいも、正しい理解に立って使えているか自信がないが、これもかなり広い茫漠とした用語づかいで恐縮ながら、ここでは、大学や大学院などを中心的な舞台として、法律学の理論的な研究に勤しまれ携わっておられる方々を指し（実務家で、研究機関の外でそのような活動をしておられる方も多いが）、上記の法律学に関する理論を提示してくださる方々を

念頭において使うこととしたい。

2 | 研究者と実務家のスタンスの違い

(1) 体系全般にわたる理解を念頭におこうとするか

すでによくいわれていることであるが、法律学に関して、あるいは法律上の論点について見解を述べる場合に、研究者と実務家では、立場やスタンスに違いがある。

たとえば、研究者は、1つひとつの課題について見解を示される際にも、法体系全体を視野に入れ、その全般にわたるご自身の体系的な理解を前提としつつ、また、ときには比較法や法解釈学の歴史的発展なども基礎におかれつつ、見解を示されているものと思う。

これに対し、実務家は（少なくとも筆者は）、多くの場合、特定の案件処理に際して必要な限りで、法的な見解を提示するのが常である。そこでは、かつて学生時代、あるいは司法試験受験時代に習い培った、大先達の教科書や体系書などで自分なりに理解したところの体系的な理解を前提とするものの、研究者の広く深い理解とは、レベルも深度も差が存する。

(2) 実務家が理論を述べるのは

また、実務家は、事案解決に際して必要な範囲で、その事案解決に向けて有益な限りで理論を示すのが一般である。実務家は、事件、事案を解決することをその業務としているから、その事案を離れて法律的な見解を示すことは、多くはない。

しかも、弁護士が事案解決のために法的見解を示す場合、特定の依頼者のために法的な見解を提示する。したがって、そこで示される弁護士の主張は、弁護士自身の見解というよりは、依頼者のために有益な解決をめざすことを受任したプロフェッショナルとして、依頼者に最も有益な解釈を、裁判官や相手方当事者、行政庁などの当該案件の関係者に対して示すものである。したがって、弁護士が自己の信ずる自説を述べているわけではない。

また、説得の相手方である裁判官や、事件の相手方、行政庁等にとって採用しやすい見解、納得しやすい見解でなければ、いかに弁護士自身がよいと思う理論を示しても、判決や和解あるいは行政上の処分方針の決定等に採用されな

第2編　第2章　Ⅰ　実務家にとっての理論の位置づけと研究者への期待

い。主張したとしても、採用されにくい以上事案解決にとってはあまり意味が
なく、依頼者にとってありうる範囲での最善の結果を導くことはできない。そ
のため弁護士は、依頼者のために理論や解釈を示す場合でも、判例や通説があ
る場合には、それに則って主張を展開することが多い。依頼者に有利な判例が
ある場合には、それに依拠して主張を展開するのであり、その判例の示した立
論や見解を採用して主張を展開するから、その場合には独自の新たな理論的な
見解を示すことはない。

　最高裁判例が複数あってその結論が固まっている場合や、通説が有力な場合
等において、それとは異なる理論を提示するのは、そのような最高裁判例や通
説に依拠したのでは、当該事案の依頼者に有利な解決を導くことができない場
合、特に、既存の判例や通説に依拠したのでは、その事案においてバランスの
とれた利害調整を行うことができず、当事者間の公正や、公平が保たれないよ
うな場合が主となる。

　このような場合や、あるいは判例がない場合にも、依頼者に有利な結論を導
くために有益と解される理論を検討して示し、それと同旨に立つ研究者の論攷
などを示すこととなる。

3 ｜ 実務家にとっての理論の位置づけ

(1)　具体的事案の解決に際しての理論の位置づけ

　このように、事案の解決を依頼された実務家（ここでは弁護士）にとっては、
理論は、依頼者のために当該事案を有利に解決する方向で、その事案ごとに、
その事案限りで採用され、主張され展開されるものであり、その意味で、弁護
士にとって、理論は、事案解決のための裏付け、弁護士が提示する解釈を裁判
官らがとるよう促すためのまさに「理論的な」支え、という位置づけをもつ。

　そのため、事案が変わり依頼者が異なれば、同じ弁護士であっても、同一論
点について異なる理論や解釈を提示することも往々にしてある（それは決して
法律家として節操がない、ということを示すものではない。依頼者から当該事案の
解決を委任された受任者として、善管注意義務に従って事件処理をすれば、当然に
そうすべきものであり、弁護士自身が個人的に信ずる自説を展開しているのではな
いのであるから、当然のことである）。

288

⑵ 弁護士が事案解決に際して研究者の理論を提示するときの理論の位置づけ

このように、弁護士が事案処理に際して研究者の提示する理論を示す場合、研究者による理論は、弁護士にとっては、その説得の相手方である裁判官や行政庁などに対する弁護士の法的主張の裏付けとして主張されることとなる。

そこでは、その弁護士の独りよがりの意見ではなくて、体系的な背景やバックボーンをもった研究者による研究成果でも認められている見解である、という重しとして、研究者による理論や論文などが引用される。研究者による、体系的な統一性の裏付けをもち、法律的な理論としての安定性もあり、その法解釈に対する信頼感もあって、かつ、過去の学説の積み重ねや歴史的な解釈との統一性も配慮され、ときには比較法的な研究にも目を配ったうえでの見解である、という安定感や説得力をもった見解として引用されることになる。

具体的案件の解決に向けて、研究者による鑑定書や意見書が証拠として提出されることもあるが、それはそのような典型である。そこでは、事案解決の指針となるだけの力、安定感が示される。

また、事案解決のために既存の判例を覆したい場合、弁護士は研究者の論攷やそこに示された理論に依拠した主張をする。事案に適切な判例がない場合も同様である。さらに、これまであまり議論されてこなかった場面について、解釈の指針を得たい場合も同様である。

それらの際には、前述のような体系的な理解との整合性や、他のケースに関する判例との親和性、その理論によって導かれる結論の妥当性、当事者双方の利害の調整への影響、導かれる結果の相当性あるいは公平性、他の事案や類似事案の解決とのバランス、といったところにも配慮しうるような理論があると、事案解決に際して、実務家としては大変ありがたい（研究者が理論構築される際に、そのような眼前の具体的事件の解決のみを志向して研究をしているわけではないことは承知しているが）。

4 | 実務家からみた研究者への期待

このような観点からすると、実務家からみた研究者の理論への期待として、以下のようなことがあげられる。

第2編　第2章　Ⅰ　実務家にとっての理論の位置づけと研究者への期待

　まず第1に、法体系全体を通じた理論的な一貫性に裏付けられていることは、私たち実務家にとってはとてもありがたいことである。実務家は、いつも研究者各位のこのような労作の上に乗って、助けられている。そこは簡単には実務家の手に負えない、まさに研究者の牙城であろう。

　そのような高い理論的な統一性のバックボーンをもつことは、実務家が事案の解決に際して、その理論を採用する際の安心感を基礎づける。その場限りでない、体系的な裏付けのある理論によって支えられた事案解決指針であれば、裁判官も採用しやすい（つまりその理論に「乗ってきやすい」）し、当事者も納得する。

　そして第2に、そこで打ち立てられた研究者による理論が、多くの事案に適用されたときに、公平で、公正で、相当で、安定感ある解決の指針たりうること。したがって、その理論が、実際の事案解決に際して使いやすいこと。

　そうであれば、裁判官も採用しやすい。やがてその理論は、判例として積み上がり、実務運用の指針に育っていく。ときには、それが新たな立法に採用され、条文化されたりもする。

　法律は、その対象者に対して適用されるためにある道具であり、ツールである。法適用の対象者（たとえば日本国民たる法人・自然人）は、法律的な紛争が生じたときは、その立法機関の定めた法律に従ってその紛争を解決し、その法律の規定に基づいて出された裁判所の判断に拘束されることを受忍している。そのような法律が、法体系全体にわたって統一感のある理論に裏付けられて適用され、かつ妥当な解決を導くことが必要である。事案ごとにばらばらな、その場限りの思いつきの解釈や理論に依拠した法適用では、安定感と統一感のある事件解決にはつながらない。

　おそらく研究者のなさる仕事の究極の目的、理論構築の先にある目的は、そこにあるように感ずる。わが国において、わが国の法律の適用下にある国民に起きた具体的事件が、あまねくすべての国民に納得されるように解決されるための解釈指針や法律理論を体系立てることが、研究者のなさる研究の先にある最終の目的なのであろうと拝察する。

　そのため、第3には、その意味で、研究者の皆さんには、ぜひ、実務家と交流していただけるとありがたいと思う。実際の法規の適用場面において、どの

ような事案が事件となり、それをめぐる関係者の利害がどのように対立し、あるいは調整を待っているのか。その際の関係者の主張はどのようなもので、そのバックボーンには、どういう価値観や利益状況の対立が存在し、事件の根底をなしているのか、といったことを知ってもらいたい。

最高裁判所の判例や、下級審の判決に現れた事例だけでなく、実務に生起しているさまざまな事案を聞いてほしい。また、判決に示された判示であっても、その判決の文面には文字で現されていない事件の背景や、価値観の対立、さらには提出された証拠や提出されなかった証拠に関するさまざまな事情などがあって、判文はそのすべてを語り尽くしているわけではない。当事者からすると、実は裁判所には示していない事案の背景や、事件解決に向けた一定の動機づけといったものもあって、それが判決の判文には表れていないことも多い。そういったことも、機会をつくってぜひ実務家から見聞きしてほしいと思う。

さらに、法解釈の提示されていない場面や、法律の制定されていない場面で、どういった解釈が期待されているのか、どういった理論が望まれているのか、そして、どういった新たな法律の制定が求められているのかも、実務家から聞いていただきたいと思う。

そのうえで、そういった事案解決の指針となる理論を構築され、また、実務運用の理論的な裏付けを示していただき、あるいは、新たな法律の立案と制定に関与していただきたいと思う。

そういった機会はたくさんあると思われる。法制審議会などの立法過程には、研究者とともに最近は実務家も委員や幹事として参画しているので、そのような機会に実情をお聞きいただくことができようが、それ以外の日常の機会としても、実務家の研究会、実務家主催のシンポジウム、その分野の法律問題について関係者が出席して議論したり実情を報告する会合などもあり得よう。そこで、実務家の実務運用においての悩みなどをお聞きいただけたら嬉しいし、その際に、私ども実務家も、理論的な勉強をさせていただきたいと考える。

実務家も、同様に、理論的な研鑽に努力して、論文を書いたり、なかには学会に参加して学んでいる者もあるが、それはなお少数派であろう。実務家としても、研究者にお願いするばかりではなく、相互的に理論的な研鑽に励むべきなのであろうから、それが私どもに足りていないことは反省しつつも、研究者

第2編　第2章　I　実務家にとっての理論の位置づけと研究者への期待

各位にも、ぜひ実務場面での実際を見聞きされて、法解釈学の確立、法律理論構築の参考にしていただければ、ありがたいことと思う。

5 │ 全国倒産処理弁護士ネットワークでの研究

(1)　はじめに

　理論が判例を動かし、実務の運用を動かし、さらには立法にも影響を及ぼしてきた実例は、各法分野で数多く指摘されうる。近時の民法債権編の改正（民法の一部を改正する法律（平成29年法律第44号））においても、これまでに理論が実務を形づくってきたところに依拠して、さまざまな条文が整備されたところである。

　そのような中で、以下では、筆者が体験した理論と実務との交わり、理論が実務に対して多くのよい影響を与えた経験について、いくつか触れたいと思う。

(2)　全国倒産処理弁護士ネットワークの活動

　その1つは、全国倒産処理弁護士ネットワーク（以下、「全倒ネット」という）の活動における研究者の助力、理論的側面からの支援である。

　全倒ネットは、2002年に、全国各地で倒産事件を適正・迅速に処理する人材を育成するとともに、裁判所との連携により各地の倒産事件に対する実務運用の適正化を推進し、また地域や全国レベルで問題意識を共有し、運用のあり方を提示することを目的として設立された任意の団体である。全倒ネットには、現在、5000名を超える全国の弁護士が加入して、倒産実務について折々に研究し、実務的な意見交換をし、そして毎年全国大会ではテーマを決めたシンポジウムを催し、さらに毎年1冊ずつ、研究成果を書籍にして公刊し発表するといった活動をしている。

　倒産実務に関与していると、事件処理に際して、条文のない部分に関する争い、判例のない部分に関する争い、解釈の分かれる論点、今まで報告されていなかった新たな争点などに逢着して、どのように事件処理するか、深い悩みが生じることが大変多い。

　倒産事件は、多数の関係者の利害が錯綜し、争いは複雑になりがちである。担保権者、租税債権者、労働債権者、財団債権者、一般債権者、従業員、株主、取引先、消費者、行政といった、さまざまな関係者の利害が交錯する。倒産処

292

理に際しては、これを誤らずに処理していかねばならない。

　また、事件の性質上、時間的に切迫していることが多く、じっくり検討している暇なく、次々と判断を下していかなければならないことも多い。キャッシュフローのデフォルトする見込みはいつか、それが迫ってくると慌ただしい判断を求められる。関係者の動きも日々刻々変化する。予期せぬ差押え、突然の担保実行、相殺通知の到来、保有資産や事業の譲渡先候補との折衝の展開、こういったことに基づく資金繰りの変化、スポンサーからの要求、労働者からの団体交渉の要請、取引先などからの息せき切った権利主張、行政上の許認可の喪失のおそれ、報道に対する対処、そういったものを、実務家は差配していかねばならない。

　その際、万一にも誤った判断をし、処理において過誤を犯すと、後戻りができず、一定の関係者に回復しがたい損失を及ぼすことがある。事件処理を間違うと、そこから新たな争いが生じたり、責任を追及されたり、ときには刑事罰が科されることさえある。

　また倒産事件は、その時々の経済活動をバックにして生起するから、条文の想定していない全く新しい論点を生み出すことも多い。たとえば、以前、譲渡担保権などについてどのように扱うかについては議論が分かれた。その後、たとえばリース契約に関して倒産法上どのように扱うか、今も議論がされている。最近でも、所有権留保に関する倒産時の扱いは、最高裁判所まで争われているが、その判決の射程をめぐっては、具体的な契約の文言や、被担保債権の設定の仕方などにより、対応について見解が分かれるところもあり、依拠しうる統一的な理論の構築が期待されている。また、近時の仮想通貨をめぐる倒産事件では、仮想通貨とは何か、それに関する権利者の権利の性質はどういったものか、倒産処理上どの条文にその処理は擬せられるべきか、といったことが議論されている。

　国際的にも、他国の倒産制度との制度間の交錯も生じる。

　倒産法の法規の第1条には、債権者や債務者を含めて、多数の利害関係人の利害関係を適切に調整することが倒産法の目的として掲げられている（破産法1条、民事再生法1条、会社更生法1条参照）。その下で具体的な事案を処理する実務家にとっては、1つひとつの論点や争いについて、それを適切に処理し、

第2編　第2章　Ⅰ　実務家にとっての理論の位置づけと研究者への期待

錯綜する関係者の利害を正しく調整する裏付けとなる確かな理論の存在は大変ありがたく、むしろ必須であり、それは実務処理上の拠り所となるものである。

　条文上処理が明らかであったり、確立した判例があったり、実務上処理の仕方が1つに確立されている分野は、そもそも争いにならない。争いが起こり、実務家が処理方針の策定に悩むのは、このような確立した条文、判例、実務慣行などの拠り所のない争い、論点についてである。そのような争いに出会ったとき、実務家は、全倒ネットのメーリングリストなどで、全国各地の同輩の意見を問い、各地の裁判所での実務運用を質問したりして、正しい処理を模索しようとするが、それだけではやはり確固たる確信には至りにくい。やはり、そのような論点について、研究者の理論的裏付け、論文、指摘などがあると、それはありがたいものである。万一、実務家が処理に際して採用した具体的見解に対して関係者から反対意見が示されたとしても、それに対して、実務家は、自己の見解を理論的に説明することができる。仮に争訟になったとしても、自身の処理を理論付けることができる。

　そして、そのような理論の進化と蓄積は、新たな実務運用を確立し、確定させ、実務全体を進化させ、形づくっていくものと思われる。それを条文化する必要が高まれば、次の改正時に、そのような新たな運用は、成文法として改正に織り込まれるであろう。そのようにして、理論は実務を動かし、変えていく力をもっている。

(3)　全倒ネットの活動に対する研究者の支援

　全倒ネットでは、毎年1度、全国大会を開催している。そこでは、テーマを決めて研究者に講演をしていただき、またパネルディスカッションを開催して、そこに裁判官と、弁護士らが登壇して、議論し研究をしているが、そのパネルディスカッションでは、パネラーとして、研究者にも登壇していただき、理論的な側面からご教示を受けている。その様子は〔表〕のとおりである（多数の登壇者があるが、関与してくださった研究者のお名前のみを示す）。

　このように、大変多くの研究者に参加いただいているうえ（上記のほか、会場に参加された研究者からも質問や発言がされている）、その主題も、理論的な問題のほか、手続的なこと、実務運用、立法のあり方にまで及ぶ広範なものである。これらの課題に対して、実務家だけでなく研究者が参加され、理論的な

〔表〕　全倒ネットの活動に対する研究者の支援

開催回	開催年	参加形態	参加研究者	テーマ
創立総会	2002 年	基調講演	竹下守夫先生	倒産法改正の現状とその論点
第 1 回	2003 年	講演	伊藤　眞先生	機関としての再生債務者——再建型手続のあり方
第 2 回	2003 年	講演	松下淳一先生	倒産実体法改正のポイント
第 3 回	2004 年	パネルディスカッション	本間靖規先生	新破産法下の実務運用——東京・大阪・名古屋 3 地裁における新運用方針を中心として——
第 4 回	2005 年	基調講演	山本和彦先生	倒産手続における担保権の取扱い
		パネルディスカッション	山本和彦先生	新法下における破産手続及び再生手続の実務上の諸問題
第 5 回	2006 年	基調講演	山本克己先生	民事再生手続における再生債務者の第三者性をめぐる諸問題
		パネルディスカッション	山本克己先生	施行 6 年を経過した民事再生手続を振り返って
第 6 回	2007 年	基調講演	伊藤　眞先生	破産管財人等の職務と地位
		パネルディスカッション	伊藤　眞先生	破産管財人等の職責と注意義務をめぐって
第 7 回	2008 年	基調講演	松下淳一先生	民事再生の現状と課題——手続機関について
		パネルディスカッション	松下淳一先生	民事再生手続による小規模企業再生への課題——地方における小規模企業の再生

第2編　第2章　Ⅰ　実務家にとっての理論の位置づけと研究者への期待

第8回	2009年	基調講演	中西　正先生	破産手続における利害関係人と破産管財人の権限
		パネルディスカッション	中西　正先生	破産管財人の地位の再検討
第9回	2010年	基調講演	山本和彦先生	会社再建における会社分割手続の問題点
		パネルディスカッション	山本和彦先生	事業承継スキームの光と影――濫用的会社分割を考える――
第10回	2011年	基調講演	水元宏典先生	倒産法における相殺規定の構造と立法論的課題
		パネルディスカッション	水元宏典先生	倒産と相殺
第11回	2012年	基調講演	山本克己先生	集合債権譲渡担保と再生法上の実行中止命令――解釈論的検討
		パネルディスカッション	山本克己先生	倒産法改正に向けて（再生手続における担保権を中心に）
第12回	2013年	基調講演	中西　正先生	建築請負契約の倒産法上の取扱い
		パネルディスカッション	中西　正先生	建築請負契約と倒産――双方未履行双務契約の規律を中心に
第13回	2014年	基調講演	松下淳一先生	中小企業再生をめぐる近時の問題点
		パネルディスカッション	松下淳一先生	中小企業の再生と弁護士の役割

		基調講演	沖野眞已先生	所有権放棄の限界
第14回	2015年	パネルディスカッション	沖野眞已先生	破産事件における管理・換価困難案件の処理を巡る諸問題～とくに法人破産事件について考える～
第15回	2016年	基調講演	伊藤　眞先生	破産者代理人（破産手続開始申立て代理人）の地位と責任
		パネルディスカッション	伊藤　眞先生	法人破産における申立代理人の役割と立場
第16回	2017年	基調講演	中西　正先生	支払不能・支払停止・対抗要件否認
		パネルディスカッション	中西　正先生	否認における支払不能の意義と機能――適正な私的整理の実現のために――
第17回	2018年	基調講演	沖野眞已先生	保証人による弁済と求償
		パネルディスカッション	沖野眞已先生	保証について――近時の最高裁判例を中心とした実務・理論の検討
			杉本和士先生	

※パネルディスカッションとは、パネラーの1人としてのご参加を意味する。

側面から指導され、示唆をされ、また意見を述べていただくことは大変ありがたい。私ども実務家は、このような支援を受けて、自信をもって実務を運用し、また裁判所や関係者にも働きかけ、立法に対しても意見を述べていくことができる。

　上記の講演やパネルディスカッションの様子は、法律雑誌に掲載されるほか、そのテーマにちなんだ書籍の出版を伴って、広くわが国の倒産実務に対して良い影響を及ぼしているものと思われる。書籍としては、『注釈破産法』上下2巻、『新注釈民事再生法』上下2巻などのほか、『倒産手続と担保権』、『破産申立代理人の地位と責任』といった論点を絞った書籍など、毎年1種類が発刊されているが（いずれも一般社団法人金融財政事情研究会発行）、その執筆や編纂の

297

第2編　第2章　Ⅰ　実務家にとっての理論の位置づけと研究者への期待

作業においても、上記のような研究者の監修やご指導を受けたり、理論的な論攷を寄せていただいたりすることもあり、そのような支援が、実務運用の進展に寄与するところは大変大きいと感謝している次第である。

6 ｜ 各地の弁護士会における研究会への研究者の参加

　東京には3つの弁護士会があって、そのそれぞれに倒産法の研究会がある。東京弁護士会には東京弁護士会倒産法部があり、第一東京弁護士会には第一東京弁護士会総合法律研究所倒産法研究部会があり、第二東京弁護士会には第二東京弁護士会倒産法研究会がある。大阪や名古屋などの地域にも、倒産事件に関与する弁護士の研究会があり、それぞれにおいて、折々に、さまざまな研究会、勉強会、講演会などが行われている。その様子が、全倒ネットの活動で報告され、あるいは法律雑誌に掲載されることもある。最近は、東京の3つの弁護士会と大阪の弁護士会の4者が共同開催で、年に一度、シンポジウムなどの研究会も催されている。そしてこれらの機会には、折々に研究者にも参加いただいて、指導をいただき、また意見を述べていただいている。

　筆者が所属する第一東京弁護士会の総合法律研究所倒産法研究部会においても、定例会、講演会などの活動をし、裁判所との実務的な協議会などに参加するなどしているが、たまたま伊藤眞先生が第一東京弁護士会に弁護士登録をなさったご縁に頼って、上記の研究会に時々ご参加をお願いし、ご教示を得る機会がある。先生におかれては、私どもの拙い議論に多忙な時間を割いておつき合いいただくのは忍びないのであるが、私どもとしても、ご教示をいただく恩返しに、理論的なお返しをする力はないので、せめて実務的な実態・実情や、制度に対する実務的な要望、改正の期待など、現場ならではの様子をお知らせして、学恩に報いようと努力しているところである。

　上記のような各地の実務家の研究会や報告会などの現場に、研究者がおいでいただくことは、大変ありがたいことと思う。そこで受ける指導は私たちを育て、実務の運用を変えていく力をもつ。他方で、私ども実務家も、研究者の方々に対して、ぜひ現場の実情などを語りたいと思うところである。

7 | 結びに代えて──破産管財人の善管注意義務の研究

　本稿では、実務家の立場から、研究者の方々ないしは理論に対するお願いや期待を記させていただいた。しかし、お願いするばかりでは、責任がない。実務家も、拙いながらも理論的な面での研鑽をなし、その成果を発表していけるよう努力しなくてはならないであろう。実務家の中には、高度な論攷、精緻な論文を発表している方も増えてきていると思われる。倒産法のような分野では、そのような実務家も比較的多いかもしれない。筆者も、出版社の依頼に応えて、法律雑誌に文章を寄稿したり、判例評釈を記すこともあるが、実務家が責任をもった論攷を書けているかというと、まことに拙いものというしかないと自省する。

　伊藤眞先生にお声かけをいただき、いずれも第一東京弁護士会の前記倒産法研究部会所属の弁護士である佐長功先生、岡伸浩先生と筆者とが加わって、伊藤眞先生との共同研究という形を設けていただき、破産管財人の善管注意義務に関する勉強と執筆に関与させていただく機会を得たことがある。[1]

　これは、上記研究部会での佐長功弁護士の講演をきっかけにして、伊藤眞先生から実務家3人にお声をかけていただき、実務家なりの視点を加えた議論をしよう、そして論攷として公刊できる程度に議論が達するかどうかめざしてみようとのことで、ご指導をいただく機会を得たものである。

　当時、2006年の破産管財人の善管注意義務に関する最高裁判決[2]以降、どのような場合に、破産管財人は破産法85条2項の善管注意義務違反の責任を負うのかが議論の対象となっていた。そして、同項の責任は、破産管財人の個人

1　「破産管財人の善管注意義務──『利害関係人』概念のパラダイム・シフト──」金法1930号（2011年）64頁。

2　最1小判平成18・12・21民集60巻10号3964頁。この事件は、賃借人が破産した事例において、賃借人が賃貸人に差し入れていた敷金債権が、賃借人の債権者に対して質入れされていたところ、破産管財人が破産手続開始後も賃料を支払わず、かつ破産管財人が未払賃料を敷金から充当することを認めたため、担保権者が把握していた担保物である敷金債権の価値が低下したという事案である。この事案において、破産管財人の行為が善管注意義務違反にあたるかが議論された。判決は、破産管財人個人の善管注意義務違反の賠償義務までは認めなかったが、破産財団の不当利得を認めて、担保権者からの破産管財人に対する（＝破産財団に対する）不当利得返還請求が認められた。

としての責任とされるが、同条の責任と不法行為責任との関係はどのようなものであるのか、また破産財団が負う責任と破産管財人が負う責任との関係も十分には明らかとはいえなかった。また、条文では、破産管財人は「利害関係人」に対して損害賠償義務を負うとしているが、そこでいう「利害関係人」とは、どのような範囲の者を指すのか、破産法においては、各所に「利害関係人」という文言が出てくるが、それはすべて同一に、統一して理解されるのか、それとも場面により、条文によって別々に解釈されるのか、といったことも十分には論じ尽くされておらず、理論化されていなかったように思われる。

　そのため、そのまま放置しておくと、実際に実務運用にあたっている破産管財人としては、具体的な事件の処理において、自己の個人責任を問われるのがどのような場合なのか、あるいは誰に対して責任を負うのかが理論づけられておらず、実務運用において、いつ賠償義務を個人的に負担させられるのかとの萎縮効果を生じかねない、場合によっては、破産管財人への就任に二の足を踏む者さえ出かねないとも危惧された。

　上記論攷では、利害関係人概念について新たな考え方を提示して、１つの解釈指針を提言した。そのような結論に至ったことについて、その功績は伊藤眞先生にあり、逆にもしそこに問題があったならばそれは筆者に帰属するのであるが、このような機会をもって、実務家、破産管財人の日々の実務運用に寄与する理論が提示されることはとても大切なことと思う（個人的には、伊藤説ができあがっていく過程をつぶさに目撃してしまったことに、大変感激した）。そのような場に関与する機会を与えられたことは、感謝に堪えない（おそらく、同じ研究者の世界に籍をおいていたならば、そう簡単なことではないものと拝察するが、いわば担当する畑の違う実務家であったから、そのようなチャンスをいただけたのであろうことは十分自覚している）。

　いずれにしても、本稿のテーマである、理論が実務に影響を与え、実務に変革を及ぼすことはまことにありがたいことであり、研究者と実務家とが手を携えて、そのような機会を多くつくっていくことに、私どもも努力していきたいものと思っている。

　文中に記した数多くの研究者に感謝を述べつつ、筆をおかせていただく。

II

「法理論」から「法的真理」へ

東 畠 敏 明

弁護士

1 | はじめに

　法理論の創設の動機は、学者の研究的志向だけではない。大部分は、社会からの要請である。要請を受ける多くの者は、弁護士である。弁護士は、自ら法理論を編み出すか、学者に支援を求める。弁護士は、これを法廷で主張する。[1]最後は、判例という形で社会に実存させ、規範の一つとなる。この経過が、弁護士実務の主たる「変革の手段としての理論の活用場面」である。この経過をたどり理論が活用された事例は、枚挙にいとまがない。多くの法理論の母体は、社会であり隣人である。[2]

1　藤原弘道弁護士は、裁判官時代に裁判官の立場から、法理論について「もともと理論なり学説なりは、実務のために存在するわけではありませんから、すぐ実務に役に立つような理論がいつも見つかるわけではない」「判例が変更になる原動力として、多くの場合、従来の判例に対する有力な学説の反対が存在している」「従来判例のなかった法律問題についてのいわゆる新判例の場合でも、学説の状況を充分考慮した上で判断が示されるのが通常」と指摘されている（「思うて学ばざれば則ち殆し──民事裁判における実務と学説・判例との係わりについて──」判タ929号（1997年）19頁）。

2　須藤正彦弁護士は、「最近ようやくわかってきたことだが、真理は生の現実の中にのみある。殊に実定法は、利害関係のギリギリにすくみあった社会的生活的諸関係を規律するものである以上、それについての学説が生の現実あるいは実在する経験から離れてしまったなら、真理であろう筈がない。古来、画期的な学説との誉れ高いものは、実在の経験を実はしっかりとふまえ、その中から隠れた真理を掘りおこしたものではないだろうか」（「弁護士実務と学説」ジュリ756号（1982年）132頁）という。

第2編　第2章　Ⅱ　「法理論」から「法的真理」へ

2 ｜ 法理論の活用から挑戦へ

　かつて、筆者は、法学の発展にあって、実務（法曹）より理論（学者）が優
位にあると考えた。しかし、筆者自身の劣等感であることに気づいた。伊藤眞
教授は「ある優れた実務家から、毎年の本学会（日本民事訴訟法学会）大会に
参加した後の感想として繰り返される言葉として『実務のあり方のどこに問題
があり、どうそれを正せばいいのかを教えていただきたいと思って来ているの
ですが』」と紹介されている。実務家（実務）の学者（理論）に対する受動姿勢
が明らかとなっている。かつて、社会（事象）からの提案を、実務家が受け取
り、学者が構築した理論を裁判所に提案することが多くの活用の実態であった。
　しかし、先達が指摘するように、実務家は、学者に情報提供するばかりでは
なく、自ら理論を構築しこれを問う姿勢と能力を磨かなければ、法学および
法理論の検証と進歩はないと考えるに至っている。理論は実務に実存しなけれ

3　竹下守夫博士は、「学者が外国の制度・理論を祖述し、実務家がそれを範として実務の運営に当
　たって来たというわが国固有の法受継、またこのような一種の機能分化と結びついた学者養成課程
　と法曹養成課程との分離に由来する、特殊日本的な問題設定なのではないか」（「民事訴訟法におけ
　る学説と実務」民訴雑誌46号（2000年）2頁）と述べられている。
4　伊藤眞「学会と実務——日本民事訴訟法学会の紹介をかねて」自由と正義55巻3号（2004年）
　21頁。
5　曽根威彦教授は、「法を学問として捉える場合、……実務を指導する理論を提供し、これに問題
　解決の指針を示すことによって実務に寄与することが法学研究者に与えられた責務である」（曽根
　威彦＝棚澤能生編『法実務、法理論、基礎法学の再定位』（日本評論社・2009年）所収「序」ⅱ頁）
　としている。
6　学者のすごさについて経験したことがある。当時、筆者が在籍していた法律事務所に弁護士登録
　をされていた元関西大学教授澤井裕博士に、事案的には面白みのない事件に関し、参考裁判例の所
　在を聞いてみたところ、たちどころに「○○雑誌の○○年の○○月号あたりの後ろのほうに、○○
　地裁の裁判例が登載されているよ」と言われ驚いたことがあった。まさに、生き字引であった。ま
　た、澤井先生と深夜まで飲酒とカラオケを楽しんだ帰りに、先生が「これから帰って外書論文を2
　つぐらい読む。日課なので、読まないと眠れない」と、おっしゃった。学者の毅然とした生活姿勢
　に、弁護士である自分とは人種も文化も違うと感じた。
7　岡伸浩『倒産法実務の理論研究』（慶応義塾大学出版会・2015年）3頁。
8　川島武宜博士はその著書『「科学としての法律学」とその発展』（岩波書店・1987年）ⅵ頁で「判
　決というものに対して裁判官と弁護士と学者とはそれぞれ異なる視点から問題を提起することを発
　見し、またそのことをとおして、三者はそれぞれ異なる社会的役割をもっていることに思い至り」
　と、竹下博士は前掲論文（注3）で「民事訴訟法学者と訴訟実務家とは、一面で、その社会的役割・
　責任を共通にするとともに、他面では、これをことにすると言えます。法の解釈および立法活動を

302

ば無意味で、実務は、理論の支えがなければ存立根拠を失う。法学者と法曹は、まさに法理論をキャッチボールする当事者でもある。

学者の構築した法理論を活用するばかりではなく、自ら新たな理論に挑戦するのも、弁護士の責務である。

1950年代に悲惨な被害をもたらした公害とその被害者は、弁護士を動かし、弁護士は未知の法理論に果敢に挑戦し[9]、多くの法学者は、これに応えて斬新かつ有意な法理論を構築した。これが多くの裁判官の良心に届き、幾多の救済判決がなされた。

法学は、労働法分野、女性の社会的地位の確立、民族・国籍差別、障害者差別、環境問題など、人類の歴史に多くの足跡を残した。今後も、たゆまなく新たなボールが提供されるであろう[10]。編者から与えられたテーマは「実務変革の手段としての理論の活用場面」である。このテーマで一番先に思い出したのは、主として大阪の弁護士がつくり出した「環境権」法理である[11]。弁護士は、判例や学説の法理論に挑戦しつつ判例が中心となる実務の変革をめざすこととなる[12]。

通じて民事訴訟法を紛争解決ないし権利保護制度として良く機能させ、常にその改革に務めることを、その社会的使命としている点では、両者共通であります。しかし、学者は、これを学術的研究を通じて行い、個々の事件の解決に対して責任を負わないのに対して、実務家は主として個別事件を通じてその使命その処理結果につき社会的責任を負うという点では、両者はことなります」と言われている。

9 実体法での人格権・環境権、因果関係立証論、包括一律損害賠償論、差止論、訴訟法での抽象的不作為主文論とその執行方法など。

10 現在でも、労働弱者と賃金（最判平成30・6・1労判1179号20頁は、正社員にある皆勤手当が契約社員にないのは不合理とした）・生活の確保（各種労働価値の再評価を含む）、格差社会から階級社会へと変遷する貧困と救済および世代連鎖、女性の社会進出、発達障害者への理解と補助（一部立法が存するも形式的にすぎない）、LGBT差別、「行政の公開の原則」法理の確立、人口問題等のボールがある。

11 人格権の外縁で輝いた環境権は、不法行為の被保全権利となったばかりか、加害行為の差止め、包括一律請求、受忍限度論、抽象的不作為請求主文とその執行方法と、実務に変革をもたらした革命的法理であった。昨今は、地球環境保全、人類生存の基礎法理にまで活用されている。

12 藤原・前掲論文（注1）20頁は、裁判官は「判例に対して無条件に服従するのではなくて、いま少し距離をおき、その妥当性や合理性についても考えながら、適切に事件に適応していく」ものとされている。

303

第2編　第2章　Ⅱ　「法理論」から「法的真理」へ

3 | 法理論への挑戦

理論の素人ながら、筆者も、この執筆を機会に法理論に挑戦することにした。⑴は、新たな挑戦で、⑵、⑶は、筆者の挑戦履歴の更新で、⑷は、再挑戦である。

⑴　法体系の理解（「倒産法的再構成」）への挑戦

まず、本執筆の機会に、親しくしていただき、ときとしてご指導を仰いでいる伊藤眞教授と山本和彦教授の議論への参入を試みる。伊藤教授が倒産隔離の限界の指標、ないし実体法との距離感についての基本原理として提唱された「倒産法的再構成[13]」と、山本和彦教授が提唱された[14]「倒産法的公序[15]」がその対象である。[16]筆者は、論争の基礎となる民事実体法の基礎法理の整理をしなければならないとの欲望にかられた。おおむね、民事実体法で決定された法的性質（表示行為を基本に決定された法的評価）を、倒産法の適用場面において異なる理解をすることが可能か否かということになる。

13　伊藤眞「証券化と倒産法理（上）（下）──破産隔離と倒産法的再構成の意義と限界──」金法1657号6頁以下、金法1658号（1657号）82頁以下（いずれも2002年）。

14　「法律的再構成」を伊藤・前掲論文（注13・（上））9頁は、「財産についてその所有権を……移転するか、……担保権を設定するかは、……合意によって決せられる。……合意にもかかわらず、権利義務の内容が異なったものとされる可能性が存在する。これを本論文では、法律的再構成と呼ぶことにする」「法律的再構成は、実定法の規定に根拠をもたず、もっぱら条理に基づく解釈論としてその可能性が認められるにすぎない」と、同10頁は、「倒産法的再構成を正当化する根拠は……手続の目的を実現し、利害関係人間の公平を回復することであるが、特に倒産法的再構成によって不利益を受ける利害関係人の地位を考えれば、再構成を受忍すべき正当な理由が存在することが前提となる」とされ、その例として「破産管財人の解除権」「否認」「相殺禁止」などをあげられている。筆者によれば、これらの例は、実体法の特則による権利義務の変更（特別法の制度設計の問題）にすぎないと考えており、倒産法における解釈論（「条理に基づく解釈論」）で「倒産法的再構成」を用いることと異なるのではないかと感じている。「倒産法的再構成」は、倒産法の制度設計段階で極めて統一的な思想として有意になるように思える。

15　山本和彦「倒産手続における法律行為の効果の変容──「倒産法的再構成」の再構成を目指して」伊藤眞先生古稀祝賀論文集『民事手続の現代的使命』（有斐閣・2015年）1183頁以下。

16　山本・前掲論文（注15）1186頁は、「伊藤説は倒産法理論の展開・深化において重要な意義を有する」とされている。山本教授の評価はもちろんのことであるが、筆者は、伊藤教授が学界での議論が不十分と思われる「倒産実体法と民事実体法との関係」について、先鋒を務めようとされている、その学者姿勢にも感銘を受けている。

304

㋐ 倒産法的再構成の整理

　伊藤教授は、当事者が選択した法形式と実体に齟齬がある場合（効果意思と表示行為に齟齬がある場合ではなく、表示行為と動機に齟齬がある場合を意味すると思われる[17]）に、倒産法で法的性質が変容されることを許容する考え方を示され、その許容概念および統一的概念として「倒産法的再構成」を創設された。

　たとえば、典型例として、ファイナンスリース契約は、賃貸借の法形式をとるが、その法形式の利用目的は、融資（融通）とその担保であるため[18]、倒産法ではこれに合わせて、別除権、更生担保権として扱うとし、これは「倒産法的再構成」として許されるとされた。一方、山本教授は、実体法と倒産法の法的性質は、原則的に同一であるべきで、条項もなくそれを変更する伊藤教授の法理に疑問をもたれ、そのうえで、この融資契約と担保設定契約の理解を民事実体法解釈にも反映させようとされている[19]。

　以下、筆者なりに整理を試みる。

　まず、契約（法律行為＝合意）の形成とその齟齬についてである。伊藤教授が「法形式」といわれるのは、合意に係る表示行為（表示意思の存在を前提とする）を示されていると思われる。合意に係る表示行為と効果意思が合致する

17　表示行為と効果意思に齟齬がある場合は「錯誤」（この一致があっても動機の錯誤の問題があるが）に集約され、本件議論とは異なる。

18　最判昭和57・10・19民集36巻10号2130頁、最判平成5・11・25金法1395号49頁、最判平成7・4・14民集49巻4号1063頁の各判例で「金融的側面」が強調され実務的な解決がなされたものの、基礎法理（契約の性質と動機としての経済目的）についての法理論が明らかになったわけではない。平成7年判例は「ファイナンスリース契約において……未払いのリース料債権はその全額が更生債権となり」としているのみで、これを「更生担保権」と結論づけたわけでも、表示行為（契約）の変更を認めたものでもない。

19　山本・前掲論文（注15）1188頁は、「リース契約が更生担保権として取り扱われるのであれば、それを実体法上も担保権設定契約として再構成されるべきではないか、という問題意識である」とされる。この逆発想には同意できない。しかし、引き続き「当該契約の中には利用権の設定契約も同時に含まれていると考えられ、単純な担保権設定契約ではないが、少なくとも、実体法上も担保権設定契約を包含するものとして位置付けられるべきではないか」とされている。さらに、山本教授は民事訴訟法学会でのシンポジウム「倒産法と契約」の報告「倒産法の強行法規制の意義と限界——契約の『倒産法的再構成』に関する考察とともに」民訴雑誌56号（2010年）161頁で、これを「両性的契約」と表現されている。表示行為にかかわらず賃貸借の側面以外に融資プラス担保の側面の二面をもつ契約と認定（法的評価）し、民事実体法では賃貸借と、倒産実体法では融資プラス担保と相対的に判断できるとする考えも成り立ちうると思うが、表示行為とその法的効果についての基礎法理との関係を慎重に検討する必要がある。

第2編　第2章　Ⅱ　「法理論」から「法的真理」へ

場合、契約の法的性質は、表示行為の事実認定と法適用によって確定する。この性質決定は、当事者の自由なる意思で行われる。表示行為が明白な場合、性質決定における法的判断は不必要となる。ここに法律解釈（合理的意思解釈の範囲内では可能）が介入する余地は比較的少ない。これがまさに、契約自由である。議論となっているファイナンスリース契約の経済目的（金融プラス担保設定）は、法的には単なる動機にすぎない。しかも、この意思表示に、動機の錯誤も動機の不法性もない。もちろん、強行法規違反もなく通謀虚偽表示でもない。さらに、この契約当事者も、その変更を望んでいるものでもない。仮に、動機（経済目的）と異なる表示行為、効果意思があったとしても、動機にすぎないため、法的性質や法適用が変更されることはない。これを倒産法の解釈だけで変更するとなると、それは基礎法理（「表示行為とその法的効果」）に反し「解釈立法」の批判を受けないものかと思う。

　(イ)　確定した法的性質を倒産法の法理で変更させるための考え方

　次に、この確定した法的性質（先の例ではファイナンスリース合意）を倒産法の法理で変更させるための考え方として、①説は、伊藤教授がいう法的性質を、民事実体法（賃貸借）と倒産実体法（融資プラス担保権設定）で、二元的に評価しようとする考えであり、②説は、山本教授がいう1つの法律行為を二面的（賃貸借と融資プラス担保設定）な法的性質をもつとする考えで（山本教授は「法概念の相対性」という表現を使われている）あり、③説は、原則に戻り実体法的

20　同旨、大西武士「リース契約は契約法の中でどう位置づけるべきか」椿寿夫編『講座現代契約と現代債権の展望〈第6巻〉』（日本評論社・1990年）67頁以下。

21　我妻榮博士が、『新訂民法総則（民法講義Ⅰ）』（岩波書店・1965年）235頁で「権利能力（人格者）が具体的な生活を形成する手段は、私有財産と自由契約とである」とする一方、236頁では「契約は個人の自由な社会生活関係を創造する制度ではなく、集中した所有形態と結合して、他人を支配する制度に転化しようとしている」と指摘されているが、原則論として285頁では「法律行為及び意思表示の内容は純粋に客観的に定まる。一定の効果を欲する意思を推断することの表示があれば、これに従って効力が発生すべきものである」とされている。

22　山本・前掲論文（注15）1188頁は、「一般論として法概念の相対性をどこまで認めるべきかは一つの問題である」とされている趣旨は、概念の相対性の問題か、1つの法律行為の二面認定（事実認定プラス法適用）の問題かは疑問があるも、その発想は実体法体系に反しないと思われる。「法概念の相対性」がいかなる場面を想定されているのか、筆者には十分理解できていない。もし、同一法体系内にある法律ごとに法概念が異なることを意味するとしたら、全く①説と同じである。もし、「ある概念」に「複数の意味付け」がなされるとしたら、それは「概念」の一義性についての定

306

再構成（民事実体法での法的評価）の可否で判断すべきとの考えで、④説は、そもそも実体法的な法的性質の相対性やその変更は認められないことを前提とし、倒産法内における手続的な取扱いとして、リース貸主を、別除権者、更生担保権者と擬制するとの考えで、これを、先のファイナンスリース契約を例にすると、担保設定等の物権行為がないものの、倒産法が公平な経済的精算を目的とすることから、契約の経済的目的をここで反映させて、経済目的に合致する融資契約と担保権設定と擬制しようとするものである（筆者の考え[23]）。

　多様な考え方が生じた原因は、当事者の選択した法的性質と、これを利用する経済的目的とに齟齬があるからであるといえる。しかし、いずれの考えも、法体系や基礎法理からみて、十分とはいえないと考える。

　①説の二元的思考は、法体系との関係が、②説の相対的思考は、法体系（相対的思考）と基礎法理（意思表示の成立・効力）との関係に説得的でない。③説は、当事者の表示行為（法的性質決定）と異なる法的評価の可能性を示唆する考えであれば基礎法理（「契約自由の原則」）との関係の説明がいる。④説の擬制法理は、法条の根拠をもたない点は、他の考えと同じであり、かつ、最も理論性が弱いといえる[24]。

　これらは、結論への方向性は同一であるが、法理の優劣の決定は困難である。

義について議論する必要があると思われる。ファイナンスリース契約では、「概念」が相対的ではなく、1つの法律行為の二面的評価の問題で、それは「事実認定」プラス「法適用（あてはめ）」であり、これは法的評価であるが、法解釈論や概念設定の領域ではないように思える。山本・前掲論文（注15）1187頁は、「実体法と倒産法における法概念の相対性に基づく性質決定のズレが生じている……とすれば、それは優れて法解釈の問題である（当事者の意思解釈の問題ではない）」「法概念の相対性を認めることが困難な場面において、なお当事者の採用した法形式とは異なる法的性質決定を導くとすれば、それは実体法的再構成と捉えるべきものと解される」とされている。ただ、この場合、表示行為を中心とする法律行為に法的評価をする場合の実体法的再構成の再考が、意思表示の基礎法理（表示行為の認定と効力）と整合するかを考える必要がある。

23　東畠敏明「倒産手続と双方未履行双務契約」今中利昭先生古稀記念『最新倒産法・会社法をめぐる実務上の諸問題』（民事法研究会・2005年）23頁以下。筆者の考えでは、実体法上の物権行為も不要で、かつ、その担保対象が所有権なのか利用権なのかの議論も不要である。これも、1つの「相対的な法理」かもしれない。解釈立法を回避し、条項が新改設されるまでの暫定的な解釈手法で、基礎法理を放擲しないとの信念とでもいうべきかもしれない。筆者が、この論文を執筆する時に、すでに発表されていた、最も重要な伊藤・前掲論文（注13）を読んでいなかった（勉強不足で、伊藤論文のタイトルと中身が結びつかなかった）。現在、自己を恥じている。

24　「法解釈学とはいえない」と批判されかねない。

第2編　第2章　Ⅱ　「法理論」から「法的真理」へ

後述するが、法体系、基礎法理との距離についての議論が必要となる。

㈨　資産保有会社の資産移転の是非

　次に、収益資産の権利者（オリジネーター）が、主としてこれを SPV（Special Purpose Vehicle：資産保有会社）に移転し、SPV が、この資産を担保として証券化した商品を販売する方法で資金調達する一方、資産の運用と収益管理はオリジネーターがその信用の下で事業として行い、収益を上げるシステムについての問題である。オリジネーターが倒産したときに、その資産を倒産から隔離する目的で SPV に資産移転されているため、倒産法においてその是非が議論されている。このシステムは、その契約法的性質と動機としての経済目的との間に齟齬がない。したがって、倒産法においても疑問は生じないと考えている。[25]

　本質的には、オリジネーター固有の倒産リスクの経済的判断、投資者の SPV への投資リスクにおける経済的判断であることや、一方では、取引規制立法とその制度設計の問題と思われる。[26]これも、基礎法理との距離感が議論されなければならない。

㈩　倒産解除条項の扱い

　さらに、「倒産解除条項」が、倒産前には有効で、倒産後、無効扱いとなる理由が議論となっている。[27]筆者は、倒産解除条項は契約時点で倒産法の公平な清算目的を事前回避しようとする脱法的合意（強行法規違反）であるため、そもそも、その範囲で、契約時点で公序良俗違反無効であると考えている。[28]山本

25　資産移転について、真正売買論に関する議論があるも、意思表示を要件とする法律行為の成否と効力についての基礎法理との整合性は議論されていない。なお、伊藤・前掲論文（注13・（上））10頁記載の譲渡担保、売渡担保、所有権留保の各契約は、一般的にはそれぞれ担保のための契約目的や清算方法が表示されているため、そもそも議論として、表示行為（担保合意と入担としての所有権移転の方法）と経済的目的（債権プラス担保取得）が一致していると思われるので「実体法的再構成」の必要がないように思っている。したがって、これらの非典型担保を別除権、更生担保権として類推することに抵抗がない。

26　伊藤・前掲論文（注13・（上））86頁以下で、法的、経済的側面から詳細な検討を経て「倒産法的再構成は否定すべきもの」（88頁）とされた。山本和彦「債権流動化のスキームにおける SPC の倒産手続防止措置」金融研究17巻2号（1998年）105頁以下も詳細な検討がされている。

27　伊藤・前掲論文（注13・（上））10頁、同（下）84頁では「倒産法的再構成」として、山本・前掲論文（注15）1188頁、1198頁以下では「倒産法的公序」で説明されている。

28　最判昭和57・3・30民集36巻3号484頁は、不解除特約の「効力を是認しえない」といっているだけであるが、これを実体法的（契約時）に「無効」といっているように読めるのは筆者だけで

308

教授のいう「倒産法的公序」は、民事実体法の「公序良俗」の一類型で倒産実体法での指標概念として必要と思っている。山本教授は、倒産法の独自概念とされているようであるが、その必要性があろうか。[29]

　ここでも、基礎法理（民事実体法と倒産実体法の関係）が十分議論される必要があると思っている。[30]

(2)　学説（「破産債権」）への挑戦

㋐　破産債権とは何ぞや

　元の事案は、筆者が破産管財人として破産者の銀行預金を保有していたところ、債務者（破産者）の委託なくして、破産手続開始決定前に銀行が債権者の保証人となる契約をし（銀行が保証料を取得する商品として販売）、開始決定後、債権者（破産債権者）に保証履行し、求償権を取得した事案である。開始決定後、銀行は求償権（「開始前の原因に基づく債権」として）を自働債権（破産債権）として、筆者が保有していた預金債権を受働債権として相殺の意思表示をしてきたことに始まる。筆者は「銀行が預金を勝手に債権者の担保に入れた」「銀行の求償権は、開始決定時に、破産債権ではない」「無委託保証は開始前の原因とならない」などの理由から、預金返還の訴訟提起をした。

　1審、2審とも筆者管財人の敗訴であったが、最高裁判所では、要旨（筆者）「銀行の債権は、前の原因に該当する破産債権ではあるが、破産法72条1項1号の事後取得債権についての相殺禁止条項を類推適用する」として、管財人側の逆転勝訴となった。[31] 以後、銀行の保証商品から同種のものはなくなったと聞

あろうか。

29　「倒産法的公序」を民事実体法体系とは別の、または対置概念として使用されることには抵抗がある。山本・前掲論文（注15）1191頁では、「倒産法の強行法規に反する法律行為は、民法90条の適用により無効となると解される」とし、「倒産手続に関連する合意については『公の秩序』の内容として倒産手続に係る秩序が顧慮される」とされる。平時有効、倒産時無効の余地を残されているのか。そうであれば山本・前掲シンポジウム報告（注19）160頁で「本来当事者の意思表示および実体法の解釈によって定まっているはずの法的性質が、倒産手続の開始によって明文の規定もなく形成的に変容するということは説明し難い」とされていることとの整合性を考えなければならないと思っている。

30　倒産法の教科書には、倒産法総論として沿革や他の手続法との関係（倒産手続法総論）の記載があるも、倒産実体法総論（まさに、民事実体法との関係や、距離感の記述がその中身となろう。倒産実体法の各論の解説の中に散見する程度である）の記載がある教科書はない。

31　最判平成24・5・28民集66巻7号3123頁。

第 2 編　第 2 章　Ⅱ　「法理論」から「法的真理」へ

いている。

　しかし、勝訴はしたものの筆者の法理論への挑戦は続いた。[32]その法理に不満
があったからである。その不満は「破産債権とは何ぞや」である。

㈠　無委託保証人の来るべき求償権は破産債権か

　無委託保証人の来るべき求償権（破産開始決定時点で、保証の債権者への弁済
がない状態）が、破産債権（破産法 2 条 5 項）であるか否かである。無委託保証
人は、弁済前は債務者と何らの法律関係に立たず、民事実体法上の債権者たり
得ない（かつては、学説は、弁済を条件とする停止条件付債権としたが、債務者と
の関係で、約定条件も法定条件もなく、現在では条件付債権ですらなく、保証履行
して初めて債務者との法律関係に入るもので、それ以前に何らの法的関係にないこ
とが理解されているように思っている）はずである。これに対して、最高裁判所
は、破産開始前の無委託保証契約をして破産法 2 条 5 項の「前の原因」ありと
認め、単純に破産債権とした。山本教授は、自説として「破産手続開始時点で
は実体法上の『債権』とはいえなくても、破産債権として手続上の地位を認め
る」と明確にされた。[33]それは「破産債権」と「前の原因」の双方について、債
権の本質である「対人債権性」からの決別を意味する。その理由として、山本
教授は「破産法の制度目的から＝開始前の債務者財産の清算と配当を受ける地
位にある者」を、破産債権者として扱うとされている[34]（筆者の理解）。そもそも
この議論の中心は、固定主義との関係で、開始時に実体法上の債権（者）でな
いものでも、破産債権（者）たりうるかにある。山本教授は、通説の一部具有
説から考えて、「破産債権」と「前の原因」の形成に「対人債権性」は要求さ
れず、[35]かつ、無委託保証による将来の求償権は「将来の請求権」として認めら

32　詳細は、東畠敏明『『破産債権』『将来の請求権』概念についての民事実体法からのアプローチ
　　（上）（下）——最高裁平成 24 年 5 月 28 日判決を契機として——』銀法 772 号 22 頁以下、773 号 30
　　頁以下（いずれも 2014 年）参照。

33　山本和彦「破産債権の概念について——『将来の請求権』の再定義の試み」徳田和幸先生古稀祝
　　賀論文集『民事手続法の現代的課題と理論的解明』（弘文堂・2017 年）741 頁。

34　山本・前掲論文（注 33）740 頁は、「債務者の財産の清算を求め、そこから配当を受ける地位（そ
　　して債務者の信用リスクを負担すべき地位）が認められるか」、741 頁は、「あくまで破産手続きへ
　　の参加の許否という観点が重要である」とする。ただし、ここでも山本・前掲シンポジウム
　　報告（注 19）との整合性が気になる。

35　当然ながら、筆者の見解では「具有」にも債務者との対人性がいる。この点、具有の内容（対人

310

れるとして、固定主義を乗り越えられ、これを破産債権とされた。

　(ウ)　破産手続開始時にその具体化も対人性もない債権の扱い

　たとえば、「真面目な兄と金遣いが荒く乱暴な弟がいるとする。兄は、弟の友人の一人に『弟が借金に来たら、100万円まで兄の自分が責任をもって支払うので、貸してやってくれ』と、今一人の友人に『弟が君に乱暴し怪我をさせたら、兄の自分が、治療費や慰謝料などの上限100万円までをもつので、勘弁してやってくれ』と約束をした。その後、金遣いの荒い弟は破産手続開始決定を受けた。開始決定後、弟は先の友人から100万円の借金をし、さらに、もう一人の友人に酒の勢いで乱暴して負傷を負わせ、100万円以上の損害を与えるに至った」とする。

　山本教授においても、兄が、破産手続開始時にその具体化も対人性もない各100万円の債権をもって破産手続に参加できるとまで考えられていないのではないかと思っている[36]。

　この事例と無委託保証事案に違いがあるとすれば、この事例の兄・友人間の契約時に、弟には主債務相当の債務がなかったことである。しかし、双方とも、対人性のない第三者の将来の権利（保証契約か補償契約かの違い）は同じと思われる。

　実体法上の「対人（債権）性」は、「対物性」の対置概念で、債権の本質を意味する。実体法上の「債権」と「破産債権」が異なる概念としても「破産債権」の基本は、実体法上の「債権」概念と考えるべきではないだろうか。とすると、原則として、破産債権の種類・範囲を決定する特別規定もないにもかかわらず、実体法の債権概念からはずれる者（対人債権性がない者）に「前の原因」も「将来の請求権」も認めることはできないというべきであろう[37]（もちろ

性）についても学界で議論がない。

36　筆者の議論の相棒である友人弁護士はむしろ逆に「無委託保証契約」の事務管理的側面を強調し、契約の段階で「対人債権性」を認めることができるのではないかと指摘した。これに、筆者は、となると本文の兄弟事例を否定できないし、しかも、事務管理は事実行為（弁済）があって初めて対人債権性が生じるもので、無委託保証の契約時点で対人債権性を認める考えはない（事務管理的側面は、契約の反射的効果とでもいうべきで、その契約の本質は、契約当事者の利益と責任の範囲で成立しているにすぎず、さらに対人債権性は将来発生するかもしれないにすぎない）と返答した。

37　ここでも山本・前掲シンポジウム報告（注19）160頁で「本来当事者の意思表示および実体法の

第2編　第2章　Ⅱ　「法理論」から「法的真理」へ

ん、制度設計の問題でもあり、条項の存在があれば可能である）。

　この議論は、倒産実体法の法体系（「民事実体法」との関係）と基礎法理（「破産債権とは何か」）につながる議論である。

(3)　基礎法理・通説（「相殺」）への挑戦

　相殺法理は極めて難解である。倒産法上の相殺権への橋渡しも複雑である。[38] 以下は、筆者が、某銀行の顧問弁護士として、（旧）銀行取引約定における「失期条項プラス相殺約定」（現行の各金融機関の約款も同様）について、それが「清算約定」か「担保」かで悩み、学習した結果である。

㈠　民事実体法の相殺制度の基礎法理と「銀行取引の失権約款プラス合意相殺条項」

　筆者の理解する民事実体法の相殺制度の基礎法理は、①相殺適状にある債権債務の一方に差押え等があっても、その後に、他の一方当事者は、差押え等より優先して弁済の効果（回収）を得られる（これが「相殺期待」の原点である）、②相殺の制度利用は、二当事者の一方が、一方的な意思表示で完成できる、である。もし相殺制度がない場合の法理は、①については差押え等が優先する、②については相互に弁済するか、相殺の合意が必要となる。つまり、相殺は制度であるがゆえ、第三者との契約や当事者の合意（当然ながら、当事者間では有効であるが、対外的効力をもたない）をもって任意で制度の変更ができず、変更したことを第三者に主張できない性質のものである。[39]

　制度は、当事者および当事者外の債権者を含む第三者の利益を、制度内で守

　解釈によって定まっているはずの法的性質が、倒産手続の開始によって明文の規定もなく形成的に変容するということは説明し難い」との整合性が気になる。

38　東畠敏明「『相殺法理』の再構成と改正民法法案の『前の原因』」事業再生と債権管理151号（2016年）106頁以下。

39　我妻榮『新訂債権総論（民法講義Ⅳ）』（岩波書店・1964年）318頁は、「相殺は債権そのものの効力として認められるものである」としているも、我妻榮（水本浩＝川井健補訂）『民法案内（9）債権総論（下）』（勁草書房・2008年）で「……相殺によって清算しうるということは、とりもなおさず、その数額だけは確実に担保される、ということである。だが、それはいわば、結果的に担保されたようなものである」としている。これは担保的機能が相殺制度の副産物であることを意味し、この機能を相殺の第三者効の根拠とする考えがあるも、論理性がない。相殺の第三者効が認められるのは、相殺適状以降にある差押え等との関係のみである。それ以外は、相殺に関する契約があるとしても、契約の相対効、契約の第三者効として理解する必要がある。

ることで制度的保障となる。そして、制度外の法律行為を逆に保護しないのが
制度の双面性である。この基礎法理から「銀行取引の失権約款プラス合意相殺[40]
条項」は微妙である。当事者が、契約で相殺制度を利用する方法で、債務者の
銀行預金を債権者の銀行が担保目的で確保しようとするものである。筆者は、
これを非典型担保と理解し、公示性も存在するとして、ぎりぎりこれに第三者[41]
効を認めることができると考えている。

一方、三者間相殺合意事案[42]は、相殺制度が二当事者間の制度であること、さ
らに、合意に公示性が存在しない担保契約であることから、相殺制度の保護の
対象外でかつ債権契約でもあり、これに第三者効が認められることはないと考
えている。[43]

(イ) 合理的相殺期待論

さらに、倒産法学では倒産法における相殺権行使に「合理的相殺期待論」を
導入するのが通説となっている。倒産法の教科書を読む限り「合理的相殺期
待」とは、債権者と債務者との間でなした制度外の契約等で、債権者が抱く
「期待」と思われる。しかし、これは、制度で許容された「相殺期待」の原点
と乖離する。さらに、教科書では、「合理的相殺期待」を倒産法上の相殺権の
成立要件とまではいっていないようであるが、少なくとも、相殺権行使を排除
するときの指標（要件か否かは不明）とされている。この「合理的相殺期待」は、
前記民事実体法の「相殺期待」の原点とは異なるし、「権利濫用論」との差異
も不明である。そして何よりも「合理的」なる抽象的用語使用（「合理的」はす
べての法律解釈の一般的な解釈指標といってよい）の中身が不明であるし、要件
論としても指標としても法律的ではないと思われる。

---

40 相殺権の拡張としての無制限説は、相殺制度を逸脱していない範囲での解釈と考えている。

41 東畠敏明「銀行の手形取立金の実体的法律関係と倒産法理」倒産実務交流会編『争点 倒産実務の諸問題』（青林書院・2012年）149頁以下。

42 最判平成28・7・8民集70巻6号1611頁は、三者間の相殺契約について相殺できないと「解するのが相当」としているが、基礎法理については触れられていない。

43 伊藤眞「『相殺の合理的期待』は Amuletum（護符）たりうるか──最二小判平成28年7月8日の意義」NBL1084号（2016年）4頁は保護されるべき合理的相殺期待がないとして、最判を支持されている。筆者は、合理的相殺期待を検討するまでもなく、相殺制度外の契約であるし、その合意（債権契約）が第三者効をもつものではないと考えている。

313

第2編　第2章　II　「法理論」から「法的真理」へ

いずれにしても、倒産実体法での「相殺権」「相殺制限」の可否の議論をするとしても、先行して民事実体法の「相殺ないし相殺制度」の基礎法理との整合性を議論しなければならないと考えている。

(4)　判例法理（代表者保証の無償否認）への挑戦

(ア)　事案の概要

事例は、中小企業（会社）および代表者個人が同時破産（同一管財人）した事案で、筆者の依頼者は、会社に破産手続開始以前6カ月以内に融資（資金繰り支援）をし、そのときに代表者個人から連帯保証を得た（破産）債権者たる銀行である。（個人の）破産管財人から、代表者個人の保証行為を破産法160条3項（6カ月以内の無償否認）により否認された。1審、2審、上告審とも、これを争った銀行側の敗訴となった（最判平成22・7・9判例集未登載）。その根拠は昭和62年の同種判例[44]（破産法160条3項の6カ月前の否認制度は、無条件否認とする）を変更するにあたらずとするものであった。[45]

銀行側の上告等の理由は、①は、破産法160条3項の判例解釈を前提とする場合、「6か月前」無条件否認（いわば問答無用否認）は財産権侵害の憲法29条1項違反である（上告理由）[46]、②は、債権者がした第三者に対する融資についてした保証行為は、債権者にとってそもそも「無償」ではない（「同時交換的」でなく、事後的保証でもよい）し、同条項を適用することはできない（無償性を受益者＝債権者からもみるべき）[47]（上告受理申立理由）、③は、同時交換的給付があ

44　最判昭和62・7・3民集41巻5号1068頁。「破産者がその対価として経済的利益を受けない限り、破産法72条5号（筆者注：現160条3項）にいう無償行為に当たる……右の理は主たる債務者がいわゆる同族会社であり、破産者がその代表者で実質的な経営者であるときにも妥当する……破産者及び受益者の主観を考慮することなく……、その無償性は、専ら破産者について決すれば足り、受益者の立場において無償であるか否かは問わない」とした。

45　判例の立場を前提に、本件事案のような場合には、「現に受けている利益」がない（破産法167条2項）とする岡正晶「結合企業・グループ企業による物上保証と無償否認」清水直編著『企業再建の真髄』（商事法務・2005年）576頁、伊藤眞「無償否認における善意の受益者の償還義務の範囲——詐害行為の回復と善意の受益者保護の調和を求めて」判時2307号（2016年）39頁以下がある。

46　当該上告事案の相代理人であった服部敬弁護士の発想であった。筆者は、今もこの考えが正解と考えている。

47　保証料の支払いがあれば「有償」となるとの考えもあるが、保証料の授受は保証委託者の会社（主債務者）が、保証人（代表者個人）に支払うもので、貸付金融機関が保証人に保証料を支払うことではない。かつ、中小企業オーナーが、自らの経営する会社から、個人として保証料を受領す

る場合（会社への融資と個人の保証が、当事者が異なる関係から「交換」といえるかの問題がある）、詐害否認の対象とならない、④は、同条項が詐害類型である限りその適用には、受益者の詐害意思を要する、等であった。

(イ)　倒産法の否認制度と憲法の財産権保護

倒産法の否認制度は、憲法の財産権保護（資本主義経済の基本でもある）との調整である。否認制度は、自由経済取引と財産権を犯さないことを前提に、客観的には債務者の無資力状態を、さらに、主観的には、この状況を知る債権者および債務者の意思を注意深く要件化し、詐害行為と、自由経済取引および財産権の保護との間を調整し、否認を許容した。これらを要件としないで、問答無用の無条件の否認は、歯止めなき財産権侵害であり、憲法と抵触するとの考えもあり得るが、破産法160条3項が憲法に抵触しないとしても「無償性」と「対価の当事者」について次の指摘が可能である。

無償性につき、母法のドイツ倒産法にも同種規定があるとされており、これを比較研究した中西正教授は、平時にさかのぼってこれを否認することを認めるも、直接当事者である保証人（破産者）と債権者との間に直接の対価関係がない場合でも、債権者が第三者に対して融資という給付をしている場合には、そもそも論として無償性を否定されている。

少なくとも、破産法160条3項適用時に受益者の悪意を要件とすべきである。

ることはあり得ない。伊藤教授は「保証又は担保の供与と破産法72条5号にいう無償行為」判時1273号（1988年）207頁（判評353号59頁）で「主債務者に対する融資などは……少なくとも経営再建の機会を与えた……大きな経済的利益を受けたはずであり、主債務者に対する出捐は、こうした機会を保証し、それを通じて保証人の財産保全に寄与したとみられるから……無償性を否定される」とされているが同感である。

48　中西正教授は「無償否認の根拠と限界」法と政治43巻2・3号（1990年）289頁で「取引の自由・安全に対する配慮を全く欠いている無償否認を、取引界と共存させるため、少なくとも、当該取引が無償否認の対象となることについて、当事者に警告を与えるべきだと思われる」と指摘する。

49　中西・前掲論文（注48）296頁は、「無償行為であるためには、破産者が、自分の給付の見返りに何の反対給付も得ていないと言うだけでなく、否認の相手方も、破産者の給付に対して何の反対給付も得ていない場合でなければならない。すなわち、無償性は、破産者だけではなく、否認の相手方をも基準として、判断されなければならない。けだし、そうでない場合にも無償否認を認めるなら、否認の相手方は、対価を伴うことなく取得した利益がないにもかかわらず、破産財団すなわち破産債権者全体に一定の出捐を強制され、無償否認を正当化するための基準（否認）の相手方は利益も得ず破産による損失も被らない状態となり、破産債権者は被った損失の一部を緩和されるという、公平な結果が生じえないからである」としている。

315

第2編　第2章　Ⅱ　「法理論」から「法的真理」へ

憲法下の法体系（財産権保護）、基礎法理（否認制度の根拠）、160条の建て付け（詐害行為否認の条項）から、この結論に到達すべきと考えている。

　さらに、判例は、直接の当事者間に対価性（反対給付＝経済的利益）を要求する。しかし、代表者（保証人）は、金融機関の貸付けの結果から生じる「企業存続」利益を受ける。役員報酬とその確保、中小企業のオーナー利益（現実的な交際費等の可処分所得の確保、社会的地位の維持）等の経済的利益が、これにあたる。まさに、代表者イコール保証人の「対価」の取得[50]で、かつ、同時交換的反対給付となると考える。

　金融機関は、平時において、代表者個人の保証を前提とし、日常的に、会社へ救済融資や支援資金融資を実施している。この社会実体を無視してはならない[51]。

　これは、大きくは憲法体系の理解でもあるが、民事実体法の「贈与」と倒産法の「無償否認」の体系的整合性の議論（場合によっては憲法体系と倒産法理の優先順位）および社会実態をどのように解釈に活かすかの問題と考えている。

4 │ 法的真理へ

　前記3「法理論への挑戦」で記載したごとく、法解釈学には、学説・判例が対立したままで、真の正解がみつからないか、もしくは、わからないことがあ

50　伊藤教授は前掲論文（注47）で、前掲（注44）最判昭和62・7・3判例の林裁判官の反対意見に賛成されていた。その後の伊藤・前掲論文（注45）で、債権者の「現存利益」が存在しない事案と判断されるに至ったが、いずれにしても、判例反対の立場を維持されている。筆者は、合憲を前提としても「無償性」とは別に、単に受益者の悪意（少なくとも受贈により債権者を害する可能性があるとの認識が必要）を要件とすることが必要と考えている。つまり「悪意」と「無償」と「6か月」がセットで初めて無償否認が成立すると考えている。憲法29条1項の合憲解釈を前提に無償否認を根拠づけるため、また、否認権が詐害行為の類型が原則であるとの理解から「悪意」は不可欠と考えている。「無償性」はその次の要件として吟味されればよい。「悪意」と「無償性」（場合によっては「対価性」も含めて）のいずれに軸足をおき議論するかは、否認制度の基礎法理についての距離感の違いであると思っている。

51　2004年の民法改正で、包括根保証の禁止、無期限根保証の制限が条項化され、2012年12月には中小企業庁などが中心となり策定した「経営者保証に関するガイドライン」（経営者保証に関するガイドライン研究会）が普及している。しかし、適用ハードル（法人個人の分離状況、財務基盤、透明性など）が高く、日本の企業数の95％以上を占める中小企業への適用が疑問視されるが、一歩前進ではある。

る。法的真理は、時として時間軸や制定法の変化で流動的であるのは理解できる。筆者は、社会科学における「真理」は人類が普遍的にもつ思想としての基本的な価値体系と考えている。実定法は、真理を具現することが理想ではあるが、必ずしもそうではない。そこで、実定法の解釈において、この「真理」を志向する「基礎法理」の価値が高まるといえる。一方、法曹や素人論者にとり、法的真理ないし法解釈の優劣の判断に「指標」がないことが悩みの種である。そこで、筆者は、本稿執筆の機会に、試しに、法理論の優劣の指標という問題について、法的真理に思考を向けた方法で、議論してみたい。

(1) 法学の科学性と法的真理

　法学ないし法解釈学の科学としての性質を考えることが、解釈法学にいかなる影響を与えるかは筆者には、わからない。もっとも、科学であるか否かは、法学の学問性とは関係がないと考えている。また法律学が科学か否かの必要性についても議論があると思われる。筆者は「真理・真実」への道程が科学であると考えることから、法律学は社会科学としての科学性があると考えている。法律学が、科学だとしたら「社会科学における真理」または「法学における法的真理」とは何かが問題となる。抽象的には、平和、正義、平等、公平、弱者保護などであろうか。法理論も法律実務も、結局、裁判を通じてこれらの法的真理に近づこうとする社会科学としての技術かもしれない。自然科学では、真

52　星野英一『法学者のこころ』（有斐閣・2002 年）94 頁は、「法学の最大の特色は、正解のない部分を多く含んでいる」「どの考え方が絶対的に正しいと決められないのが通常である」、96 頁で「しっかりとした思想を持とう（これは一生の努力であるが）、法律の学び始めから心がけて欲しい」「法律家は、高度の技術を持ちつつ技術屋に堕してはならない」という。

53　科学とは、真理もしくは真実を究明することで、その目的は人類の平和と進歩に寄与することであろう。学問の中心は、これを体系化することと考えている。筆者は、真理、真実の究明に資することのない科学は、科学的外装をもつ趣味であり、科学とはいえないと考えている。曽根＝棚澤・前掲書（注5）所収のローレンス・M・フリードマン（訳：原口佳誠）「法理論と法の社会的研究」における 81 頁以下「Ⅲ　法の科学は存在するか」の項では、法学の科学性について懐疑的である。フリードマンは「有効かつ合理的な一般理論の定立」が困難という命題から科学性に疑問をもつが、筆者は「有効かつ合理的な一般理論が相対的に適用されればその一般的理論にも、人類普遍の真理がある」と考えている。その意味で科学性を否定しない。

54　19 世紀のドイツの法哲学者イエリング（1818 ～ 1892 年）はその主著（村上淳一訳）『権利のための闘争』（岩波文庫・1982 年）29 頁で、「法の目標は平和」「法は単なる思想ではなく、生き生きした力」と説いている。

55　元最高裁判事の某氏は、ある会の挨拶で「法律（法解釈）はツール」（おそらく紛争解決などの）

317

第2編　第2章　Ⅱ　「法理論」から「法的真理」へ

理を真偽で決し、真偽を再現性等で検証する。社会科学において、真理の普遍
性の認識とその検証方法は場合によっては多様、多方面からくる「力」かもし
れない。その力は、説得力、権力・権威のもつ価値判断などで、時代軸では流
動的で、平面的にも民族・国家・地域などで相対的であることもある。さらに、
「真理」は絶対的（普遍妥当な真理もありうるが）でないことがある。「真理」は、
流動的で、民族・国家・地域によって相対的であることもある。これは、社会

だと発言されたことがある。ツールである解釈学は、真理や普遍性の発見を目的としないように思
われる。

56　川島・前掲書（注8）7頁は、「実用法学」との概念設定の下、実用法学とは「立法や裁判などの
　　法律実務のために必要な技術を提供することを目的とした学問」とし、「特に、裁判所における裁判
　　のための規範の作成を目的とする技術学を指す場合が多い」という。

57　川島・前掲書（注8）15頁は、「法的価値判断の客観性の程度は、判断の基礎たる価値体系を支
　　持する人々の大きさに還元される」としている。

58　川島・前掲書（注8）16頁は、「ここでの価値判断および価値体系の『客観性』と呼ぶものは、
　　科学の判断の真理性（いわゆる「客観性」）と全くおなじであるわけではない。科学の客観性と言わ
　　れるものは……ただ一人しか指示しないものでも、……科学の真理として『客観性』を認められる。
　　……法的価値判断の客観性ということばは、これらのほかの意味の『客観性』と区別して理解され
　　ることを希望する」としている。

59　国語的には「絶対的」（対象を比較しないで）と「相対的」（対象を比較することによって生じる
　　関係）が、また「普遍的（一般的または共通の基盤となる）」と「特殊的（一般的・共通の基盤から
　　外れる）」が対置語である。法律家は、相対的関係とか相対的効力のように、「相対的」を、「絶対
　　的」の対置語以外に「多様に変化するさま」に使用することが多い。

60　川島・前掲書（注8）19頁は「価値体系の内容は、決して不動固定のものではない。諸々の社会
　　的価値はそれぞれの歴史的社会の産物であり社会生活の変化とともに社会的価値は——したがって
　　法的価値も——変化する」としている。

61　長谷川晃「法の混成的妥当」角田猛之ほか編著『法理論をめぐる現代的諸問題』（晃洋書房・
　　2016年）204頁は、「法制度が整えられた社会であっても、その読解、適用、運用においては不断の
　　連動や変動があり……法の妥当の問題も古典的な脈略を超えて、動態的で異法融合的な新たな様相
　　を呈しつつある。現代の法は……既存の一元性に対しては多元的・相補的様相を呈しつつあり……
　　今や重要なのは体系的かつ静態的に存立している法の妥当ではなく、法の動態と変化の内に伏在す
　　る法の、複雑で錯綜した妥当である」と、さらに207頁で法の正当性（リーガリティー）について
　　も「何らかの真偽において決するとは考えにくい。そこには様々な価値の争いと同様の根源的対立
　　がある」としている。もちろん法哲学には不案内であるが、法および法解釈学の役割としての科学
　　的真理への探究が極めて困難なことを示唆していると思われる。

62　川島・前掲書（注8）17頁は、「立法や裁判の基礎となっているもっとも基本的な価値体系は、
　　やはり社会の人々によって共有されており、その意味で客観的な存在なのである」としているが、
　　筆者のいう社会科学における「真理」とは、人類の普遍的な思想としての「基本的な価値体系」を
　　いっているつもりであるが、同じかもしれない。

318

科学の特殊性である。しかし、そのことは、法律学・法理論の科学性を排除しない。相対的真理こそが社会科学もしくは法的真理の特質と思われる。この真理の探究は、多様な社会的事象を吸収しながら刺激を受けなければならない。近代国家成立以降、社会の発展に刺激を受けた法律学は、幾多の法的真理を発見し人類の繁栄に貢献した。たとえば、民主主義、立憲主義、基本的人権、手続保障、制度的保障、社会正義、真実主義、弱者救済、権利の濫用、信義則、公平、平等などがそうである。[63]いずれも、解釈法学の基礎法理となるかその背景思想となる。法解釈学における理論の優劣の検証は、「真理」を探求する背景がなければならないし、その優劣の本質は、この「真理」との距離でなければならない。「力」が優劣を決してはならない。[64]それは、法理論の科学性と学問の基礎を失うからである。

1つの論点についての法理論の対立ではないが、筆者は、かつて、法理論（弁護士の忠実義務）と法理論（弁護士の真実義務）が対立し、[65]いずれが法的真理（優先順位の判断か）に近いかに悩んだ事案に遭遇したことがあった。

事案は、刑事事件である。筆者が前刑（覚せい剤所持）の弁護人であった執行猶予中の依頼者から、再度、新件（同じく、覚せい剤所持）の弁護の依頼があった。一旦受任し、記録を精査したが、前科調書の添付がなかった。これを秘して新件の判決を受ければ執行猶予の事案である。筆者は、依頼者に、①筆者が守秘義務を守るとして、他の弁護人を選任する、②筆者が受任する場合、内々に裁判所に事実関係を明確にし、被告人の真摯な態度を訴えて、一般的に困難な再度の執行猶予の弁論をする、の二者択一を促した。依頼者は②を選択した。判決は、勇敢な被告人の行為を評価し、再度の執行猶予を付した。

---

63 他に思いつくままにあげれば、平和主義、権力の分離と抑制、多数決と少数者の保護、人身の自由、思想言論学問信仰の自由、差別・特権の禁止、私的救済の禁止、公共の秩序と善良の風俗、利益考量など、さらに刑事法の分野で罪刑法定主義、一事不再理、当事者対等、公訴権乱用などは、いずれも普遍性のある法的真理であろう。

64 多くの場合、政治経済の背景において合理性があると説明される。川島・前掲書（注8）17頁は「法秩序は政治権力の強制によって支えられ強行されるところの……社会秩序の一部分である」としている。

65 加藤新太郎『弁護士役割論〔新版〕』（弘文堂・2000年）273以下は、「真実義務」は訴訟法上の義務との位置づけから弁論主義との関係において議論をし、「誠実義務」は、弁護士法1条2項の「誠実に職務を行い」の法的位置づけとその責任の程度・内容等について論じている。

第2編　第2章　Ⅱ　「法理論」から「法的真理」へ

　この事案の弁護士の態度として何が「真理」に近いかいまだにわからない。大部分の友人・知人弁護士は「検察のミスを弁護人がフォローする義務はない。事実関係を秘して、弁護しても問題なく、依頼者の利益のために誠実義務を尽くすべきである」と言う。筆者は「弁護士は司法をチェックする役割ばかりか、真実の顕出にも可能な限り努力する義務がある」と考えた。実務で、法理論の優劣（先の例では「誠実義務」と「真実義務」の優先順位）に悩むことが多々あるが、その場合も指標なき議論（結論）は空虚である。[66]　そして、法理論の優劣（場合によっては、優先順位の判断）の探究は真理（真実）の探究であり、実務家がこれを放棄してはならない、と感じている。

　来栖三郎博士は法解釈学の科学性を否定し、客観性のない学問というようである。[67]　しかし、法学、特に法解釈学が客観性をもたないとしたら、論理や説得術の技術を競う知的遊戯にすぎず、学問の価値が失われる。仮に、そうであるとしても、法的真理への探究が不要となるものでもない。法解釈学に、客観性がないとの結論は、その優劣を判断する指標がないからではないかと考えた。

(2)　法理論の優劣の指標としての法的真理

　筆者が考える、法理の優劣の第一指標は、法体系との整合性である。法体系

---

[66]　藤原・前掲論文（注1）17頁は、判例の下級審裁判官への事実上の拘束力（最高裁判所の判例統一機能）の理由として、「同種・同類の事件については、どの裁判官がしても同じ判断が示されるのが理想である。いくら裁判官は独立であるといっても、裁判官によって異なった判断がされるようなことになれば、裁判を受ける当事者の立場からすれば、甚だ不公平であるということになる」と指摘される。筆者は、法理論の優劣を判断する指標とその議論が闊達になれば、公権的判断の客観性も保たれ、かつ、形式的な判例統一機能も不要となると考えている。つまり、形式的な統一機能で拘束するより、実質的な法理の優劣が明白になることにより裁判例、判例が変更されるほうが司法機能への理解と信頼が深まると思われるからである。同14頁は、「学生や司法修習生時代を"学説の子"と呼ぶならば、"学説の子"は実務家として成長するにつれて徐々に"学説離れ"を起こし、やがては"判例の友"となる」と実務の学説離れに警鐘を鳴らす。

[67]　来栖三郎「法の解釈と法律家」私法11号（1954年）19頁以下で、「私ども法の解釈をするときの気持ちとしては、客観的に正しい唯一の解釈があると前提し、自分の解釈はその正しい唯一の解釈たらんとし、そうしてそういう解釈には法規の客観的認識の結果、論理的に到達しうるものであるように意識している。……理論的には、客観的に正しい法の解釈がひとつしかないということに疑問をもつ。例えば、どの解釈にも理由があって、いずれとも決し兼ねることがよくある。……現に立法に際し、一義的に解決せず、解釈にまかせることが行われる。……解釈について複数の解釈の可能性を認めなければならないように思われる。……法の解釈について複数の解釈の可能性があり、そのうちの一の選択するものの主観的価値判断によって左右される」とされている。

外の議論は、「解釈立法」と批判できる。法解釈学が実定法を前提とするため、必ずしも「真理の探究」と一致しないこともある。これが、法理論の限界かもしれない。

第二指標は、法的真理の探究の成果とでもいうべき「基礎法理」との整合性である。真理を背景とする基礎法理から導かれた法理論が他の法理より優位な位置にあると考える。基礎法理に整合しない解釈論は、論理のみの優劣に陥る。

2点を満たす、解釈論争は、法体系からの距離、基礎法理との距離を判断し、その優劣を決すべきことになる。これにより、一歩なりとも科学性を帯びた真理を探ることができると考えている。

最後に、異なる法理論が対立した場合（先の「誠実義務」と「真実義務」の対立が一例）には、その優先順位が問題となる。これも、それぞれの法理論がもつ、法体系と基礎法理の距離（重要性の判断かもしれない）を判断する必要があると考えている。

実務家は、法体系と基礎法理の理解に至らず、当面の事案解決のための表面的な法理論を構築しがちで、学者の批判の的となることがある。

5 | 総括に代えて

本稿には問題が残っている。まず、①地域、時代、文化等により流動的または相対的な真理を認めることは「真理」概念と矛盾しないか、②法学における「基礎法理」は、法的真理を淵源とするのかという疑問である。①について、筆者は、時代、地域、文化等に応じて多様な真理があると考えている。②につ

68　川島・前掲論文（注8）10頁は、「『法』とは、社会に働きかけ、人々に一定の行為を要求し、それを実現するために必要となった場合には政治権力を利用してその行為を強制するしくみ、或いはまた、その強制によって保障されるところの……行為の命令（規範）である」としている。

69　川島・前掲論文（注8）18頁は、「立法者や裁判官が個々の具体的な問題について法的判断をする場合には、常に、その具体的な価値判断がより根本的な……より基本的な法的価値と矛盾しないものであることが要請される。価値判断のこのような体系的整合性という要請は、立法者および裁判官にとっては、きわめて重要なものである」としている。筆者は、この理屈は法理論にも要請され、さらに、法理論の優劣を判断する場合の最重要指標と考えている。同50頁は「科学として法律学が発言しうるのは、どの価値体系を選択すべきかではなく、……或る法的価値判断はどのような社会的価値に奉仕し……個人の信念や願望によってではなく、諸々の経験的事実によって検証しえられるものであり、そのような結論を求めることが科学の任務であるからである」としている。

321

第 2 編　第 2 章　Ⅱ　「法理論」から「法的真理」へ

いて、筆者は、答えをもたない。「基礎法理は法的真理の集大成である」「法理
論は基礎法理の上に成り立つ」とする考えは、筆者の思い込みである。この思
い込みが、市井の弁護士の姿勢を正す縁となっている。

　筆者は、「弁護士は常に『法的真理』に向かう『夢追い人』でなければなら
ない」と思っている。[70]「夢追い人」の姿勢は、弁護士の健全な思想を維持し、
さらに困難な業務に直面したときに指針を与える。弁護士にとり、この願望を
維持することは容易ではない。[71]それがためには、弁護士は、法理論とその基礎
法理の研鑽を怠ってはならない。なぜなら、これらの研鑽は、当然ながら弁護
士の職務でもあると同時に法的真理へのアプローチにもなるからである。前
記筆者の「法理論への挑戦」は、法的真理発見への道の半ばと心得ている。常
に法理論と対峙しセンスを磨かなければ、基礎法理や法理論を理解することも、
法的真理を発見することもできない。「法的真理」を求め、それを業務に活か
せるとしたら、それは弁護士の醍醐味である。醍醐味を知る弁護士は「町の思
想家」「町の学者」「腕のいい職人」として尊敬され、多くの依頼者の信頼を得
ることになり、信頼は弁護士の糧となる。「夢追い人」の姿勢と「法理論研鑽」
は表裏一体で、弁護士である限り、捨ててはならない宝物でもある。

70　今や、弁護士は豊かな生活をめざす若者に魅力のない職業となったようである。弁護士になろう
　　とする動機として「夢」のある仕事をしたいと考える者もあろう。その「夢」の実現には、法的真
　　理へのアプローチが必要となる。

71　弁護士は常に「事務所経営」「依頼者の利益」「依頼者の要望」「事案の性質」「紛争解決レベル」
　　などに悩みながら業務をする。なかでも、「依頼者の利益」は、「社会正義」「公平」「弱者保護」な
　　どの法的真理との葛藤になることが多い。

III

金融取引の組成における理論の活用場面
—— その一例としての仮想通貨の私法上の位置づけに
ついての検討

後 藤　出
弁護士

1 | はじめに

　筆者は、30年余りになる弁護士生活の少なくとも3分の2の時間を、金融取引の組成にあたって生じる法的ニーズへの対応に費やしてきた。かかる法的ニーズには、提案されている金融取引のしくみについての法的側面（主として実体法および規制法の側面）からの検討、当該しくみを具体化する契約書の作成、当該金融取引に適用される規制法規あるいは取引慣行上求められるさまざまな書面（当局への届出書、開示書類、取引相手方への説明書面等）の作成、当該取引を実行するにあたって依頼者から求められる確認事項、質問事項についての確認および回答、かかる確認、回答をまとめた法律意見書の作成等が含まれ、通常、弁護士あるいは当事者の法務担当職員等の法律専門家（以下、「弁護士等」という）がこれに対応する。金融取引の組成後も、規制対応や取引内容の変更あるいは当事者間の紛争対応の目的で弁護士等が関与することはあるものの、当該金融取引がその目的に沿って実行されるために、組成時において弁護士等が果たす役割は決定的に重要である。本稿は、このような形で弁護士等が関与する金融取引に関して「実務変革の手段としての理論の活用場面」を論じるものである。

　金融取引には、社債、株式等の発行による資金調達、シンジケートローン、プロジェクトファイナンス、ファイナンスリース等のアセットファイナンス、

第2編　第2章　Ⅲ　金融取引の組成における理論の活用場面

流動化取引等のストラクチャードファイナンス等、さまざまな類型の取引があり、それぞれの類型ごとに、弁護士等の取引への関与の度合いや内容も違いがある。筆者は、金融取引の中でもストラクチャードファイナンスに多くの時間を割いてきたので、本稿においても、かかる取引への弁護士等の関与をもっぱら念頭において「理論の活用場面」を論じており、他の類型の金融取引に照らすと必ずしもあてはまらない部分があり得る。他方、弁護士等が、取引組成時において、しくみの検討、契約書の作成、規制対応およびそれらに関連する諸法律相談といった形で当該取引に関与するというスタイルは、金融取引以外の商事取引においても広く見受けられ、本稿において論じられる「理論の活用場面」は、商事取引一般にあてはまる部分もあるのではないかと思われる。

2 ｜ 金融取引の組成における「理論」の活用場面

(1) 「理論」の意義

　法解釈学における「理論」について、平井宜雄『損害賠償法の理論』（東京大学出版会・1971年）16頁は、まず、一般的に考えられている意義として、「その理論の主唱者の法的な価値判断および既存の各種の法規範命題との理論的整合性を保ちつつ説明するための論理ないし概念の構成物を（裁判官に対してその説得を目的として）提供するもの」という意義を紹介し、かかる意義における「理論」は「規範的」な性質をもつものであり、裁判官の理由づけに採用されたかどうかということがその説得性を増大するうえで大きな役割をもつとする。また、同書17頁は、これと異なった性質を有する「理論」として、「裁判官の行なってきた法的処理と価値判断およびその理由づけそのものを対象として客観的に分析し、法的処理の性質の差異を明らかにし析出するとともにその価値判断を導く因子と理由づけとを理論的に整合的命題として構成して判決行動の客観的科学的認識を可能ならしめる概念ないし論理を提供する」ものが存するとも述べている。

　かかる2つの「理論」の意義づけを筆者なりに折衷し、「理論」とは、「一定の法的価値判断の理由を、既存の法規範命題との理論的整合性を保ちつつ説明するための論理ないし概念であり、『既存の法規範命題』は、法令や既存の判例から直接導き出されない場合は、関連する諸判例における裁判官の法的処理、

価値分析、理由づけを分析し、それらの差異を明らかにしつつ価値判断を導く因子と理由づけを整理し、判決行動の客観的科学的認識を可能ならしめる概念として構築されるものである」と理解することが許されるなら、かかる「理論」は、金融取引の組成において重要な役割を果たす「理論」として、筆者の乏しい経験に照らしても私見を述べることが可能なテーマとなるように思われる。平井・前掲書は、法解釈学の「理論」の意義を論じることは、法解釈学の性質、大陸型法律学の形成過程、その思想的・文化的背景にまで立ち入ることを要求せざるを得ないとし[1]、「理論」の一義的な定義として2つの意義を提示しているわけではなく、ましてや、上に述べたように2つの意義を折衷して提示する意図もなかったと思われるが、本稿の目的に照らし、本稿では「理論」を上述の意義を有する概念として論述を進めることとする。

(2) 金融取引の組成の場における「理論」の機能

裁判実務においては、事実認定により結論が決まる事件が多く、事実認定が大きなファクターを占めるものの、法解釈の違いにより結論が異なる事件では、裁判官はその法的価値判断の理由づけとして採用し得る「理論」、すなわち、既存の法規範命題との理論的整合性を保ちつつ説明するための論理ないし概念を検討する[2]。「理論」は裁判実務において明確な役割を与えられており、平井・前掲書も、「理論」をもっぱら裁判実務において用いられる概念として意義づけている。

このように裁判手続において用いられる概念として意義づけられた「理論」は、組成時において弁護士等が関与する金融取引においてどのような機能を果たすのであろうか。

金融取引の組成にあたって弁護士等が行う業務の具体的内容は上記1に述べたところであるが、かかる業務を機能的に整理するなら、主として実体法と規制法の側面からなされる当該金融取引に関する法的アドバイスと、その結果を踏まえた契約書等の作成、調整および規制対応ということになろう。このうち、実体法の側面からなされる法的アドバイスにおいては、弁護士等が、提案され

---

1 平井宜雄『損害賠償法の理論』（東京大学出版会・1971年）16頁。
2 福田剛久「裁判官から見た実務と学説」法時978号（2007年）69頁、71頁参照。

ている金融取引の法的性質、当該取引により発生、変動する当事者の権利義務の内容等を、法令、判例等に照らして検討し、その結果を依頼者に伝えるということが主眼となるが、それは依頼者が、提案されている金融取引により生じ得る法的リスクを正確に把握し、それに応じた対応を検討するために求められるものである。したがって、弁護士が裁判手続において依頼者の利益のために法的主張を構成するのとは異なり、かかる検討においては、いわば裁判官に成り代わって客観的に最も説得力のある結論を探求することが求められ、単純な法や判例のあてはめで結論が得られない場合は、できる限り説得力のある結論を得るため「理論」が用いられることになるのである。

　とはいうものの、金融取引の組成にあたって弁護士等が、「理論」による理由づけをもって実体法の法解釈について意見を述べることを求められる場面はそれほど多くはない。

　まず、俎上に上る問題の多くは、比較的単純な法令または判例の適用により結論に至るものであり、その理由づけに「理論」を求めなければならない問題は稀である。仮にそのような問題が浮上した場合でも、弁護士等のコストをかけてその問題を「理論」的に解明するより、その問題の解明を回避するように取引のしくみを変更し、あるいは契約書の内容を調整することが多い。あるいは、問題が顕在化する事態（典型的には当事者の倒産）が発生する蓋然性は低く、その問題を「理論」的に解明しなくとも当面の取引の遂行に支障はないとして、単に放置される場合もある。一般的に、弁護士等が「理論」による理由づけをもって法解釈に関する問題について意見を述べることが求められるのは、当該問題が法令または判例の適用により容易に結論を得ることができない問題であり、かつ当該金融取引の目的の達成のためには、かかる問題について一定の結論を得ることが避けて通ることができない、すなわち「回避」も「放置」もできない場合である。

　金融取引の組成にあたって「理論」による解明が求められた問題の例として、資産流動化取引における真正譲渡の問題があげられる。本稿は、真正譲渡の内容を明らかにすることが目的ではないのでそこでの議論の内容には深く立ち入らず、議論の経緯をたどることによって、金融取引の組成における「理論」の役割について私見を述べることとする。

2 金融取引の組成における「理論」の活用場面

(3)　資産流動化取引における「真正譲渡」の議論の経緯

　資産流動化取引とは、金銭債権、不動産等の資産の原所有者（オリジネーター）が、当該資産を、その保有、管理、処分のみを目的とする法人または信託（SPV）に譲渡し、SPV の下でかかる資産を引き当てに投資家から調達された資金を受け取ることで資金調達を達成するしくみである。このしくみの眼目は、オリジネーターが資産を SPV に譲渡することにより、オリジネーターの倒産リスクから完全に切り離された、当該資産の信用力のみに依拠したファイナンスを達成することにある。

　この資産流動化取引の組成にあたって、当該取引のしくみの下での資産のオリジネーターから SPV への譲渡が、オリジネーターの倒産手続においても真正な譲渡とみなされる、言い換えれば譲渡担保とみなされることはないといえるかということが問われた。かかる資産譲渡がオリジネーターの会社更生手続において譲渡担保とみなされると、SPV が譲り受けた資産からのキャッシュフローを回収しそれを投資家への弁済にあてることは担保権の実行とみなされて禁止され（会社更生法 50 条 1 項）、結果的に投資家への弁済が滞ることとなる。これは、「オリジネーターの倒産リスクから切り離され資産の信用力のみに依拠したファイナンス」という資産流動化取引の目的に真っ向から反することとなる結果である。真正譲渡の問題について一定の結論を得ることは、資産流動化取引の中核的な目的の達成のために避けて通ることができない、すなわち回避も放置もできない課題であったのである。

　資産流動化取引は、1980 年代の米国で盛んに行われていたものが、1990 年代の初頭から日本にも導入され、1990 年代の後半からその取引額が本格的に拡大したものである。日本の伝統的な金融取引から生まれた取引ではなく、米国の取引がいわば移植されたものだけに、当初は米国の True Sale Opinion で用いられている分析手法を参考にした基準（当事者の意思、対抗要件具備の有無、対価の相当性、支配・利益・リスクの移転等を関連する要素とし、これらの要素を総合考慮して真正譲渡か否かを判断するアプローチ）を利用して、案件を担当する弁護士により真正譲渡についての意見が述べられていた。[3]

3　後藤出「証券化資産流動化取引における真正譲渡」銀法 735 号（2011 年）84 頁。

第2編　第2章　Ⅲ　金融取引の組成における理論の活用場面

　この状況を一変させたのが、2002年のマイカル・グループ会社更生事件における論争である。マイカル・グループは、その保有する店舗用資産を信託に譲渡しリースバックを受ける形で流動化していたが、会社更生手続開始後、管財人団の依頼により京都大学の山本克己教授が、オリジネーターたるマイカルが受託者に対して負う未払賃料は更生担保権とみなされる旨の意見書[4]を公表し、それに反論する資産管理会社からの依頼を受けた東京大学の新堂幸司名誉教授らによる見解書[5]が公表された。この論争をきっかけに、資産流動化における真正譲渡の問題、すなわち、オリジネーターの倒産手続において譲渡担保と再構成されるのはいかなる場合かという一般的問題について、一橋大学の山本和彦教授が、日本における従来の譲渡担保、売渡担保等の非典型担保についての判例等に照らし、また、東京大学（当時）の伊藤眞教授は、手続前に発生した権利義務を倒産手続の目的に即して再構成した判例等に照らして議論する論稿[6]を相次いで公表し、ほかにも多くの論者がこの議論に加わった[7]。ここに至って、資産流動化取引における真正譲渡の問題は、「既存の各種の法規範命題との理論的整合性を保ちつつ説明するための論理ないし概念」を伴って議論の対象とされ、その前提として「既存の各種の法規範命題」として過去の判例等からいかなる概念が析出されるかが検討されることとなったのである。そして、これらの議論をきっかけに、真正譲渡性の認定を「被担保債権の存否」、「担保目的物の存否」、「受戻権の存否」等の基準により行うアプローチが、従来の日本の判例・学説の流れにより即したアプローチとして有力に主張されることとなった。

　2002年から2003年にかけての真正譲渡に関する「理論」的議論を経て、案

4　「『マイカル・グループの不動産証券化についての意見書』の概要」金法1646号（2002年）32頁以下。

5　「マイカル・グループ証券化に関する『山本意見書に対する見解書』の概要」金法1649号（2002年）17頁以下。

6　「マイカル証券化スキームに関する山本和彦教授意見書の全文」金法1653号（2002年）44頁以下、伊藤眞「証券化と倒産法理（上）（下）――破産隔離と倒産法的再構成の意義と限界――」金法1657号6頁以下、1658号82頁以下（いずれも2002年）。

7　小林秀之「マイカル証券化と倒産隔離」NBL768号（2003年）33頁以下、加藤愼＝上田裕康「なぜわれわれはマイカルCMBSを問題にするのか」NBL746号（2002年）31頁以下、後藤出「資産流動化取引における『真正売買』（上）（下）」NBL739号62頁、740号76頁（いずれも2002年）。

件ごとに弁護士が用いる真正譲渡性の具体的な判断基準（当事者の意思、対抗要件具備の有無、対価の相当性、支配・利益・リスクの移転等の要素を総合考慮する基準）が大きく変わったわけではない[8]。しかしながら、従来の基準では必ずしも結論が出ない新規なしくみに遭遇した場合は、隠れた被担保債権が認定され得るか否かといった真正譲渡認定のいわゆる「原理」が解明されたことにより、その原理にさかのぼって一定の結論を出すことが可能となり、結果的にスキーム構築の幅が広がったといえる。また、それまではともすれば限られた金融取引専門の弁護士、学者の間だけで語られてきた資産流動化取引が、倒産手続あるいは広く民事法を専門とする弁護士、学者を交え、従来の日本の判例・学説の延長線上での議論が行われることとなり、真正譲渡の問題を含め資産流動化取引をめぐるさまざまな法律問題について広い範囲での共通認識が形成されたことの意義は大きい。このことによって、米国から移植された資産流動化取引が、日本に根付いた金融取引となり、法的な安定感がより増したということははっきりいえよう。

(4) 「真正譲渡」の議論が示唆する金融取引における「理論」の役割

　真正譲渡をめぐる「理論」的議論が資産流動化取引にもたらした効果は、他の取引に関して「理論」的議論がなされた場合にも同様に生じ得るものである。ある金融取引の法的性質やそれにより生じる権利義務の内容を既存の各法規範命題と整合的に理解し把握することは、当該取引の目的を達成するために採り得るしくみの範囲を明確化し、結果的に多様なしくみの構築を可能にする。「よくわからない」ことによる萎縮効果を「理論」が排除するともいえる。

　このような「理論」の効用を金融取引の組成に活かすためには、過剰な「回避」、「放置」を排し、適切な「理論」の構築が行われる必要がある。

　真正譲渡をめぐる議論の経緯は、金融取引の組成の現場においてともすれば理論的解明が「回避」され、あるいは解明が行われず「放置」されることになる要因について一定の示唆を与えている。また適切な「理論」を構築するため

8　かかる諸要素は真正譲渡性を認定するための間接事実として合理性があるとの見解（日本資産流動化研究所編『資産流動化と投資家保護に関する調査報告書 第1分冊 海外の資産流動化に関する調査研究委員会調査報告書－法制編－』（日本資産流動化研究所・2002年）431～433頁〔佐藤正謙〕）が根強く、現在でもかかる判断基準を採用して意見を述べる法律意見書は多い。

のヒントも与えている。

㈦　学者を巻き込んだ議論

　まず、「回避」の側面からいえば、誰が理論的解明を行うかということの重要性が真正譲渡をめぐる議論の経緯からみてとれる。

　真正譲渡性についての意見は、当初、案件ごとに、当該案件を担当する弁護士により法律意見書の中で述べられていたが、マイカル事件の論争を機に、個別案件から離れ、資産流動化取引一般における真正譲渡性の問題として、学者を巻き込んでの議論に発展した。

　金融案件の組成にあたって弁護士が依頼者に対して行う法律アドバイスは、多くの場合、法律意見書の提出という形で行われるが、かかる法律意見書における意見には一定の責任が伴うため、弁護士の意見はどうしても保守的に傾きがちである。直接依拠できる法令、判例がない問題の場合、弁護士が主体的に「理論」を構築して意見を述べることはリスクが伴うこととして避けられることが多く、また依頼者も、一弁護士の「理論」にはなかなか依拠できないのが実態である。その結果として、問題を「回避」する形でしくみや契約を修正することも少なくない。真正譲渡の問題については、たまたまマイカル事件における当事者間の意見の応酬という特殊な事情があり、それをきっかけとして議論が学者の間にも広がったが、個別案件に限定されず同様のしくみの取引にすべてあてはまる重要な法律問題については、案件に従事する弁護士に限らず、関連分野の有力な学者も巻き込んだ議論の場が、研究会や出版企画等何らかの形で提供されることが望ましい。弁護士は、金融取引組成の場においては、裁判官に成り代わって客観的な法的価値判断を依頼者に提示する役割を期待されているものの、その日々の業務は案件の処理等の実務に追われ、必ずしもすぐれた「理論」の構築のために十分な時間と労力をかけることができない。「理論」の構築には、当該法分野に幅広くかつ深い知見を有する学者がより適している場合が多いと思われ、裁判官が関与しない金融取引組成の場における「理論」の構築者として学者に期待されるところは大きい。かかる議論の場において、多くの学者や弁護士によって支持される１つのコンセンサスが形成され、適切な形で公表されるなら、それが依拠できる「理論」として個別案件における意見の根拠としても用いることができることとなるのである。

（イ） 倒産手続における取扱い

資産流動化取引の真正譲渡が取引当事者に法的倒産手続が開始した場合の効果を問題とするものであったという点は、「放置」の問題と関連する。

資産の譲渡が真正な譲渡か担保としての譲渡かは実体法上の問題であるが、オリジネーターが倒産しない限り、現実問題としてそれを問題視する当事者は存在しない。契約は真正な譲渡として締結されており、取引に参加する当事者は契約上示されたかかる意思を覆すインセンティブを通常有しないからである。真正譲渡性は、オリジネーターに倒産手続が開始し、管財人が第三者の目で当該譲渡の法的性質をあらためて検討して初めて問題視されるのであり、その影響はもっぱらオリジネーターの倒産手続において現れる。このことは、真正譲渡性に限らず金融取引のさまざまな実体法上の性質論についてもあてはまる。理論的な理由づけをもって取引の民事法上の性質を明らかにしておくべき現実的なニーズは、倒産手続における管財人との議論の局面において特に大きいといえる。

資産流動化取引は、オリジネーターの倒産リスクからの切り離しということをテーマとした取引であったため、オリジネーターに倒産手続が開始する場合の想定は避けて通ることができなかったが、それ以外の取引においては、当事者の倒産手続において管財人が当該取引をどのようにみるかという視点からの検証までは行われず、結果的に問題が「放置」されることが少なくない。当該取引の目的に照らし当事者に倒産手続が開始した場合を想定する必要はないと明確にいいきれない場合は、当該取引が管財人にどのような取引として取り扱われるかという見地から、問題の有無をあらためて確認する必要があろう。

（ウ） 外国から導入された取引

資産流動化取引が米国から導入された取引であったという点は、適切な理論的解明という点に関連する重要かつ困難な課題を提起している。

資産流動化取引以外にも、特にイノベーティブな金融取引のしくみは、外国においてまず開発され、それが日本に導入されることが多い。外国で開発されたしくみの場合、日本において民事法上どのように位置づけられるのかについて、単純な法令や判例のあてはめでは簡単に結論が出ない場合が多い。資産流動化取引においては、真正譲渡性について、当初、米国の判例法において用

いられていた基準を利用した議論がなされていたが[9]、マイカル事件の論争を契機として、日本の「既存の各種の法規範命題」との理論的整合性を踏まえた議論がなされるに至った。確かに、外国法に根ざして発達した金融取引について、一見類似した日本の伝統的取引を探し出し、それとの安易なアナロジーを行うことは適切ではなく、むしろ母国の判例等の基準を参考にするほうが合理的である場合もあり得よう。しかし、金融取引の組成時において弁護士等に求められる法的価値判断は、もし日本の合理的な裁判官が判断を行うとしたらいかなる判断を行うかという見地からなされるべきものであることに鑑みれば、日本において直接依拠できる判例等が存在しない場合でも、まずは日本の既存の各種の法規範命題との理論的整合性を保ちつつ説明するための論理ないし概念をできる限り追求すべきであり、外国の判例法における基準はあくまでも補充的に利用されるべきであろう。また、外国の判例法における基準を参考とする場合も、当該国の法制度、取引慣行等と日本におけるそれらとの違いを考慮に入れた慎重な検討が必要となることはいうまでもない。

3 「理論」の活用の試み──「仮想通貨の帰属と移転の私法上の位置づけ」を素材として

　資産流動化取引における真正譲渡の問題は、さまざまな類型、しくみを含む広範な資産流動化取引全般に共通する問題であり、かつ既存の法令、判例等のあてはめにより簡単に答えが得られない問題ということで、その「理論」的解明に注目が集まった。現在でも、取引全般に影響を及ぼす重要な問題であるにもかかわらず未解明の状態にあり、その「理論」的解明が期待されているものは多々あると思われるが、その中でも仮想通貨取引の法的性質に関する諸問題に筆者は注目している。この問題の解明は、特に仮想通貨に対する強制執行あるいは仮想通貨保有者の倒産手続の局面において必須でありその重要性は極めて高い。しかし、真正譲渡の問題のように個別案件の成否にかかわるものではないため、その解明が特定の取引当事者によって強く求められるわけではな

9　田中幸弘「証券化金融取引の債権譲渡をみる視点（上）売買か担保か」NBL510 号（1992 年）43頁。

く、それゆえに議論の進展は緩慢になるおそれがある。そこで、以下において
は「理論」の活用の一つの試みとして、仮想通貨取引の法的性質に関する問題
の中でも最も基本となる仮想通貨の「帰属」と「移転」の私法上の位置づけに
関して私見を述べ、議論の一助としたい。

⑴　仮想通貨をめぐる法規制と仮想通貨の意義

2009 年にビットコインの運用が開始されて以降、電子的に価値が記録され
決済の手段としてネットワーク上で流通するいわゆる仮想通貨は、その種類、
取引量ともに急速に増加し、その利便性に注目が集まる一方、リスクについて
も指摘され始めた。

特に仮想通貨がマネー・ロンダリング、テロ資金の調達等に悪用されるリス
クについては世界的に注目されることとなり、マネロン・テロ資金供与の国際
基準を策定する政府間部会である FATF（金融活動作業部会）は、2015 年 6 月
26 日に、仮想通貨（virtual currency）に対するマネロン・テロ資金供与規制の
適用についてのガイダンス（以下、「FATF ガイダンス」という）を公表するに
至った。FATF ガイダンスは、仮想通貨を、「価値の電子的表象であって、電
子的方法により取引されることが可能であり、決済手段、計算単位、価値貯蔵
という機能を有するが、いかなる法域においても強制通用力を有せず、いわゆ
る法定通貨ではない」と定義したうえで、各国は、「法定通貨又は他の仮想通
貨に交換可能な仮想通貨」（convertible virtual currency）に焦点をあててマネ
ロン・テロ資金供与に対する取組みを行うべきであるとした。そして、かかる
仮想通貨を、法定通貨、他の種類の仮想通貨等と相互に交換する業者およびそ
れ以外の業者でかかる仮想通貨による取引活動と法定通貨に基づく金融システ
ムの結節点となる業者に対して、登録・免許制をはじめとするマネロン・テロ
資金供与規制の適用を検討すべきである、との基本的指針を示した。これを受
け、日本でもかかる指針に沿った形での仮想通貨に関するマネロン・テロ資金
供与規制の導入が要請されることとなった。

日本においては、2014 年 2 月、当時取引量において世界最大規模のビット
コインの交換所を営んでいた株式会社 MTGOX（以下、「MTGOX 社」という）
が破綻し、破産手続開始時点において保有していた資金やビットコインが、顧
客から預かった資金やビットコインより大幅に減少し、交換所の利用者に損害

が生じていることが判明した。この事件を契機として、日本では、マネロン・テロ資金供与規制だけでなく、利用者保護の観点からも仮想通貨についての制度整備が求められることとなった。

このような背景の下、金融審議会の「決済業務等の高度化に関するワーキンググループ報告～決済高度化に向けた戦略的取組み～」（2015年12月22日公表。以下、「WG報告書」という）の提案を受け、「情報通信技術の進展等の環境変化に対応するための銀行法等の一部を改正する法律」（2016年6月3日公布）に基づく、資金決済に関する法律（以下、「資金決済法」という）の改正（2017年4月1日施行）と、犯罪による収益の移転防止に関する法律（以下、「犯収法」という）の改正（2017年4月1日施行）をその柱とする日本の仮想通貨規制が創設された。資金決済法においては、第2条に「仮想通貨」、「仮想通貨交換業者」等が新たに定義され、また「第3章の2　仮想通貨」が新設され、同章において「仮想通貨交換業者」が規制の対象とされることとなった。犯収法においては、「仮想通貨交換業者」が新たに特定事業者（同法2条2項）に含まれ同法上の義務が課されることとなった。

このように、「仮想通貨」という用語は多義的に用いられているが、本稿では、資金決済法2条5項において定義される「仮想通貨」を念頭に、その帰属と移転についての私法上の位置づけを検討することとする。

(2)　**資金決済法における仮想通貨の定義と仮想通貨の帰属・移転**

資金決済法は「仮想通貨」を以下のとおり定義している。

○資金決済法2条5項

この法律において「仮想通貨」とは、次に掲げるものをいう。

一　物品を購入し、若しくは借り受け、又は役務の提供を受ける場合に、これらの代価の弁済のために不特定の者に対して使用することができ、かつ、不特定の者を相手方として購入及び売却を行うことができる財産的価値（電子機器その他の物に電子的方法により記録されているものに限り、本邦通

10　ビットコインの価格の上昇により、MTGOX社に残存するビットコインの価値も2014年当時と比較して大幅に高騰したことを受けて、同社の債権者から民事再生手続開始の申立てが行われ、東京地方裁判所は2018年6月22日、民事再生手続の開始を決定した。

3 「理論」の活用の試み——「仮想通貨の帰属と移転の私法上の位置づけ」を素材として

貨及び外国通貨並びに通貨建資産を除く。次号において同じ。）であって、電子情報処理組織を用いて移転することができるもの

二 不特定の者を相手方として前号に掲げるものと相互に交換を行うことができる財産的価値であって、電子情報処理組織を用いて移転することができるもの

資金決済法に定める仮想通貨の定義は、犯収法に基づくマネロン・テロ資金供与規制の対象も基礎づけるものでもあるところ、犯収法の規制はFATFガイドラインの指針に沿って制度化されたものである。したがって、資金決済法における定義は、FATFガイドラインにおける"convertible virtual currency"の定義に基本的に整合するものであり、かかる定義に含まれると解される機能、すなわち1号に定める仮想通貨（1号仮想通貨）においては「代価の弁済のために不特定の者に対して使用することができる」、「不特定の者を相手方として購入及び売却を行うことができる」という機能、2号に定める仮想通貨（2号仮想通貨）においては「不特定の者を相手方として1号仮想通貨と相互に交換を行うことができる」という機能を有する「財産的価値」として定義づけられている。

資金決済法における仮想通貨の定義には、このような機能的な要件に加え、1号仮想通貨、2号仮想通貨に共通の要件として、「電子情報処理組織を用いて移転することができる」ことが定められている。この「移転することができる」とは、移転の客体が「財産的価値」である以上、物理的な場所の移転ではないことはいうまでもなく、「財産的価値」がある特定の法主体に帰属するものであることを前提に、その「財産的価値」の帰属先を別の法主体に移すことができるということを意味するものと解される。もっとも、この定義規定が設けられた時点においては、「財産的価値」の帰属についての私法上の意義について明らかにされておらず、「財産的価値」を特定の法主体に帰属させる何らかの財産権が存在するか否かも明らかではなかったので、財産権の存在を前提

11　堀天子『実務解説　資金決済法〔第3版〕』（商事法務・2017年）41頁参照。

12　WG報告書29頁。

335

として財産権の帰属主体を変更させることができるという意味での移転の可能性が求められていると解することは適当ではないと思われる。ここでは、特定の法主体に「財産的価値」が一般的意味において帰属することを前提に、当該法主体が電子情報処理組織を用いて帰属先たる地位を別の法主体に移すことができると一般的に認識され得るしくみが求められていると解さざるを得ない。かかる要件は、当該しくみにおいて、少なくとも、特定の法主体が、排他的に「財産的価値」を享受できる事実上の地位を有することができ、当該法主体が、そのような地位を電子情報処理組織を用いて他の法主体に移すことができるしくみがあるなら満たされると思われる。

　資金決済法で定義される仮想通貨の帰属、移転の私法上の意義を検討する場合、当該仮想通貨のシステムが上述のような意味における移転のしくみと機能を有することを前提に、仮想通貨の財産的価値の享受を実現するためのいかなる権利または法律上の地位が特定の法主体に与えられるか、それらはいかなる原因によって他の法主体に移転するかを、当該仮想通貨のシステムに照らして検討することになる。

　以下においては、ビットコインを例に検討を進めることとする。

(3)　ビットコインの財産的価値の帰属・移転の私法上の意義

㋐　ビットコインのしくみ

　ビットコインは、P2P（Peer to Peer）のコンピュータ・ネットワーク（以下、「ビットコイン・ネットワーク」という）を利用し、ブロックチェーンとよばれる分散型の取引台帳技術を基礎とした、特定の発行主体・管理者が存在しないタイプの代表的な1号仮想通貨である。

　ビットコインのしくみにおいては、ブロックチェーンに連結されたブロックに、特定のアドレス（ビットコインの送付の宛先となる文字列）宛ての取引に関するデータが格納されている。[13]

　ある特定のアドレスに対応する秘密鍵[14]と公開鍵[15]を管理している利用者（以下、

13　ブロックチェーンは、ビットコイン・ネットワークを通じて世界中の参加者のコンピュータ上にコピーされ、保存されている。

14　秘密鍵はランダムに選ばれた数値であり、公開鍵は秘密鍵に対応するものとして秘密鍵から数学的に生成され、アドレスは公開鍵から数学的に生成される（杉井靖典『いちばんやさしいブロック

3 「理論」の活用の試み——「仮想通貨の帰属と移転の私法上の位置づけ」を素材として

「利用者」といい、利用者が管理する秘密鍵、公開鍵に対応するアドレスを「利用者アドレス」という）は、利用者アドレス宛ての取引に関するデータ（以下、「利用者アドレス宛取引データ」という）を参照し、当該データに含まれるビットコイン送付額のうちの一定額のビットコインを、利用者アドレスとは別の特定のアドレス（以下、「相手方アドレス」という）に対応する秘密鍵と公開鍵を管理している相手方に送付することができる。かかる送付のプロセスは以下のとおりである。

① 相手方アドレス宛取引データの作成

　　利用者は、利用者アドレス宛取引データを参照し、当該データに含まれる送付額を限度とする一定の額のビットコインを相手方アドレス宛てに送付する取引に関するデータ（以下、「相手方アドレス宛取引データ」という）を作成する。

② 相手方アドレス宛取引データの送信

　　利用者は、利用者アドレスの秘密鍵を用いて電子署名を施し、利用者アドレスの公開鍵を添えて、ビットコイン・ネットワークに送信する。

③ 相手方アドレス宛取引データのブロックへの格納

　　ビットコイン・ネットワークに送信された相手方アドレス宛取引データは、参加者による検証を経てブロックに格納され、当該ブロックはProof of Work を経てブロックチェーンに連結される[16]　[17]。

　相手方アドレス宛取引データに相手方アドレス宛てのビットコインの送付額として組み込まれた額（以下、「相手方アドレス宛送付額」という）は、以後、利

チェーンの教本』（インプレス・2017 年）123 頁）。

15　秘密鍵、公開鍵は、通常、ウォレットとよばれるソフトウェアまたはアプリ等を利用して管理される。

16　新しいブロックをブロックチェーンの末尾に追加しようとする参加者は、あらかじめ与えられた条件を達成する計算作業（Proof of Work）を行う。最も早く Proof of Work に成功した参加者として他の参加者により承認された者が、自ら作成したブロックをブロックチェーンの末尾に接続し、報酬として一定額のビットコインの付与を受ける。

17　複数の参加者がほぼ同時に Proof of Work を成功させた場合、一時的にブロックチェーンの枝別れ（フォーク）が発生することがある。フォークが発生した場合、それ以降により早く、長くブロックがつながったほうが正当なブロックチェーンと判定される。一般には 6 ブロック程度が生成されれば正当なブロックであるとみなされている。

337

用者アドレス宛取引データにおいて参照することができなくなる。

(イ) ビットコインの財産的価値の帰属の私法上の意義

利用者アドレス宛取引データを参照して、相手方アドレス宛にビットコインを送付する取引データを作成するためには、利用者アドレスの秘密鍵を用いて電子署名を施すことがシステム上必要である。そこで、利用者アドレスの秘密鍵を独占的に利用できる状態で管理している利用者が、事実上、排他的に、利用者アドレス宛取引データを参照してビットコインを送付することができることになる。利用者アドレス宛取引データを参照して行うビットコインの送付は、債務の弁済、法定通貨との交換等に用いられ、それにより利用者は財産的価値を実現することができる。したがって、利用者アドレス宛取引データにビットコインの財産的価値が内在しており、利用者は、利用者アドレスの秘密鍵を独占的に利用できる状態で管理することにより、利用者アドレス宛取引データに内在するビットコインの財産的価値を排他的に享受できる事実上の地位にあるということができる。

それでは、利用者に、かかる財産的価値の享受を確保するための何らかの財産権または法律上の地位が与えられているのであろうか。

(A) 財産権

以下に述べるとおり、利用者は、利用者アドレスの秘密鍵を独占的に利用できる状態で管理し、利用者アドレス宛取引データに内在するビットコインの財産的価値を事実上排他的に享受できるとしても、かかる財産的価値の享受を確保する財産権を有することはない。

(a) 所有権

ビットコインの財産的価値は利用者アドレス宛取引データに内在するので、利用者アドレス宛取引データが所有権の客体となるなら、かかる所有権に基づく利用者アドレス宛取引データの排他的支配によりビットコインの財産的価値を排他的に享受することができる。しかし、利用者アドレス宛取引データは電磁的に記録されたビットコイン取引に関する情報であり、空間の一部を占める有形的存在ではないため民法85条の「有体物」にあたらず[18]、同条の「物」に

---

[18] 東京地判平成27・8・5判例集未登載（LLI/DB判例秘書（判例番号L07030964））も、「民法は原

はあたらない。民法 85 条の「物」にあたらない以上、所有権の客体となり得
ず、利用者は、利用者アドレス宛取引データの所有権を通じてそれに内在する[19]
ビットコインの財産的価値の享受を直接確保することはできない。

　秘密鍵が所有権の客体となるなら、利用者は利用者アドレスの秘密鍵の所有
権に基づく排他的支配を通じ、間接的に利用者アドレス宛取引データに内在す
るビットコインの財産的価値を排他的に享受することができる。しかし、秘密
鍵は一定の数値であり情報の一種であるので、やはり「物」にはあたらず、所
有権の客体とはならない。

(b)　占有権

　占有権は、自己のためにする意思をもって物を所持することによって取得す
る（民法 180 条）。ビットコインの財産的価値、利用者アドレス宛取引データ、
秘密鍵のいずれも物ではないため、利用者は、占有権をもってビットコインの
財産的利益の享受を図ることもできない。

(c)　無体財産権

　無体物は、法律により定められる無体財産権の客体となる場合は、その排他
的利用が法的に保障されるが、仮想通貨の財産的価値、利用者アドレス宛取引
データ、秘密鍵のいずれもいかなる無体財産権の客体ともならない。

(d)　債　権

　ビットコインのしくみにおいては、利用者の請求に応じて、ビットコインの
財産的価値を、一定の量または額の他の財産と交換するなどの形で保証する義
務を負う発行者その他の第三者は存在しない。したがって、利用者は、債権に
よってビットコインの財産的価値の享受を図ることもできない。

(B)　不法行為法理に基づく保護

　不法行為の保護法益は財産権に限られるものではなく、利用者が秘密鍵の管
理という事実行為による利用者アドレス宛取引データの財産的価値の排他的享

　則として、所有権を含む物権の客体（対象）を有体物に限定しているものである」とし、「ビットコ
　インには空間の一部を占めるものという有体性がないことは明らかである」と判示している。
19　民法 206 条は、「所有者は、……所有物の使用、収益及び処分をする権利を有する」と定め、所
　有権の対象が所有「物」であることが前提とされている（四宮和夫＝能見善久『民法総則〔第 8 版〕』
　（弘文堂・2010 年）158 頁）。

339

第2編　第2章　Ⅲ　金融取引の組成における理論の活用場面

受が、「法律上保護される利益」（民法709条）と解されるなら、かかる財産的[20]価値の享受が侵害を受けた場合、不法行為法理による救済が認められる可能性がある。かかる可能性について以下に検討する。

(a)　情報一般についての法的保護

　上述のとおり利用者アドレス宛取引データも秘密鍵も情報の一種であり、かかる情報の財産的価値の享受が不法行為法理による保護を受け得るかということがここでの問題である。そこでその問題を検討する前に、情報一般についての法的保護について概観する。

(i)　権利付与法制

　秘匿されていない情報は、消費の非排他性、即ち、複数の者が同じ情報を同時に利用し得るという特性があり、そのために原則として公共財としての性格が強いといわれている[21]。この特性に鑑み、法は、創作等の活動のインセンティブを適切に確保するために必要な場合に限定し、第三者に対して模倣を禁じるという形で独占的な情報の利用を確保する権利を付与し、かかる権利を譲渡の対象とする[22]。特許法、実用新案法、著作権法等により付与されるいわゆる無体財産権がそれである。

(ii)　行為規制法制①──不法行為に基づく一般的保護

　無体財産権の対象となっていない情報の利用については、かかる利用が法的保護に値する利益と認められる場合、かかる利用について不法行為の要件を満たす侵害行為があればそれについての損害賠償請求権が認められるという形で一般的に保護される[23]。いかなる場合に法的保護に値する利益と認められるかについては一般的な基準は特に論じられていないが、秘匿されていない情報に関して、ある種の模倣行為について不法行為を認めた判例[24]、秘匿されている情報に関して、営業秘密の開示について不法行為を認めた判例（後述）がある。

20　大判大正14・11・28民集4巻670頁〔大学湯事件〕。
21　中山信弘「財産的情報における保護制度の現状と将来」桂木隆夫ほか『岩波講座現代の法（10）情報と法』（岩波書店・1997年）270〜271頁。
22　中山・前掲論文（注21）271〜278頁。
23　中山・前掲論文（注21）275頁。
24　東京高判平成3・12・17判時1418号120頁。

3 「理論」の活用の試み──「仮想通貨の帰属と移転の私法上の位置づけ」を素材として

(iii) 行為規制法制②──不正競争防止法に基づく営業秘密の保護

　無体財産権の対象となっていない情報のうち、営業秘密については、不正競争防止法が、不法行為の特則として、同法所定の不正行為（不正競争防止法2条1項4号〜10号）があった場合、それにより営業上の利益が害される者に同法所定の差止請求（同法3条）を、営業上の利益を害された者には同法所定の損害賠償請求（同法4条）を認めるという形で保護している。

　営業秘密の保護は、財産の保護という個人の利益保護にとどまらず、競争秩序維持という公共性を有しており[25]、営業の自由や労働の自由との較量が必要であり[26]、また、差止請求は取返しのつかない損害を第三者に与える危険性もあることから、第三者の利益を不当に害さないような配慮も必要である[27]。これらの点に鑑み、保護される営業秘密は、「秘密として管理されている生産方法、販売方法その他の事業活動に有用な技術上又は営業上の情報であって、公然と知られていないもの」と定義され（不正競争防止法2条6項）、特に「秘密として管理されていること」の意義については、営業秘密を保有する事業者（保有者）が当該情報を秘密であると主観的に認識しているだけでは十分でなく、保有者の秘密管理意思が保有者が実施する具体的な状況に応じた経済合理的な秘密管理措置によって従業員や取引先に対して明確に示され、当該秘密管理意思に対する従業員等の認識可能性が確保されている必要があると解されている[28]。

　差止請求をなし得る「営業上の利益を害される者」、損害賠償請求をなし得る「営業上の利益を害された者」は、営業秘密を管理している者と解されている[29]。適切な自己管理を行っているにもかかわらず不正な侵害を受けた場合に初めて救済されるという利益較量に基づくものである[30]。

　なお、不正競争防止法に営業秘密の保護に関する規定が設けられるより前に、事業者の秘密管理下にある営業秘密を開示した退任取締役の行為が不法行為を

25　中山信弘「営業秘密の保護の必要性と問題点」ジュリ962号（1990年）15頁。

26　鎌田薫「営業秘密の保護」判タ793号（1992年）55頁。

27　中山・前掲論文（注25）15頁。

28　経済産業省知的財産政策室編『逐条解説不正競争防止法』（商事法務・2016年）40頁。

29　中山信弘「営業秘密の保護に関する不正競争防止法改正の経緯と将来の課題（下）」NBL471号（1991年）30頁、田村善之『不正競争法概説〔第2版〕』（有斐閣・2003年）367頁。

30　中山・前掲論文（注25）15〜16頁。

第2編　第2章　Ⅲ　金融取引の組成における理論の活用場面

構成すると判示した原審判断を是認した最高裁判決がある。[31]

(b)　不法行為法理に基づく保護を受けるための要件

(ⅰ)　検討の方法

　利用者アドレス宛取引データも秘密鍵も、無体財産権の客体とならない情報であることから、かかる情報の財産的価値の享受が不法行為法理による保護を受けるための要件については、無体財産権の客体とならない情報の不法行為法理に基づく保護について今までに確立されてきた法制度、判例等と整合した検討がなされなければならない。上記(a)(ⅱ)(ⅲ)で述べたとおり、無体財産権の客体とならない情報の不法行為法理に基づく保護について今までに確立されてきた法制度、判例はもっぱら営業秘密に関するものであり、学説等による議論も営業秘密を中心になされてきた。そこで、以下においては、利用者アドレス宛取引データや秘密鍵の情報と営業秘密との性質の違いを踏まえつつも、営業秘密についての法制度、判例、学説を手がかりとして、利用者アドレス宛取引データの財産的価値が不法行為法理に基づき保護される要件を検討していくこととする。

(ⅱ)　秘密鍵の管理を根拠とする保護

　不正競争防止法における営業秘密についての不正行為に係る損害賠償請求権に関する定めは不法行為の特則として定められたものであり、「生産方法、販売方法その他の事業活動に有用な技術上又は営業上の情報であって、公然と知られていないもの」[32]を秘密として管理する者が、かかる管理により排他的に得るかかる情報の財産的利益は「法律上保護される利益」であり、かかる利益が不正行為により侵害された場合は不法行為法理に基づき損害賠償請求権が認められるという価値判断を基礎とするものである。同法による営業秘密保護制度の施行前の、営業秘密開示行為を不法行為と認めた前述の判例もかかる価値判断を示すものである。かかる価値判断が、利用者アドレスの秘密鍵の管理による利用者アドレス宛取引データの財産的価値の排他的享受についてどの程度あてはまるかが問題となる。

31　最判平成 10・6・22 判例集未登載（平成 7 年(オ)第 1059 号）（なお、原審は、大阪高判平成 6・12・26 判時 1553 号 133 頁）。

32　経済産業省知的財産政策室・前掲書（注 28）135 頁。

3 「理論」の活用の試み——「仮想通貨の帰属と移転の私法上の位置づけ」を素材として

　まず、利用者アドレス宛取引データの財産的価値の享受は、利用者アドレス宛取引データ自体を管理するのではなく、利用者アドレスの秘密鍵を管理することにより行われる点において、秘匿された情報自体の価値が享受される営業秘密とは異なる。しかし、情報の秘匿は当該情報の価値を排他的に享受する手段として行われるものであって、利用者アドレス宛取引データの財産的価値の排他的享受は、システム上、利用者アドレスの秘密鍵の管理により達成されるということであれば、秘密鍵の管理は営業秘密自体の秘匿と本質的な違いはない。

　次に、利用者アドレス宛取引データの財産的価値は代価の弁済や法定通貨との交換に用いられることにより現実化するものであり、競争上の優位を財産的価値の内実とする営業秘密[33]とは種類を異にするものである。競争上の優位を保護するにあたっては営業の自由、産業活動の自由との較量が必要となるが、利用者アドレス宛取引データの保護においてかかる利益較量は必要ない。このような情報の種類の違いは、不法行為法理に基づく保護を受けるために必要な管理の態様・方法については違いをもたらすであろう。しかし、財産的価値を有する情報を一定の態様・方法で管理することにより当該財産的価値を排他的に享受できる状態をつくり出している場合にはかかる財産的価値の享受を「法律上保護される利益」と認めてもよいという価値判断の基本部分は、そのような情報の種類の違いにかかわらず等しく適用されるものであると考える。

　したがって、営業秘密の保護の基礎となる不正競争防止法および判例の価値判断に照らせば、利用者アドレスの秘密鍵が一定の態様・方法で管理されていれば、かかる管理による利用者アドレス宛取引データの財産的価値の排他的享受は「法律上保護される利益」と認められ、かかる利益について侵害行為（たとえば秘密鍵の盗用、ハッキング等を通じた不正な取引データの作成）があればそれについて不法行為法理に基づく損害賠償請求権が認められるという判断に至るものと考えられる。[34]

33　鎌田・前掲論文（注 26）56 頁。

34　「占有」（秘匿すること）により排他的に利益享受できる状態にある情報の財産的価値は不法行為の保護法益として評価されると一般的に論じる説として、森田宏樹「財の無体化と財の法」吉田克己＝片山直也編『財の多様化と民事学』（商事法務・2014 年）103 頁。

第2編　第2章　Ⅲ　金融取引の組成における理論の活用場面

(ⅲ)　求められる管理の態様・方法

　それでは、いかなる態様・方法で利用者アドレスの秘密鍵を管理すれば、か
かる管理による利用者アドレス宛取引データの財産的価値の排他的享受が「法
律上保護される利益」と認められ、不法行為法理により保護されることとなる
のであろうか。この点についても、営業秘密についての管理に関する議論が参
考となる。本稿では、以下の3つのポイントについて述べる。

①　機関を用いた管理

　営業秘密における「秘密としての管理」は、従業員を機関として会社によっ
て管理が行われることを前提として、従業員による秘密管理の認識可能性等が
求められている[35]。営業秘密において認められる「従業員を機関として行う会社
による管理」が、利用者アドレスの秘密鍵の管理について認められない理由は
ない。利用者アドレスの秘密鍵は自然人が管理する場合もあり得ようが、その
場合は、自然人が第三者に管理を委託し、当該第三者が機関として管理するこ
とも想定されることになる。

　機関として管理している者は、利用者アドレス宛取引データの財産的価値を
享受するわけではないので不法行為に基づく損害賠償請求権を有するものでは
なく、機関を用いて管理している者が損害賠償請求権を有する。

②　管理の方法

　営業秘密における「秘密としての管理」は、上述のとおり、保有者の秘密管
理意思が経済合理的な秘密管理措置によって従業員や取引先に対して明確に示
され、当該秘密管理意思に対する従業員等の認識可能性が確保されている必要
があると解され、その最低限の水準の対策を示すものとして経済産業省が「営
業秘密管理指針」（平成15年1月30日。全部改訂平成27年1月28日）を策定し
ている。営業秘密の場合は、第三者が自由に利用し得る情報であるか営業秘密
であるかは、当該情報自体の客観的性質から当然に定まるものではなく、保有
者がそれを秘密として管理しているか否かという主観的な事情によって定まる。
したがって加害者側の認識可能性が低く、産業活動の自由や転職の自由を不当
に制限し、情報取引の安全性を損なう可能性が著しく高いといわれており[36]、か

35　経済産業省知的財産政策室・前掲書（注28）14頁。

3 「理論」の活用の試み——「仮想通貨の帰属と移転の私法上の位置づけ」を素材として

かる可能性に鑑み、秘密管理措置による従業員等の秘密管理意思に対する認識可能性を確保するためのさまざまな措置が求められている。

これに対し、秘密鍵は、その情報自体の客観的性質から秘密として管理されるべき情報であることは明らかであり、秘密鍵自体は取引の対象となるわけではなく、秘密鍵を用いた産業活動が行われるわけでもない。したがって、営業秘密において求められるような措置が求められるべき事情はない。

それでは、秘密鍵に求められる管理の方法はいかなるものであろうか。

人が物について占有という事実行為により利用の確保を図る場合は、本権とはかかわりなく、かかる利用の利益を被侵害利益とする占有妨害・侵奪に基づく損害賠償請求権が不法行為に基づくものとして認められている（民法198条、200条）。その場合の占有の要件は、「自己のためにする意思」と「所持」であり（同法180条）、前者については「所持による事実上の利益を自己に帰せしめようとする意思」[38]、後者については「人が物について事実上の支配をしていることが社会通念上認められるような人と物との事実関係」[39]と解されている。人が情報について管理という事実行為により利用の確保を図る場合にかかる利用の利益が不法行為法理により保護されるための要件は、占有による物の利用の利益が不法行為により保護されるための要件より、厳しくあるいは緩く解されるべき理由はないように思われ、占有と基本的に同様に、「管理による事実上の利益を自己に帰せしめようとする意思」と「人が情報について事実上の支配をしていることが社会通念上認められるような人と情報の事実関係」が要件とされるべきではなかろうか。

利用者アドレス宛取引データを通常の方法で利用するための秘密鍵の管理は、ウォレットを利用して行う管理等、相当程度定型化されており、そのような方法で管理がなされていれば、管理による利益（利用者アドレス宛取引データに内在するビットコインの財産的価値の享受）を自己に帰せしめようとする意思は明

---

36 鎌田・前掲論文（注26）55頁。

37 川島武宜＝川井健編『新版注釈民法（7）』（有斐閣・2007年）258頁、267頁〔広中俊雄＝中村哲也〕。

38 川島＝川井・前掲書（注37）12頁〔稲本洋之助〕。

39 川島＝川井・前掲書（注37）14頁〔稲本洋之助〕。

第 2 編　第 2 章　Ⅲ　金融取引の組成における理論の活用場面

らかであり、また管理者が秘密鍵について事実上の支配をしていることも社会
通念上認められ、かかる管理による財産的価値の享受が不法行為法理により保
護されるための要件は満たされていると考えてよいように思われる。

③　保護されることに正当な利益があると認められる管理

営業秘密についての不正行為に対して不正競争防止法に基づく救済が認めら
れる主体は、営業秘密を管理しているということのほか、当該主体が保護され
ることに正当な利益があることが必要であると解されている。[40]たとえば、盗用
した営業秘密を管理している場合は「正当な利益」があるとはいえない。

かかる要請は不法行為の一般原則に基づくものであるので、利用者アドレス[41]
宛取引データの財産的価値が不法行為法理により保護されるための要件として
の秘密鍵の管理にもあてはまるものであろう。たとえば、他人が管理していた
秘密鍵を盗用して管理している者は、当該秘密鍵を第三者に盗用され当該秘密
鍵に係るアドレス宛取引データの財産的価値が侵害されても、保護される正当
な利益を有していないため不法行為法理による保護は認められないことになる。

(C)　責任財産

一般に、債務者の責任財産（債務者の財産から強制的満足を受ける債権の権能
（掴取力）の対象となる財産）は、債務者の総財産であり、債権者への配当の財[42]
源となり得る以上、財産権の客体とならない、信用、のれん、ノウハウ等も含
まれると一般に解されている。[43]秘密鍵の管理によるビットコインの財産的価値
の排他的享受が不法行為法理により保護される利益である場合、かかる利益に
は、かかる財産的価値を債務の弁済に利用する利益も含まれる。債務の弁済に
利用する利益が法律上保護される利益であるなら、ビットコインの財産的価値
は債権者への配当の財源となり得ると評価でき、債務者の責任財産に含まれる
と解することに特段の異論はなかろう。[44]

40　中山・前掲論文（注29）30 ～ 31 頁。

41　中山・前掲論文（注29）30 頁。

42　奥田昌道『債権総論〔増補版〕』（悠々社・1992 年）82 頁。

43　伊藤眞『破産法・民事再生法〔第 3 版〕』（有斐閣・2014 年）238 頁、奥田昌道編『新版注釈民法
　　（10）Ⅱ』（有斐閣・2011 年）846 頁〔下森定〕。

44　小林信明「仮想通貨（ビットコイン）の取引所が破産した場合の顧客の預け財産の取扱い」金法
　　2047 号（2016 年）43 頁。

346

3 「理論」の活用の試み——「仮想通貨の帰属と移転の私法上の位置づけ」を素材として

これに対して秘密鍵の管理の実態に鑑み、ビットコインの財産的価値の享受について不法行為法理による保護を受けることができない法主体は、かかる財産的価値の債務の弁済への利用についても法的救済を受けることができない。ビットコインの財産的価値が債務の弁済に利用される前に第三者に侵害され、債務の弁済に利用できなくなったとしても何ら法的救済を受けることができないのであれば、かかる財産的価値は債権者への配当の財源となり得る財産とは評価できず、債務者の責任財産に属する財産とは認められないと解される余地もあるように思われる。

したがって、不法行為法理により保護される態様・方法で秘密鍵の管理を行っている者を特定することは、ビットコインの財産的価値が誰の責任財産に属するかを判断するためにも有用であるといえよう。

(D)　まとめ

以上より、利用者アドレスの秘密鍵を上記(B)(b)で述べたような形で管理することにより利用者アドレス宛取引データに内在するビットコインの財産的価値を排他的に享受できる事実上の地位にある利用者は、かかる財産的価値を確保する財産権は有さないが、秘密鍵の管理による財産的価値の排他的享受について不法行為法理による保護を受け、またかかる財産的価値が利用者の責任財産に含まれるという形での法律関係が存在するということができる。このような法律関係をもってビットコインの財産的価値が利用者に「帰属する」というのは法的な表現としては正確ではないが、資金決済法における「移転」の前提となる特定の法主体への「一般的意味の」帰属の法的内実はこのような法律関係であると考えられる。

(ウ)　ビットコインの財産的価値の移転の私法上の意義

(A)　ビットコインの送付による財産的価値の移転

ビットコインの財産的価値を代価の弁済や法定通貨との交換に利用する場合、通常は上記(ア)のプロセスによるビットコインの送付が行われる。

利用者が、相手方アドレス宛送付額のビットコインを相手方アドレス宛てに送付した場合、相手方アドレスの秘密鍵を管理する相手方は、相手方アドレス宛送付額相当の財産的価値を排他的に享受し得る事実上の地位を得ることになる。

他方、相手方アドレス宛送付額のビットコインの送付により、利用者アドレ

ス宛取引データに記録されていた相手方アドレス宛送付額は以後参照できなくなり、利用者は、相手方アドレス宛送付額に相当する財産的価値について排他的に享受し得る事実上の地位を失う。

これにより、利用者に「一般的な意味において」帰属していたビットコインの財産的価値は、ビットコインの送付により相手方に「移転」することとなる。

利用者は、相手方アドレス宛送付額に相当する財産的価値について排他的に享受し得る事実上の地位を失うことにより、かかる排他的享受が侵害された場合に不法行為法理により保護される地位を失い、当該財産的価値は利用者の責任財産から外れることとなる。相手方は、相手方アドレス宛送付額に相当する財産的価値について排他的に享受し得る事実上の地位を得ることにより、かかる排他的享受が侵害された場合に不法行為法理により保護される地位を得、また当該財産的価値は当該相手方の責任財産に属することとなる。このような法律関係の消滅と発生が、ビットコインの財産的価値の移転の私法上の意義ということになる。

このようなビットコインの財産的価値の移転に伴う法律関係の消滅・発生は、財産権の移転のように当事者の意思によって生ぜしめることはできない。かかる法律関係の消滅・発生は、実際にビットコインの送付が行われ、相手方アドレス宛送付額に相当する財産的価値を享受できる事実上の地位が利用者から相手方に移ることによってのみ生じるものである。

⒝　秘密鍵の管理の移転による財産的価値の移転

利用者は、利用者アドレスの秘密鍵の管理を第三者に移すことにより、利用者アドレス宛取引データの財産的価値の全体を当該第三者に移すこともできる。かかる移管により利用者アドレスの秘密鍵の管理を行うことになった第三者は、利用者アドレス宛取引データの財産的価値を排他的に享受し得る事実上の地位を得、それによりかかる排他的享受が侵害された場合に不法行為法理により保護される地位を得、また当該財産的価値は当該第三者の責任財産に加わることとなる。

利用者は、爾後第三者の機関として管理を行う旨当該第三者と合意するという形でも管理を移転することができると考えられ、かかる場合は当事者の合意のみによってビットコインの財産的価値の移転が行われることとなる。

(4)　仮想通貨に財産権は必要か

㋐　問題意識

　上述のとおり筆者は、利用者が利用者アドレスの秘密鍵を独占的に利用できる状態で管理し、利用者アドレス宛取引データに内在するビットコインの財産的価値を排他的に享受できる状態にあるとしても、利用者アドレス宛取引データおよび利用者アドレスの秘密鍵について所有権、無体財産権を有さず、またビットコインの財産的価値の享受を目的とする債権を有するものでもないことから、ビットコインの財産的価値の享受を確保するためのいかなる財産権も有さないと結論づけるものである[45]。

　この点に関して、森田宏樹教授は、ビットコインのような分散型仮想通貨について、所有権、知的財産権の対象とならず、特定の者に対する債権とも構成できないとしつつも、財産権としての法的性質が認められ、その帰属変更、帰属の侵害について所有権の場合と同様の規律が妥当するとされる[46]。これは、物権、債権、無体財産権等個別的な財産権を超えたより高次の概念としての財産権を構想するものと理解され、かかる構想が民法の解釈論として可能か否かは今後議論されるところかと思われる。むしろ筆者が注目するのは、森田教授が、金銭債務の弁済は、通貨に含まれる支払単位（金銭債務を弁済により消滅させる価値的権能）の移転によって実現されるものであり、支払単位の帰属および移転の概念を容れずに、単なる事実状態のみによって決済手段を説明することは理論的に困難である、と述べている点である[47]。これは、財産権の存在なしには支払単位の特定の法主体への帰属と移転をトレースできず、決済手段として機能することは困難である（資金決済法の定義の要件を満たす仮想通貨は決済手段として用いられているものであり、そうである以上財産権が存在しているはずである）という趣旨と理解できるが、もしそうであるなら、仮想通貨を決済手段として機能させるためには、森田教授が提唱されるような財産権の存在が強く要請されることになる。

45　同様の立場に立つものとして、西村あさひ法律事務所編『ファイナンス法大全（下）〔全訂版〕』（商事法務・2017 年）845 頁〔芝章浩〕。

46　森田宏樹「仮想通貨の私法上の性質について」金法 2095 号（2018 年）16 頁。

47　森田・前掲論文（注 46）23 頁。

第2編　第2章　Ⅲ　金融取引の組成における理論の活用場面

そこで、本稿では、仮想通貨に財産権としての法的性質が認められるか否かという問題はひとまず措き、財産権が存在しないことが仮想通貨の機能にとってどの程度問題となるのかという点につき検討することとする。本稿では、仮想通貨一般の私法上の性質は明らかにしておらず、もっぱらビットコインの私法上の性質について検討しているので、以下においてはビットコインを例にとって検討することとする。

⑷　仮想通貨の要件としての機能を果たすための必要性

資金決済法2条5項1号は「仮想通貨」の要件として、「代価の弁済のために不特定の者に対して使用することができる」という機能と、「不特定の者を相手方として購入及び売却を行うことができる」という機能を求めている。ビットコインがこれらの機能を果たすために、財産権の存在は必須かという問題を以下において検討する。

(A)　代価の弁済

ビットコインが、「物品の購入、借り受け、又は役務の提供」の代価に係る債務の弁済に用いられるためには、ビットコインの送付により当該債務の目的が実現されなければならないが、かかる目的は当事者間の契約により定まる。代価に係る債務が金銭債務でありその弁済としてビットコインの送付が行われる場合は、ビットコインは民法402条に定める「金銭」に該当するとは考えられないため、かかる送付を行う義務の負担は、既存の金銭債務の履行に代わる代物弁済となるか、あるいは既存の金銭債務の履行のために行われる新たな債務負担ということになるが、いずれにしてもその給付の内容は当事者の合意により定まる。したがって、ビットコインの送付により相手方がビットコインの財産的価値を排他的に享受し得る事実上の地位を得ることをもって、代価に係る債務の目的、あるいは代価に係る金銭債務の弁済に代わる、または弁済のた

48　「金銭」の法律学上の意義については、通貨だけでなく、強制通用力はないが取引上交換および弁済の用具として流通するもの（自由貨幣）も含み得るとする説が一般的であり、自由貨幣の例としては、強制通用力のある額（額面の20倍）を超える貨幣があげられることが多い（奥田昌道編『新版注釈民法（10）』（有斐閣・2003年）328頁〔山下末人ほか〕）。仮想通貨は、その流通の実態からみて、現時点において、強制通用力のある額（額面の20倍）を超える貨幣と同程度に「交換および弁済の用具」として流通しているとは到底いえず、自由貨幣として金銭に含まれると解される可能性は極めて低い。

めの給付の内容であると当事者が合意すれば、実際に相手方がかかる地位を得ることにより、代価に係る債務は弁済により消滅することとなる。

　もっとも、当事者の合意といっても、「ビットコインの財産的価値を排他的に享受し得る事実上の地位」を得ることが、金銭債権の目的、すなわち金銭の給付と比べ著しく等価性を欠くときは、汎用性のある代価弁済の手段としては機能しないであろう。金銭の給付は、一般に、現金通貨の場合は貨幣の所有権を、預金通貨の場合は預金債権を相手方に帰属させ、もって金銭価値を相手方に帰属させることにより実現する。そこで、以下においては、「ビットコインの財産的価値を排他的に享受し得る事実上の地位」の取得と、貨幣の所有権や預金債権といった財産権の帰属とを対比しながら、この等価性の問題について検討を試みることとする。

　まず、財産権の帰属の時期は比較的明確に特定できるのに対し、ビットコインの財産的価値の場合は、前掲（注17）において説明した「フォーク」が発生する場合等、正当なブロックの確定に時間がかかる可能性があるため、どの時点で相手方がビットコインの財産的価値を排他的に享受できる事実上の地位を得たか客観的に特定することが難しいという問題がある。この問題については、そのような特定の困難さを前提に、どの時点でビットコインの財産的価値を排他的に享受できる事実上の地位を得たとみなすかについて当事者間で合意すること、あるいはこの点についての取引慣行が確立されることにより対応可能なものと思われ、決済手段としての機能を本質的に妨げる要因とはならないであろう。

　より本質的な問題は、「ビットコインの財産的価値を排他的に享受できる事実上の地位」が不法行為法理による保護と責任財産への包含という法律関係を伴うとしても、かかる法律関係が生じた場合と、財産権を得た場合とを比較したとき、法的側面からの評価として等価性を欠くのではないかという問題であろう。

　財産権を得た場合と、不法行為法理によって保護され責任財産に含まれるという法律関係が生じているにとどまる場合とを比較した場合に異なる主要なポイントは、法的保護の程度と譲渡性である。

　法的保護の程度に関しては、所有権の侵害に対しては、侵害者の故意・過失

第2編　第2章　Ⅲ　金融取引の組成における理論の活用場面

を要件とせず、返還、妨害排除、妨害予防の請求を行うことができるのに対し、不法行為法理に基づく救済は、侵害者の故意・過失を要件とし、基本的に事後的な損害賠償請求による救済に限られる点において、その保護の程度は低いといわざるを得ない。しかし、ビットコインの財産的価値の侵害は、通常、ハッキングあるいは秘密鍵の盗用等の故意による不正行為が想定され、故意・過失のない侵害がなされることは考えにくく、また、継続的な妨害行為も想定しにくい。さらに、利用者アドレス宛取引データの財産的価値はそこに記録されている送付可能なビットコインの量として客観的・一義的に特定され、侵害された財産的価値も同様に特定可能であるので、かかる財産的価値の量が損害として賠償されれば救済として足り、返還請求権的な権能により利用者アドレス宛取引データを復元させなければ救済として足りないという場面はあまり想定されないように思われる。したがって、救済が不法行為法理による事後的損害賠償に限られることで法的保護の程度が実質的に著しく劣るということにはならないように思われる。

　譲渡性に関しては、一般に、情報は無体財産権として認められて初めて譲渡の対象となるといわれているが、[49]ビットコインの財産的価値の場合、情報自体を譲渡するのではなく、ビットコインの送付という方法により、移転先と移転元において排他的に享受可能な財産的価値の量を増減させることで財産的価値を移転させ、もって取引に利用することができる。したがって、譲渡性の点で実質的に等価性を欠くことにもならないと思われる。

　以上より、「ビットコインの財産的価値を排他的に享受できる事実上の地位」の取得が、不法行為法理によって保護され責任財産に含まれるという法律関係を伴う限り、財産権を取得した場合と比較して、法的側面からの評価として著しく等価性を欠くということにはならないと考える。

　もっとも、秘密鍵の管理の態様によっては、主観的には秘密鍵を支配するつもりで管理していたとしても、客観的には不法行為法理により保護されるに足る管理とは認められず、管理者の責任財産にも含まれないといった事態もあり得、そのような場合は、財産権を得る場合と比較して著しく等価性を欠くこと

49　中山・前掲論文（注21）276頁。

3 「理論」の活用の試み——「仮想通貨の帰属と移転の私法上の位置づけ」を素材として

になろう。したがって、秘密鍵についていかなる管理を行えば、ビットコインの財産的価値が不法行為法理により保護され、管理者の責任財産に含まれることとなるのかを判断する基準が存在することは必要である。これらの点については、上記3(3)(イ)(B)(b)(ii)で述べたとおり、一定の基準をもって判断することは可能であると考える。

　結論として、ビットコインの財産的価値を確保する財産権が存在しないことは、ビットコインが「代価の弁済のために不特定の者に対して使用することができる」という機能を果たすために致命的であるとまではいえないと考えられる。

(B) 購入・売却

　まず、資金決済法2条5項1号は「購入」、「売却」という用語を用いていることから、仮想通貨の「売買契約」の存在を想定しているように読める。民法上、「売買」とは、「当事者の一方がある財産権を相手方に移転することを約し、相手方がこれに対してその代金を支払うことを約することによってその効力を生ず」るものである（民法555条）ため、資金決済法2条5項1号の「購入」、「売却」が「売買契約」を前提とするものなら、同号は仮想通貨についての財産権を想定していることになる[50]。

　しかし、上記(2)において述べたとおり、仮想通貨の私法上の性質について明らかではないという状況の下で資金決済法に仮想通貨関連の規定が加えられたのであり、資金決済法2条5項1号が「購入」、「売却」という用語を用いているから同法は仮想通貨の財産権の存在を前提としていると解することはできない。「不特定の者を相手方として購入及び売却を行うことができる」との要件は、FATF報告書のconvertible virtual currencyの定義における"can be exchanged for real money"に対応するものであり、「購入」とは法定通貨を仮想通貨の財産的価値と交換すること、「売却」とは仮想通貨の財産的価値を法定通貨と交換することを意味すると解することが、合理的であると考えられる。

　「購入」、「売却」の意義を上述のように解した場合、法定通貨の支払いと引

50　森田・前掲論文（注46）16頁。

第2編 第2章 Ⅲ 金融取引の組成における理論の活用場面

き換えに給付を受ける債権の目的は、不法行為法理によって保護され責任財産に含まれるという法律関係を伴う「ビットコインの財産的価値を排他的に享受し得る事実上の地位」ということとなるが、かかる債権の目的は上記(A)で述べたとおり、財産権の取得と比べ著しく等価性を欠くものではない。

したがって、ビットコインの財産的価値を確保する財産権が存在しないことは、ビットコインが「不特定の者を相手方として購入及び売却を行うことができる」という機能を果たすために致命的であるというわけでもないと考えられる。

(ウ) その他の場面における必要性

上述のとおり、ビットコインの財産的価値を確保する財産権が存在しないことは、資金決済法の定義において仮想通貨に求められる機能を果たすためには致命的な影響を与えないと考えられるが、それ以外の場面において困難な問題を生ぜしめることはあり得る。以下においては、相続・合併等の包括承継および強制執行の場面において生じる問題につき若干の問題提起を行う。

(A) 包括承継

ある特定の法主体に「一般的な意味において」帰属していたビットコインの財産的価値、すなわち、利用者が利用者アドレスの秘密鍵を管理することにより排他的に享受していた利用者アドレス宛取引データの財産的価値は、相続・合併等の包括承継において承継の対象となるかという問題がここでの問題である。

被承継者がビットコインの財産的価値を確保する財産権を有しているなら、かかる財産権が承継の対象となることは疑いない。これに対して被承継者の秘密鍵の管理という行為により排他的に享受されていたビットコインの財産的価値は、承継者が当該秘密鍵の管理を引き継がない限り承継者には移転しない。そこで、包括承継の原因が生じた場合に、直ちに承継者の管理が開始されるとみなされるか否かが問題となる。

合併の場合は、のれん等の事実関係も承継されると解されており、また会社による管理は従業員を機関として行う抽象化されたものであるので、存続会社[51]

---

[51] 上柳克郎ほか編集代表『新版注釈会社法 (1)』(有斐閣・1985年) 429〜430頁〔今井宏〕。

354

3 「理論」の活用の試み——「仮想通貨の帰属と移転の私法上の位置づけ」を素材として

により従業員を通じた秘密鍵の管理という事実関係が承継されると考えることも可能であろう。

これに対して相続の場合、特に、被相続人が秘密鍵の管理を管理してビットコインの財産的価値を享受していたという事実について相続人に認識がないような場合にも、相続人に当該管理が承継されると解するのはかなり無理があるように思われる。相続人が、相続開始後しばらく経って、被相続人が管理していた秘密鍵の管理を開始した場合は、それ以降当該相続人の秘密鍵の管理によるビットコインの財産的価値の享受は正当なものとして不法行為法理による保護を受け得るであろうが、相続人がかかる管理を開始する前に第三者が管理を開始した場合、相続人がかかる第三者に対して不法行為による損害賠償を請求するためには、秘密鍵の管理を根拠とするビットコインの財産的価値の法的保護とは別の根拠を求める必要があろう。

(B) 強制執行

利用者アドレスの秘密鍵を管理することにより利用者アドレス宛取引データの財産的価値を排他的に享受する利用者に対して金銭債権を有する債権者は、かかるビットコインの財産的価値に対して強制執行を行うことができるであろうか。

利用者がビットコインの財産的価値を確保する財産権を有する場合、それが所有権、債権、無体財産権以外の財産権であっても、債権者はかかる財産権につき、民事執行法167条の「その他の財産権」に対する強制執行の規定を適用して強制執行を行うことができよう。

それでは、利用者がかかる財産権を有していない場合も、民事執行法167条を類推適用して強制執行を行うことができるであろうか。

民事執行法167条については、無体財産権にあたらないノウハウについても「独立に法的保護を受ける換価可能の財産」であるとして、「その他の財産権」に対する強制執行の対象とすることを肯定する説が有力である[52]。かかる説に従えば、ビットコインの財産的価値に対しても民事執行法167条に基づく強制執

---

[52] 中山信弘『工業所有権法 (上) 特許法〔第2版増補版〕』(弘文堂・2000年) 165頁、大石忠生ほか編『裁判実務大系 (7) 民事執行訴訟法』(青林書院・1986年) 444頁、中野貞一郎＝下村正明『民事執行法』(青林書院・2016年) 776頁。

第2編　第2章　Ⅲ　金融取引の組成における理論の活用場面

行を行うことができるはずであるが、具体的にどのように行うことができるか
はかかる説からは明らかではない。

　差押えについては、第三者がいない場合として債務者への差押命令の送達
（民事執行法167条3項）によって行うことができたとしても、換価をどのよう
にして行うかが難問である。民事執行法167条1項は、その他財産権に対する
強制執行については債権執行の例によると定め、換価手続も債権執行の例によ
り行われるが、取立て（同法155条）や転付命令（同法159条）は金銭債権特有
の換価方法であるため、もっぱら、同法161条1項所定の換価方法のうち、特
に譲渡命令または売却命令が用いられている。[53]

　このうち譲渡命令は、差し押さえられた「その他の財産権」としてのビット
コインの財産的価値を差押債権者に譲渡する命令ということになろうが、ビッ
トコインの財産的価値を差押債権者に移転するためには、上記(3)(ウ)(A)のような
ビットコインの送付によるか、上記(3)(ウ)(B)のような秘密鍵の管理の移転による
必要があるところ、これらはいずれも債務者の積極的な行為を要するものであ
り、観念的存在である財産権の場合のように命令で移転の効力を生ぜしめるこ
とはできない。

　売却命令はビットコインの財産的価値の売却（正確には法定通貨との交換）を
執行官に命ずる命令ということになろうが、法定通貨と引き換えにかかる財産
的価値を相手方に移転させるためには、やはりビットコインの送付か秘密鍵の
管理の移転が必要となり、やはり債務者の積極的な行為を要し、執行官が債務
者の協力なしに、債務者に代わってかかる交換を実現させることはできない。

　民事執行法161条1項は、譲渡命令、売却命令以外に、管理命令とその他相
当な方法による換価を命ずる命令を換価方法として定めている。このうち、管
理命令は、収益の給付義務を負う第三債務者に対してその収益を管理人に給付
すべき旨を命じて発するものであり（民事執行法93条1項参照）、ビットコイン
の財産的価値の換価に用いられ得るものではない。そこで、「その他相当な方
法による換価を命ずる命令」として、債務者にビットコインの財産的価値の移

---

[53]　東京地方裁判所民事執行センター「その他の財産権（民事執行法167条）の換価方法　債権差押命
令発令後の申立ての取下げ等に関する留意点」金法2002号（2014年）100頁。

転のための積極的行為を命じる命令を発することができるかが最終的には問われることになるのではなかろうか。

いずれにしても、仮想通貨について財産権が存在しないことにより、強制執行の場面においては困難な問題が生じることは否定できない。ただ、この問題は強制執行の問題として解決し得る問題であり、仮想通貨についての財産権を創出することによってのみ解決し得る問題ではないと考える。

(5) 結語

以上、ビットコインを例にとって、その帰属と移転の私法上の位置づけについて若干の検討を行ってきたが、かかる検討は、上記2(1)で定義づけた「理論」に基づく検討といえる段階には到底至っていない。今後この問題に関し継続して行われるであろう理論的検討のために投じられた一石として何らかの参考になれば幸いである。

さまざまな種類の仮想通貨について、その帰属と移転の私法上の位置づけが理論的に解明されれば、それに基づき、当該仮想通貨を用いたさまざまな取引、たとえば当該仮想通貨の管理に関する取引、当該仮想通貨の信託、当該仮想通貨を引き当てとする与信取引等を構築することができることとなり、仮想通貨を用いた取引の幅が一層広がるとともに、その法的安定性も増すことになる。理論的な解明が金融取引の組成に及ぼすプラス効果、つまり「よくわからない」ことによる萎縮効果の除去は、仮想通貨の取引においても約束されているものと思われる。仮想通貨をめぐる私法上の諸問題についての理論的検討が、今後、より活発に行われることを期待するものである。

第2編　第2章　Ⅳ　私的整理の普及のための研究の必要性

Ⅳ

私的整理の普及のための研究の必要性

四 宮 章 夫

弁護士

1 ｜ はじめに

(1)　倒産と倒産処理手続

法人や自然人が営む事業は、永遠に継続できるものではない。

いつか廃止される時が到来し、その時点で、事業の清算が行われることもあれば、一切の清算手続が省略されて支払不能のまま放置されることもある。

破綻に至る前に事業の再生が図られる場合もあるが、その際には、事業主体ぐるみで再生させる方法と、事業を他に譲渡する等したうえで事業主体を清算する方法とがある。[1]

「倒産」という言葉は、日常的に使われているが、一義的に明確な概念ではなく、経済社会においては、「事業の再生又は清算のために、事業活動そのものを停止したり、債権者への支払いを一般的に停止すること」を倒産ということが多いように思われる。[2]

そして、事業が倒産に至ったとき、またはその前段階で事業者が自ら負担する債務を約定どおり返済することができなくなったときに開始される、事業の再生または清算の手続を倒産処理手続という。

1　四宮章夫「私的整理・特定調停」今中利昭編『倒産法実務大系』（民事法研究会・2018年）53頁・54頁参照。

2　宗田親彦『破産法概説〔新訂第4版〕』（慶應義塾大学出版会・2008年）4頁以下は倒産概念の多義性について言及されており、興味深い。債権者への支払いを一般的に停止することなく、事業活動についても新規受注を停止するだけで、自然に廃業に至る事例もあると考えられるが、ここでは、そうした事例は稀有なこととして議論を進める。

わが国の毎年の全国倒産件数を検討するに、まず、東京商工リサーチが発表している負債規模 1000 万円以上の企業倒産件数の平成 20 年以降平成 29 年までの 10 年間の推移は、〔図表 1〕のとおりであり、企業倒産件数の年平均は 1

〔図表 1〕　全国企業倒産状況

年度 （平成）	件数	負債総額 （負債単位：百万円）
20	15,646	12,291,953
21	15,480	6,930,074
22	13,321	7,160,773
23	12,734	3,592,920
24	12,124	3,834,563
25	10,855	2,782,347
26	9,731	1,874,065
27	8,812	2,112,382
28	8,446	2,006,119
29	8,405	3,167,637
平均	11,555	4,575,283

万 1555 件であり、1 件あたりの平均負債総額は 3 億 9596 万円である。

　次に、わが国の毎年の全廃業件数に占める負債総額 1000 万円以上の倒産件数の割合を推計するに、総務省統計局の調査によると、平成 24 年 2 月時点での事業者の数は 412 万 8215 社・人（法人が約 170 万社、個人が約 240 万人）であるところ、俗に法人の平均寿命は 30 年ともいわれることがあることから、仮に、その数字[3]を用いて毎年の廃業に至る企業数を推計すると、約 5 万 7000 社となり、この中に占める負債規模 1000 万円以上の倒産件数の割合は、全廃業企業数の約 5 分の 1 となり、仮に廃業企業数と倒産企業とがほぼ等しいとす

3　東京商工リサーチは、2017 年（平成 29 年）の倒産企業の平均寿命が 23 年半であったと発表しているが、それと法人寿命との関係も必ずしも明らかではない。

359

れば、全倒産件数の 20 ％が負債総額 1000 万円以上ということになる。

(2) 法的整理と私的整理

事業者の倒産により、①事業の再生や清算のための財産関係の集団的処理が行われることもあれば、②個別取立てに委ねられることもあるし、③一切の清算手続が省略され、支払不能の状態のまま放置されることもあるが、①のための手続が倒産処理手続である。

倒産処理手続には、法制化されている法的整理と、もっぱら私的自治によって遂行される私的整理とがある。

今日のわが国の法的整理は、破産、民事再生、会社更生および特別清算であるから、司法統計年表から平成 20 年から同 29 年までの 10 年間の各手続の既済件数をまとめたのが〔図表 2〕である。

破産事件の大部分は多重債務を負った個人債務者に関するものと考えられる

〔図表 2〕 法的整理の既済件数推移

年度 (平成)	破産手続	民事再生手続		会社更生手続	特別清算
		除・自然人	除・個人 債務者再生		
20	139,101	9,652	731	31	404
21	137,346	11,321	661	20	396
22	134,767	11,477	565	18	393
23	114,557	10,308	567	27	343
24	95,543	10,224	615	39	288
25	83,116	9,365	432	31	310
26	75,799	8,685	291	16	306
27	75,026	7,847	277	11	296
28	71,316	7,201	196	4	305
29	75,069	7,103	179	20	300
合計	1,001,640	93,183	4,514	217	3,341
平均	100,164	9,318	451	22	334

ので、破産については自然人を除き、民事再生についても個人債務者再生を除いて法的整理の既済件数の年平均を求めると 1 万 0125 件である。[4]

ところで、倒産法制が現在のように整備される以前の法的整理は、破産、和議法上の和議、会社更生、会社整理、特別清算の 5 つであった。

谷口安平京都大学名誉教授が昭和 27 年度から昭和 50 年度までの各種倒産手続事件の宣告または開始件数（破産手続は「宣告」、その他は「開始」、以下総称して単に「開始」という）を調査しておられるので、そのうち昭和 40 年から昭和 49 年までの開始件数を引用し、〔図表 3〕として掲げる。[5]

破産宣告された事件のすべてが終結に至るわけではないので、〔図表 2〕と

〔図表 3〕　各種倒産手続事件宣告件数の推移

年　度 （昭和）	破産手続	特別清算	和議法上の 和議	会社整理	会社更生
40	606	6	84	8	56
41	463	8	67	5	29
42	507	3	91	5	24
43	511	18	135	11	52
44	437	17	91	8	35
45	479	13	117	11	52
46	573	15	131	7	45
47	448	15	72	7	45
48	468	22	79	5	17
49	439	23	136	21	57
合計	4,325	134	1003	88	412
平均	432	13	100	9	41

谷口安平『倒産処理法〔第 2 版〕』（筑摩書房・1980 年）32 頁より抜粋。

4　自然人破産の中にも事業者破産が含まれるが、ここではその数字を無視している。

5　谷口安平『倒産処理法〔第 2 版〕』（筑摩書房・1980 年）32 頁参照。なお、〔図表 3〕は、多重債務者の個人破産事件の取扱いが全国の裁判所で始まる以前のデータを扱ったものである。

第2編　第2章　Ⅳ　私的整理の普及のための研究の必要性

〔図表3〕とはそのまま比較できるわけではないが、法的整理の利用についての時代の変遷を知ることは可能であろう。

まず、再建型の法的整理について検討するに、〔図表3〕の旧倒産法制下の再建型手続（和議法上の和議＋会社整理＋会社更生）についてみると、年平均開始件数150社は、昭和49年の法人企業数110万8107社[6]と比較すれば、0.01％と、利用率は極めて低かった。

他方、〔図表2〕の新倒産法制下の再建型手続（民事再生＋会社更生）についてみるに、DIP型であるが組織再編も可能な民事再生手続の誕生によって、一時、法的整理の利用が活発となったものの、年平均終結件数は473社にすぎず、平成24年2月の法人事業者約170万社の0.03％にすぎず、わが国の経済活動に占める再建型法的整理の利用は、やはり微々たるものにすぎない[7]。

次に、清算型の法的整理について検討するに、〔図表3〕の旧倒産法制下の清算型手続（破産＋特別清算）についてみると、年平均開始件数の445件のすべてが法人破産であると仮定しても、昭和49年の法人企業数の0.04％にすぎない。

また、〔図表2〕の新倒産法制下の清算型手続（破産＋特別清算）についてみると、平成の倒産法改正によって、破産手続の迅速化および合理化を図るとともに手続の公正さを確保し、利害関係人の権利関係の調整に関する規律を現代の経済社会に適合したものに改めるために新破産法が制定された結果、仮に法人の破産手続と特別清算手続とを合わせた清算型法的整理の年平均終結件数9652件は、平成24年2月の法人事業者170万社の0.57％と旧倒産法制時代の約14倍になっている。

(3)　法的倒産手続の補完的機能

平成の倒産法改正により倒産法制が大きく整備され、その活用が大いに期待されたが、数値上は、やはり倒産処理の一部を担っているにすぎないともいえる。

しかし、それは、制度整備に欠陥があったというより、法的整理は、私的自

6　谷口・前掲書（注5）31頁参照。

7　小梁吉章ほか「地方の中小企業の再生」広島法学36巻2号（2012年）7頁は、「商取引債権の弁済禁止」を民事再生手続の問題点として指摘する。

治による私的整理によって倒産処理を行うのには支障がある場合に、それを補完するための制度として設計されていることに起因すると考えるべきである。[8]

だからこそ、わが国の経済社会における倒産処理としての事業の再生や清算の多くが私的整理等によって遂行されているといえよう。[9]

2 | 私的整理の方法

(1) 準則型私的整理

私的整理は、私的自治に基づいて行われるのであるから、案件に応じて融通無碍に遂行されるのが特徴であるが、私的自治を円滑に進めるためには、手続の進め方についての標準的なルールが存在し、それに従って私的整理が進められるという信頼が、債権者と債務者との間に成立することが好ましい。

英国の金融機関破綻時の私的整理の手法が発展して成立したロンドン・アプローチを基にして、企業再建と倒産案件を専門とする弁護士、公認会計士等のプロフェッショナルにより構成された国際的な組織である INSOL インターナショナルが私的整理についてまとめたものが INSOL の 8 原則である。[10]

わが国の経済が、平成 3 年頃からのバブル崩壊後の深刻なデフレ不況からの脱出に苦しむ中で、平成 13 年に、INSOL の 8 原則に基づいて、わが国の私的整理の準則として、金融界と産業界の代表、および学者、弁護士、公認会計士、金融アナリストなどの学識経験者を委員とし、財務省、経済産業省、国土交通省、金融庁、日本銀行、預金保険機構の担当者をオブザーバーとする私的整理に関するガイドライン研究会が作成して公表したのが、私的整理のガイドラインである。[11]

これが、整理回収機構による企業再生スキーム、地域経済活性化支援機構、中小企業再生支援協議会、地域経済活性化支援機構等による私的整理や、事業

8　四宮・前掲論文（注1）77 頁参照。

9　髙木新二郎『事業再生』（岩波新書・2006 年）173 頁は、一般の私的整理はそれほど多くないとするが、宗田・前掲書（注2）6 頁は、企業の倒産件数の 60 ％程度は、裁判所が関与せずに処理されているとする。いずれにしても、この点についての実証的研究が望まれるところである。

10　事業再編実務研究会編『最新事業再編の理論・実務と論点』（民事法研究会・2009 年）340 頁以下〔柴田昭久〕。

11　事業再編実務研究会・前掲書（注10）330 頁以下〔内村宏史〕。

363

第2編　第2章　Ⅳ　私的整理の普及のための研究の必要性

再生 ADR による私的整理の各手続においても、準則として採り入れられている。[12]

そこで、このような手続をひとまとめにして「準則型私的整理手続」とよぶことがある。[13]

しかし、金融機関の不良債権問題の処理が念頭におかれていたため、私的整理のガイドラインには、最初から INSOL の 8 原則との間にズレがあると指摘されているほか、[14] 各種機構等による私的整理の多くは、利用のための費用も高額であり、現に、例外的に比較的大きな企業の破綻処理のために利用されてきたにすぎない。[15]

(2)　私的整理元年

以上述べてきたように、平成の倒産法改正によっても、準則型私的整理の誕生によっても、倒産処理の多くはそれらの手続によって進められることにはならず、準則型以外の私的整理に委ねられている。

しかし、準則型私的整理の誕生が、わが国の経済界から私的整理に対する不必要な疑念を払底させることに役立ったことは否定できないし、それら準則に倣った手続を工夫することによって、円滑な私的整理の進行を期しやすくなったことも事実である。[16] その意味で、筆者は、私的整理のガイドラインが作成された平成 13 年がわが国における「私的整理元年」とみてよいと考えている。

12　須藤正彦ほか編『事業再生と民事司法にかけた熱き思い──高木新二郎の軌跡』（商事法務・2016 年）75 頁以下参照。

13　四宮・前掲論文（注 1）62〜66 頁における各種「準則型私的整理手続」の概況を参照。

14　和田勉『企業再生ファンド──不良債権ビジネスの虚と実』（光文社新書・2003 年）202 頁以下は、INSOL の 8 原則では大口債権者の協議に委ねられているものが、私的整理のガイドラインではメインバンクの権限とされ、INSOL の 8 原則では情報開示や主要債権者間の相対的地位の尊重という原則が設けられているのに対して、私的整理のガイドラインではメインバンクが情報を独占できる一方、全債権者の同意がなければ再建計画が成立しない等彼此の間には違いがあると指摘する。

15　ただし、中小企業再生支援機構の場合は、費用面のハードルは必ずしも高くはなく、また、事業や財務のデューディリジェンスを受けたうえで、再生支援申出を取下げ、普通の私的整理に移行したうえで、事業譲渡等によって事業を再生できる場合がある。この点に着目した中小企業の利用はしばしばみられるところである。四宮・前掲論文（注 1）65 頁参照。

16　四宮・前掲論文（注 1）88 頁以下参照。なお、濱田芳貴「私的整理 88 講による道案内」（商事法務・2013 年）32 頁・33 頁は、準則に依拠しない私的整理の応用を認め、184 頁・185 頁において、「私的整理の応用範囲は関係者の創意工夫で大いに広がりを見せています」とする。

364

そして、その後は、準則型私的整理以外の私的整理も、準則型私的整理の原則や手続構造を参考にした。これを言い換えれば準則型私的整理に準ずる私的整理でなければならないとも考えている。

　なお、昔から弁護士には、私的整理を避けて法的整理によることを心がける傾向があり[17]、私的整理を多用する弁護士は、多くの倒産処理に関与していた「整理屋」と関係のある胡散臭い弁護士であるとみられることがあり、倒産事件を扱う裁判官も、過去には、私的整理の補完のために和議手続や会社整理手続を申し立てる弁護士に対しては、警戒心をもって臨む傾向があった[18]。

　そうした時代にあっては、整理屋の介入や、しばしばその口実ともなった個別債権者による違法な取立て等に抗して適正な私的整理を行うことは、極めて苦労の多いことであり、弁護士は、破産手続を中心とする法的整理の申立て業務のみを受任し、実際の債務者の財産の整理は、倒産裁判所と裁判所が選任した管理型の機関に任せるのが、簡便であったし、何よりも速やかに弁護士報酬を得る手段でもあった。

　しかし、今日では、私的整理をめぐる経済環境は一変しており、弁護士が私的整理を遂行するうえでの障害は著しく減少している[19]。

(3)　準則型私的整理に準じる私的整理

　しかし、私的整理元年後17年を経過した今なお、準則型に準ずる私的整理の実施例の報告や実証的研究は乏しいし、かかる私的整理を推進していくために研究されるべき多くの法律問題についても、ほとんど議論がなされていないことは周知のとおりである。

　その結果、今日でも、一部の弁護士や、いろいろな士業を営む実務家が、それぞれ自らの過去の成功体験に支えられながら、私的整理手続の経験を重ね、次第に私的整理の裾野が広がりつつあるものの、そうした実践が倒産整理の世界に普及しつつあるとは到底いいがたい。

　私的整理をめぐる多くの法律問題について、体系的に研究を深め、その実務

17　四宮・前掲論文（注1）67頁参照。

18　東西倒産実務研究会『和議（東京方式・大阪方式──倒産実務研究シリーズ）』（商事法務研究会・1988年）302頁〔四宮章夫発言〕。

19　四宮・前掲論文（注1）58～62頁参照。

を後押しすることは、この分野の喫緊の課題であると筆者は考えている。

　本稿は、この実務のみが先行している分野において、研究が待たれるテーマを整理することを目的とする。

⑷　私的整理に関する出版物

　私的整理には、前述のとおり、①準則型私的整理と、②それ以外の私的整理とがあるが、これまで、法曹により編集、出版された私的整理に関する書籍は、圧倒的に①が多かった。[20]

　準則型私的整理にあたる各種 ADR 機関の活動には、平成 14 年に設立された「全国倒産処理弁護士ネットワーク[21]」の理事、顧問等の弁護士が関与することが多い関係で、そうした弁護士が「私的整理」を語る場合には、準則型私的整理のみが念頭におかれていることが多いためである。[22]

　他方、②に関するものは、中小企業診断士、経営士、あるいは公認会計士や[23]税理士、さらには、不動産鑑定士[24]や認定事業再生士[25]などの士業に従事する者の執筆に係るものがほとんどである。[26]

　もちろん、弁護士の著作もあるが、集団的和解契約による私的整理に関するものや[27]、自らの実務経験に哲学的思惟を加味した興味深い提案として位置づけ

20　藤原敬三『実践的中小企業再生論』（きんざい・2011 年）、松嶋英樹ほか編著『企業倒産・事業再生の上手な対処法〔全訂 2 版〕』（民事法研究会・2011 年）、西村あさひ法律事務所ほか編『私的整理計画策定の実務』（商事法務・2011 年）、全国倒産処理弁護士ネットワーク編『私的整理の実務 Q & A100 問』（きんざい・2011 年）、濱田・前掲書（注 16）、多比羅誠編著『進め方がよくわかる私的整理手続の実務』（第一法規・2017 年）。

21　このネットワークは、平成 14 年に、平成 12 年の民事再生法の制定から、平成 17 年の会社法制定による特別清算手続に関する規定の改正に至るまでの倒産法制改正作業について、さまざまな形で立法に関与した弁護士のリードにより、全国各地で倒産事件の運用を担う人材、特に倒産処理に堪能な弁護士を育成することを目的として設立されたものである。

22　全国倒産処理弁護士ネットワーク・前掲書（注 20）参照。

23　徳永信ほか『社長・税理士・弁護士のための私的再建の手引き〔第 2 版〕』（税務経理協会・2016 年）は、公認会計士と弁護士との共著により、会社分割方式と、バンクミーティングで一定の合意形成後に特定調停により債権カットを得る方法が紹介されている。

24　高橋隆明『法的整理に頼らない事業再生のすすめ〔改訂版〕』（ファーストプレス・2011 年）は、別会社設立と事業譲渡とは、事実上の債務免除を勝ち取る方法であるとする。

25　椢原浩一『別会社を使った究極の事業再生』（幻冬舎・2013 年）は、会社分割による事業再生を推奨する。

26　事業再編実務研究会・前掲書（注 10）358 頁以下参照。

27　羽田忠義『私的整理・和議の手続〔改訂版〕』（商事法務研究会・1993 年）3 頁以下。

られるもの[28]、あるいは、準則型私的整理を念頭におきながら、私的整理の手続の一般化を試みたものなどがみられるものの[29]、今日における私的整理の実務の広範囲にわたる実証的研究を基礎として、私的整理のさまざまな類型を網羅するような出版物は現れていない[30]。

しかし、弁護士による私的整理の実例の報告も近年増加してきており[31]、それらを各士業からの報告と合わせて分析する中で、準則型私的整理を念頭におきながら、必ずしも同意、したがって ADR 機関の介在なしに、破綻事業の抱える負債額に応じた低コストで遂行できる私的整理の流れを帰納することも可能となってきているように思われる[32]。

私的整理の普及のためには、「準則型に準ずる私的整理」という言葉に具体的な内容を備えさせることが、法曹や研究者に与えられている課題である。

3 | 私的整理普及のための研究課題

(1) はじめに

準則型に準ずる私的整理の推進に先立ち、さしあたって考えられる個別の研究テーマを、以下、順次紹介する。

(2) 私的整理の原則

(ア) 倒産処理の普遍的原則

かつて、筆者は、倒産処理の普遍的原則は、①公正な手続、②衡平な手続、③迅速な手続の 3 つであるとの試論を発表したことがあり、その際、①は適切な情報開示と清算価値保障原則とを内容とすると考えると述べた[33]。

---

28 森高計重『ドキュメント私的整理』(商事法務研究会・1983 年)。

29 高木新二郎＝中村清著『私的整理の実務』(金融財政事情研究会・1998 年)。

30 野村剛司編集代表『多様化する事業再生』(商事法務・2017 年) は、10 頁〔野村剛司〕において「私的整理の多様化」を指摘し、債権カットを伴う純粋私的整理に触れるとともに、172 頁以下〔山下善弘〕で合意形成を支援するための特定調停に言及し、156 頁以下〔中原健夫〕で事業譲渡型の事業再生に、128 頁以下〔田川淳一＝大澤加奈子〕は事業譲渡後の倒産法制の利用について、それぞれ言及しているもので、いくつかの私的整理の手法を紹介していて興味深い。

31 野村・前掲書 (注 30) のほかに、四宮章夫「私的整理の研究 8 乃至 11」産大法学 51 巻 3 号 237 頁、4 号 136 頁、52 巻 1 号 201 頁、2 号 47 頁、3 号 45 頁 (いずれも 2018 年) 参照。

32 四宮章夫ほか監修『倒産・事業再編の法律相談』(青林書院・2010 年) 921 ～ 928 頁〔四宮章夫〕や四宮・前掲論文 (注 1) 88 ～ 92 頁はその試みの一つである。

ここにいう普遍的原則は理念と言い換えられることもあるが、私的整理の普遍的原則や理念をどのように考えるかということは、倒産処理全般をどのようにイメージするかという個々人の主観と関係するので、論者によって説明の仕方が異なる。[34]

しかし、倒産処理の普遍的原則や理念は、否認権の成立要件でもある有害性や不当性、債務者や債務者代理人の損害賠償責任に係る有責性の問題等とも関連する概念であるから、倒産法研究者によるより精緻な議論が待たれるところである。

(イ) 私的整理の障害事由

私的整理にも、法的整理と同様に手続の障害事由がないことが要請される。

障害事由は、さしあたり、①手続の目的が達成される見込みがないこと、②債務者の不誠実の2点があげられる。それらの障害事由があるときは、普遍的原則である「公正な手続の原則」が満たされないことになるからである。

法的整理の場合には、法律に手続の優劣関係に関する規定が定められているが、私的整理は私的自治に基づいて遂行されるので、私的整理が債権者からの個別権利行使や破産手続開始の申立てなどによって妨げられることは、むしろ当然のことである。

債権者がそれらの権利を行使して私的整理を挫折させられることが、私的整理が前記(ア)の普遍的原則に従って遂行されることの担保ともなっている。

債権者全体のために債権者委員会に信託的譲渡された財産や、配当のため弁

---

33 四宮・前掲論文（注1）88頁参照。ただし、③は普遍的原則というにはなじまないかもしれないし、清算価値保障原則は後述の私的整理の障害事由であると考えるべきかもしれない。

34 宗田・前掲書（注2）8頁は、倒産処理手続の指導理念は、「倒産の利害関係人間財産関係の適正な調整と、債務者の保護すなわち再生の機会の確保」であるとする。伊藤眞『破産法・民事再生法〔第3版〕』（有斐閣・2014年）20頁以下は、①公平・平等・衡平の理念と、②手続保障の理念とを掲げる。山本克己編著『破産法・民事再生法概論』（商事法務・2012年）18頁以下は、①手続法としての理念として、手続保障をあげるとともに、②実体法としての理念として、プライオリティ・ルールと債権者の平等をあげる。これに対して、加藤哲夫『破産法〔第6版〕』（弘文堂・2015年）51頁は、「法的整理の枠組みは利害関係人の平等な手続参加と情報の獲得（透明性）を通じて債権者の公平な満足という手続的な理念に支配されている。これに対して、私的整理には本来的にこのような理念は要請されていない」としながら、私的整理を理論的に整備する必要は一層差し迫ったものであると指摘される。

護士に支払われた前払費用は、個別権利行使の対象とはならないとする判例があり[35]、これは、私的整理をいたずらに妨害するだけの目的でなされた債権者の個別権利行使を排斥したものと理解できるところ、「いたずらに」との判断は、私的整理の障害事由がないことを前提としたものと考えることもできる。

具体的事案を通じて、障害事由に関する判例の集積や研究の深化が待たれるところである。

(3) 私的整理の適法性

(ア) はじめに

私的整理は適法に遂行される必要があり、それが刑罰の対象となる詐欺破産罪や強制執行免脱罪等に該当する場合には刑事事件として断罪されるばかりか、それによって債権者等に損害が発生した場合には、民事の損害賠償責任を追及されることになる。

(イ) 破産等申立義務

ところで、会社法484条1項は、清算株式会社が債務超過である場合には、清算人に破産手続開始申立義務を課し、同法976条27号が違反に対する過料の制裁を定め、なお、同法511条2項は、清算人が特別清算開始の申立てをしたときは、破産手続開始申立義務を免除すると定める（以下、破産手続開始申立義務および特別清算開始申立義務を総称して、「破産等申立義務」という）。

そこで、まず、破産等申立義務違反が、一般債権者その他の利害関係人に対する清算人らの損害賠償責任の根拠となり得るか否かについて検討しておく必要がある[36]。

しかし、債務超過であっても異時廃止に至る事業者については、破産等申立義務を課すべき合理的理由がなく、また、公益目的で職権で破産手続開始決定ができるようにするために設けられた破産法23条の国庫仮支弁の規定は、単に、配当が可能な事件であるというだけでは利用されたことがないこと、従来から特別清算においては、按分型弁済の方法で遂行し、配当財源がなくなれば、手続を終結できるとする考え方が有力であったこと、さらに、現行の商業登記

35　四宮・前掲論文（注1）94頁、95頁参照。

36　四宮・前掲論文（注1）78～82頁、四宮章夫「私的整理の研究2」産大法学49巻1・2号（2015年）128頁以下参照。

第2編　第2章　Ⅳ　私的整理の普及のための研究の必要性

法によれば資産の清算が完了すれば、債務が残存しても清算結了登記を経由することが可能であり、むしろその状態で清算が結了したと評価すべきであること、そもそも、過料は、行政法上の義務違反に対して加えられる秩序罰であり、特定の法益を侵害する行為に対して加えられる刑罰ではないことといった諸般の事情に照らせば、破産等申立義務に違反する行為は、特定の利害関係人から損害賠償の請求を受ける根拠とはなり得ないと考える。

　この点が明確となるだけでも、私的整理のハードルは一段と低くなるであろう。

　さらに、会社法の改正により、上記のような清算結了の概念を明確化し、破産等申立義務の一部を免除しておくことが好ましいと、筆者は考えている。

(ウ)　詐欺破産罪

　破産法265条ないし275条は、総債権者の引当てとなる債務者の財産を保護法益として、破産犯罪を処罰する規定を設けている。

　ところで、破産法267条と273条は破産手続および手続開始前の保全処分に関係する債務者以外の機関の犯罪に関する規定であり、同法268条、269条、271条、274条は破産手続開始申立て後の犯罪であり、同法275条は破産者に対する有形力の行使に係る犯罪であるから、私的整理に関して検討が必要なのは、同法265条の詐欺破産罪と、同法266条の特定債権者に対する担保の供与等の罪と、同法270条の業務および財産の状況に関する物件の隠滅等の罪の3つである。

　しかし、破産法270条の罪の構成要件に該当する行為は、公正の原則を満たすべき私的整理にあっては存在しうべきものではない。

　そして、破産法265条の罪と266条の罪は、いずれも、破産手続開始決定を客観的処罰要件としているほか、「債権者を害する目的」の存在を要件とする目的犯であり、「目的」については意欲なり動機であることを要すると解すべきであるから、清算価値保障原則が満たされていると信じて遂行された場合には、私的整理の途中で発生した予期せぬ理由で、債務者財産の清算価値が減少し、私的整理を開始せずに当初から破産手続を選択していた場合に比較し、配当財源が過少となったとしても、本来、犯罪が成立することはない。[37]

　ともあれ、私的整理を推進する立場からは、以上の3つの破産犯罪の構成要

件についても、判例研究を通じて、私的整理に関与する者の刑事裁判リスクの見極めがより容易になることが望まれる。

　(エ)　強制執行免脱罪

刑法96条および96条の2ないし96条の6は、強制執行妨害の罪につき定めているが、96条および96条の3ないし96条の6は、強制執行手続に対する妨害行為を構成要件としており、私的整理と関係するのは、刑法96条の2の強制執行妨害目的損壊罪と、人の債務について報酬を得、または得させる目的で、同条の罪を犯した者を処罰する96条の5の加重封印破棄等の罪のみである。

それらの罪は、「強制執行を妨害する目的」の存在を要件とする目的犯であり、この場合にも、「目的」については意欲なり動機であることを要すると解すべきであるから、その目的がなく、心ならずも私的整理の過程で、現状を改変して価格を減損したり、不利な条件で換価してしまったにすぎない場合には、やはり犯罪を構成することはない。[38]

しかし、私的整理を推進する立場からは、強制執行免脱罪の構成要件についても、破産犯罪と同様に、判例研究を通じて、私的整理に関与する者の刑事裁判リスクの見極めがより容易になることが望まれる。

(4)　債務者の地位

私的整理の関係者の法的地位についても考察を加えたうえで、債権者と債務者との間の利害調整の方法と根拠とを探る必要がある。

私的整理の場合も、引き続き債務者の財産は債務者自らが管理するのであるから、「占有継続債務者（debtor in possession）」型（以下、「DIP型手続」という）の倒産手続として、債務者の役割や責任については、DIP型の法的整理である民事再生手続に倣って理解されるべきである。

民事再生法38条2項は、再生債務者は、債権者に対し、公平かつ誠実にDIPの権利を行使し、再生手続を追行する義務を負うと定めており、この義務

37　四宮・前掲論文（注1）115～119頁、四宮章夫「私的整理の研究3」産大法学49巻3号（2015年）50頁以下参照。

38　四宮・前掲論文（注1）119～123頁、四宮章夫「私的整理の研究5」産大法学50巻3・4号（2017年）235頁以下参照

第2編　第2章　Ⅳ　私的整理の普及のための研究の必要性

は、一般に「公平誠実義務」とよばれ、この場合の「公平」は債権者を平等かつ公平に扱うこと、「誠実」は債権者の利益の犠牲において自己または第三者の利益を図ってはならないことを意味するとされている[39]。

倒産法制は、手続開始の効力を実体法上の権利関係に及ぼす規定を定めており、これを倒産実体法規定ということがある。私的整理の場合には、もとよりそのような法規は存在しないが、債務者をとりまく債権者には、担保権者や、一般債権者のほか、一般債権者に優先する地位を有する租税債権者などの優先的債権者もいるので、それらの権利を適正に調整する役割と責任が、債務者に対して期待されており、その意味において、私的整理の場合にも債務者に機関性が認められるべきであると、筆者は考えている。

債務者が、そのような機関としての役割を果たすには、法律を熟知した債務者の代理人弁護士の役割と責任も大きい。

債務者や債務者の代理人弁護士がこれらの役割と責任を果たさなかった場合の債権者その他の関係者に対する損害賠償責任の発生要件等についても、判例研究と理論の構築が必要である[40]。

(5)　倒産実体法

(ア)　はじめに

倒産法制は、実体的な権利関係の処遇に関する規定を設けており、それらの規定は、①財産拘束に由来する準則と、②債権者の権利のプライオリティーに関する準則と、③倒産処理に即して平時実体法を修正、変更した準則とに大別できる。

立法の援助がないのが私的整理であるが、債権者の権利をその性質に応じて適切に処遇しなければ、私的整理の円滑な進行を期することはできない。

また、債権者の権利の性質に応じて、適切な処遇の差異を設けることによって、初めて債務者財産の管理、すなわち換価・回収が進むという面もある。

したがって、①と③とは私的整理には存在しないが、②については、債権と担保権を中心とする債権者の権利の扱いにおいて、平時実体法が私的整理のさ

---

[39]　福永有利監修『詳解民事再生法〔第2版〕』（民事法研究会・2009年）30頁以下〔高田裕成〕参照。

[40]　事業再編実務研究会・前掲書（注10）949頁、950頁〔上甲悌二〕参照

372

まざまな局面でどのように解釈、運用されるべきかを考察しておく必要がある。

(イ) 担保権付債権者

(A) 金融機関債権者や大口債権者の場合

　金融機関債権者や大口債権者は、しばしば債務者財産上に根抵当権、抵当権、あるいは集合物の譲渡担保権を有している。

　それらの担保権の目的財産を事業とともに換価するような場合には、受戻しの必要があるが、換価を要しない場合には、担保権の行使は担保権者に委ね、担保権行使による回収見込額を控除した債権額で、私的整理の配当を実施することがある。

　その場合の配当対象債権額の決定は、一般（無担保）債権者との間で利害が相反するので、それらの者にもあらかじめ情報を開示し、異議がある場合には、担保権者との調整に努める必要がある[41]。

(B) 商取引債権者の担保権

　債務者の仕入先は、しばしば債務者の棚卸資産に対して民法 311 条 5 号の動産売買の先取特権を有している。下請け加工先等が、債務者財産に対し同法295 条の留置権を行使する場合もある。建設工事の請負会社が不動産について同法 325 条以下の先取特権を主張したり、上記の留置権を主張することもある[42]。

　典型担保権者に限られず、フルペイアウト方式のリース債権者や、譲渡担保権その他の所有権担保を有する者が非典型担保権の取得を主張することがある。

　こうした商取引債権者の担保権については、担保権を受け戻して、動産を販売先に売却したり、不動産を施主に引き渡して請負代金の支払いを受けることによって、債務者の財産の拡充が図られるように、取引関係者間の法律関係の調整を行う必要がある。

　その調整が困難な場合には、上記(A)の場合と同様、担保権の行使を担保権者に委ね、担保権行使による回収見込額を控除した債権額で、私的整理の配当を実施することもある。

　もっとも、債務者の取引先のほうも進行中の取引が中途で中断されることに

41　四宮・前掲論文（注 31）（私的整理の研究 9）52 巻 1 号 162 頁参照。

42　最判平成 29・12・14 判タ 1447 号 67 頁参照。

第2編　第2章　Ⅳ　私的整理の普及のための研究の必要性

より、損害を被ることが少なくないので、法律関係の調整に関する債務者の提案に応ずることは少なくないのであり、また、それが債権者、債務者双方にとっての私的整理のメリットにもなっている。

(ウ)　優先債権者

(A)　租税公課

破産法148条1項3号は、公租公課などの国税徴収法または国税徴収の例によって徴収することのできる請求権[43]は、破産手続開始前の原因に基づいて生じたもので納期限から1年を経過していないものを財団債権としているが、私的整理においては、国税徴収法または国税の例によって徴収できる請求権は、すべて私債権に優先する。

(B)　一般の先取特権のある債権者

破産法98条は、破産財団に属する財産につき一般の先取特権その他一般の優先権がある破産債権は、同法99条1項に定める劣後破産債権および同条2項に定める約定劣後破産債権を除いて、他の破産債権に優先すると規定するが、私的整理においては、民法306条所定の債権はすべて一般債権に優先する。

私的整理が挫折して破産手続に移行した場合には、私的整理の遂行過程で、破産法上の財団債権や優先債権のプライオリティーを無視して一般債権者への配当を実施していると、否認権に服することになると考えられる[44]。

民法306条1号、307条の「共益費用」には、弁護士費用のほかに、不動産鑑定費用、株価鑑定や税務処理のための公認会計士や税理士の費用、さらには賃借不動産の賃料に、電気、ガス、水道代等の諸費用等が必要であり、それらも一般債権者に先立ち、優先して支払われる。

また、民法306条2号、308条の「雇用関係に基づく債権」に関しては、零細な工場内手間請負業者や建築工事下請の一人親方の債権の取扱いが、問題となることがある。

43　破産法97条4号・5号を参照。なお、牽連破産で一般破産債権とされる部分を私的整理では優先的債権として扱うことも、否認権の要件である有害性や不当性があるとはいえないと考える。

44　配当事例ではないが、財団債権や優先債権を害する信託的債権譲渡が否認された東京地判昭和61・11・18判タ650号185頁は、この場合の参考になると考える。

374

㈔　少額債権者

　倒産法制は、破産手続を除き、いち早く少額債権を弁済することを認めてい[45]る。

　再建型手続では、少額の債権を早期に弁済し、取引債権者の保護を図ることで債務者の事業の継続を確保する目的があると説かれることもあるが、清算型の特別清算手続においても認められていることに照らせば、私的整理の場合にも、再生型であるか清算型であるかを問わず、債権者数を減少させることで手続の迅速かつ円滑な進行を確保することを目的とする少額債権の弁済は、否認の要件である有害性や不当性を欠くと言い切ってもよいのではなかろうか。[46]

　民事再生法85条2項や会社更生法47条2項所定の中小企業者への弁済制度や、民事再生法85条5項後段、会社更生法47条5項後段の、弁済しなければ債務者の事業の継続に著しい支障を来す場合の少額債権の弁済制度を、私的整理において、どのように考えるかは、今後の研究課題であると考えている。

㈕　一般債権者

⒜　商取引債権

　私的整理が、倒産のストレスを軽減し、簡易、迅速、かつ廉価に進めることができ、多くの場合、配当財源を拡充することができる理由の一つは、商取引債権者に与える影響が少ないことによる。

　したがって、しばしば私的整理の円滑な遂行のために、その開始に際して、金融機関債権者および大口債権者への弁済は停止するが、商取引債権者との取引は従前どおり継続し、そのために私的整理開始時点での債務も支払期日に支払われることがある。

　そして、そのような方法で進行される私的整理が、一般債権者への配当原資を積み増す結果となることが多く、むしろ、それを期待して商取引債権への弁済が行われ、一般債権者もこれに異議を唱えず、事実上承認していることが少なくない。[47]

45　民事再生法85条5項、会社更生法47条5項、会社法537条2項。

46　四宮章夫「私的整理の研究4」産大法学49巻4号（2016年）117頁参照。

47　四宮章夫「私的整理における商取引債権の保護」今中利昭先生傘寿祈念『会社法・倒産法の現代的展開』（民事法研究会・2015年）712～716頁参照。

第2編　第2章　Ⅳ　私的整理の普及のための研究の必要性

　もちろん、取引が継続されている限り、旧債務の消滅に伴い、新債務が発生し、仮に私的整理が挫折した場合でも、その時点で、手続開始時に存した商取引債権の代わりに新債権が発生しているのであるから、私的整理が挫折した時には、新債務の弁済を停止すれば、他の債権者との間で均衡を失することはないと考える余地もある。

　しかし、私的整理開始の事実を察知し、債権の回収に努め、私的整理挫折時点では債権額が著しく減少している商取引先もあると考えられ、せっかく私的整理に協力して、引き続き与信供与に協力した商取引債権者のみが不利益を被るというのは妥当ではない。

　むしろ、そうした場合については、旧債務は、債務者の財産（＝配当原資）を拡充するために弁済されたにすぎず、新債務は私的整理費用に準ずるのであるから、私的整理開始後の商取引債権者に対する新旧いずれの債務の弁済にも、否認権行使の要件である有害性や不当性は認められないことになると考えられないであろうか。[48]

(B)　その余の一般債権

　最後に残るのは、金融機関債権者や大口債権者あるいはリース債権者等の担保権実行後の不足額や、少額債権の弁済手続に応じなかった債権者が有する一般債権であり、彼らに対して、債権額に応じて按分された配当が実施される。

(カ)　結　語

　以上、私的整理における各種権利について、権利の法的な性質に応じたプライオリティ・ルール問題と、少額債権という手続合理化に関連する問題と、中小企業債権保護という社会的問題、そして私的整理にメリットをもたらす商取引債権の保護の問題に触れたが、もとより、私的整理の実践の積み重ねと、研究の深化とによって、債務者や債務者の代理人弁護士の損害賠償責任等の判断の枠組みが定められる必要がある。

---

[48]　事業再編実務研究会編『あるべき私的整理手続の実務』（民事法研究会・2014年）860頁以下〔鈴木勝博〕参照。

4 私的整理の手続

(1) はじめに

　私的整理を進行させるための行為には、事業破綻以前の私的整理の準備行為と、私的整理遂行のための行為とがあり、私的整理の準備行為には、債務者財産の保全（倒産隔離）[49]と、会社分割、事業譲渡等の会社組織上の行為が含まれる。

　他方、債務者財産の換価等に伴う実体法上の行為には、債務者財産の換価、回収、配当等がある。

　私的整理遂行のための行為に関して、筆者は、清算型私的整理の手法、すなわち、事業法人は営業を停止し、事業を譲渡するかまたは廃止したうえで、債務者財産を換価、回収して、配当を実施する場合について、①私的整理の申出、②一時停止、③第1回債権者集会または説明会、④配当という手順で進められると説明したことがある[50]が、それは、経済社会で最も広く利用されている私的整理の手法でもある[51]。

　これに対して、債務者自身を再生させることによって事業を再生する再建型私的整理もあり得るのであり、これまでも、法曹によってその手続が提唱されてはいるものの、必ずしも、現実に機能しているとはいいがたいところである[52]。

(2) 私的整理の手続と詐害行為および否認対象行為

(ア) はじめに

　私的整理の普及のためには、これを進行させるための行為と詐害行為取消権および否認権に関する判例の研究の深化が、喫緊の課題である[53]。ここでは私的

---

[49]　私的整理を遂行するには整理屋その他からの債務者財産の簒奪行為を防止する必要があった時代には、私的整理に先立ち、債務者財産を保全するために、債権者委員長に信託的譲渡する等の準備行為が必要とされたが、そうした準備行為は「倒産隔離」とよばれていた。

[50]　四宮・前掲論文（注1）92頁、四宮ほか・前掲書（注32）923頁以下〔四宮章夫〕参照。

[51]　四宮・前掲論文（注31）51巻3・4号237頁以下、52巻1号131頁以下、52巻2号201頁以下参照。

[52]　高木新二郎ほか編『倒産法実務事典』（金融財政事情研究会・1999年）1052頁以下〔岡田康男〕、谷口安平ほか編『解説実務書式大系30 倒産編』（三省堂・1995年）45頁以下〔佐藤正八ほか〕等も同様の試みと考えられる。

[53]　四宮・前掲論文（注46）99頁以下、四宮・前掲論文（注1）101頁以下参照。

整理の手続について説明するに際して、各段階における否認権等の問題についてもあわせて簡単に触れておくことにする。

　(イ)　私的整理の準備行為

　過去の判例は倒産隔離については肯定する傾向があったが、会社組織上の行為についての最高裁判所の確定判例は、会社法上の効果を覆滅することはできないが、原告債権者や破産管財人に対する関係で、財産移転の法律効果を否定できるとする。[54][55]

　しかし、事業譲渡の場合の否認権行使が、譲渡代金の事後的調整によって最終的な解決を図り得るのと同様、会社分割の場合にも、会社分割を否定するのではなく、それによって分割された会社が取得する株式の処分行為の否認問題として扱えば、やはり、株式譲渡代金の事後的調整の問題として処理できる。[56]

　したがって、私的整理の経済的機能を重視する立場からは、特にこの点についての今後の研究と、判例の見直しが待たれるところである。

　なお、その余の、事業譲渡に伴う譲受人のリスクについては、後に再説する。

　(ウ)　換価、回収行為

　かつて、旧破産法時代には、否認権が故意否認と危機否認とに分類されて規定されていたところ、破産財団の回復という観点を重視する余り、日常の経済活動の安全を害するおそれのある判例や学説が散見される等の混乱がみられたが、平成の倒産法改正の過程で、否認の態様が、破産法160条の詐害否認と同法162条の偏頗否認とに分けられ、それぞれ否認の要件が明確化されたほか、同法161条の適価売却行為や、同法162条1項柱書のカッコ書による同時交換取引の規定が設けられ、平成29年改正民法（平成29年法律第44号）424条ないし424条の3により、詐害行為取消権に関する民法の規定もまた、破産法上の否認権の規定に倣って整備された。

　こうして、適価売却行為や同時交換取引も保護されるに至ったこと等から、私的整理における換価、回収の効果を後日覆滅できるか否かという問題の一部[57]

54　四宮・前掲論文（注1）120頁参照。

55　四宮・前掲論文（注1）103頁、104頁、107頁参照。

56　破産法168条4項、改正民法424条の6第1項参照。

57　借入金の弁済と否認に関する最判平成5・1・25判タ809号116頁、不動産適価売却と否認に関

は、立法的に解決されることになった。

今後は、そうした新破産法等の規定に関する判例を集積し、新たな法律問題の出現を見守ることになる。

　㈎　配　当

私的整理の配当時にその対象とされた債権額に間違いのある場合も存するが、厳格な倒産法制の場合のような債権調査手続を経るわけではないので、私的整理の簡易、迅速性に照らせば、些細な差異である場合には、債権者間の公平は害されなかったと考えて、配当に対する否認権行使を認めなかった裁判例がある[58]。

否認権の要件である有害性または不当性を備えないと判断したものと考えられる。

しかし、過少配当を受けた一般債権者には、債務不履行による損害賠償法理や不当利得法理での救済を求める余地もあり、配当問題にも新たな研究テーマが潜んでいるかもしれない。

(3)　事業承継人のリスク

　㈎　はじめに

事業破綻した債務者からの事業譲受人の負担するリスクには、詐害行為取消しや否認のリスクのほかに、法人格を否認されるリスクや、商号続用責任を問われるリスクもあるので、ここで言及しておくことにする。

　㈑　法人格否認の法理[59]

事業承継の当事者が親子会社のような密接な関係にあるときは、法人格の形式的独立性を厳格に貫くことが、かえって正義に反することがあり、その場合には、民法1条3項の権利濫用禁止規定の適用または類推適用により、法人格の独立性が否定される場合がある。

これを法人格否認の法理といい、最高裁判所は、①法人格の形骸化と、②法人格の濫用が認められる場合に法人格の否認を認めているが、「形骸化」の基

する東京高判平成5・5・27判時1476号121頁、借入れのための担保権の設定と否認に関する仙台高判昭和53・8・8金法872号40頁等参照。

58　岐阜地大垣支判昭和57・10・13判時1065号185頁。

59　四宮章夫「私的整理の研究6」産大法学51巻1号（2017年）131頁以下参照。

第2編　第2章　Ⅳ　私的整理の普及のための研究の必要性

準が不明確であり、「形骸化」を権利濫用の一類型として位置づけることが適当ではなかろうか。

　法人格の濫用が認められる要件としては、①会社を意のままに支配する者の存在という「支配の要件」と、②違法、不当な目的のために法人格を利用するという「目的の要件」があるとされている。

　「支配の要件」は、事業譲渡の当事者の一体性と、その両者における共通の支配者の存在によって判断され、「目的の要件」については、私的整理の場合には、さしあたって、「債務の支払いを免れる目的」の有無という基準で判断され、それらの概念については、すでに多くの裁判例が集積されているが、私的整理に即して、再検討を行っておくことも有用であろう。

(ウ)　営業譲受人の商号続用責任[60]

(A)　商号続用責任

　会社法 22 条 1 項は、事業を譲受した会社が譲渡会社の商号を続用する場合には、譲受会社も譲渡会社の事業によって生じた債務を弁済する責任を負うと定め、商法 17 条 1 項も営業を譲受した商人について、同様の規定をおく。

　会社法上の事業および商法上の営業（以下、それらを総称して単に「営業」という）は、営業のために有機的に組織された機能的財産を指すと解されている。

　そして、営業譲渡とは、取引行為を通じて営業を他に譲渡する行為をいうとされるが、営業用財産の賃貸、経営委託、現物出資による新会社の設立等にも類推適用が認められている。

　商号の同一性の有無、商号続用に関する規定を屋号やゴルフクラブの名称等に類推適用することの可否等については、裁判例の集積があるが、法曹や研究者によって、今一度見直すべき裁判例もあるように思われる。

(B)　免責の登記および譲受人の債務引受け

　営業譲受後、遅滞なく、譲受人が譲渡人の債務を弁済しない旨登記した場合には、商号続用責任を免れることができる（会社法 22 条 2 項、商法 17 条 2 項）。

　また、商号を続用しない場合でも、譲渡人の営業によって生じた債務を引き受ける旨の広告をしたときは、譲渡人の債権者は、譲受人に対しても弁済の請

60　四宮章夫「私的整理の研究 7」産大法学 51 巻 2 号（2017 年）127 頁以下参照

求をすることができる（会社法23条1項、商法18条1項）が、広告の意義について争われた裁判例もあり、私的整理に即した分析も必要であろう。

5 結 語

筆者は、大阪弁護士会所属の弁護士として、準則型に準ずる私的整理を日常的な業務として遂行してきたが、それは、そうした業務の遂行が、各種法令のみならず、弁護士は倫理とも抵触しないかと、自問自答をくり返しながら、私的整理に対する社会のニーズに可能な限り応えようとしてきたものでもある。

今回は、そのために自ら組み立ててきた理屈を紹介したが、他の法曹や研究者によって批判的検討が加えられたうえで、議論がさらに精緻となり、普遍的かつ安定的な私的整理の実務が形成されていくことを、心から願っている。

その意味で、興味深いテーマでの執筆を依頼いただいたことに感謝し、筆をおくものである。

第2編　第2章　Ⅴ　別除権協定をめぐる理論と実務

Ⅴ

別除権協定をめぐる理論と実務
──倒産手続における担保権の不可分性について

中 井 康 之
弁護士

1 ｜ はじめに

⑴　理論と実務の関係

「○○の理論と実務」や「○○の実務と理論」という類の名前を冠した書物があふれている。事業再生や倒産手続に関連しても枚挙にいとまがない。特に、実務家から出版されるものに多い。そのような表題が意図しているのは、倒産手続における具体的課題に対する実務対応を説明したうえ、それが理論ないし法（条文）の解釈に基づいて正当であることを説明すること、理論ないし法（条文）の解釈に基づいた対応では実務的に障害や困難が生じることから、実務上の観点から理論や条文解釈の限界を示したうえで、手続の円滑化や権利者間の利益衡量などを理由にそれと異なる実務対応の正当性を説明することや、条文上からは解決や処理の方針が明らかでない実務的な課題に対して、あるべき理論や制度趣旨を参照しながらも、当該問題状況における実質的な利益衡量などから一定の方向性を打ち出し、実際に行われている実務対応を正当化することなどにあるように思われる。

「理論」と「実務」は、常に一致するとは限らず、むしろ、その間には、一定の距離があり、実務的課題に対する乖離現象の発生は不可避であるといえる。また、「理論」を具体化した法（条文）と実務の間にも、一定の距離があり乖離現象が生じる。実務上の諸問題は、法の予想しない場面で発生し、実務は常に最先端の問題に直面しているのに対して、その実務のあり方を定める法（条

文）はどうしても後追いの規制やルールにならざるを得ないため、その間に一定の距離や乖離現象が生じるのはやむを得ないともいえる。しかし、法（条文）と乖離しても、または、法（条文）がなくても、それを支える書かれざる理論、基礎となる理論（「基本ルール」といってもよい）があれば、それに依拠することにより最先端の問題であっても、その解決方向がおのずと明らかになり、そのような理論に依拠した実務対応こそが期待されている。そして、そのような実務対応ができれば、倒産場面を想定しても、債権者と債務者の取引の予測可能性が高まり、取引の安全が確保できるようになると思われる。

　実務の現場で新たな問題に直面したとき、当該問題状況における具体的利益衡量を理由とした必要性や相当性が強調されて、それまでに形成されてきた原則（基本ルール）から乖離した、もしくは反した実務対応がなされることもあり、確かに、そのような実務対応こそが問題解決の方向としても相当であると感じる場面も少なくない。しかし、かかる実務対応の正当性を得るためには、その第一歩として、その必要性と相当性が具体的事実に基づいて論証される必要があろう。仮に、その実務対応と異なる基本ルールがあるとき、その基本ルールを維持したまま、その例外を認めるのであれば、基本ルールに対する例外を認める理由が説得的に示される必要があろう。また、場合によっては、基本ルールの例外としての対応にとどまらず、その実務的課題の解決を契機に、当該基本ルール自体を変更すべき場合もあるかもしれない。そのような場合には、基本ルールの変更の正当性について何人をも納得させる合理的な根拠と体系的な整合性のある説明が必要である。そして、それが受け入れられた場合において、それが一般的ルールであれば、法（条文）の改正による追認が求められることになろう。

(2)　別除権協定をめぐる「理論」と「実務」

　このような「理論」と「実務」の関係を考える題材として、民事再生手続における別除権協定を取り上げたい。

　筆者は、別除権協定に定めた協定債務の履行ができなくなり協定が解除されたり、または、再生手続が廃止され破産手続に移行し協定が失効したりしたとしても、担保権の被担保債権は復活しない「固定説」が正当であると考えている。しかし、最判平成26・6・5民集68巻5号403頁（以下、「平成26年最

第2編 第2章 Ⅴ 別除権協定をめぐる理論と実務

判」という）は、協定が失効したときは、担保権の被担保債権は復活するとして「復活説」を採用した。

この復活説は、再生手続に関与する実務家からは広く支持されているようであるが、民事再生法（条文）との乖離は否定できないように思われる。その法（条文）との乖離をどのように説明するのか。また、復活説は倒産手続の基本ルールに適合しているのか。さらに、実務対応として復活説を採用するとしても、別除権協定に基づく弁済金や再生計画に基づく弁済金と、担保権の実行による配当金をそのまま保持できるのか、それとも精算が必要か。復活説を基本ルールに適合させるとすれば、精算が必要であるように思われるが、どのように精算するのか等検討すべき点は多岐にわたるように思われる。この最高裁判決を通じて、別除権協定をめぐる理論と実務について考えてみたい。

(3) 検討の手順

再生手続から破産手続に移行し別除権協定が失効した場合に、別除権の被担保債権をどのように考えるかという問題は、民事実体法における担保権の不可分性に関する基本ルールが倒産手続においても妥当するのか、それとも排除されているのか、復活説と担保権の不可分性の関係を確認する作業を通して検討する必要があると感じている。

そこで、やや前置きが長くなり恐縮であるが、以下の順序で検討することとする。まず、担保権の不可分性について、2で平時における取扱い、3で法的倒産手続における取扱い、4で私的再生手続における取扱いを紹介したうえ、5において倒産手続を通じた基本ルールを確認し、6において、倒産手続の移行と担保権の帰すうを説明し、7において、再生手続における別除権協定を対象に理論と実務の関係を検討したうえ、8において理論と実務の関係について、感想程度にとどまるが、簡潔にまとめたい。

なお、本稿は、理論と実務の関係を検討するための素材を提供するにすぎないから、学説や参考文献等の紹介は省略させていただくこととした。

2 │ 平時における担保権の不可分性

担保権者は、被担保債権全額の弁済を受けるまで目的物の全部についてその権利を行使することができる。したがって、債務者が任意に担保目的物の価値

（担保価値）に相当する代価を支払ったとしても、担保権は消滅しない。このような担保権の不可分性は、留置権、先取特権、質権、抵当権などの典型担保権に共通する性質であり（民法296条と同条を準用する同法305条、350条、372条）、非典型担保権についても同様であると解されている。

担保権者は、平時においては、この担保権の不可分性と担保権実行時期の選択の自由を武器に、債務者に被担保債権の弁済を迫ることになる。つまり、債務者にとって必要不可欠の担保目的物の場合（たとえば、現に事業に利用している工場の土地建物など）、担保権者は、「担保権を行使するぞ」と債務者に伝えて、それを回避したいと思う債務者に担保価値を超えた被担保債権の任意の弁済を促すことができるのである。

しかし、担保権者が、本来の権利行使方法に従って担保権を実行した場合は、担保目的物の価値相当額を回収できるにとどまり、それを超える被担保債権が残存しても、担保権は消滅する。実行時には不可分性が機能する余地はない。担保権の本来の権利行使によって保護されるのは、担保目的物の価値に限られるから、不可分性は担保権の本質的性質とはいいがたい。不可分性のサブルールともいうべき順位上昇の原則も同様である。

実際、留置権は、代替担保提供による留置権の消滅が定められており（民法301条）、不可分性は貫徹されていない。さらに、抵当不動産を第三者に譲渡した場合には、第三取得者は抵当不動産の代価を支払うことにより、抵当権の消滅請求ができる（同法379条以下）し、根抵当不動産を第三者に譲渡した場合には、確定した被担保債権額が極度額を超えていても、第三取得者は、極度額を支払えば根抵当権を消滅させることができる（同法398条の22）。これらは、第三取得者に抵当不動産の所有権を確定的なものとして、抵当不動産の流通を促進するための手段として合理性があるし、担保権者に担保目的物の価値の範囲内で満足を与えており、担保権者の利益を不当に害することはないからであると解される。

このように、担保権の不可分性は、担保権一般に共通する性質であるが、合理的な理由に基づく制約を受けており、担保権の本質にかかわる性質とまではいえない。担保権行使時における担保目的物の価値の範囲で被担保債権の優先弁済を受けることができる点にこそ、担保権の本質がある。つまり、担保権者

第2編　第2章　V　別除権協定をめぐる理論と実務

には「担保権行使時の担保価値」が保護されているのである。

3 | 法的倒産手続における担保権の不可分性

　債務者に法的倒産手続が開始した場合に、担保権の不可分性は平時と変わらないのか、それとも法的倒産手続を理由とする変容を受けるのか。法的倒産手続ごとにその点について概観してみよう。

(1) 更生手続の場合

　更生手続では、開始決定により担保権の実行は禁止され、例外的に裁判所が許可した場合に限り、担保権が実行できるにすぎない（会社更生法50条1項・7項）。実行が禁止された担保権については、その被担保債権のうち更生手続開始時点における担保目的物の時価の範囲が更生担保権となり（同法2条10項）、更生計画では、更生担保権の全額を一括または分割で弁済する旨の定めをおくのが通例である。担保権自体は、更生計画に記載のない限り消滅する（同法204条1項本文）が、権利の変更を受けた更生担保権を被担保債権として従前の担保権を存続させるのが実務である。更生手続には担保権消滅許可制度がある（同法104条以下）が、これは更生会社の事業の更生のために必要がある場合に利用され、担保目的財産の価額（処分価額）を納付することにより担保権は消滅する。このように、更生手続においては、担保権の不可分性は排除されている。

　なお、実務では、処分連動型更生計画が利用されることがある。更生手続開始時の担保目的物の時価を評価して、その評価額を更生担保権とするのが原則であるが、処分を予定した担保目的物の場合には、評価額ではなく実際の処分価額で、更生担保権の額を確定させようとするものである。担保権の不可分性を排除し、担保価値の範囲で更生担保権とする点で原則ルールどおりであるが、「時価評価」ではなく、「実際の処分価額」を選択することを許容するものといえる。

(2) 再生手続の場合

　再生手続では、担保権は別除権として再生手続によらずに行使できる（民事再生法53条2項）。しかし、その被担保債権も再生債権であるから、担保権を実行する場合を除いて、再生手続によらなければ弁済を受けることができず

386

（同法85条1項）、弁済を受けるためには、再生手続のルールに従う必要がある。

被担保債権の額が、担保目的物の価値を下回る場合は、被担保債権の全額を弁済して、担保目的物の受戻しができる。弁済額が、担保権者が把握している担保価値を下回るので、他の一般債権者の利益を害さないからである。ただし、このような担保目的物の受戻しには、裁判所の許可または監督委員の同意（以下、「監督委員の同意等」という）が必要である（民事再生法41条1項9号、54条2項）。被担保債権の額が担保目的物の価値を下回ることを確認するためである。

被担保債権額が、担保目的物の価値を上回る場合は、その担保価値の評価額全額を弁済して担保目的物の受戻しができる。この場合も、担保価値の評価の適正性を確認するため、監督委員の同意等が必要とされる。

事業継続に必要不可欠な担保目的物の場合で、担保目的物を受け戻すための評価額について担保権者と協議が調わない場合、担保権消滅許可制度を利用して担保解除を求めることができる（民事再生法148条以下）。そのときに担保権者に弁済する金額は、裁判所が決定できるしくみを用意しているが、担保目的物を処分するものとして評価される（民事再生規則79条1項）。

再生債務者が、担保目的物の価値に相当する金額を一括弁済できるだけの資金がない場合、担保目的物の受戻しや担保権消滅許可制度を利用できないので、多くの場合、担保権者と債務者の合意した金額を分割して弁済する旨の別除権協定を締結することになる。別除権協定において債務者が担保権者に弁済する弁済総額は、別除権協定時における担保目的物の価値を基準として交渉のうえ合意している。この別除権協定の締結には、監督委員の同意等が必要であるとされるが、その審査の主たる対象は、別除権協定で定める担保権者への弁済額の相当性であり、より具体的には、その弁済総額が担保目的物の価値を適正に評価した金額かどうかである。本稿で検討対象としている「別除権協定」とは、このことである。

このように、再生手続においては、担保権を実行する以外の方法でも、担保権者は債務者から被担保債権の任意の弁済を受けることができるが、いずれの場合も、担保目的物の価値の範囲内であり、担保価値を超えた弁済を受けることはできない。このように、再生手続でも、担保権の不可分性は排除されている。このことは、民事再生法88条が、担保権の被担保債権のうち再生手続に

第2編　第2章　Ⅴ　別除権協定をめぐる理論と実務

おいて行使できる範囲（再生計画において権利の変更の対象となり、再生計画に基づいて弁済を受ける対象となる再生債権の範囲）が、別除権の行使によって弁済を受けることができない被担保債権部分（不足額）であると定めていることからも明らかであろう。

そして、担保権を実行する場合以外の被担保債権の弁済額が担保価値を超えないことは、裁判所の許可や監督委員の同意によって確保されている。なお、担保価値の評価の基準時は、担保権実行時、受戻し時、担保権消滅請求時（評価人の評価時）、別除権の協定時など、各行為によって若干異なるが、それらは広い意味で「担保権の行使時」といってよい。

このように再生手続においても、担保権の不可分性は排除されている。別除権協定による担保権の行使の場合も、その基本ルールは変わらないはずである。

なお、別除権は再生手続によらずに行使できるから、担保権者は、平時と同様に担保権実行時期選択の自由を有しているといえる。とりわけ、担保不動産について、将来の値上がりが見込める場合などは、担保権実行時期選択の自由が重要となる。しかし、事業継続に必要不可欠な抵当不動産に対しては、担保権消滅請求がなされると（民事再生法148条以下）、その自由は奪われる。他方、債務者が一括弁済資金を用意できない限り担保権者は、担保権消滅請求を受けることはないし、別除権協定に応じるか否かは、担保権者の自由であるから、実行時期選択の自由は残されており、担保権者の意向で、評価時点を遅らせることも可能である。

このように再生手続の下では、担保権の実行時期選択の自由は、別除権者に保護された担保価値を実現する時点（担保権の行使時点）の選択の自由としての意義を有している。

(3)　破産手続の場合

破産手続の場合も、担保権は、一般に、別除権として破産手続によらずに行使できる（破産法65条1項）。担保権者は、担保権を実行するか、破産管財人の任意売却に協力して売却代金から被担保債権の弁済を受けるのが通例である（同法78条2項14号の受戻し）。破産管財人は、任意の売却が困難な場合に、商事留置権の消滅制度（同法192条）や担保権消滅許可制度（同法186条以下）などを利用して、担保目的物の代価として被担保債権を弁済して担保解除を受け

ることになるが、その代価は、担保価値に相当する競売価額または処分価額である。したがって、破産手続でも、担保権の不可分性は排除されている。

4 私的再生手続における担保権の不可分性

(1) はじめに

債務者が窮境に陥ったとき、法的倒産手続の検討に先立ち、私的再生手続による事業再生の可能性を検討することになる。

私的再生手続（一般には「私的整理手続」とよばれるが、本稿では「私的再生手続」とよぶ）は、債権者と債務者の合意を基礎とする手続であるから、共通のルールが法令等で定められているわけではない。準則型の私的再生手続の中で、法令に根拠がある事業再生ADRにおいても、手続に関しては詳細な定めがある（たとえば、経済産業省関係産業競争力強化法施行規則など）が、対象債権に関する実体的な権利の変更や担保権の取扱いに関するルールは定められていない。つまり、法令、準則を問わず、担保権の不可分性や担保権の行使できる範囲に関する特段の定めはない。

しかし、金融機関を対象とする私的再生手続においては、担保権の取扱いについて一定のルールが実務的にほぼ確立しており、準則型の私的再生手続では、手続に関与する専門家が、そのルールが順守されていることを調査確認し、それを受けて金融債権者は担保権の被担保債権の弁済計画や債権放棄等の金融支援を含む事業再生計画案に同意している。それを支えるのは、法的倒産手続と共通する基本ルールである。

(2) 金融支援の決定基準

過大な金融債権が存在するために窮境にある債務者を再生させるためには金融債権の減免が必要となるが、その場合、金融債権を被担保債権とする担保権の取扱いが問題となる。

一般に、私的再生手続では、担保目的物の価値の範囲で保全された被担保債権を「保全債権」とよび、担保価値を超える被担保債権および担保のない債権を合わせて「非保全債権」とよぶ。この切り分けは、私的再生手続における事業再生計画や弁済計画を策定する際の最も重要な作業である。なぜなら、保全債権は、その全額の弁済が予定され金融支援の対象とならず、非保全債権が、

389

第2編　第2章　Ⅴ　別除権協定をめぐる理論と実務

金融支援の対象となり、通例、非保全債権額に按分して債権放棄等が求められるからである。そして、保全債権となるか非保全債権となるかは、担保目的物の担保価値の評価によって定まることになるから、その評価が決定的に重要で、カット率（金融支援額）を定める前段階における金融債権者間の最大の関心事となる。

　この保全債権は、更生手続における更生担保権であり、非保全債権は更生債権といってもよい。また、再生手続における確定不足額が非保全債権であり、別除権の行使によって満足を受けることができる担保価値に相当する被担保債権部分が保全債権に等しい。したがって、保全債権となるか、非保全債権となるかを切り分ける担保価値の評価問題は、更生手続における更生担保権の範囲を画する担保目的物の時価の評価問題や再生手続における担保の受戻しや別除権協定を締結する際の担保目的物の処分価額の評価問題と、基本的に共通する。

　このように、私的再生手続でも、担保権は担保価値の範囲内で優先弁済を受ける権利であり、それが保護されることは、金融債権者間の共通の認識であり、担保権の不可分性を理由に担保価値を超えて優先弁済を受ける権利があると主張する金融債権者は1人としていない。ただし、私的再生手続に特有の留意すべき点がある。第1点は、事業再生計画で、担保目的物を処分することが予定されている場合は、実際の処分価額を基準とするのが通例であり、処分の結果に応じて、保全債権額が確定し、それに連動して非保全債権額も確定する。更生計画における処分連動方式に等しい。というより、実際の処分価額を保全債権とする考え方は、金融機関にとってごく自然で理にかなった考え方であることから、それが更生担保権の評価問題の解決のために利用されているといったほうがより適切である。また、留意すべき第2点は、処分をしない担保目的物に設定された存続する担保権の被担保債権については、保全債権部分だけでなく、カット後の非保全債権部分も引き続き被担保債権に含めている場合の多いことである。つまり、保全債権は担保目的物の担保価値で決まるが、その後の事業再生過程においては、カット後の非保全債権も被担保債権に含まれるという点で、担保権の不可分性がその限度で及んでいるといってよい。

5 | 倒産手続における担保権の取扱いに関する基本ルール

　以上のとおり、法的倒産手続と私的再生手続における担保権の不可分性に関する取扱いを概観した。

　法的倒産手続においては法的な制限の下で、私的再生手続の場合は当事者の合意の下で、担保権者は担保目的物の価値を把握しているものとして、その担保価値の範囲で優先弁済を認め、それを超える優先弁済を認めない。担保目的物の価値の評価方法や評価基準については、それぞれの手続によって、時価、処分価額、競売価額などの違いが存するが、それらは各制度や手続に由来する相違にすぎず、本質的な違いではない。そして、いずれの手続でも、担保目的物の価値を超える部分が、倒産債権または非保全債権として権利の変更の対象となり、他の一般債権者と平等に債権額按分で減免が予定されている。そして、担保目的物の価値評価の相当性は、法的倒産手続では監督委員等や再生債務者代理人がチェックし、準則型の私的再生手続では、それぞれの手続におかれている専門家（事業再生 ADR の場合は手続実施者）がチェックし、全債権者が同意することにより担保されるしくみとなっている。このように、倒産手続一般で、担保権の不可分性は排除されている。倒産手続で担保権者が保護されるのは、担保権の本質部分である「担保権行使時の担保価値」に限られている。

　倒産手続において担保権の不可分性が排除されるのは、債務超過状態にある債務者は、すべての債権を弁済できない以上、担保権者に対しては、担保権が本来把握している担保価値の限度で優先弁済をすることを認め、それを超える部分は他の一般債権者と同じ扱いをすることが、担保権者と一般債権者間の平等と衡平を達成するために必要であり合理的であることが実質的根拠となっていると理解できる。反面からいえば、担保権の不可分性を排除しないと、担保権者が本来把握している担保価値以上の弁済を、一般財産の負担において認めることになり、他の一般債権者の弁済率の低下を招き、一般債権者の利益を害することになるからである。そして、不可分性を排除しても、担保権が本来把握している担保価値は保護されているから、担保権者の利益を害するものではない。このように、担保権者には担保価値の限度で優先性を認め、担保権の不可分性を排除することが、法的倒産手続や私的再生手続を問わず、債務超過状

第2編　第2章　V　別除権協定をめぐる理論と実務

態にある債務者に対する担保権者と一般債権者の権利関係を適切に調整するための基本ルールになっているというべきである。つまり、そこには「担保権の不可分性排除ルール」が存在する。

また、法的倒産手続は、債務者に対する包括執行の場面と評価できるから、担保権についても個別執行の場面と同様のルールが妥当するという説明も可能である。平時の担保権実行の場面では不可分性は排除されるから、法的倒産手続において不可分性が排除されるのも当然である。

そして、担保権実行時期選択の自由に関しては、更生手続では原則として否定されるが、再生手続や破産手続ではその自由が認められる。しかし、平時とは異なり、担保権の不可分性と相まって債務者に担保価値以上の任意弁済を求める事実上の機能は否定され、単に、担保価値を実現する行使時期を選択する自由にとどまり、その限度で意義がある。

6 ｜ 倒産手続の移行と担保権の帰すう

(1)　私的再生手続から法的倒産手続へ移行した場合

私的再生手続を開始したが事業再生計画が成立しない場合は、担保権の不可分性に影響しない。

私的再生手続で、金融債権のカット等を含む事業再生計画が成立した場合、計画に従い確定的に権利の変更がなされる。担保権が存続する場合、その被担保債権の範囲は、計画に基づき変更され、前述したとおり、保全債権だけでなくカット後の非保全債権も被担保債権として取り扱われることもある。

その後、事業再生計画が遂行できなかったとしても、事業再生計画の解除やカットされた非保全債権の復活などは、通常予定されていない。担保目的物の担保価値の見直しもない。法的倒産手続に移行したとしても、事業再生計画における権利の変更を前提に、平時の状態において法的倒産手続が開始した場合と変わらない。

(2)　更生手続から破産手続に移行した場合

更生計画が認可されるまでに更生手続から破産手続に移行すれば、それまでに実行された担保権を除き、その後は破産手続の規律に従うことになる。

更生計画が認可されると、担保権も含めて、更生計画に基づき権利は確定的

392

に変更される。そして、更生会社は、確定的に変更された権利状態の下で更生
計画を遂行するが、その後、更生計画が遂行される見込みがないことが明らか
となれば、更生手続は廃止されることになる。手続が廃止されても、更生計画
に基づく権利の変更（更生計画で定められた担保権も含む）や更生計画に基づく
弁済の効力に影響は生じない（会社更生法241条3項）。

　その後に、破産手続が開始すれば、更生計画で定められた担保権は、平時の
担保権と変わらない。通常、更生計画で定められた担保権は、更生計画におい
て確定した更生担保権を被担保債権として存続し、その後更生計画に基づく弁
済後の被担保債権額を前提に、破産手続が開始する。

(3) 再生手続から破産手続に移行した場合

㋐ 担保権行使の効果

　再生計画の認可決定が確定するまでに再生手続が廃止された場合、それまで
に行われた担保権の実行、担保権消滅許可制度や担保目的物の受戻し（担保目
的物の任意売却による担保解除も含む）等による担保権消滅の効果は実体法上確
定的に生じており、手続廃止による影響はない。再生計画認可決定確定後に、
再生計画が取り消されたり、再生計画の履行を完了する前に、破産手続や新た
な再生手続が開始したりしても、それまでに行われた担保権の実行、担保権消
滅許可制度、任意売却も含む担保目的物の受戻し等による担保権消滅の効果は、
実体法上確定的に生じており、再生計画の取消しや破産移行等による影響はな
い。別除権協定に基づく協定債務の弁済が完了し担保権が解除されている場合
も同様である。つまり、担保権の消滅と引き換えに行われた再生債権たる被担
保債権の弁済の効力に影響はなく、その結果、確定した再生債権の額（不足額）
にも影響はない。そもそも別除権は再生手続によらずに行使できるから、その
行使方法のいかんにかかわらず再生手続の帰すうによる影響を受けることはな
い。

㋑ 破産手続に移行した場合

　再生計画が取り消されたり、再生計画の履行完了前に破産手続が開始した場
合、上記のとおり、担保権行使の効果に影響はないものの、再生計画に基づい
て権利の変更を受けた確定再生債権（不足額）は原状に復するものとされてい
る（民事再生法189条、190条）。これは、再生手続と破産手続を一体の法的倒

第2編　第2章　Ⅴ　別除権協定をめぐる理論と実務

産手続とみて、一般債権者間の平等を確保するための措置である。担保権によって優先弁済を受けることのできない再生債権部分（確定不足額）についても同様である。

　それまでに担保権の行使が未了であれば、当該担保権は影響しない。この場合、不足額も確定していないから、被担保債権について権利の変更も未了の状態で、破産手続において担保権を行使し、その結果確定した不足額に対して破産配当を受けることになる。その際、破産手続に移行する前に担保権を行使した担保権者が、確定再生債権（不足額）について先行して再生計画に基づく弁済を受けていたとしても、一般債権部分に対する配当の平等は確保される（民事再生法190条3項・4項）。破産手続移行前と移行後で、その時期の違いによって担保価値に変動がある場合には、担保価値からの回収額が異なる結果、一般再生債権に対する配当額と合計した弁済総額に違いが生じることはありうるが、その違いは、別除権者には担保権実行時期選択の自由が残されていることから正当化できる。いずれにせよ、担保権者が回収する総額は、担保価値（行使時期による違いはある）と一般債権部分（確定不足額）に対する配当額の合計額であり、担保の不可分性を排除する基本ルールが適用され、担保債権者間の実質的平等は確保されている。

　　㈦　別除権協定が締結されていた場合

　平成26年最判によれば、再生計画の履行を完了する前に、再生計画が取り消されたり、破産手続や新たな再生手続が開始したりした場合、当事者が合意していれば、別除権協定は失効し、被担保債権は、協定締結前に存在した被担保債権額から協定に基づく弁済額と再生計画に基づく弁済額を控除した額になるという。

　かかる結論は、多くの実務家に支持されているが、本書のテーマである理論と実務という観点から項を改めて検討を進めたい。

7 │ 別除権協定における「理論」と「実務」

⑴　別除権協定の内容

　担保目的物が事業継続に必要不可欠であるが、担保目的物の受戻しに必要な資金を一括して確保できない場合に、当該担保目的物を確保することを目的と

して、別除権協定を締結することが多い。別除権協定は、資金に乏しい再生債務者が、再生手続を利用して事業を再生するために極めて重要な役割を果たしている。

別除権協定では、被担保債権の額（以下の設例では、1000とする。設例では、被担保債権以外に一般の再生債権のないことを前提とする）と担保目的物の評価額（400とする。以下、この合意した評価額に基づく支払債務を「協定債務」という）を確認したうえ、その協定債務の分割弁済の方法（たとえば400を毎年40ずつ10回に分割して弁済する）、協定債務を遅滞なく弁済している限り担保を実行しないこと、協定債務を完済したときは担保を解除すること、および確定不足額（担保価値を超える再生債権の額で、設例では、被担保債権額1000から協定債務400を控除した600となる）を合意することが多い。それに加えて、協定債務を不履行にした場合に解除できること、再生計画が認可されない場合、再生手続が廃止された場合や再生計画の履行が完了せずに破産手続に移行した場合などに協定を解除できる、または、当然に失効する等の合意をすることもある。

かかる合意の内容について、民事再生法に基づく制約や倒産手続の基本ルールによる制約があるのかが問題となる。

(2) 別除権協定による実体法上の効果

筆者の理解は、以下のとおりである。

担保権者は、倒産手続の一つである再生手続においても、担保目的物の価値を把握しているにすぎず、担保の不可分性は排除されている。担保権実行の場面ではもちろん、担保権消滅許可制度、担保目的物の受戻し等の場面でも、担保権者に弁済できる金額は、担保目的物の価値の範囲内に限られる。担保権者が、いずれかの方法で担保権を行使した結果、担保権から回収することのできない金額が確定したとき、その確定した不足額をもって再生手続に参加できることになる。民事再生法88条は、被担保債権のうち担保権によって担保される金額を合意することにより、その反面として、担保権によって担保されない被担保債権の額を合意によって確定させることを認めている。

別除権協定も同様であり、協定債務の額は、担保目的物の価値を評価した金額であり、担保価値の範囲で分割弁済を認めるにとどまる。担保価値の評価額、分割弁済の方法、利息の有無と利率などは当事者間の交渉で決まるが、自由に

395

決することができるわけではない。担保価値を超える金額を弁済することになれば、他の再生債権者の利益を害するからである。そこで、監督委員が選任されている場合は、監督委員の同意事項とされ、監督委員がその評価額の相当性を審査する。監督委員が選任されていない場合、監督委員の同意事項でない場合や再生手続が終了している場合には、第三者による審査は直接及ばないが、再生債務者およびその代理人が、再生手続の機関として、別除権協定締結時の担保価値を超えていないことを確認することになる。仮に、担保価値を超える弁済を合意すれば、一般債権者との関係で違法との評価を受ける可能性がある。

　そして、担保権によって担保されない被担保債権額が確定して初めて、その確定不足額について再生手続において権利行使ができる。この担保される金額と担保されない金額の切り分けは、当事者の合意に基づき実体法上確定的に生じるものと解される。この確定の効果は、その後、協定債務の不履行があっても、別除権協定が解除ないし失効しても覆滅しない（これを「固定説」とよぶ）。

　以上が、筆者の基本的立場である（仮に復活するならば不足額は確定しないと解するほかないと考えるが、この見解はここでは取り上げない）。そして、おそらく（と筆者は考えているが）、民事再生法の立法担当者も、不足額の確定には登記を要するとの立場であることに照らせば、同様の認識であったものと思われる。

　上記の設例に即していえば、再生計画において再生債権については、50％カットで10年10回分割弁済として、4年経過後に協定債務と再生計画の履行ができなくなったとすれば、その時点で、以下の弁済がなされていることになる。協定債務に対しては160（40の4回分）、確定再生債権に対しては、120（30の4回分）。筆者の見解によれば、その時点で再生手続から破産手続に移行した場合、別除権協定の対象となった担保権の被担保債権は、協定債務の残額の240（400から弁済済みの160を控除した額）となる。

　平成26年最判は、被担保債権の復活を認めた（これを「復活説」とよぶ）が、それによれば、被担保債権は、1000から280（協定に基づく弁済160と再生計画に基づく弁済120の合計額）を控除した720となる。

(3)　固定説に対する実務からの批判

　実務では、別除権協定が履行されず、破産手続等に移行した場合、被担保債

権は復活するものとし、そのような協定でも、不足額は確定し確定不足額に対する再生計画による弁済を受けることができるとの理解が多いようである。平成26年最判は、かかる実務を追認したものとして歓迎されている。

固定説によると、担保権の被担保債権が実体法的に確定することになる。この点が、実務から強く批判されている。すなわち、再生手続は挫折する可能性があり、別除権者としてはそのリスクに配慮しなければならない、協定や再生計画の遂行可能性に疑義がある場合に、被担保債権が復活しないとすれば協定締結への障害となり再生手続の円滑な遂行に支障が生じる、被担保債権の復活を認めるほうが協定締結を受け入れやすいなどである。つまり、被担保債権の減額合意は暫定的合意にすぎないとして、別除権者と円滑な協定締結をめざすことを重視する立場である。

(4) 批判に対する疑問

更生手続では、更生担保権の額は時価を基準として決まるが、その評価について争う手段を設け、手続的には極めて重い。再生手続では、担保価値評価は、担保権消滅許可制度を利用する場合を除き、当事者間の交渉に基本的に委ねたうえで、監督委員の同意等による監督にとどめ、簡易迅速な再生手続にふさわしい軽い手続とした。

担保価値評価を当事者間の交渉と合意に委ねているが、その合意した金額が暫定的でよいとする再生法上の根拠は乏しいように思われる。評価であるから幅のあることは避けられないが、その幅のある中で当事者に担保価値を合意することを求め、民事再生法88条は、担保価値を合意する半面として担保権によって担保されない被担保債権額を確定させて、その確定した不足額について再生計画に基づく弁済を認めていると理解するのが素直であろう。再生計画の履行完了前に再生手続から破産手続へ移行した場合等には、権利が変更された再生債権が復活するから、別除権協定の合意額も暫定で被担保債権も復活してよいとする有力な見解もあるが、再生手続とそこから移行した破産手続を一体の倒産手続とみて一般債権（確定不足額）に対する平等弁済を確保するために再生計画による権利の変更の効果を覆滅させたにすぎず、そのことから、確定不足額の前提となる協定債務の額（担保価値評価額）が暫定的でよいとか、被担保債権から除外する旨の合意を覆滅してよいという趣旨を読み取ることは困

難であろう。

担保の受戻額も当事者の合意で決まる。個別資産の処分を前提とすれば、当該処分価額を基準とすることができるが、資金が潤沢にあれば、評価額を弁済して担保解除を受けることになる。事業譲渡や会社分割による場合は、対価の配分は、担保価値評価によらざるを得ないが、担保価値として配分された金額を受領するのと引き換えに担保解除している。これらの場合は、暫定合意ではなく、その合意した金額は確定的である。別除権協定の場合も、合意した協定債務を完済すれば、担保は解除されるが、その後に、再生会社が破綻して破産移行しても担保解除の効果は覆滅しない。

当事者間で担保価値の評価額を合意する以上、当事者の交渉力格差が影響することは避けられないが、交渉力格差をそのまま受け入れて、（幅のある）担保価値の評価額の範囲を超えた金額で合意することを法は認めてはいないし、復活説を支持する立場の実務家も、それを認めることはなかろう。一般再生債権者の利益を害する合意を認めることはできないからである。つまり、簡易迅速に合意することを予定しているが、簡易迅速な手続だから合意した金額が担保価値を逸脱したものでもよいことにはならない。担保価値を逸脱した合意ではないというのであれば、その合意を確定的なものとして扱うことをなぜ回避する必要性や合理性があるのであろうか。

また、固定説批判論者は、再生手続が破綻する場合のみを想定しているようであるが、順調に再生する場合も少なくない。順調に再生すれば、協定債務が予定どおり弁済され担保を解除することになる。担保権者も再生債務者も、むしろ、別除権協定を履行し担保が解除されることを予定して、評価額を交渉し合意するのが普通ではないか。協定が履行されないことを予定して合意しているとは思えない。そうすると、おのずと担保価値評価は真剣な交渉の下で決定されているはずである。監督委員も適正に担保価値が評価され、一般債権者の利益を害さないことを確認して別除権協定の締結に同意しているはずである。そのようにして決まる評価額を覆滅させる合理的理由があるのであろうか。

さらに、別除権協定を締結した後、4年経過後に、事業全部をスポンサーに譲渡することになった場合に、設例であれば、協定債務の残額240を一括弁済して、担保解除を受けることになろう。また、事業が計画以上に好調のために、

残額 240 を一括弁済して担保解除を受けることも可能であろう。協定締結時には事業継続に必要不可欠であったが、その後、事業環境の変化により不要となり担保目的物を処分することになった場合も同様である。事業譲渡時、繰り上げ弁済時、または処分時点の担保価値が、協定締結時の担保価値と異なるとしても、当初に合意した協定債務 400 の残額 240 を弁済すれば担保解除を受けることができるはずである。固定説からは当然であるが、復活説も否定しないものと思われる。このような場合に残額 240 の弁済で担保解除ができるというのであれば、再生手続が頓挫し、破産手続の下で破産管財人が担保目的物を任意に処分する場合に、協定債務の残額 240 を弁済して担保解除を得ることに支障があるとは思えない。任意処分で担保解除が可能であれば、競売でも被担保債権を協定債務の残額 240 としても支障がないはずである。いずれの場合も、別除権協定時の担保価値について満足を受けるのであるから、担保権者の利益を害しない。

　倒産手続では、担保権の不可分性は排除されており、担保権者は、「担保権行使時の担保価値」について優先弁済を受けることで満足すべきである。このことは再生手続でも変わらない。別除権協定による担保権行使の場合も、担保権者に「協定締結時の担保価値」を満足させれば足りるし、それを超えた満足を与えることは他の一般債権者の利益を害することになり許されないはずである。再生手続は簡易迅速な手続であるが、それは、担保価値評価について更生手続のような厳格で重たい手続を用意せずに、担保権者と債務者との誠実で合理的な交渉と合意に委ねている点にこそ意義があり、その効果については、簡易迅速な手続であることから、他の担保権の行使の場合と別異に解する必要はないし、そのように解すべき合理的理由もない。

⑸　平成 26 年最判を受けた実務のあり方

㋐　判例を前提とした実務

　筆者は、別除権協定について、被担保債権の範囲は実体法的に確定し、その後、解除や失効があるとしても、被担保債権の復活を認める必要はなく、解除や失効は、「担保権を実行しない」という合意部分に関して意味があるだけであり、その効果として、協定債務の残額を被担保債権として担保権実行を認めれば足りると考えている。その結果、協定債務の残額全額を回収できれば、担

保権者は、別除権協定時の担保価値の全額回収を終えるから、別除権協定の目的を達したことになる。担保権者に不利益はない。むしろ、その時点で担保権を行使しても協定債務の残額を回収できない、そのような担保権者の不利益に対してこそ留意すべきであり、そのために協定債務を共益債権と解することを筆者は提案している。

とはいえ、固定説は、平成26年最判で退けられた、というのが実務家一般の理解である。筆者も実務家であるから、理論的には固定説が正しいと考えるが、判例がそれを否定したとすれば、その判例の考え方を受け入れたうえで、理論と整合する実務を再構築するしかない。

そのためには、平成26年最判の帰結を想定する必要がある。

設例に従えば、4年経過して破産移行した場合、担保権者は、被担保債権を720として担保権を行使できる。担保目的物が不動産で4年経過してもその価値に変動がなければ、担保権者は、あらためて担保価値400の全部の弁済を受けることができることとなる。

最初に検討すべき問題点は、協定に基づく弁済額160と4年経過後の担保価値400の両方を担保権者は保持できるのか、それを認めた場合、倒産手続の基本ルールである担保権の不可分性排除ルールに違反しないのかという点である。

(イ) 復活説と担保権の不可分性

再生手続でも、担保権の不可分性が排除され、担保権者の把握している価値は担保価値に限られる。再生計画の履行が終了することなく、再生手続から破産手続に移行した場合、再生計画に基づく再生債権の減免の効果は覆滅し再生債権は復活し、その後の破産手続は再生手続と一体として取り扱われる（民事再生法190条）。したがって、担保権者に保護されるのも、その手続のある時点の担保価値と考えるべきである（更生手続から破産手続へ移行した場合は、更生手続は完結した手続であり、その後に開始した破産手続は更生手続とは別個の倒産手続と考えられる。その点、再生手続から破産手続へ移行した場合と異なる）。つまり、破産手続に移行しても、担保権者は「担保権行使時の担保価値」を把握しているにすぎないという基本ルールが存在しているから、復活説に基づき、「別除権協定時の担保権行使」を解除ないし失効した後、破産手続においてあらためて担保権行使（競売等）を求めるのであれば、担保権者はその時点

の担保価値を限度に保護されることになる。したがって、「協定時の担保価値」と「破産時の担保価値」の二重取りは予定されていない。つまり、設例でいえば、協定時の担保価値の一部である160と破産時の担保価値400の二重取りをそのまま認めることはできない。仮に、復活説が、この場面で、それも容認する内容も含意するとすれば、倒産手続の基本ルールを逸脱するものとして許容できない。平成26年最判は、破産手続開始後の競売手続における被担保債権が、元の被担保債権額から協定に基づく弁済額と計画に基づく弁済額を控除した金額となり、その範囲で配当を受けることを認めたが、協定に基づく弁済額や再生計画に基づく弁済額をそのまま保持できることまで認めたものとは解せないし、また、そのように解すべきではない。

　実際、復活説を支持する多くの論者も、担保権者に、協定債務の弁済としての160と、4年経過後の400の担保価値の合計を確定的に帰属させることには躊躇があるようで、何らかの精算が必要であるとして、精算に関する複数の提案がなされている。

　そのように考えると、復活説が意味をもつのは、平成26年最判の事案のように、協定時の担保価値より、破産時の担保価値が高い場合であり、その高い担保価値を担保権者に保障することに復活説の実務的意義を見出すことができる。そういう意味で平成26年最判は、担保権の不可分性排除ルールを維持したうえで、再生手続が失敗に終わった場合に、担保権者に対して、「協定時の担保価値」ではなく、「破産時の担保価値」による回収を認めた判決と評価するのが適切であろう。

　　㈦　**精算の方法**

　その場合の精算はどのようにすべきか。

　仮に、破産時の担保価値も400であるとすれば、固定説も復活説も結論に差異は生じないはずである。担保権者は、破産時の担保価値400の優先弁済を受けるが、すでに協定債務の履行として受領済みの160を精算する必要がある。不足額600について、再生計画で50％のカットを受けたうえで再生計画による弁済を受けていたが、破産移行により再生債権は600に復活して、それを基準として、再生手続と破産手続の両方から合計して平等に配当を受けることになる。破産配当が30％とすれば、600の30％相当額である180が担保権者

第2編　第2章　Ⅴ　別除権協定をめぐる理論と実務

（の一般債権部分）に保障されるべきであるから、破産手続では、180 から再生計画に基づく弁済額 120 を控除した 60 の配当を受けることになる（民事再生法 190 条 2 項・3 項）。担保権者の最終的な回収額は 400 と合わせて 580 となる（担保価値 400 と一般債権部分に対する 120 と 60 の合計額。160 の精算方法については、担保権実行時に控除する方法や、破産管財人に返金する方法、破産配当から控除し、控除しきれない金額があれば返金する方法などが考えられる）。

　復活説として実務的に意義があるのは、前述したとおり、担保不動産の価値が上昇し、4 年経過後の担保価値が協定締結時の担保価値 400 を超えている場合である。たとえば、600 に価値が上昇していたとすると、担保権者は、破産手続移行後に担保権を行使して 600 が回収できる。不足額は 400 となるので、計算上、その 30 ％である 120 の破産配当を受けることになる。担保権者の最終的な回収額は、720（600 と 120 の合計額）となる。担保権者は、協定債務の弁済として 160、再生計画の弁済として 120 を受領しているので、破産配当はゼロ（120 − 120）となるが、協定債務の弁済受領額 160 については何らかの方法による精算が必要となる。競売手続において執行裁判所が、被担保債権額（720）の範囲内であるにもかかわらず、配当（600）に際して協定に基づく弁済額 160 を控除する理由はないように思われるので（平成 26 年最判の事案においても、判決事項の対象外ではあるが、控除していない）、端的に担保権者から 160 を事前または事後に返金してもらうほかにないであろう。

　さらに厄介なのは、協定が解除または失効したとして被担保債権の復活を認めたが、担保目的財産が、協定債務（400）より低い金額（たとえば 200）でしか売却ができない場合である。この場合、担保権者として 200 について保護を受けるが、協定債務の弁済額 160 を保持する根拠がない。1 つの倒産手続で担保価値を 2 回評価して 2 回受領することはできないからである。破産債権は 800、破産配当は 30 ％として、240 の配当を受けることができるが、再生計画に基づいて 120 の弁済を受けているので、破産では追加して 120 の配当を受け得るにとどまり、協定に基づく弁済額 160 は精算する必要がある。破産配当からも控除できないので、返金を求めることになる。担保権者の回収総額は、破産時の担保価値 200 と一般債権部分に対する配当 240 の合計 440 にとどまる。このような帰結に至る場合、つまり、協定締結時の担保価値より破産時の担保

402

価値が低い場合は、協定の解除や失効を認めるのは担保権者にとって不利となるから、協定を維持して、協定債務の残額（240）をその時点の担保目的物（200）からまず回収するのが合理的であろう。そうすれば、担保権者は、160を維持したまま、破産時の担保価値 200 も回収できる。それでも設例では、協定時の担保価値 400 のうち 40 の回収が不能に終わるので、担保権者には、その保護を与える必要がある。そして、担保権者にその保護を与えても、「協定時の担保価値」を保護しているだけであるから、担保権の不可分性排除ルールには反しないし、一般債権者の利益も害さない。協定債務を共益債権と考えるべきであるとする筆者の見解は、このように、別除権協定を締結して再生債務者に担保目的物の利用を容認した担保権者に、その後の担保不動産の価値下落リスクに備えて適切な保護を与えるものであり合理的であろう。

㈐　小括——復活説の実務的意義

結局、平成 26 年最判の認めた復活説は、担保価値の不可分性排除ルールを受け入れる限りは、担保価値が協定時より破産時のほうが高い場合に、協定を解除ないし失効させて、破産時の担保価値を回収できることを可能とするしくみとして実務的意義がある。つまり、倒産手続において、担保権者は「担保権行使時の担保価値」が保護されているが、その基本ルールを前提に、担保権の行使時を「協定時」から「破産時」に変更することを認めるしくみとして位置づけるのが相当である。そして、そのような復活説は、再生手続でも破産手続でも担保権者に残されている担保権実行時期選択の自由の行使として正当化できる。

8 ┃ まとめに代えて

以上のとおり、復活説は、協定の締結を容易にするためであり、それが再生手続の円滑な進行に資することになると説明し、それが担保権者の合理的意思であるとして正当化しようとするが、そのような説明が、民事再生法（条文）に即したものか、また、倒産手続の基本ルールに適合したものか疑問である。そればかりか、担保権者の合理的な意思の結果として生じる事態（精算の必要性）に対して適切で合理的な解決を示すことができていないように思われる。平成 26 年最判の事案は、特異な事案であったようで、そのような特異な

第2編 第2章 Ⅴ 別除権協定をめぐる理論と実務

事案において、固定説による結論が担保権者に酷であったこと、固定説の結論に比べて復活説の結論が穏当であったことから、法（条文）から乖離した判決がなされたように思われる。当該事案は、別除権協定における担保価値評価が明らかに誤っていた事案である。そのような評価の誤りが生じた理由は不明であるが、紛争解決の落ち付けどころとして、担保権者を救済する必要性が認められたのかもしれない。特殊事案による救済判断として理解すべきであり、最高裁判所が、復活説を積極的に支持したと解することには慎重であるべきように思われる。

実務家は、そしてときには裁判所も、実践的問題の解決のために、自己に都合のよい道を選ぶことがある。それが法（条文）に抵触する場合や基本ルールに反する場合には、その道を選択することの具体的理由やそれを正当化する根拠を説得的に説明すべきである。「再生手続の円滑な遂行に支障が生じる」「復活を認めるほうが協定締結を受け入れやすい」などという説明を安易にすべきではないし、それによって当該実務が正当化されるわけではない。それが基本ルールの例外を認めたり、基本ルールを変更したりする理由にすることにはさらに慎重であるべきものと思われる。

復活説の求める本当の「こころ」は、処分連動型更生計画や私的再生計画にみられるように、担保価値の「評価」より「実際の処分」を前提とした担保価値評価を選択したい、再生手続が失敗に終わった以上、実際の処分価額による回収を選択したいという担保権者の立場に立った発想に基づくものと思われる。しかし、倒産手続の局面では、評価額で満足して担保解除する場面は避けられない。受戻しや別除権協定を締結する場面もその一つである。将来、実際に処分するかもしれないときに、別除権協定時の評価額ではなく、実際の処分価額で担保価値を見直すことを全否定するつもりはないが、そのような選択をした場合の後処理の複雑さを考えたとき、民事再生法（条文）と倒産手続の基本ルールに即して、別除権協定を構想するほうが、より適切で合理的な再生手続の遂行が可能になるように思われる。

実務的には、私的再生手続でも、担保価値評価をして、保全債権と非保全債権に切り分け、そこで合意した金額を前提に金融支援額を決めている。その後に、私的な事業再生計画が頓挫しても、権利の変更に影響はしない。私的再

404

生手続で可能なことが、法的倒産手続である再生手続において「困難である」「再生手続に支障が生じる」などとは到底思えない。むしろ、便法を認めて安易な別除権協定の締結を認めるよりは、本則に従い、金融機関はもちろんのこと再生債務者代理人やその利害関係人は、担保価値評価に関するスキルを向上させて、適切な担保価値評価をしたうえ、当事者として合理的な交渉を尽くし、幅のある担保価値評価の落ち付けどころを探求して、別除権協定を締結することのほうが大切であるように思われる。そうしてこそ、倒産手続における担保権者と一般債権者の公正で衡平な利益実現が可能となる。

　実務は、理論（基本ルール）や法（条文）に対する挑戦を恐れてはならないが、理論や法には敬意を払う必要がある。その敬意を乗り越えた実務であれば、その実務対応にも敬意が払われ、それが成熟したときに理論や法の変更を迫ることができるように思われる。理論と実務は、そのような意味でお互いに切磋琢磨されなくてはならない。

●判例索引●

（判決言渡日順）

［大審院・最高裁判所］

大判大正 10・6・2 民録 27 輯 1038 頁（塩釜レール入事件）……………………… *141*

大判大正 14・11・28 民集 4 巻 670 頁（法律上保護される利益）……………………… *340*

大判昭和 9・8・2 刑集 13 巻 1011 頁（権利行使と恐喝罪の成否）……………………… *30*

大判昭和 19・6・28 民集 23 巻 387 頁（表示の合致の例外）……………………… *140*

最判昭和 30・10・14 刑集 9 巻 11 号 2173 頁（権利行使と恐喝罪の成否）……………………… *30*

最判昭和 35・6・23 民集 14 巻 8 号 1498 頁（時効利益放棄）……………………… *179*

最判昭和 37・2・1 民集 16 巻 2 号 157 頁（弁護士報酬額算定の基準）……………………… *176*

最判昭和 38・3・3 訟月 9 巻 5 号 668 頁（課税処分取消訴訟の要件事実）……………………… *120*

最判昭和 38・12・6 民集 17 巻 12 号 1633 頁（見せ金）……………………… *194*

最判昭和 39・12・11 民集 18 巻 10 号 2143 頁（退職慰労金）……………………… *194*

最大判昭和 40・9・22 民集 19 巻 6 号 1600 頁（営業（事業）の譲渡）……………………… *194*

最大判昭和 41・4・20 民集 20 巻 4 号 702 頁（時効利益放棄）……………………… *179*

最判昭和 42・11・16 民集 21 巻 9 号 2430 頁（契約の解釈）……………………… *149*

最判昭和 43・1・25 裁判集民 90 号 121 頁（契約の解釈）……………………… *146*

最判昭和 44・10・28 判時 577 号 92 頁（退職慰労金）……………………… *194*

最判昭和 46・3・18 民集 25 巻 2 号 183 頁（総会決議取消し）……………………… *195*

最判昭和 48・11・16 民集 27 巻 10 号 1333 頁（租税法規の解釈）……………………… *127*

最判昭和 49・4・18 訟月 20 巻 11 号 175 頁（課税処分取消訴訟の訴訟物）……………………… *118*

最大判昭和 49・10・23 民集 28 巻 7 号 1423 頁（契約の解釈）……………………… *146*

最判昭和 50・10・21 裁判集民 116 号 307 頁（不法行為に基づく損害額）……………………… *227*

最判昭和 52・12・22 裁判集民 122 号 559 頁（不法行為に基づく損害額）……………………… *227*

最判昭和 53・4・21 訟月 24 巻 8 号 1694 頁（同族会社行為計算否認の適用要件）…… *109, 110*

最判昭和 56・7・16 判時 1016 号 59 頁（プール転落事故）……………………… *75*

最判昭和 57・3・30 民集 36 巻 3 号 484 頁（倒産解除条項の不解除特約）……………………… *308*

最判昭和 57・10・19 民集 36 巻 10 号 2130 頁（ファイナンス・リース）……………………… *305*

最判昭和 58・3・24 民集 37 巻 2 号 131 頁（所有の意思）……………………… *76*

最判昭和 59・10・25 裁判集民 143 号 75 頁（同族会社行為計算否認の適用要件）…… *109, 111*

最判昭和 60・12・20 判時 1181 号 77 頁（紛争管理権）……………………… *276*

最判昭和 62・4・2 裁判集民 150 号 575 頁（動産売買先取特権）……………………… *234*

最判昭和 62・7・3 民集 41 巻 5 号 1068 頁（無償否認）……………………… *314, 316*

最判昭和 63・1・26 民集 42 巻 1 号 1 頁（弁護士の責任）……………………… *34*

判例索引

最大判平成元・3・8 民集 43 巻 2 号 89 頁（法廷メモ） ································· *57*

最判平成元・12・21 民集 43 巻 12 号 2209 頁

（不法行為に基づく損害賠償請求権と除斥期間） ···························· *230*

最判平成 2・1・22 民集 44 巻 1 号 332 頁（過払金） ····························· *233*

最判平成 3・3・22 民集 45 巻 3 号 268 頁（抵当権に基づく物上請求） ··········· *79, 80, 226*

最判平成 5・1・25 判タ 809 号 116 頁（借入金による弁済と否認） ··············· *378*

最大判平成 5・3・24 民集 47 巻 4 号 3039 頁（不法行為に基づく損害額） ········· *227*

最判平成 5・3・30 民集 47 巻 4 号 3262 頁（契約の解釈） ······················ *146*

最判平成 5・11・25 金法 1395 号 49 頁（ファイナンス・リース） ··············· *305*

最判平成 5・12・16 民集 47 巻 10 号 5423 頁（新株発行無効） ·················· *195*

最判平成 6・7・14 判時 1512 号 178 頁（新株発行無効） ······················· *195*

最判平成 7・4・14 民集 49 巻 4 号 1063 頁（ファイナンス・リース） ············ *305*

最大決平成 7・7・5 民集 49 巻 7 号 1789 頁（非嫡出子の法定相続分） ··········· *81*

最判平成 7・12・15 民集 49 巻 10 号 3088 頁（所有の意思） ··················· *77*

最判平成 8・11・12 民集 50 巻 10 号 2591 頁（所有の意思） ··················· *77*

最判平成 8・11・12 民集 50 巻 10 号 2673 頁（契約をした目的） ··············· *138*

最判平成 9・1・28 民集 51 巻 1 号 71 頁（新株発行無効） ····················· *195*

最判平成 10・6・12 民集 52 巻 4 号 1087 頁

（不法行為に基づく損害賠償請求権と除斥期間） ···························· *230*

最判平成 10・6・22 判例集未登載（営業秘密） ·································· *342*

最判平成 10・9・3 民集 52 巻 6 号 1467 頁（契約の解釈） ······················ *147*

最判平成 11・11・9 民集 53 巻 8 号 1421 頁（境界確定） ······················ *65*

最大判平成 11・11・24 民集 53 巻 8 号 1899 頁（抵当権に基づく物上請求）

··································· *79, 81, 226, 275*

最判平成 12・1・27 判タ 1027 号 90 頁（非嫡出子の相続分） ··················· *82*

最判平成 12・3・24 民集 54 巻 3 号 1126 頁（契約の解釈） ····················· *149*

最判平成 15・2・28 判タ 1127 号 112 頁（契約の解釈） ························· *148*

最判平成 15・3・28 判時 1820 号 62 頁①事件（非嫡出子の相続分） ············· *82*

最判平成 15・3・31 判時 1820 号 62 頁②事件（非嫡出子の相続分） ············· *82*

最判平成 16・10・14 判時 1884 号 40 頁（非嫡出子の相続分） ················· *82*

最判平成 16・12・20 裁判集民 215 号 987 頁（不法行為に基づく損害額） ········· *229*

最判平成 17・3・10 民集 59 巻 2 号 356 頁（抵当権に基づく物上請求） ·········· *79, 275*

最大判平成 17・9・14 民集 59 巻 7 号 2087 頁（在外日本人選挙権） ············· *63*

最判平成 17・12・16 判タ 1200 号 127 頁（表示の合致の例外） ················ *144*

最判平成 18・1・13 民集 60 巻 1 号 1 頁（過払金） ·························· *64, 232*

最判平成 18・6・16 民集 60 巻 5 号 1997 頁（Ｂ型肝炎） ······················ *64*

407

判例索引

最判平成 18・12・21 民集 60 巻 10 号 3964 頁（破産管財人の善管注意義務）················· *299*

最判平成 20・7・17 民集 62 巻 7 号 1994 頁（入会権）·· *64*

最判平成 21・4・28 民集 63 巻 4 号 853 頁

　（不法行為に基づく損害賠償請求権と除斥期間）····································· *231*

最判平成 21・7・14 民集 63 巻 6 号 1227 頁（債権差押えの請求債権）····················· *236*

最決平成 21・9・30 判タ 1314 号 123 頁（非嫡出子の相続分）······························· *82*

最判平成 22・3・2 民集 64 巻 2 号 420 頁（租税法規の解釈）······························· *127*

最判平成 22・7・9 判例集未登載（無償否認）··· *314*

最判平成 22・9・13 民集 64 巻 6 号 1626 頁（不法行為に基づく損害額）················· *229*

最判平成 23・3・24 民集 65 巻 2 号 903 頁（表示の合致の例外）··························· *145*

最判平成 23・7・12 裁判集民 237 号 215 頁（表示の合致の例外）························· *145*

最判平成 24・4・24 民集 66 巻 6 号 2908 頁（新株発行無効）······························· *195*

最判平成 24・5・28 民集 66 巻 7 号 3123 頁（破産債権）··································· *309*

最判平成 24・10・12 民集 66 巻 10 号 3311 頁（濫用的会社分割）··························· *278*

最大判平成 25・9・4 民集 67 巻 6 号 1320 頁（非嫡出子の相続分）····················· *249*

最大決平成 25・9・14 民集 67 巻 6 号 1320 頁（非嫡出子の法定相続分）··················· *82*

最判平成 26・6・5 民集 68 巻 5 号 403 頁（別除権協定）··············· *258, 383, 394, 396, 399*

最判平成 26・10・28 民集 68 巻 8 号 1325 頁

　（破産管財人による不当利得返還請求と不法原因給付の法理）················· *13*

最大判平成 27・3・4 民集 69 巻 2 号 178 頁（不法行為に基づく損害額）················· *229*

最判平成 28・4・28 判時 2313 号 25 頁（死亡保険金の破産財団帰属性）················· *13*

最判平成 28・7・8 民集 70 巻 6 号 1611 頁（第三者債権を用いた相殺）············ *13, 258, 313*

最判平成 28・10・18 民集 70 巻 7 号 1725 頁（弁護士会照会に対する回答義務）··············· *18*

最決平成 29・9・12 民集 71 巻 7 号 1073 頁（手続開始時現存額主義の適用）··········· *13, 22*

最判平成 29・10・10 民集 71 巻 8 号 1482 頁（債権差押えの請求債権）····················· *237*

最判平成 29・10・24 民集 71 巻 8 号 1522 頁・判時 2361 号 33 頁・判タ 1444 号 82 頁

　（デンソー事件）··· *127*

最判平成 29・12・14 判タ 1447 号 67 頁（不動産は商人間の留置権の目的物となるか）···· *373*

最判平成 30・6・1 労判 1179 号 20 頁（契約社員の皆勤手当）························· *303*

［高等裁判所］

大阪高判昭和 45・3・27 判時 618 号 43 頁（表示の合致の例外）····················· *141*

大阪高判昭和 51・8・6 行集 27 巻 8 号 1454 頁（課税処分取消訴訟の要件事実）········· *120*

仙台高判昭和 53・8・8 金法 872 号 40 頁（担保提供と否認）························· *379*

東京高判昭和 57・6・28 判タ 470 号 73 頁・判時 1047 号 35 頁（弁護士の犯罪）············· *31*

東京高判昭和 59・11・29 金判 777 号 6 頁（動産売買先取特権）····················· *235*

大阪高判昭和 63・12・22 判時 1311 号 128 頁（新株発行無効）·· *195*

東京高判平成 3・12・17 判時 1418 号 120 頁

　　（秘匿されていない情報の模倣行為の不法行為性）·· *340*

名古屋高判平成 4・10・21 行集 43 巻 10 号 1260 頁（課税処分取消訴訟の要件事実）····· *121*

東京高判平成 5・5・27 判時 1476 号 121 頁（不動産適価売却と否認）························· *379*

大阪高判平成 6・12・26 判時 1553 号 133 頁（営業秘密）·· *342*

東京高判平成 7・9・28 税資 213 号 772 頁（課税処分取消訴訟の要件事実）·················· *121*

東京高判平成 14・4・30 金判 1171 号 19 頁（債権差押えの請求債権）························· *236*

東京高決平成 23・7・4 判タ 1372 号 233 頁（再生計画認可決定）····························· *257*

東京高判平成 27・3・25 判時 2267 号 24 頁（IBM 事件）································· *95, 109*

大阪高決平成 29・1・6 金法 2071 号 99 頁（手続開始時現存額主義の適用）················· *22*

名古屋高判平成 29・6・30 金判 1523 号 20 頁（弁護士会照会に対する回答義務）··········· *19*

［地方裁判所］

東京地判昭和 26・4・23 行集 2 巻 6 号 841 頁（同族会社行為計算否認の適用要件）········· *107*

名古屋地判昭和 38・2・19 行集 14 巻 2 号 265 頁（課税処分取消訴訟の要件事実）········· *120*

東京地判昭和 46・6・29 判時 645 号 89 頁（弁護士の責任）································· *37*

東京地判昭和 49・12・19 判時 779 号 89 頁（弁護士の責任）······························ *37*

鹿児島地判昭和 50・12・26 訟月 22 巻 2 号 594 頁（同族会社行為計算否認の適用要件）

　　·· *102, 107*

東京地判昭和 51・2・3 判例集未登載（弁護士の犯罪）····································· *29*

東京地判昭和 52・8・12 判タ 355 号 123 頁・判時 872 号 21 頁（弁護士の犯罪）·········· *31*

東京地判昭和 53・2・1 下民集 29 巻 1〜4 号 53 頁（法定地上権）························· *241*

岐阜地大垣支判昭和 57・10・13 判時 1065 号 185 頁（私的整理）························· *379*

東京地判昭和 59・3・30 金判 777 号 9 頁（動産売買先取特権）···························· *235*

横浜地判昭和 60・1・23 判タ 552 号 187 頁（弁護士の責任）······························ *37*

東京地判昭和 61・11・18 判タ 650 号 185 頁（信託的債権譲渡の否認）···················· *374*

東京地判昭和 62・2・12 判タ 627 号 224 頁（法廷メモ）································· *56*

京都地判平成 2・1・18 判時 1349 号 121 頁（弁護士の責任）······························ *34*

名古屋地判平成 2・11・30 判時 1390 号 50 頁（課税処分取消訴訟の要件事実）············· *121*

東京地判平成 3・2・19 判時 1392 号 89 頁（弁護過誤）································· *41*

東京地判平成 6・9・28 税資 205 号 653 頁（課税処分取消訴訟の要件事実）················· *120*

東京地判平成 6・11・21 判タ 881 号 191 頁（弁護士の責任）······························ *37*

千葉地判平成 9・2・24 判タ 960 号 192 頁（弁護士の責任）······························ *37*

秋田地判平成 9・3・18 判タ 971 号 224 頁（契約の解釈）································· *152*

東京地判平成 9・4・25 訟月 44 巻 11 号 1952 頁（同族会社行為計算否認の適用要件）······ *102*

409

判例索引

東京地判平成 12・12・27 金判 1116 号 58 頁（債権差押えの請求債権）・・・・・・・・・・・・・・・・・・・・・・*236*

東京地判平成 14・11・28 判タ 1114 号 93 頁（ALS 患者選挙権）・・・・・・・・・・・・・・・・・・・・・・・・・・*58*

大阪地判平成 18・12・8 判時 1972 号 103 頁（弁護士の責任）・・・・・・・・・・・・・・・・・・・・・・・・・・・・・*37*

東京地判平成 26・5・9 判タ 1415 号 186 頁（IBM 事件）・・・・・・・・・・・・・・・・・・・・・・・・・・・*95, 108*

東京地判平成 27・8・5 判例集未登載（仮想通貨）・・*338*

編者略歴

伊藤　眞（いとう・まこと）

1945 年生。1967 年東京大学法学部卒業。1968 年東京大学法学部助手、名古屋大学法学部助教授、一橋大学法学部教授、東京大学大学院法学政治学研究科教授、早稲田大学大学院法務研究科客員教授を経て、現在、東京大学名誉教授、日本大学大学院法務研究科客員教授、創価大学大学院法務研究科客員教授、弁護士（長島・大野・常松法律事務所）。

『破産法・民事再生法〔第 4 版〕』（有斐閣・2018 年）、『民事訴訟法〔第 6 版〕』（有斐閣・2018 年）、『会社更生法』（有斐閣・2012 年）等。

加藤新太郎（かとう・しんたろう）

1950 年生。1973 年名古屋大学法学部卒業、司法修習生（27 期）、1975 年裁判官任官（東京、名古屋、大阪、釧路に勤務）、司法研修所教官（民事裁判担当）、司法研修所事務局長、東京地方裁判所判事（部総括）、司法研修所上席教官（裁判官研修担当）、新潟・水戸地方裁判所長、東京高等裁判所判事（部総括）、東京高等裁判所民事長官代行を歴任し、2015 年依願退官。現在、中央大学大学院法務研究科教授、弁護士（アンダーソン・毛利・友常法律事務所顧問）、博士（法学、名古屋大学）。

『民事事実認定論』（弘文堂・2014 年）、『コモン・ベーシック弁護士倫理』（有斐閣・2006 年）、『弁護士役割論〔新版〕』（弘文堂・2000 年）等

永石一郎（ながいし・いちろう）

1943 年生。1968 年中央大学法学部卒業、1970 年司法修習生（24 期）、1972 年弁護士登録、司法研修所民事弁護教官、一橋大学法科大学院特任教授、東京三菱銀行監査役等を歴任。現在、永石一郎法律事務所代表弁護士、日本弁護士連合会懲戒委員会委員長、同会行政訴訟センター委員、原子力損害賠償紛争解決センター仲介委員、東京土地家屋調査士会境界紛争解決センター委員、日本法律家協会理事等を務める。

『判例からみた遺留分減殺請求の法務・税務・登記〔第 2 版〕』（中央経済社・2016 年）、『ケース別　遺産分割協議書作成マニュアル〔第 2 版〕』（編著。新日本法規・2016 年）、『実務解説 倒産判例』（共著。学陽書房・2013 年）等

執筆者一覧

（執筆順）

伊藤　眞（東京大学名誉教授・弁護士〔長島・大野・常松法律事務所〕）／第1編第1章

加藤新太郎（中央大学大学院法務研究科教授・弁護士〔アンダーソン・毛利・友常法律事務所〕）／第1編第2章Ⅰ

福田剛久（弁護士〔田辺総合法律事務所〕）／第1編第2章Ⅱ

森　宏司（関西大学大学院法務研究科教授）／第1編第2章Ⅲ

永石一郎（弁護士〔永石一郎法律事務所〕）／第1編第2章Ⅳ

岡　正晶（弁護士〔梶谷綜合法律事務所〕）／第1編第2章Ⅴ

早川眞一郎（東京大学大学院総合文化研究科教授）／第2編第1章Ⅰ

山野目章夫（早稲田大学大学院法務研究科教授）／第2編第1章Ⅱ

大杉謙一（中央大学大学院法務研究科教授）／第2編第1章Ⅲ

山本和彦（一橋大学大学院法学研究科教授）／第2編第1章Ⅳ

滝澤孝臣（弁護士〔関口総合法律事務所〕）／第2編第1章Ⅴ

上田裕康（弁護士〔アンダーソン・毛利・友常法律事務所〕）／第2編第1章Ⅵ

岡　伸浩（慶應義塾大学大学院法務研究科教授・弁護士〔岡綜合法律事務所〕）／第2編第1章Ⅶ

伊藤　尚（弁護士〔阿部・井窪・片山法律事務所〕）／第2編第2章Ⅰ

東畠敏明（弁護士〔東畠法律事務所〕）／第2編第2章Ⅱ

後藤　出（弁護士〔シティユーワ法律事務所〕）／第2編第2章Ⅲ

四宮章夫（弁護士〔コスモス法律事務所〕）／第2編第2章Ⅳ

中井康之（弁護士〔堂島法律事務所〕）／第2編第2章Ⅴ

（所属は、2018年12月現在）

これからの民事実務と理論
──実務に活きる理論と理論を創る実務

平成31年1月11日　第1刷発行

定価　本体4,300円＋税

編　者　伊藤　眞　加藤新太郎　永石一郎
発　行　株式会社　民事法研究会
印　刷　藤原印刷株式会社

発行所　株式会社　民事法研究会
　　　　〒150-0013 東京都渋谷区恵比寿3-7-16
　　　　〔営業〕TEL 03(5798)7257　FAX 03(5798)7258
　　　　〔編集〕TEL 03(5798)7277　FAX 03(5798)7278
　　　　http://www.minjiho.com/　info@minjiho.com

落丁・乱丁はおとりかえします。　ISBN978-4-86556-263-7　C3032　￥4300E
カバーデザイン：関野美香

民事裁判の実践的手引書

第3版では、賃金、時間外手当・解雇予告手当請求訴訟、消費者契約関係訴訟を追録！

要件事実の考え方と実務〔第3版〕

加藤新太郎・細野　敦　著　　　　　　　　　（A5判・402頁・定価　本体3500円＋税）

最新の法令・判例、簡裁実務を踏まえた標準プラクティスブックの最新版！

簡裁民事事件の考え方と実務〔第4版〕

加藤新太郎　編　　　　　　　　　　　　　　（A5判・627頁・定価　本体4800円＋税）

新たに証拠法、訴訟承継、判決によらない訴訟の終了、既判力の主観的範囲を増補して改題・改訂！

論点精解　民事訴訟法〔改訂増補版〕
―要件事実で学ぶ基本原理―

田中　豊　著　　　　　　　　　　　　　　　（A5判・402頁・定価　本体3500円＋税）

裁判官のなすべき正確な事実認定と訴訟代理人の主張・立証活動のあり方を解説！

紛争類型別　事実認定の考え方と実務

田中　豊　著　　　　　　　　　　　　　　　（A5判・313頁・定価　本体2800円＋税）

訴訟実務の必修知識・ノウハウ、訴訟実務の現場、実情等をわかりやすく解説！

実戦　民事訴訟の実務〔第5版〕
―必修知識から勝つための訴訟戦略まで―

升田　純　著　　　　　　　　　　　　　　　（A5判・621頁・定価　本体4700円＋税）

最新の判例を織り込み各種文書の証拠開示基準の理論的・実務的検証をさらに深化させた決定版！

文書提出命令の理論と実務〔第2版〕

山本和彦・須藤典明・片山英二・伊藤　尚　編　　　（A5判上製・672頁・定価　本体5600円＋税）

発行　民事法研究会　　〒150-0013　東京都渋谷区恵比寿3-7-16
（営業）TEL03-5798-7257　FAX 03-5798-7258
http://www.minjiho.com/　　info@minjiho.com

最新実務に役立つ実践的手引書

2019年1月刊 事業再生ADRを改善する産業競争力強化法改正、商法改正等最新法令に対応！

コンパクト 倒産・再生再編六法2019
―判例付き―

2019年版では、商取引債権について保護される予見可能性を高める規定を創設し事業再生ADRの改善を図った産業競争力強化法の改正、航空運送等の規定の新設や現代語化を図った商法の改正などを収録！

編集代表　伊藤　眞・多比羅誠・須藤英章　　　　（Ａ５判・741頁・定価 本体3800円＋税）

2014年11月刊 利害関係人間の公正・平等を図り、組織や財産価値を保全し、迅速な解決に至る指針を詳解！

【専門訴訟講座⑧】
倒産・再生訴訟

手続開始決定、更生担保権、担保権の行使と消滅、否認、相殺禁止、再生・更生計画の認可決定、役員の損害賠償責任、即時抗告をめぐる問題等の争訟を網羅！

松嶋英機・伊藤　眞・園尾隆司 編　　　　　　　（Ａ５判・648頁・定価 本体5700円＋税）

2018年6月刊 破産申立ての相談から手続終結まで網羅した構成と最新の書式を網羅！

【倒産・再生再編実務シリーズ❶】
事業者破産の
　　理論・実務と書式

東京・大阪の裁判所で、法人破産の各場面で活用されている301の書式を通して、破産手続全体の流れ・実務の留意点を把握しながら、背景にある理論がわかり、全国で即活用できる！

相澤光江・中井康之・綾　克己 編　　　　　　（Ａ５判・701頁・定価 本体7400円＋税）

発行　民事法研究会　〒150-0013 東京都渋谷区恵比寿3-7-16
（営業）TEL 03-5798-7257　FAX 03-5798-7258
http://www.minjiho.com/　　info@minjiho.com

最新実務に役立つ実践的手引書

2017年3月刊 倒産処理の担い手の役割から手続のあり方を論究！

倒産処理 プレーヤーの役割
―担い手の理論化とグローバル化への試み―

炯眼・気鋭の研究者が債権者（機関）・債務者・裁判所・管財人・事業再生支援団体等のプレーヤーの役割を歴史的変遷と比較法的視点から基礎づけることで、倒産処理手続のあるべき方向性を示す！

佐藤鉄男・中西　正　編著　　　　　　　　　（Ａ５判・538頁・定価 本体5800円＋税）

2014年1月刊 倒産・再生実務の「切り札」の「使い方」を詳解！

担保権消滅請求の 理論と実務

研究者が精緻な理論的考察を試み、弁護士・金融機関関係者・司法書士・公認会計士・税理士・不動産鑑定士・リース会社関係者が豊富な図・表・書式を織り込み、制度を「どう使うか」を追究！

佐藤鉄男・松村正哲　編　　　　　　　　　（Ａ５判上製・665頁・定価 本体6000円＋税）

2014年9月刊 企業再建・事業再生のための「材料」が満載！

あるべき 私的整理手続の実務

金融円滑化法終了後の経済環境、事業再編をめぐる歴史と外国法制、法的整理手続の活用、税制、適正な再生計画・再建手続からスポンサーの保護まで多様な執筆陣が豊富な図表を織り込み解説！

事業再編実務研究会　編　　　　　　　　　（Ａ５判・584頁・定価 本体5400円＋税）

発行　**民事法研究会**　〒150-0013　東京都渋谷区恵比寿3-7-16
（営業）TEL 03-5798-7257　FAX 03-5798-7258
http://www.minjiho.com/　　info@minjiho.com